일제의 광업정책과 광산개발

일제침탈사연구총서
24

일제의 광업정책과 광산개발

동북아역사재단 일제침탈사 편찬위원회 기획
배석만 지음

동북아역사재단
NORTHEAST ASIAN HISTORY FOUNDATION

| 발간사 |

　일본이 한국을 침탈한 지 100년이 지나고 한국이 일본의 지배로부터 벗어난 지 80년이 되었지만, 식민 지배에 대한 청산은 이루어지지 못하고 있다. 일본의 독도영유권 주장은 도를 넘어섰다. 일본은 일본군'위안부', 강제동원 등 인적 수탈의 강제성도 인정하지 않고 있다. 일본군'위안부'와 강제동원의 피해를 해결하는 방안을 놓고 한·일 간의 갈등은 최고조에 이르고 있다. 역사문제를 벗어나 무역분쟁, 안보위기 등 현실문제가 위기국면을 맞고 있다.
　한일 간의 갈등은 식민 지배의 역사를 어떻게 볼 것인가 하는 역사인식에서 기인한다. 역사는 현재와 과거의 대화이며 이를 기반으로 미래로 나아갈 수 있다. 과거 침략의 역사를 미화하면서 평화로운 미래를 말하는 것은 불가능하다. 식민 지배와 전쟁발발의 책임을 인정하지 않고 반성하지 않으면 다시 군국주의가 부활할 수 있고 전쟁이 일어날 위험성도 배제할 수 없다. 미래지향적 한일관계를 형성하고 나아가 동아시아의 평화와 번영의 기틀을 조성하기 위해 일본은 식민 지배의 책임을 인정하고 그 청산을 위해 노력해야 할 것이다.
　식민 지배의 역사를 청산하기 위해서는 식민 지배는 어떻게 이루어졌는지 그 실상을 명확하게 규명하는 일이 긴요하다. 그동안 일본제국주의에 맞서 조국의 독립을 위해 헌신한 독립운동가들의 활동을 찾아내고 역사적으로 평가하는 일에는 상당한 성과를 거두었다. 반면 일제 식민침탈의 구체적인 실상을 규명하는 일에는 충분한 노력을 기울이지 못했다. 제국주의가 식민지를 침탈했다는 것은 너무나 당연한 사실로 여겨졌기 때문에, 굳이 식민 지배에서 비롯된 수탈과 억압, 인권유린을 낱낱이 확인할 필요가 없었는지도 모른다. 그러는 사이 일본은 식민 지배가 오히려 한국에 은혜를 베푼 것이라고 미화하고, 참혹한 인권유린을 부인하는 역사부정의 인식을 보이는 데까지 이르고 있다. 일제의 통치와 침탈, 그리고 그 피해를 종합적으로 조사하고 편찬할 필요성이 여기에 있다.

일제침탈사를 체계적으로 정리하는 일은 개인이 감당하기 어렵다. 이에 우리 재단은 한국학계의 힘을 모아 일제침탈사 편찬위원회를 꾸렸다. 편찬위원회가 중심이 되어 일제의 식민지 침탈사를 정치·경제·사회·문화 모든 방면에 걸쳐 체계적으로 집대성하기로 했다. 일제 식민침탈의 실체를 파악하기 위해 2020년부터 세 가지 방면으로 사업을 추진하고 있다. 하나는 일제침탈의 실상을 구체적이고 생생한 자료를 통해 제공하기 위해 〈일제침탈사 자료총서〉로 편찬한다. 다른 하나는 이들 자료들을 바탕으로 연구한 결과물을 〈일제침탈사 연구총서〉로 간행한다. 그리고 연구의 결과를 대중들이 이해하기 쉽게 〈일제침탈사 바로알기〉 시리즈로 간행한다.

〈일제침탈사 연구총서〉는 일제침탈의 실태를 정치·경제·사회·문화 분야로 대별한 뒤 50여 개 세부 주제로 구성했다. 국내외 학계 전문가들이 현재까지 축적된 연구 성과를 반영하면서 풍부한 자료를 활용하여 집필했다. 연구자뿐만 아니라 교육 현장에서도 활용되고 일반 독자들도 이해할 수 있도록 집필하기 위해 노력했다. 〈일제침탈사 연구총서〉 시리즈가 일제침탈의 역사적 실상을 규명하고 은폐된 역사적 사실을 기억하고 왜곡된 과거사에 대한 인식을 바로 잡음으로써 역사인식의 차이로 인한 논란과 갈등을 극복하는 데 기여하는 디딤돌이 되기를 바란다.

2025년
동북아역사재단 이사장

| 편찬사 |

　1945년 한국이 일제 지배로부터 해방된 지 80년의 세월이 지났다. 그럼에도 불구하고 일본 사회 일각에서는 여전히 일제의 한국 지배를 합리화하고 미화하는 주장이 나오고 있으며, 최근에는 한국 사회 일각에서도 일제 지배를 왜곡하고 옹호하는 주장이 나오고 있다. 이는 한국과 일본 사회, 한일 관계와 동아시아 국제관계의 미래를 위해서도 결코 바람직하지 않은 일이다.

　이에 동북아역사재단은 일제의 한국 침략과 식민 지배에 대한 학계의 연구 성과를 총정리한 〈일제침탈사 연구총서〉를 발간하기로 하였다. 이에 따라 2019년 9월 학계의 전문가를 중심으로 편찬위원회를 구성하였으며, 편찬위원회는 학계의 연구 성과를 토대로 정치·경제·사회·문화 부문에서 일제의 침탈이 어떻게 이루어졌는지 정리하여 연구총서 50권을 발간하기로 하였다.

　주지하듯이 1905년 일제는 러일전쟁에서 승리한 뒤, 한국에 군대를 주둔시키면서 한국의 외교권을 빼앗고 통감부를 두어 내정에 간섭하였다. 1910년 일제는 군사력으로 한국 정부를 강압하여 마침내 한국을 강제 병합하였다. 이후 35년간 한국은 일제의 식민 통치를 받았다.

　일제는 한국의 영토와 주권을 침탈하였을 뿐만 아니라, 군사력과 경찰력으로 한국을 지배하면서, 정치·경제·사회·문화의 모든 부문에서 한국인의 권리와 자유, 기회와 이익을 박탈하거나 제한하였다. 정치적으로는 군사력과 경찰력, 각종 악법을 동원하여 독립운동을 탄압하고, 한국인의 정치활동을 억압하고 참정권을 박탈하였으며, 집회와 결사의 자유를 억압하였다. 경제적으로는 일본자본이 경제의 주도권을 장악하고, 일본인 위주의 경제정책을 수행했으며, 식량과 공업원료, 지하자원 등을 헐값으로 빼앗아 갔고, 농민과 노동자 등 대다수 한국인의 경제생활을 어렵게 하였다. 사회적으로는 한국인들을 차별적으로 대우하고, 한국인의 교육의 기회를 제한하고, 한국인으로서의 정체성을 박탈하여 결국은 일본의 2등 국민으로 만들고자 하였다. 문화적으로는 표현과 창작의 자유, 종교와 사상의 자유를 억압하고, 한글 대신 일본어를 주로 가르치고, 언론과 대중문화를 통제하였다. 중일전쟁, 아시아태평양전쟁을 도발한 뒤에는 인적·물적 자원을 전쟁에 강제동원하고, 많은 이들을 전장에 징집하여 생명까지 희생시켰다.

〈일제침탈사 연구총서〉는 침탈, 억압, 차별, 동화, 수탈, 통제, 동원 등의 단어로 요약되는 일제의 침략과 식민 지배의 실상과 그 기제를 명확히 밝히고자 하였다. 이를 통해 일제의 강제 병합을 정당화하거나 식민 지배를 미화하는 논리들을 비판 극복하고, 더 나아가 일제 식민 지배의 특성이 무엇이었는지, 식민 통치의 부정적 유산이 해방 이후에 어떤 영향을 끼쳤는지를 밝히고자 하였다.

〈일제침탈사 연구총서〉와 함께 침탈사와 관련된 중요한 주제들에 관하여 각종 법령과 신문·잡지 기사 등 자료들을 정리하여 〈일제침탈사 자료총서〉도 발간하고 있다. 아울러 일반인과 학생들이 보다 쉽게 읽을 수 있는 교양총서 〈일제침탈사 바로알기〉 시리즈도 발간하고 있다.

일제의 한국 침략과 식민 지배의 역사는 광복 후 서둘러 정리해냈어야 했지만, 학계의 연구가 미흡하여 엄두를 내기 어려웠다. 이제 학계의 연구가 어느 정도 축적되어 광복 80주년을 맞기 전에 이와 같은 작업을 할 수 있게 된 것을 다행으로 생각한다. 한일 양국 국민이 과거사에 대한 올바른 역사인식을 갖고 성찰을 통해 미래를 향해 함께 나아갈 수 있기를 기대하면서 삼가 이 책들을 펴낸다.

2025년
동북아역사재단 일제침탈사 편찬위원회

차례

발간사 4
편찬사 7

서론 13

제1장 한말의 광업, 자주적 발전의 노력과 좌절
    1. 광무국 설치와 개발방식의 고심 42
    2. 「사금개채조례(砂金開採條例)」 반포와 의미 48
    3. 주요 광산의 궁내부 이속과 관리·경영 53
    4. 「광업법」 제정: 식민지 광업의 시작 63

제2장 1910~1920년대 식민지 광업개발 기반 구축시도
    1. 조사와 연구 72
    2. 「조선광업령」 제정 81
    3. 개발 실태 89

제3장 1930년대 일제의 '금(金) 증산' 국책과 식민지 조선
    1. '금 증산' 국책의 성립 108
    2. 1930년대 후반 산금장려정책의 강화 121
    3. '금 증산' 국책의 귀결 136

제4장　**일제 철강 국책과 철광산 개발**

    1. 식민지 철광산 개발 시작과 겸이포(兼二浦)제철소　　**150**
    2. 1930년대 철광산 개발의 본격화　　**162**
    3. 무산철광 개발과 청진제철소 건설　　**171**

제5장　**1930년대 석탄 증산정책과 실태**

    1. 증산정책의 본격화　　**206**
    2. 무연탄 증산　　**215**
    3. 유연탄 개발　　**237**

제6장　**태평양전쟁기 군수광물 증산정책과 광산개발**

    1. 전시광물 총동원체제 구축　　**252**
    2. 개발과 증산의 실체　　**279**

결론　　**339**

부록 351
광업 관련 용어 해설 405
참고문헌 408
찾아보기 416

서론

1. 광업의 식민성, 근대성

  이 책의 목적은 일제 시기 광업의 식민성을 밝히는 것이다. 그런데 식민성을 밝히기 위해서는 근대성도 함께 다루어야 한다. 그 이유는 일제 시기 광업이 이 두 가지 성격을 동시에 지니고 있기 때문이다. 일제가 그들의 목적에 따라 한반도의 광산을 개발하고 광업을 육성하는 데 활용한 법과 제도, 기술, 자본이 근대성을 내포하고 있다면, 그 개발과 육성 과정에서 수탈, 차별이 형성되고 확대되며 나타난 것이 바로 식민성이다.

  좀 더 구체적인 이야기를 하기 전에 산업으로서 광업의 특징부터 정리해 보자. 광업은 전통적인 산업 분류에 따르면 공업과 함께 2차 산업으로 분류된다. 광업은 금, 은, 철, 석탄 등 다양한 광물을 채굴하거나 그것을 제련하는 산업이다. 1차 산업인 농업과 어업은 최종 생산물인 농수산물에 가치가 있는 반면, 광업으로 얻는 기초 원료들은 어떠한 가공단계를 거쳐야 하기 때문이다. 2차 산업의 대표적인 분야는 공업이며, 제조업과 건설업 등이 이에 포함된다. 공업을 이미지화하면 각종 원료에 인공을 가해 새로운 물품을 만드는 산업이다. 이전에는 2차 산업의 양대 축인 광업과 공업을 합쳐서 '광공업'이라고도 불렀다. 광업과 공업이 산업 구조상 맞물려 움직이는 경우가 많기 때문이다. 즉 제조업과 건설업 등 공업에 기초 원료를 제공해 주는 기반산업이 광업이다. 건축자재인 돌, 시멘트, 철은 건설업과 연결된다. 또 현재 광업의 대상 광물로 지정된 수십 가지 물질 중에 일반적으로 알려진 석탄, 석유, 구리, 철, 납, 아연, 황, 흑연, 우라늄, 칼륨, 인산 등이 있다. 이들을 떠올려 보면 광물이

다양한 제조업의 원료로 활용된다는 사실을 자연스럽게 인식할 수 있다.

광업에서 광산의 경영이란, 광맥을 탐사하여 관련된 채굴권(광산권, 광업권, 광산개발권)을 국가로부터 허가받는 과정인 '출원'에서 시작된다. 민간의 관점에서 보면 채굴권은 부동산 개념의 사적 재산으로 매매, 양도, 상속이 가능한 권리이다. 이 권리는 전근대에는 확립되지 않았고, 근대 법·제도의 구축을 통해 만들어졌다. 1906년 일제가 주도한「광업법」, 1915년「조선광업령」제정을 통해 점차 확립되었다. 채굴권을 확보한 이후에는 개발을 위한 대규모 투자가 필요하다. 투자는 전문 기술자와 광부, 채굴 관련 설비와 자재 조달, 선광장(選鑛場), 제련소 설치 등에 필요하다. 광물의 생산과정은 '채광'→'선광'→'제련'으로 구분된다. 전근대의 경우 투자와 생산이 분리되어 있었으며, 투자자는 '물주', 생산을 담당한 관리자는 '덕대(德大)'로 불렸다. 또한 광부는 광군(鑛軍)이라 칭해지기도 하였다. 광산개발을 위해서는 매우 많은 절차와 시간이 소요되었으므로 이를 대행하는 광무소가 존재하였다. 광무소는 광산권을 얻기 위한 출원 수속, 광구(鑛區)의 조사·설계, 측량, 광산(권) 매매 중개, 감정 등을 대행하였다. 1930년대 일제 '산금(産金)'정책에 따른 금광 개발 열풍이 일면서, 광산 매매와 투기를 중개하는 '광산브로커'들이 우후죽순 생겨나기도 하였다.

광업은 역사가 매우 오래된 전통적인 산업이다. 인류 문명의 발달과 함께해 왔다고 해도 과언이 아니다. 굳이 원시시대의 부싯돌(flint) 얘기를 꺼내지 않더라도, 또 청동검 제작에 필요한 동광석과 주석, 아연 합금 기술을 말하지 않더라도 충분히 짐작할 수 있다. 광업의 역사는 인류 문명의 발전과 비례하여 채굴, 제련, 가공 기술이 발전해 온 과정이다. 현대에는 광물을 대치하는 인공 물질이 많이 등장했지만, 여전히 채굴된 광산물의 공급 없이 다른 산업이 거의 이루어질 수 없다는 점은 변함없는 사실이다.

광업은 이렇듯 오랜 역사를 가지고 있지만, '근대'라는 수식어가 광업 앞에 붙으면 몇 가지 추가적인 설명이 필요하다. 우선 기술의 혁신적 발전이다. '기계화'를 동반한 광맥 조사, 채굴, 제련, 가공과 관련된 기술 발전과 그 결과물로서의 개발 규모의 근본적인 확대가 현실화되었을 때, 근대 광업이라고 한다. 근대 광업 탄생으로 그 이전의 광업은 인력을 기본으로 하는 수작업과 단순 협업의 소규모 광업으로 상대화된다.[1]

다음으로 근대 광업은 '광업권' 또는 '광산개발권'과 같은 사적 재산으로서의 권리가 확립되는 것을 의미한다. 근대적 소유권 개념에 따라 사적 재산의 배타적 권리가 보장되면서 광업권의 자유로운 매매와 이전이 가능해질 때 비로소 근대 산업으로서의 광업이 현실에 등장할 수 있게 된다. 사적 재산으로서의 광업권 확립은 과거 광산이 국가나 왕의 소유라는 전통적인 인식, 즉 토지의 왕토사상과 비슷한 개념을 전근대적인

---

[1] 물론 그렇다고 하더라도 이 '기계화', '규모화'는 전근대 광업에 대한 상대적 개념으로서 유용하다. 근대 광업의 시기로 들어와서도 광업은 여전히 완전한 기계화는 어렵고 광부로 불리는 노동력의 숙련에 의존하는 비중이 크기 때문이다. 그 밖에도 자연환경 조건에 큰 영향을 받고, 작업장이 분산되어 관리와 통제에 어려움이 있다는 점도 근대 광업의 산업적 특징에 여전히 포함된다. 전근대부터 존재한 '덕대제(德大制)'가 근대 광업에 들어서도 장기간 강고하게 존속한 것은 이런 광업의 산업적 특징을 상징한다. 덕대제는 해방 이후에도 오랜 기간 존속하였다. 대표적인 예가 해방 후 일본인이 남기고 간 귀속광산에 대해 이승만 정권이 국가 관리하에 덕대제를 통해 민간업자가 소정의 임대료(덕대료)를 내고 광산을 개발, 채굴하도록 하였던 사실이다. 탄광의 경우 1951년 11월 현재로 전국 121개 광산의 200개 이상의 광구가 덕대제로 활발하게 운영되었다. 덕대제가 이승만 정권기 국가 관리 광산에 민간이 참여하는 길을 열어서 광산개발을 활발하게 하고 생산증가를 도모하는 방법으로 활용되었고, 일정한 효과도 있었음을 알 수 있다(대한석탄공사, 2001, 『대한석탄공사 50년사』, 65쪽).

것으로 만든다.

그러면 한국[2]에서 근대 산업으로서의 광업이 출발한 시점은 언제로 보아야 할까. 개항 초기 대일 금 수출, 재정 확보의 유용한 수단 등을 배경으로 한 국가 차원의 전담기구 설치 및 광산 경영 움직임을 '맹아'나 '징후'로 평가한다면,[3] 결국 1906년 일제가 국익을 위해 주도한 「광업법」의 제정이 근대 광업의 출발점이라 할 수 있다. 통감부 치하에서 제정된 「광업법」은 국가의 허가와 징세를 전제로 민간의 광업권 소유와 매매, 양여, 저당 등의 권리를 인정하는 최초의 법적 장치였다.

물론 대한제국기 「광업법」 제정은 일본의 국가적 필요에 의해 추진되었다. 러일전쟁에 막대한 전비를 지출한 일본은 금본위제하에서 재정을 안정적으로 유지하기 위해 금 준비(gold reserve)가 절실한 상황이었다. 결국 일본인 광산업자들이 자유롭게 들어와 활발하게 금광을 개발할 수 있는 여건을 조성할 필요가 있었고, 이를 위해서는 1차적으로 조선의 전통적인 광산과 관련된 왕과 국가 소유 틀을 무너뜨려야 했다. 한국에 적용할 「광업법」 초안이 1904년 일본 농상무성에서 작성되었다는 사실은 이 법 제정이 일본의 재정 안정을 위한 국가적 필요에서 비롯되었음을 상징적으로 보여준다. 당시 허울만 남은 정부였음에도, 한국은 일본 정

---

[2] 본문에 나오는 명칭 중 한국과 조선, 한국인, 조선인은 상황에 따라 유연하게 표기하였다.

[3] 대표적인 움직임이 국가 차원에서 진행된 광무국(鑛務局) 설치와 외국인 기술자 고용을 통한 광산개발과 경영이었다. 1887년 광업 관련 사무를 전담하는 광무국이 설치되었고, 광무국은 1888년 미국에서 광산기술자(鑛師)를 초빙하였다. 광무국의 광산감독으로 고용된 피어스(Aillerd Ide Pierce)는 평안북도 운산금광(雲山金鑛)에서 임무를 수행하였다. 그다음 해인 1889년에는 추가로 미국인 광산기술자 다섯 명을 초빙한 뒤 광산 기기들도 도입되었다(이배용, 1989, 『한국근대광업침탈사연구』, 일조각, 15~24쪽).

부가 만든 초안에 대해 광산에 관한 권리가 내외국인에게 동등하게 부여되는 것이 아니라 한국인 우선 원칙을 따라야 한다고 일본 정부에 주장했지만 당연히 받아들여지지 않았다.[4] 그런 의미에서 한국 근대 광업의 출발은 동시에 '식민지 광업'이 모습을 드러내는 것이기도 하였다.

이 책은 일제 시기라는 시간과 공간 속에서 식민과 근대의 얼굴을 함께 가지고 전개된 광업을 '정책'과 '실태'라는 관점에서 정리해 볼 것이다. 근대의 얼굴은 개발을 키워드로 하고, 식민은 수탈을 키워드로 한다. 우선적으로는 이 상반된 일제 시기 광업의 역사 모습을 정책과 실태라는 두 축을 토대로 가감 없이 그대로 드러내 보일 것이다. 여기에서 정책은 일본 중앙정부와 식민지 권력 조선총독부가 시행한 광업정책을 의미하며, 실태는 그 정책하에서 전개된 일본인, 한국인의 광산개발과 경영을 의미한다. 사실 이 양대 축은 한 산업의 역사적 전개 과정에서 항상 긴밀하게 연결되어 있다. 이 점을 유념하면서 시간 흐름에 따른 변화도 고려하여 분석을 진행할 것이다. 1906년 「광업법」 제정 이후 광산개발이 활발해졌고, 1910년대 후반 전쟁 특수에 힘입어 그 정점에 이르렀으나 1920년대 불황기에 정체된 후, 1930년대 다시 급격히 활성화되는 등 식민지 광업 전개에서 나타난 '시기적 변화'에도 주목할 것이다.

〈그림 1〉은 1906년 「광업법」 제정 이후 1941년까지의 광업 출원 및 허가 건수를 기준으로 그 증감을 표현한 것이다. 제1차 세계대전기와 1930년대의 두 차례 호황기와 1920년대와 일제 말 태평양전쟁기의 불황과 위축기라는 일제 시기 광산개발의 시기적 변화를 명확하게 보여준다. 일제 말에는 정확하게는 민간이 주체가 된 개발의 위축이다. 전시

---

4   이배용, 1989, 위의 책, 233쪽.

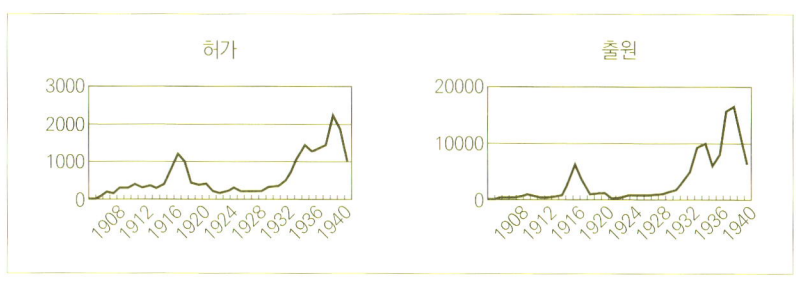

〈그림 1〉 광업 출원 및 허가 건수

출처: 원자료는 조선총독부, 『朝鮮鑛業の趨勢』 및 『조선총독부통계연보』 각 연도판, 낙성대경제연구소 한국의 장기통계 자료(naksung.re.kr/statistics)를 가공.

체제 구축에 따른 민간 개발 통제로 그 대신 일제 국가권력, 또는 그 사주를 받은 국책기업이 주체가 되었기 때문이다. 후자의 개발은 전쟁에 필요한 광물 증산을 목표로 더욱 대규모로 이루어졌으며, 좀 더 다양한 광물 생산을 위한 개발이 활발하게 진행되었다고 볼 수 있다.

일제 시기 각종 광업 관련 자료를 통해 시기별로 광산개발을 주도한 주요 광물이 무엇이었는지도 확인할 수 있다. 우선 한말부터 1910년대까지 초창기 광산개발을 주도한 것은 금이었다. 금본위제하에서 금의 확보가 일본의 재정 안정과 직결되는 사안이었기 때문이다. 반면 1920년대 불황기에는 일본군 함정 연료 및 일본 가정용 연탄 원료와 연결된 석탄개발이 활발히 이루어졌다. 1930년대 이후에는 다시 금광개발이 중요해졌다. 일본이 군국주의로 치닫기 시작하면서, 폐쇄적인 경제 자립체라고 할 수 있는 '엔블록 경제'가 구축된 결과였다. 1930년대 초반 금본위제 이탈, 중후반의 군수 확충과 연결된 대외결제용 금의 필요성이 가중되었다. '산금정책'이 일제 최우선 국책으로 부상하면서 제국 차원의 금 증산이 독려되었고, 이로 인해 식민지 조선 전역에서 금광개발 열풍이 불었다. 1930년대 말로 접어들면서 폐쇄적인 경제체제가 심화됨에 따라 엔블록 안에서의 광물 자급이 더욱 긴요해졌다. 특히 철강 증산을 위한 철광석 광산의 개발은 식민지 조선의 무산철광 개발에 사활을 거는 양상으로 전개되었다. 1940년대 전반 태평양전쟁기에는 전쟁 승리를 위한 필요 물자 총동원이 요구되면서 이른바 '군수광물'의 증산을 위한 광산개발이 핵심을 이루었다. 여기에는 그동안 경제성 등으로 크게 주목받지 않았던 납, 아연, 마그네사이트, 형석, 중석 등 다양한 특수광물, 희귀금속 생산을 위한 광산개발이 시도되었다. 이 시기에는 경제성 문제를 정부 보조금으로 메우며 전쟁에 필요한 광물의 증산에만 몰두하였다. 반면 그동안 식민지 조선의 광업개발을 주도했던 금은 그 위상을 급격히 상실하였다. 태평양전쟁 발발로 일본 대외결제 수단으로서의 금의 필요성이 사실상 사라졌기 때문이었다.

이 책은 일제의 한반도 내 광업정책과 그 추진 과정, 그리고 결과로서의 개발 실태를 이처럼 시기적으로 변화하는 양상을 염두에 두고 구체적으로 정리한다. 단순히 일본 제국주의와 식민지 조선이라는 구도에서 한 걸음 더 들어가, 일본 중앙정부와 군부, 식민지 권력인 조선총독부, 일본 재벌 대자본과 재조일본인 자본, 한국인 자본 등 광산개발 주체의 동질성, 차이성, 관계에 주의하면서 개발 과정, 광산 경영, 생산된 각종 광물의 유통과 소비, 관련된 법과 제도 정비, 조직과 기구 구축 및 변천, 정책의 기획과 이에 기반한 계획의 추진 과정과 결과를 최대한 일목요연하게 서술하려고 했다.

2. 기존 연구 검토

1) 한말 외세의 이권 침탈과 근대 광업의 모색

근대 광업의 출발점에 있는 한말 광업에 대한 연구는 일제 시기에 비해 매우 일찍부터 진행되었고 비교적 많은 연구가 축적되어 있다. 주된 연구 방향은 조선에서 생산된 금이 일본으로 유출되고, 광산 이권이 외국인에 넘어가는 상황을 이권 침탈의 관점에서 주목한 것이었다. 해방 후 학계에서는 식민사관을 극복하고 이를 위한 민족주의 사관의 고양 속에서 근대사 연구가 1차적으로 한말 외세의 이권 침탈에 주목하였으며, 이와 관련된 광산 이권 문제는 상징성을 지닌 중요한 연구 소재가 되었기 때문이다.

연구자들이 주목한 이권 침탈의 키워드는 '제값'과 '헐값'이다. 외세가 제값이 아닌 헐값에 광산 이권을 취득하고, 한국인 노동력을 헐값에 고용해 위험하고 가혹한 노동을 시켜 생산된 금 또한 제값을 받는 '수출'이 아닌 헐값으로 '유출'한다는 수탈적 관점의 구도이다. 유출에는 밀수출이 포함되고, 광산의 마구잡이식 개발 과정에서 해당 지역 주민들에 끼친 폐해도 넓은 범위에서 논의된다. 이와 관련된 가장 이른 시기의 연구 중 하나가 한우근(1964)의 연구가 있다.[5] 그는 밀수출까지 포함하여

---

5 한우근, 1964, 「개항 후 '금'의 국외유출에 대하여」, 『역사학보』 22, 역사학회; 물론 한우근의 연구 이전에도 이권 침탈의 시각에서 한말 광업에 대한 연구가 없는 것은 아니다. 우선, 윤성순이 1952년 저술한 『한국광업지』(한국중석광업회사)는 당시 한국 광업의 실태를 주요 광물별로 기술한 것이지만, 해당 광물의 개발사를 연혁으로

대량의 금이 헐값에 일본으로 유출되었고, 일본은 이렇게 확보한 금으로 자신들이 수입하는 영국제 공산품의 가격을 지불하는 동시에 일본 자본주의의 금본위체제를 구축하는 데 역할을 하였음을 지적하였다. 결국 헐값에 유출된 조선산 금은 일본 자본주의 발전에 크게 기여한 반면 조선에서는 '민족자본'의 원천을 고갈시키는 결과를 가져왔다고 해석하였다. 강덕상(1966) 또한 이와 거의 동일한 관점에서 일본으로의 금 유출을 분석하였다.[6] 그에 연구에 따르면 일본 상인은 150엔의 일본 상품을 조선에 수출하고, 그 대금으로 사금(砂金)을 구입하여 일본에서 매각하면 187엔 내외가 된다고 하였다.[7]

조선산 금의 유출이 일본의 금본위제 확립에 중요한 역할을 했다는 수탈적 관점에서 본 한말 광업의 역사상은 이후에도 지속적으로 재생산되었다. 1970년대까지는 주로 일본학계의 한국사, 한일관계사 관련 연

간략하게 정리하였다. 맨 처음 서술한 금광업에 대해서 보면 한말 '열강의 각축장'이었고, 마산금산(馬山金山), 운산금광(雲山金鑛) 등 외국인의 손에 개발권이 넘어간 광산들을 열거하였다. 1906년 「광업법」 제정으로 '건국 이래 처음으로 조선에 광업 제도가 탄생'하였음도 지적하였다. 고승제가 1953년 한국경제학회 『경제학연구』 창간호에 게재한 「한국 광업사 서설-한국 산업사 연구의 一齣」도 선구적 연구 중 하나이다. 조선시대 전반의 광산정책과 광산 경영을 다루면서 한말의 상황도 포함하였다. 고승제의 한말 광업에 대한 관심은 1959년 출판한 저서 『근세한국산업사연구』(대동문화사)에 들어 있는 「이조말기의 광업과 외국자본」에서 보다 구체화되었다. 전석담·최윤규가 1959년 출판한 『19세기 후반기-일제 통치 말기의 조선사회경제사』(조선로동당출판사)도 개항 후 을사늑약까지를 다룬 1장에서 동일한 관점의 금과 광산개발권을 언급하였다. 이 책에서는 '약탈'로 좀 더 강경하게 표현하였다. 일제의 식민지 지배에 중심이 있기는 하지만, 朴慶植(1973)의 『日本帝國主義の朝鮮支配』上下(靑木書店)는 '약탈'의 계보를 이었다.

6 姜德相, 1966, 「李氏朝鮮開港直後の金流出に関する一考察」, 『駿台史学』 19, 明治大学 駿台史学会.

7 姜德相, 1966, 위의 글, 92쪽.

구에서 활발하게 이루어졌다. 연구가 점차 구체화되고 실증 수준도 높아지면서, 일본이 조선산 금을 필요로 했던 배경이 1897년 금본위제 확립과 관련하여 설득력 있게 분석해 내었다. 아울러 조선산 금의 대일 유출 경로도 자세히 밝혀졌다. 대표적인 연구자로는 나카쓰카 아키라(中塚明, 1968), 최유길(1971), 고바야시 히데오(小林英夫, 1973), 무라카미 가즈히코(村上勝彦, 1973, 1975) 등이 있다.[8] 한편으로는 일본의 금본위제 확립에 조선산 금이 중요한 역할을 했다는 시각에 의문을 제기하는 연구도 진행되었다. 대표적으로 오모리 도쿠코(大森とく子, 1976)의 연구가 있다.[9] 외세에 의한 광산 이권 침탈이라는 동일한 관점에서 일본 이외에 서구 열강에 대한 연구도 진행되었다. 이배용(1971, 1972)의 연구가 대표적인 사례로, 그는 미국의 운산금광(雲山金鑛) 채굴권 획득 과정과 서구 열강의 광산 조사 실태 등을 연구하였다.[10]

1980년대에 들어서면서 한말 외세의 광산 이권 침탈에 대한 연구는 더욱 활발해졌다. 박만규(1984)는 금광업을 중심으로 외세의 광업 이권 침탈 문제를 개항 후 1906년 일제 주도로 「광업법」이 제정되는 시기까지 다루었다.[11] 히로세 데이조(廣瀨貞三, 1984)는 1882년부터 1894년에

---

8 中塚明, 1968, 『日淸戰爭の硏究』, 靑木書店; 崔柳吉, 1971, 「日本における金本位制の成立と李氏朝鮮」, 『社會經濟史』36; 小林英夫, 1979, 「日本の金本位制移行と朝鮮」, 旗田魏先生古稀記念會 編, 『朝鮮歷史論集』 下卷, 龍溪書舍; 村上勝彦, 1973, 「植民地金吸收と日本産業革命」, 『東京大學經濟學硏究』 第16號; 村上勝彦, 1975, 「植民地」, 大石嘉一郞 編, 『日本産業革命の硏究』, 東大出版會.

9 大森とく子, 1976, 「日本の金本位制と朝鮮産金」, 『歷史學硏究』 428.

10 이배용, 1971, 「구한말 미국의 운산금광 채굴권 획득에 대하여」, 『역사학보』 50·51합집, 역사학회; 이배용, 1972, 「개항후 한국의 광업정책과 열강의 광산탐사」, 『梨大史苑』 10, 이화여자대학교인문과학대학사학회.

11 박만규, 1984, 「개항 이후 금광업실태와 일제침략」, 『한국사론』 10, 서울대 국사학과.

이르기까지 일본이 한국 광업 이권을 어떻게 획득하려고 했는지에 대해 구체적으로 밝혔다.[12] 이어서 그는 같은 관점을 확인하는 사례 연구로 1900년 일본이 채굴권을 획득한 충청북도 직산금광(稷山金鑛)을 분석하였다.[13] 개항기부터 1910년까지 외세의 광산 이권 침탈을 주로는 금광 이권을 중심으로 국가별로 정리하고, 대상 광산들의 채굴권 획득과 개발 과정을 상세하게 실증한 이배용(1984)의 연구도 주목할 만한 성과이다.[14] 그는 일본, 미국, 영국, 독일, 기타 열강(프랑스, 이탈리아, 러시아)으로 나누어, 해당 나라들이 한국의 광산 이권을 침탈하는 과정을 관련 광산의 사례를 분석하여 소상하게 밝히려고 하였다. 김은정(2007)은 탄광을 사례로 외세의 이권 침탈에 대하여 분석하였다.[15]

한편 1980년대에는 근대 광업으로의 발전을 위한 조선의 주체적인 노력에 주목하는 연구도 이루어졌다. 조선후기 이른바 '자본주의 맹아'와 연속선상에서 이를 한말까지 끌어내리려는 연구이자, 그 결말을 한말 근대 광업으로의 발전 모색과 외세에 의한 좌절이라는 프레임으로 구축

12　廣瀨貞三, 1984, 「19世紀末 日本의 朝鮮鑛山利權獲得 企圖(1882~1894)」, 『史叢』 28집.
13　廣瀨貞三, 1985, 「19世紀末日本の朝鮮鑛山利權獲得について-忠淸道稷山金鑛を中心に」, 『朝鮮史硏究會論文集』 22.
14　이배용, 1984, 『구한말 열강의 광산이권 획득에 관한 연구』, 한국연구원. 이 책은 증보판으로 1989년 『한국근대광업침탈사연구』(일조각)로 재출간되었다. 여기서는 일제 시기로 연구 범위를 확장하기 위해 「광업법」, 열강의 상회사(商會社) 관련 논문 2편을 보론으로 추가하였다. 일제 시기까지 연구 범위 확장의 이유로는 외세의 광산 이권 침탈에 대한 연구는 한말뿐만 아니라 일제 시기까지 체계적으로 정리되어야 역사적 흐름 속에서 변화 양상을 추적할 수 있을 것으로 생각되기 때문이라고 하였다.
15　김은정, 2007, 「일제의 한국 석탄산업 침탈 연구」, 이화여대 박사논문.

하려는 시도였다. 아울러 근대 광업으로의 발전을 위한 자주적 노력이 있었고, 이것이 외세에 의해 좌절되었다는 점은 가장 일찍 시작한 외세의 광업 이권 침탈과 연결되는 지점이기도 하다.

그런데 여기서 근대 광업 발전의 자주적 노력 주체로 주목한 것은 '덕대(德大)'의 존재였다. 덕대는 광산권을 가진 광산업자, 이른바 물주로부터 권리의 전부 또는 일부를 임대받아 독자적으로 노동자(광부)를 고용하여 광산을 개발하고 경영하는 존재였다. 이러한 광산개발·경영 형태를 '덕대제'라고 하였다. 덕대는 이미 조선후기부터 사금광산을 중심으로 그 존재가 확인되었으며, 한말 이후 근대 광업을 발전시키는 주체로서 '자본주의적 기업가'로 성장할 가능성이 있었는지를 분석하는 연구가 이루어졌다. 대표적으로 박찬일(1982a, 1982b), 임병훈(1983)의 연구가 있다.[16] 박찬일은 사금 광업 부문에서 자생적 '조선인 자본주의 발전'이 광범위하고 대규모로 전개되었고, 이는 개항 전 금광업에서 나타난 덕대 경영의 자본주의 맹아를 계승 발전시키는 모습이라고 주장하였다.[17] 그리고 이런 덕대 경영은 을사늑약 이후 일본 자본의 생산지배 과정에서 점차 왜곡되기 시작하였다고 보았다.[18] 임병훈은 개항 후 1890년대 전반까지 가장 활발하게 채광이 이루어진 함경남도 영흥금광(永興金鑛)의 사례를 실증하여 덕대제 광업 경영의 변모, 발전 과정을 확

---

16 박찬일, 1982a, 「한말 금수출과 금광업 덕대경영에 관한 연구」, 성균관대 박사논문; 박찬일, 1982b, 「한말 금광업 덕대경영의 시장조건」, 『무역학회지』 제7권, 한국무역학회; 임병훈, 1983, 「개항후 한말의 덕대제 광업경영-함경도 영흥금광 사례-」, 『대구사학』 24, 대구사학회.

17 박찬일, 1982a, 앞의 글, 134쪽.

18 박찬일, 1982b, 앞의 글, 84쪽.

인하였다.

한편 근대 광업의 자주적 발전 가능성으로 덕대제에 주목하는 것에 부정적인 시각도 일찍부터 있었다. 고승제(1953, 1959)의 이른 시기 선구적 연구,[19] 그리고 박기주(1998)의 연구가 대표적이다.[20] 고승제는 '덕대제적 경영 형태'의 뿌리 깊은 제약이 조선시대 경제구조의 근대화를 가능하게 할 '싹'을 말살하였다고 강하게 주장하였다.[21] 박기주 역시 덕대제를 '자본주의 맹아'가 아니라 광업의 근대화가 진행되면서 소멸하거나 변질되는 일종의 '하청제'로 규정하였다. 그는 결국 한국에서의 근대 광업은 일제가 주도한 「광업법」의 제정으로 광산권이 사적 재산권이 되는 것을 계기로 성립하였다고 보았다.[22] 주장의 대립점을 조금 두드러지게 묘사하면, 이들은 조선후기 자본주의 맹아로서의 덕대제가 개항 후 조선정부의 정책적 노력 속에서 근대 광업의 자주적 시작과 성장으로 이어지는 것을 근본적으로 부정하는 것이다. 이들의 주장에 따르면 근대 광업의 자주적 성장 노력과 외세에 의한 좌절이라는 프레임은 애초부터 성립하기 힘들어진다.

한말 광업에 대한 연구는 1980년대에 접어들면서 양적·질적으로 주목할 만한 진전을 이루었으며, 이를 통해 주요 쟁점도 좀 더 명확해졌다. 이후 더욱 활발한 연구가 이루어질 것으로 기대되었으나, 1990년대 이

---

19 고승제, 1953, 「한국 광업사 서설-한국 산업사 연구의 一齣」, 『경제학연구』 1-1, 한국경제학회; 고승제, 1959, 「李朝末期의 광업과 외국자본」, 『근세한국산업사연구』, 대동문화사.
20 박기주, 1998, 「朝鮮에서의 金鑛業 發展과 朝鮮人鑛業家」, 서울대 박사논문.
21 고승제, 1953, 앞의 글, 118쪽.
22 박기주, 1998, 앞의 글, 248~249쪽.

후의 한말 광업 연구는 이전 시기보다 활발해졌다고 보기 어렵다. 새로운 주제가 나와 주목받거나, 연구 대상 범위가 확장되었다고 평가하기도 어려운 상황이었다. 그렇지만 새로운 자료의 발굴과 이를 기반으로 한 실증적 연구를 통해 기존 연구의 주장들을 심층적으로 재검토하는 작업은 꾸준히 이루어졌다. 그중에서도 주로 관심을 기울인 것은 실제 광산의 개발과 관리·경영이 어떻게 이루어졌는지 확인하는 것이었다. 한국인 경영 금광업의 실태에 대한 박기주(1996)의 연구,[23] 대한제국기 내장원의 광산 관리·경영 실태를 분석한 양상현(1998)의 연구,[24] 그리고 광산노동자에 주목한 김양식(1997, 2000)의 일련의 연구[25] 등이 대표적이다. 외교사적 관점에서 조선 정부의 외세에 대한 채굴권 허가의 의미를 분석한 연구도 이루어졌다(현광호, 2008).[26]

2) 일제 시기 광업, 식민성과 근대성의 중첩

일제 시기 광업에 대한 연구가 본격적으로 시작된 것은 1990년대부터이다. 물론 이전에도 선구적 연구가 전혀 없었던 것은 아니었다. 대표

---

[23] 박기주, 1996, 「개항기 조선인 금광업의 실태 -징세인의 광산관리를 중심으로-」, 『경제사학』 20, 경제사학회.
[24] 양상현, 1998, 「대한제국기 내장원의 광산 관리와 광산 경영」, 『역사와 현실』 27, 한국역사연구회.
[25] 김양식, 1997, 「개항기 한말 광산노동자 연구」, 『국사관논총』 77, 국사편찬위원회; 김양식, 2000, 「대한제국기 덕대·광부들의 동향과 노동운동」, 『한국근현대사연구』 14, 한국근현대사학회.
[26] 현광호, 2008, 「대한제국의 은산금광 채굴권 허여와 그 외교적 의미」, 『대구사학』 92, 대구사학회.

적으로 한창호(1971)의 연구를 들 수 있다. 그러나 그의 연구는 광업만을 다룬 것이 아니라 공업을 포함한 전반적인 내용을 다루었으며, 연구의 내용도 개략적이라는 점은 아쉬운 부분이다.[27]

사실 일제 시기 광업에 대한 연구는 한말 광업 연구의 확대라는 측면에서 연구의 필요성이 대두되었다고 볼 수 있다. '시기적으로 구한말뿐만 아니라 일제시대까지 체계적으로 정리되어야 역사적 흐름 속에서 변화 양상을 추적할 수 있을 것이라고 생각된다'는 이배용의 언급이 이런 측면을 잘 보여준다.[28] 물론 여기서 말하는 변화 양상이란 외세의 이권 침탈 과정에서 나타난 변화를 의미한다. 개항부터 시작된 외세의 광업 이권 침탈이 종국에 어떤 결말로 이어지는지를 확인하려는 것이다. 이와 관련하여 이배용이 주목한 것은 「광업법」이었다. 1906년 통감부가 주도한 「광업법」 제정은 국내 광산에 대한 일본 광산업자의 자유로운 이권 침탈을 법적으로 뒷받침하는 대표적인 조치였고, 1915년 「조선광업령」의 공포는 본질적으로 일본이 한국 광업에 대한 식민지 독점체제를 구축하는 도구였다고 보았다.[29] 결국 그의 일제 시기 광업에 대한 관점은 외세의 침탈 주체가 일본으로 바뀌었을 뿐 한말 광업의 수탈적 구조는 그대로 강건하게 유지되었다는 것으로 이해된다.

---

27 한창호, 1971, 『일제하 한국 광공업에 관한 연구』, 민중서관; 일제 시기를 1910년대, 1920년대, 1930~1945년의 세 시기로 나누고, 각 시기별로 다시 공업, 광업, 동력 및 연료로 구분하여 실태를 정리하였다. 내용은 지금 시점에서 보면 개설적이라고 볼 수밖에 없지만, 분야별로 주요 업종을 모두 정리하고 관련 한국인 기업의 경영 실태도 서술하였다는 점은 주목된다.
28 이배용, 1989, 앞의 책, 머리말 참조.
29 이배용, 1989, 위의 책, 〈보론 1〉 일제초기 광업법 개정과 광업침탈 실태. 이 글은 동일한 제목으로 같은 해 서강대학교 동아연구소의 『동아연구』 17집에도 게재되었다.

그러나 이후 일제 시기 광업에 대한 연구는 의외로 활성화되지 않았다. 류승렬(1990)은 일제의 광산 침탈과 이에 저항하는 광산노동자계급의 성장이라는 구도에서 1930년대까지 광업을 정리하였으나, 후속 연구로 이어지지 않았다.[30]

일제 시기 광업사 연구의 부진은 조금 놀라운 현상이다. 광업은 주지하듯이 일제 산업개발의 식민성, 다시 말해 경제적 요인보다는 제국 국책에 연동한 개발, 전쟁 필요에 따른 무리한 개발을 잘 드러낼 수 있는 산업사 영역이기 때문이다. 물론 일제 시기 광업사 전반을 다룬 연구들이 없는 것은 아니다. 1989년 발간된 김종사의 『한국광업개사(韓國鑛業槪史)』는 전근대 광업사를 포괄하는 통사이기는 하지만, 그 안에서 일제 시기 전반을 다루었다.[31] 그러나 책 제목에서 알 수 있듯이, 이는 광업사를 개설적으로 정리한 수준에 그친다. 1930년 일본 규슈제국대학 채광학과를 졸업한 한국 1세대 광산기술자인 김종사의 업적을 기리기 위해 출범한 기념사업회의 추진 사업 중 출간된 책이라는 점에서, 이 연구의 성격을 어느 정도 짐작할 수 있다.[32] 이 책은 식민지 광업사에 대한 심층적 분석과 의미 부여보다는 당시 개발의 실태와 그 흐름을 간략하게 정리하는 데 초점을 맞추고 있다. 2012년 한국광업협회가 발간한 『한국광

---

30 류승렬, 1990, 「일제의 조선광업 지배와 노동계급의 성장」, 『한국사론』 23, 서울대학교 국사학과.

31 金鍾射, 1989, 『韓國鑛業槪史』, 한국자원공학회.

32 김종사는 1923년 경성고등공업학교 토목학과를 졸업한 후, 일본으로 건너가 규슈제국대학 채광학과를 나왔다. 이후 1930년대 조선 공업화를 주도한 일본 신흥 재벌 닛치쓰(日窒) 계열사 닛치쓰광업개발(日窒鑛業開發)(주)에 입사하여 광산기술자로 경험을 축적하였다. 해방 후에는 공직에 진출해 상공부 광무국장 등을 역임하였다. 관련해서는 金鍾射, 1989, 위의 책, 저자 연보 참조.

업백년사』는 비교적 최근 연구라고 할 수 있지만, 대체로 광산개발의 실태와 그 흐름을 개설하는 범주를 벗어나지 못했다.[33]

일제 시기 광업사 연구의 부진은 한말 광업사가 외세의 이권 침탈의 관점에서 매우 이른 시기부터 학계의 주목을 받은 것과 비교하면 매우 이상한 현상으로, 관련해서는 다양한 이유가 있을 것이다. 그러나 무엇보다 중요한 이유는 1990년을 전후해 '식민지 근대화 논쟁'이 촉발되고 이후 계속 가열되면서 일제 시기 연구가 주로 식민성을 따져볼 수 있는 주제에 주목했기 때문으로 보인다. 실제로도 정책 중심의 거시 경제나 식민지 공업화, 민족자본가 논쟁의 영향을 받아 한국인 자본가와 기업의 사례 연구 등에 주목하였으며, 이런 방향으로 연구가 진행되었다.

일제 시기 광업사에 대한 연구가 전반적으로 부진한 상황이지만, 몇몇 주목할 만한 연구도 있었다. 우선 박기주(1998) 연구를 들 수 있다. 그는 일제 시기 산금정책과 금광업의 구체적인 전개 과정 및 성과를 분석하였다. 금광업을 근대 산업으로서 조명하며 많은 새로운 사실들을 정리해 내었지만, 연구 범위가 광업 전반에까지 확장되지는 않았다. 또한 기존 '거친 수탈론'을 발전시켜 식민성에 천착해 보려는 노력도 크게 기울이지 않았다. 오히려 그는 이권 침탈의 식민성보다는 근대성에 관심을 두었으며, 근대 산업으로서의 광업의 발전에 초점을 맞추었다. 금광업을 중심으로 제도의 구축과 기술의 발전을 통해 근대적 산업으로서의 광업이 식민 치하에서 어떻게 성장했는지, 그리고 그 속에서 한국인 광업가들이 어떤 역할을 했는지에 대해 주목하였다. 이런 관심은 당시 학계에서 이른바 '식민지 근대화 논쟁'이 한창 가열되던 분위기의 영향을 일정

---

33 한국광업협회, 2012, 『한국광업백년사』.

부분 받았을 것으로 보인다. 박기주의 주장은 기존 이권 침탈적 시각과 논쟁할 수 있는 가능성을 지니지만, 무엇보다도 관련 사료들을 촘촘하게 분석하여 기존에 알지 못했던 일제 시기 한국인 광산업자의 모습을 밝혀냈다는 점에서 실증적 연구로서의 의의를 갖는다.[34]

금광업과 관련해서는 전봉관(2005)의 연구도 언급할 수 있다.[35] 그는 국문학자이지만, 여러 가지 파편적인 자료를 끌어모아 1930년대 일본의 산금정책에 힘입어 식민지 조선에 불어닥친 금광개발 열풍을 하나의 사회현상으로 잘 그려내고 있다. 수탈과 근대에 대한 고민보다는 당시 금광개발 붐이라는 식민지 조선의 사회현상을 문학전공자의 맛깔난 문장으로 실감나게 묘사하고 있다.

다음으로 석탄광업과 관련해서는 아유카와 노부오(鮎川伸夫, 2003)와 김은정(2007), 박기주(2009, 2010)의 연구가 있다.[36] 아유카와는 전시체제기에 접어들면서 석탄광업의 합리화 과정과 그 한계에 주목하였고, 김은정은 대한제국기부터 해방에 이르는 긴 기간에 걸쳐 석탄광업의 전개 과정을 전통적인 수탈적 관점에서 정리하였다. 박기주는 식민지 근대화

---

34 박기주의 광업에 대한 연구는 1998년 박사학위 논문 외에, 1988년 1930년대 일제의 조선 산금정책, 그리고 앞서 언급한 금광업 실태에 대한 분석, 1999년 1930년대 조선 금광업의 기계화와 노무관리 통제가 개별 논문으로 있다. 앞의 두 논문은 박사학위 논문에 포함되었고, 뒤의 한 논문은 학위 논문의 연장선에 있다. 구체적 서시사항은 참고문헌 참조.

35 전봉관, 2005, 『황금광시대』, 살림출판사.

36 鮎川伸夫, 2003, 「植民地朝鮮における石炭産業」, 『大阪經濟論集』 54-2, 大阪經大學會; 김은정, 2007, 「일제의 한국 석탄산업 침탈 연구」, 이화여대 박사논문; 박기주, 2009, 「식민지기 조선의 석탄 수급구조와 정책」, 『대동문화연구』 67, 성균관대학교 대동문화연구원; 박기주, 2010, 「전시기 식민지 조선의 석탄 증산과 배급통제」, 『대동문화연구』 71, 성균관대학교 대동문화연구원.

론의 관점에서 조선총독부의 석탄정책을 분석하고 '개발정부적인 모습에 근접한 것'[37]으로 평가하였다. 대한석탄공사(2001)의 사사(社史)인 『대한석탄공사50년사』도 일제 시기 석탄광업을 정리하였는데, 수탈론적 관점에서 기존 연구를 토대로 한 개략적인 서술이었다.[38] 한편 박현(2009)은 일제 산금정책과 금 생산 및 유통, 석탄 생산에 주목하여 여러 가지 새로운 사실들을 밝혀냈다. 그러나 그의 주요한 관심은 광업에 있었다기보다는 조선총독부의 전시경제정책 자체에 있었다.[39]

금, 석탄과 함께 일제 시기 광산개발의 주요 대상이었던 철광산과 관련해서는 일찍이 일본 경제사학계에서 주목을 받았다. 대표적인 연구자로는 나가시마 오사무(長島修, 1977, 1986, 1987, 2000)를 들 수 있다.[40] 그 외에도 나구라 분지(奈倉文二, 1984), 오카자키 데쓰지(岡崎哲二, 1993)의 연구가 있다.[41] 그러나 이들 연구는 당연한 것일 수도 있지만, 주로 근대 일본제철산업사 연구의 일환으로 식민지 조선의 철광산개발과 제철업에 대해서 분석하였다. 따라서 조선의 철광산개발 실태나 이를 통한 제철업의 전개 과정 등에 대해서는 그 내용이 소략하다. 21세기에 들어서

---

37 박기주, 2009, 앞의 글, 588쪽.
38 대한석탄공사, 2001, 앞의 책.
39 박현, 2009, 「조선총독부의 전시경제정책, 1937~1945-자금·생산·유통 통제를 중심으로-」, 연세대 박사논문.
40 長島修, 1977, 「日本帝國主義下朝鮮における鐵鋼業と鐵鑛資源(上), (下)」, 『日本史研究』 183, 184, 日本史研究會; 長島修, 1986, 『日本戰時鉄鋼統制成立史』, 法律文化社; 長島修, 1987, 『戰前日本鉄鋼業の構造分析』, ミネルヴァ書房; 長島修, 2000, 『日本戰時企業論序説:日本鋼管の場合』, 日本經濟評論社..
41 奈倉文二, 1984, 『日本鉄鋼業史の研究-1910年代から30年代前半の構造的特徴-』, 近藤出版社; 岡崎哲二, 1993, 『日本の工業化と鉄鋼産業:經濟発展の比較制度分析』, 東京大学出版会.

김승미(2006a, 2006b, 2007)의 연구가 진행되었으나, 이는 주로 미쓰비시(三菱) 재벌이 1917년 황해도 송림면(松林面)에 건설한 겸이포제철소(兼二浦製鐵所) 사례 연구에 국한되었다.[42]

한국 학계의 연구에서 전시체제기 공업화와 관련하여 제철업을 다룬 초기 연구로는 김인호(2000)의 연구가 있다.[43] 그러나 그 또한 식민지 공업화의 전체적 추이에 주목했기 때문에 전시체제기 제철업 자체의 전개과정을 깊이 다루지는 않았다. 이후 배석만(2008, 2016), 정안기(2009)는 일제 말 철강 증산의 전시 국책 수행을 위해 조선총독부가 시도한 '소형용광로 제철사업'을 분석하였다.[44] 그러나 소형용광로 제철사업만으로 전시체제기 제철업 전체의 모습을 읽어내는 데는 무리가 있다.

광업 관련 주요 기업의 경영사 연구, 한국인 기업가의 기업활동에 대한 사례 연구도 일정한 성과가 축적되었다. 기업 경영사 연구로는 배석만(2010a, 2010b)과 정안기(2011a, 2011b, 2012, 2015)의 연구가 있다.[45]

---

[42] 金承美, 2006a, 「日本企業の韓国への進出と経営-戰前期を中心に-」, 一橋大学博士論文; 金承美, 2006b, 「三菱の鉄鋼業への進出-三菱製鉄株式会社兼二浦製鉄所を中心に」, 『三菱史料館論集』7, 三菱經濟硏究所附属三菱史料館; 金承美, 2007, 「三菱製鉄株式会社の経営-兼二浦製鉄所を中心に」, 『三菱史料館論集』8, 三菱經濟硏究所附属三菱史料館.

[43] 김인호, 2000, 『식민지 조선경제의 종말』, 신서원.

[44] 배석만, 2008, 「일제말 조선인자본가의 경영활동 분석-백낙승과 이종회의 군수회사 경영을 중심으로」, 『경제사학』45, 경제사학회; 배석만, 2016, 「태평양전쟁기 일제의 소형용광로건설사업 추진과 귀결」, 『인문논총』73-1, 서울대학교 인문학연원; 정안기, 2009, 「전시기 日本帝國의 철강증산정책과 '조선형 증산모델'-소형용광로 제철계획을 중심으로-」, 『경제사학』47, 경제사학회.

[45] 배석만, 2010a, 「조선 제철업 육성을 둘러싼 정책조율과정과 청진제철소 건설(1935~45)」, 『동방학지』151, 연세대학교 국학연구원; 배석만, 2010b, 「태평양전쟁기 조선제철주식회사의 설립과 경영(1941~1945)」, 『사학연구』제100호, 한국사학

조선제철, 일본제철 청진제철소, 일본강관 원산제철소, 이원철산, 조선광업진흥의 설립과 경영에 대한 사례 연구가 이루어졌다. 일제 시기 활동한 한국인 기업가에 대한 연구로는 김준헌(1987), 방기중(1996), 배석만(2016), 나가사와 가즈에(長沢一惠, 2016)의 연구가 있다.[46] 광산업자 김태원(金台原), 이종만(李鍾萬), 최남주(崔南周) 대한 연구가 이루어졌다. 그러나 산업사적 관점에서 광업에 접근했다기보다는 일제 시기 일본인 기업가에 대비되는 한국인 기업가의 활동에 초점을 맞춘 연구였다.

전체적으로 보면 광업은 2차 산업으로서, 공업에 버금가는 지위를 가졌음에도 불구하고 산업사로서 전체상을 그려볼 수 있을 정도로 연구가 진행되었다고 말하기 힘들다. 식민지 공업화와 연계된 제조업 중심의 공업 연구와 비교해 보면 연구 부진이 더욱 명확해진다. 일제 시기 광업의 주력 업종이었던 금광과 석탄조차도 본격적으로 연구한 연구자는 한두 명에 불과하며, 연구의 양도 부족하다. 광업은 식민성과 근대성, 개발과 수탈의 양면적 모습이 매우 강하게 공존하는 산업이다. 김은정과 박

회; 정안기, 2011a, 「戰時期 鍾紡그룹의 다각화 전략과 평양제철소」, 『경영사학』 26-3, 한국경영사학회; 정안기, 2011b, 「戰時期 日本鋼管(주)의 조선 투자와 경영-원산제철소 건설과 경영활동을 중심으로-」, 『경제사학』 51, 경제사학회; 정안기, 2012, 「전시기 조선 철강업의 구조와 利原鐵山(주)-무연탄 제철사업 진출과 戰時經營을 중심으로-」, 『한일경상논집』 56, 한일경상학회; 정안기, 2015, 「1930년대 조선형특수회사, 조선광업진흥(주)의 연구」, 『대한경영학회 학술발표대회 발표논문집』, 대한경영학회.

46 김준헌, 1987, 「소남 김태원의 事跡과 금정광산의 경영」, 『경영사학』 2, 한국경영사학회; 방기중, 1996, 「일제말기 大同事業體의 경제자립운동과 이념」, 『한국사연구』 95, 한국사연구회; 배석만, 2016, 「일제말 광산업자 崔南周의 端川鑛山 개발과정과 귀결」, 『한국사연구』 172, 한국사연구회; 長沢一惠, 2016, 「近代鑛業と植民地朝鮮社会: 李鍾萬の大同鑛業と雜誌『鑛業朝鮮』を中心に」, 『한림일본학』 29, 한림대학교 일본학연구소.

기주가 일제 시기 석탄광업이라는 동일한 주제를 가지고 매우 상반된 역사상을 그려내고 있는 것은 식민지 근대화 논쟁의 영향이기도 하지만, 광업이라는 산업의 특별한 성격이 반영된 결과라고도 생각한다. 아울러 너무 당연한 이야기일 수 있지만, 개항부터 일제 시기를 거쳐 해방 후 현재에 이르기까지 대략 150년간의 광업사를 정리하는 것은 드라마틱한 전개 과정을 보인 한국 근대산업 발전사의 전체상을 보완하는 데 매우 중요한 과제이다.

일제 시기 광업사를 선행 연구를 길잡이로 삼고, 관련 자료를 분석하여 전체적으로 정리한 이 책이 산업사적 관점에서 한국 근대 광업사 연구를 본격화하는 시발점으로서 작은 역할이나마 하기를 희망해 본다.

3. 본문 구성과 서술 방향

이 책은 산업사의 연구 관점에서 일제의 식민지 지배 기간 동안 전개된 광업개발의 역사를 관련 정책과 그 결과로서의 실태라는 두 가지 측면을 중심으로 전체적으로 정리하려고 한다. 이를 위해 본문은 총 6장으로 구성하였다.

우선 제1장은 일제 시기 광업사의 전사로서 한말 관련 주요 내용을 개략적으로 서술한다. 주로 기존 연구에 의존하지만, 자주적 근대 광업 발전에 실패한 결과와 그 원인을 찾는 데 주력하기보다는 〈일제침탈사 연구총서〉의 취지에 맞게 자주적 노력의 과정을 충실하게 드러내는 데 초점을 맞췄다. 개항 후 조선 정부의 근대 광업 구축을 위한 노력, 근대 광업의 기술과 자본 이식을 무기로 자국 이익을 우선시하는 외세, 이 양대 축이 다양한 관계를 형성하며 전개된 한말 근대 광업 구축 시도의 역사적 모습을 그려낼 것이다. 이를 위해서 주로 광업 관련 법과 제도의 구축에 주목하였다. 1887년 '광무국(鑛務局)' 설치와 1895년 「사금개채조례(砂金開採條例)」 공포, 1898년 주요 광산 관리의 궁내부(宮內府) 이속과 이후 관리·경영 과정을 중점적으로 다루었다. 그리고 1906년 일제에 의해 제정된 「광업법」이 이러한 조선의 노력에 어떠한 영향을 미쳤는지를 정리할 것이다.

제2장은 일제에 의한 식민지 광업개발의 준비기인 1910~1920년대 광업에 대해 서술한다. 본격적인 광업개발을 위한 사전 작업으로 일제가 시행한 광물 분포 조사와 연구, 그 담당 주체로서 연료선광연구소의 설치와 활동, 관련 법·제도의 정비로서 「조선광업령」 공포 등을 다룬다. 아울러 광업개발 실태와 관련해서는 1910년대와 1920년대를 구분하여 전체적 추이를 정리하고, 석탄과 철광 분야에서 일본 재벌 대자본의 진출, 조선총독부의 석탄산업 육성을 위한 노력 등을 살펴볼 것이다.

제3장은 1930년대 일제가 엔블록 경제권 전역에 걸쳐 초중점 국책으로 추진한 금 증산정책 속에서 그 중심이었던 식민지 조선의 산금정책, 금광개발, 1938년부터 시작된 조선총독부의 '조선산금5개년계획' 수립 과정을 다룬다. 이를 통해 일제가 산금정책을 추진하게 된 배경과 과정, 조선총독부 산금5개년계획의 입안 과정과 핵심 내용, 그리고 그 결과를 파악한다. 또한 본격화된 금광개발의 실태, 법적 기반으로서의 「조선산금령」, 최종적으로 일본 국고로 집중된 금 유통 과정까지 정리할 것이다.

제4장은 1930년대 본격화된 식민지 조선 내 철광산 개발과 이를 토

대로 한 제철업 육성 과정을 분석한다. 우선 황해도 철광산을 기반으로 한 겸이포제철소 설립과 운영을 전사로 간략하게 다룬다. 이후 1930년대 조선총독부의 식민지 공업화 일환으로 시작해 전시체제기 철강 증산 국책하에 제국 차원에서 확대 추진된 무산철광 개발과 청진제철소 건설 과정을 그 귀결과 한계를 포함하여 구체적으로 분석할 것이다.

제5장은 1930년대 일제의 석탄 증산정책과 그 실태를 다룬다. 일본 해군의 군수, 그리고 일본 가정 난방용 수요와 연결된 무연탄과, 식민지 조선 내 석탄액화사업의 원료로 결합된 유연탄으로 나누어 변화 과정을 추적할 것이다. 관련해서는 조선총독부가 석탄 증산을 목적으로 주도한 무연탄 합동, 유연탄 합동에 대해서도 살펴볼 것이다. 조선산 석탄의 생산과 제국 내 유통 과정을 분석하여 노동 착취, 자원 수탈을 중심으로 식민성을 부각할 것이다.

제6장은 태평양전쟁기 일제가 전쟁 승리를 위해 사활을 걸었던 군수용 특수광물, 희귀금속 증산정책의 추진과정, 이에 입각한 광산개발 실태, 그리고 이른바 무연탄제철법으로 불린 소형용광로 제철사업을 분석한다. 태평양전쟁기 광산개발은 경제성을 고려하지 않은 증산 일변도의 광산개발로 1930년대와 차별성을 가진다. 그 실태를 전체 추이와 구체적 사례 분석을 통해 드러내 보일 것이다.

이 책의 서술 방향은 우선 일제 시기 광업사의 흐름을 명확히 드러내는 데 1차적인 주안점을 둔다. 이를 위해 한반도 전역에 걸친 광업의 실태, 주요 광물의 생산과 유통 실적의 추이를 최대한 일목요연하게 제시하고자 노력하였다. 또한 필요할 경우 관련 통계자료를 적극 활용하여 시계열적으로 정리하였다.

다음으로 일본 제국주의 국가 차원의 광산개발정책의 전모가 드러날 수 있도록, 관련 기구, 기업의 설립과 경영실태를 밝혀낸다. 특히 1930년대 후반부터 본격적으로 구축된 전시체제기 특수기관들에 대한 분석에 중점을 둔다. 이들 기관을 추적하는 것은 광산개발의 식민성을 밝히는 데 핵심적인 요소이기 때문이다. 경제성이 낮은 광산의 개발이 대규모 국가 자금 보조와 제도적 지원, 대규모 저임금 노동력 동원을 통해 광범위하게 이루어진 실태를 구명하고, 그런 광산들이 개발된 이유를 찾아봄으로써 일제 시기 광산개발의 식민성이 드러날 것으로 기대한다.

일본 재벌 자본의 식민지 진출과 관련하여 민간이 주도한 광산개발의 실태도 최대한 밝혀보려고 하였다. 이를 위해 광산업과 관련된 주요 기업의 설립과 경영, 관련 동업조합의 설립과 운영 과정을 분석할 것이다. 광산을 경영한 주요 기업가에 대해서는 한국인 기업가를 포함하여 기존 연구를 통해 밝혀진 사례를 정리하는 한편으로 새로운 사례도 발굴해 정리할 것이다. 이를 토대로 일제 광산정책과의 관련성, 특히 광산개발에서 국가 주도와 민간 주도의 상호관계 및 차이 등을 구분하여 비교분석을 시도해 보려고 하였다.

한편 이 연구의 주요 대상은 광산개발이지만, 생산과정과 연결되는 광물 제련의 영역도 제철을 중심으로 분석 대상에 포함하였다. 특히 식민성이 두드러지는 일제 말 소형용광로 제철사업에 주목했다. 또 광산개발에 대규모로 동원된 저임금 한국인 노동력의 실태를 정리하고, 식민성을 드러내기 위해 노동환경과 관련하여 일본과의 비교도 시도할 것이다.

제1장
한말의 광업, 자주적 발전의 노력과 좌절

개항 전 광업은 근대 산업을 적극적으로 전망할 만큼 활발한 개발이 이루어졌다고 말하기는 힘들다. 여러 가지 이유가 있지만, 근대 산업화의 주체가 민간이었음을 염두에 두면 근본적으로는 국가의 허가 없이 민간이 광산을 개발하는 것이 원칙적으로 금지되어 있었기 때문이다. 조선시대 광업은 국유, 국영이 기본적인 원칙이었다. 그렇다고 국가 주도의 광산개발이 활발했다고 말하기도 힘들다. 농업을 근본으로 보는 사회경제적 기조 속에서 토지를 훼손하고 농민을 농사로부터 이탈시키는 광산개발에 적극적일 수 없었기 때문이다. 물론 조선후기에는 이 기본 체제가 흔들리는 모습을 보인다. 17세기 중엽 이후 설점수세제(設店收稅制)와 같은 개인의 광산개발을 허용하는 대신 세금을 받는 정책이 시행되고, 또 '잠채(潛採)'라고 불린 민간의 무허가 광산개발도 활발해졌다. 광산개발과 경영의 형태도 물주와 덕대, 그리고 광군(鑛軍)으로 불린 광산노동자가 동원되는 덕대제가 성행하였다. 덕대제는 물주가 채굴·제련시설과 운영자금을 투자하고 혈주(穴主)나 덕대가 임대 형식으로 대규모 인력을 고용해 광산을 개발하고 광물을 채굴하는 형태였다. 광산의 규모에 따라 고용된 인원이 수천 명에 달하기도 하였다. 이들 광산노동자의 공급처는 물론 농촌이다. 농업으로 생계가 어려운 빈농들이 전업 또는 부업 등 다양한 형태로 광산 노동에 종사한 것이다.

그러나 조선후기 나타난 광산개발의 변화된 모습이 근대 광업을 염두에 둔 근본적 움직임이라고 보기는 힘들다. 덕대가 상인들로부터 자본을 끌어들이고, 덕대로부터 임금을 받는 광군이 존재하며, 채굴·제련과정의 분업적 협업이 이루어져 광산의 개발과 경영이 '자본제적 방식'을 띤다고 하더라도 이런 현상이 광범위하게 일반화되었다고 말하기는 어렵기 때문이다. '자본제적 방식'인가에 대한 의문도 지적된다. 덕대와 광군의 구분이 어려운 경우가 있고, 분업적 협업이라 규정하기 힘든 사례도 많으며, 개발 규모가 매우 소규모인 경우도 많이 보이기 때문이다.[1] 광산노동자들을 임금노동자로 볼 수 있는가에 대해서도 논란이 있다.[2] 18세기 중엽 이후에는 민간의 광산개발을 억제하는 정책으로 돌아서기도 하였다. 농민들이 광산에 과도하게 모여들면서 농업에 악영향을 준다고 판단하였기 때문이다. 조선 정부는 광산개발로 전답이 파괴되고, 농민이 광산에 몰리는 이농 현상으로 농업생산을 위축시키는 것을 우려하였다.[3]

결국 조선후기 잠채, 덕대제 등 민간 광산개발의 모습을 적극적으로 해석한다고 하더라도 근대 광업으로 가는 '징후' 수준을 벗어나지는 못했다고 할 것이다. 농업 중심의 국가정책과 광업의 국유, 국영 원칙도 대체로 공고했다. 근대 광업은 민간이 개발권을 재산으로 인식하고 국가가 그것을 승인하는 체제가 구축되는 것을 전제로 한다. 영리 추구를 목적으로 하는 민간이 주체가 되어 자유로운 개발과 경영, 관련한 기술혁신과 규모의 확대, 개발권과 광산의 매매를 통한 재산권 행사 등이 전개되는 모습이었다. 이와 같은 광업의 근본적 변화의 태동은 결국 개항을 기다려야 했다.

---

1 근대 광업과 관련해 덕대제를 보는 상반된 시각에 대해서는 서론의 연구성과 정리 참조.
2 개항 이후 한말에 걸친 광산노동자를 연구한 김양식 또한 이 시기 광부들은 봉건적인 노동자도 아니고 근대적인 임노동자도 아닌 과도기적 존재였다고 규정하고 있다(김양식, 2000, 「대한제국기 덕대·광부들의 동향과 노동운동」, 『한국근현대사연구』 14, 한국근현대사학회, 38쪽).
3 조선후기 국가의 광산개발 억제와 관련해서는 柳承宙, 1993, 『朝鮮時代 鑛業史硏究』, 고려대학교 출판부, 제5장 참조.

1. 광무국 설치와 개발방식의 고심

    1876년 일본과 맺은 강화도조약을 계기로 시작된 개항은 두 가지 방향에서 근대 광업으로의 길을 열었다. 첫 번째 방향은 국가의 인식과 태도 변화이다. '부국강병'을 위한 재정 마련의 방편으로 근대식 채굴법과 채굴 기계를 도입해 광산을 개발해야 한다는 주장에 힘이 실렸다. 이는 물론 개화파가 주도한 것이었다. 이들은 개항 후 중국, 일본 등을 통해 들어오는 정보와 서적, 그리고 수신사, 영선사로 파견되어 직접 경험한 것들을 통해 지속적으로 국가 차원의 광산개발이 필요함을 환기시켰다. 1884년 마침내 광산개발에 국가가 적극적으로 나서는 방침이 공식화되었다. 고종의 다음과 같은 전교(傳敎)가 이를 상징한다.

    다섯 가지 금속인 금(金), 은(銀), 동(銅), 철(鐵), 연(鉛)은 바로 자연에서 얻어지는 이로운 광물로서 백성들의 생활을 넉넉히 하고 나라를 부유하게 하는 데 보탬이 되는 것이다. 광산을 개발하여 채취하는 일을 장내사(掌內司)에서 전적으로 주관하고 농간을 부리는 폐단을 단속하여 영원히 금지시키되, 국(局)을 설치하고 관리를 두는 등의 문제는 군국아문(軍國衙門)에서 절목을 마련하여 들이도록 하라.[4]

    국왕 전교 이후 광산개발 관련 업무를 전담하는 부서를 설치하려는 움직임이 있었으나, 직후 일어난 갑신정변으로 개화파가 실각하면서 보

---

4   『고종실록』 고종 21년(1884) 9월 16일.

류되었다. 그러나 국가의 인식 전환이 사라진 것은 아니어서, 광산개발은 내무부의 주관 아래 지방 감영의 관장으로 이뤄지게 되었다. 그리고 늦어지기는 했지만 광산개발 관련 업무의 전담기관도 1887년 광무국(鑛務局)의 설치로 그 결실을 보게 되었다.

근대 광업을 추동한 두 번째 방향은 주지하듯이 외세에 의한 광산 이권 침탈의 움직임이다. 우선 영국은 1883년 조영수호통상조약(朝英修好通商條約)을 체결하자 곧 광산 이권에 관심을 나타냈고, 1884년 서구 열강 중 처음으로 경기도 영평(永平)에 소재한 사금광(砂金鑛)의 채굴을 시도했다. 사금광이 위치한 영평 만세교(萬世橋) 주변의 수변(水邊)에 기계를 설치해 채굴을 감행했을 뿐만 아니라 인근 논밭에도 침입해서 채굴을 시도하였다. 갑작스럽게 서양인들이 기계를 가지고 들어와 논밭을 헤집고 사금을 채취하는 것에 대해 지역 주민들이 반발했다. 영평 사금광은 이미 오래전부터 현지 주민들에 의해 사금 채취가 성행하던 곳이었으므로 그 반발은 더욱 강할 수밖에 없었다. 이것은 결국 한국과 영국의 정부 간 외교문제로 비화되었다.[5]

영국에 의한 영평 사금광개발 시도는 이후 별다른 진척을 보이지 못했다. 개발을 주도했던 중국 광동(廣東)을 거점으로 한 영국 무역회사 이화양행(怡和洋行)이 1884년 말 인천에서 철수했고, 이듬해인 1885년에는 '거문도사건'[6]이 일어났기 때문이다. 그러나 광산개발과 관련한 서구 열강의 신속한 움직임은 근대 광업의 길을 여는 국내 광산개발과 관련

---

5   이배용, 1989, 『한국근대광업침탈사연구』, 일조각, 130~133쪽.
6   영국 해군이 러시아의 남하를 저지할 목적으로 1885년 거문도를 점령한 사건이다. 영국군의 거문도 점령은 1887년 2월까지 약 2년간 유지되었다.

해 조선 정부의 인식과 태도 변화라는 첫 번째 방향보다 훨씬 더 강력한 영향력을 미쳤다. 서양인들의 무단적인 개발 시도는 이미 벌어지고 있는 현실적 문제였기 때문이다. 일본과 서구 열강의 국내 광산 이권에 대한 침투가 점점 노골화됨에 따라 조선 정부는 정책 차원에서 이를 막아야 하는 것이 시급한 현안으로 대두하였다.

개항 후 외세의 국내 광산개발 시도는 조선 정부에게 광산개발 이권이 매우 중요하다는 인식을 보다 강렬하게 가지도록 하였다. 우선 외국인에 의한 불법적인 광산탐사와 채광이 자행되고 있어 이들의 무단채굴을 금하는 방책 마련이 필요해졌다. 그리고 개발되는 광산의 수가 늘어남에 따라 그 관리와 세금 징수 등 다방면에서 급증하는 이른바 '광무(鑛務)'로 불린 관련 사무를 통괄할 규칙을 세우고 전담기관을 설치할 필요가 있었다.

1887년 광업과 관련한 사무, 즉 광무의 전담기관으로 광무국이 설치되었다. 설치 목적은 매우 명확했다. 최우선적인 것이 국가 주도 광산개발의 전담기관이 되는 것이었다. 광무국을 주목해야 하는 이유는 개발방식 때문이다. 조선 정부는 광무국 설치를 통해 광산개발을 구래의 전통적 방식에서 벗어나 서구 근대 광업의 기술과 자본을 들여와 발전을 이뤄내 보겠다는 방침을 공식화하였다. 따라서 광무국 설치로 보인 국가의 의지는 근대 광업으로의 길을 여는 중요한 변곡점이 될 수 있었다.

그런데 문제는 근대 광업으로의 발전이라는 목표를 실현하기 위해 서구 기술, 자본과 어떻게 결합할 것인가에 고민이 있었다. 경제성 있는 광맥의 탐사부터 광구를 열어 채굴을 시작하고(開鑛), 이후 생산력을 높여 이윤을 극대화하는 경영에 이르기까지 광산개발의 과정 그리고 이에 필요한 전문 인력의 육성 등 광업의 거의 모든 분야에서 서구의 협조가 필요하였다. 그러나 그 협조에 대해서 서구가 당연히 대가를 요구할 텐데, 당시 전형적인 제국주의 국가들인 서구 열강이 무리한 요구를 할 것으로 예상되었고, 결국 이것은 극단적 이권 침탈로 이어질 가능성이 높았다.

실제로 광무국 설립을 추진하는 조선 정부 내에서도 광산개발과 관련해 서구 열강과 어떤 관계를 설정할 것인지에 대해서 고심하고 있음이 확인된다. 핵심 쟁점은 광산개발과 운영에 서구의 개입을 '어느 정도까지 용인할 것인가'였다. 즉 전적으로 외국상인이나 상사(商社)에 맡길지, 아니면 조선 정부가 운영을 주도하고 서구 근대 기술과 자본 도입은 '고용'과 '차관'의 수준으로 한정할지가 양극에 있었다. 상식적으로 당시 제국주의 이권 침탈을 염두에 두면 후자의 길이 당연하게 보였지만, 문제는 조선 정부에 당장 근대 광업 육성을 주도적으로 이끌고 나갈 능력이 갖춰져 있지 않았다는 것이다.

더욱이 조선 정부에 영향력을 행사할 수 있는 고문의 위치에 있었던 외국인들이 광산개발과 경영을 서구에 전적으로 위탁하는 것이 현실적 상책임을 주장하며 조선 정부를 설득하려고 하였다. 이들은 서구의 경험 많은 광산업자나 기술자, 혹은 기업들에게 조선 광업의 개발과 경영을 일정 기간 전적으로 위임해 진행한다면 빠르게 발전할 것이며 막대한 이익을 올려서 관련 세금 징수도 획기적으로 늘어나 조선 정부의 재정 확충에 큰 도움이 될 거라고 주장하였다.

실제로, 1887년 5월 주한일본공사관 다카히라 고고로(高平小五郎) 임시대리공사가 일본 외무성 외무대신에게 보낸 기밀문서를 보면, 광산개발과 관련한 서구의 개입 방식과 정도를 둘러싼 조선 정부 내의 고심을 확인할 수 있다. 또 조선 정부 외교 고문으로 활동하고 있던 미국인 오웬 니커슨 데니(Owen Nickerson Denny)가 미국인 광산기술자까지 대동하여 광산개발과 경영을 위임하도록 조선 정부를 설득하고 있다는 사실도 확인된다.[7]

그러나 조선 정부의 고심이 오래가지는 않았다. 이후 광무국의 정책 진행 과정을 보면, 광업의 근대화를 위해 서구에 국내 주요 광산의 개발과 경영을 전적으로 위탁하는 상황은 발생하지 않았다. 대체로 주요 광산의 국영 기조 아래 외국인 광업기술자의 고용과 국내 기술자 육성, 기계 기구와 필요자금 도입을 위해 노력하는 방향으로 진행되었다.[8] 광무국 설치 다음 해인 1888년, 미국인 피어스(Pierce, A.I.)가 광무국 광산감독으로 고용되었다. 1년 계약으로 들어와 평안북도 운산금광(雲山金鑛)에서 임무를 수행한 뒤 돌아갔고, 이어서 다섯 명의 미국인 광업기술자가 초빙되었다. 국내 광업기술자 양성을 위한 노력은 1890년대부터 본격화되었고, 1900년에는 광무학교(鑛務學校) 관제(官制)가 공포되어 국가 차원 양성 시스템의 근거가 마련되었다.[9]

광무국은 광업의 전반을 관장하는 전담기관이었기 때문에, 국가 차원의 광산개발과 이를 위한 광맥 조사 등의 부대 업무 외에도 외국인과

---

7   外務省調査局 編纂, 1947, 『日本外交文書』 第20卷, 246~248쪽.

8   다카히라 일본 공사는 미국 외교 고문 데니의 광산개발과 경영 방식과 관련한 조선 정부 설득 작업이 실패한 것으로 보인다고 일본 외무성에 보고하였다(外務省調査局 編纂, 1947, 위의 책, 248쪽).

9   광무학교 관제 공포 이후 학교 설립을 위한 구체적인 사업들이 진행되었다. 관제에 따라 학교 교장은 광무국장이 겸임하지만, 실질적인 학교 운영과 학생 지도는 프랑스 광업기술자들을 초빙해 맡기도록 하였다. 학교 교사 신축도 시작되어 1902년 완공되었고, 9월부터 학생을 모집해 광산기술자 양성을 위한 체계가 갖춰졌다. 관련 공부를 위해 일본으로 유학을 가는 학생들도 나오게 되었다(이배용, 1989, 앞의 책, 37~38쪽).

국내 민간의 광산개발에 대한 관리 감독, 광산 관련 징세 업무 등도 수행하였다. 광산 현장에는 각 지역별로 광무감리(鑛務監理)를 파견하여 이들 감리가 업무를 감독·통제하는 한편으로 광무국에는 방판(幫辦)을 두어 신속한 관련 업무의 처리가 이루어지도록 하였다.

광무국의 설치는 국가 주도하에 근대 광업으로의 발전을 위한 조선 정부의 의지를 확인할 수 있다는 측면에서 평가할 수 있다. 그러나 그 목적 달성을 위한 과정은 순탄하지 않았다. 전담기관 설치로 광업 관련 행정적 사무는 이전보다 체계화되었고, 특히 외세의 불법적인 광산개발을 통제할 수 있게 되었지만, 자주적 근대 광업 발전을 위한 주목할 만한 성과는 내지 못했다. 그리고 1894년 광무국은 일제의 영향이 깊게 작용한 갑오개혁의 과정에서 공무아문(工務衙門) 소속의 광산국(鑛山局)에 흡수되었다.

자주적 근대 광업 발전이라는 관점에서 뚜렷한 성과가 없었던 가장 큰 이유는 광무국을 중심으로 조선 정부가 고심 끝에 결정한 국가 주도 광산개발에 '동도서기' 관점의 서구 기술 및 자본 결합 자체가 당시 서구 제국주의의 입장에서는 용인할 수 없는 방향이었기 때문이다. 이것은 사실 조선 정부가 한말 자주적 근대화 노력 과정에서 직면했던 것과 동일한 국면이다.

당시 한반도를 둘러싼 서구 열강과 중국, 일본은 광업 근대화를 위한 조선 정부의 기술, 자본의 도입 요청에 대하여 터무니없는 특권을 요구하거나 자국의 이익을 위한 정치적 계산을 선행하였다. 너무 당연한 제국주의 모습이지만, 결국 그 결과는 서구의 선진 광산 기술과 자본을 들여와 광산개발과 경영을 활성화, 확대하고 이를 통해 근대 광업의 자주적 토대 구축과 발전을 이루려는 광무국의 노력을 물정 모르는 순진한 아이의 모습으로 만들어 버렸다. 광무국에 의해 초빙되었던 미국인 광산 기술자들이 조선의 광업 근대화에는 관심이 없고, 미국의 운산금광 개발 착수를 위한 탐사에만 집중하다가 1년 만에 해고된 것이 이를 상징적으로 보여준다.

아울러 1890년대 청일전쟁과 갑오개혁, 이후 연속되는 을미사변과 아관파천, 그리고 대한제국 선포의 숨가쁜 정치적 격변은 광업 근대화를 위한 정책의 체계성, 추진력을 미약하게 만들었다. 결국 광무국은 설립 7년 만에 그 수명을 다하고 공무아문 광산국으로 흡수되었다. 이제 조선의 근대 광업으로의 발전을 위한 노력도 새로운 국면을 맞이하게 된다. 가장 큰 변화는 광업개발에 대한 서구의 영향력이 크게 확대되면서 일어났다. 광무국 설치 당시 이후 광산개발의 방향과 관련하여 미국인 외교고문 대니가 주장했던 서구에 대한 개발과 경영의 전적인 위임, 그리고 주로 서구와 일본 간에 전개되는 광산 쟁탈전이 본격화되기 때문이다.

2. 「사금개채조례(砂金開採條例)」 반포와 의미

1894년 갑오개혁을 계기로 조선 정부의 행정조직이 개편되면서 광무국이 사라지고, 광업 관련 업무는 공무아문 소속의 광산국이 설치되어 담당하게 되었다. 그리고 이듬해인 1895년에 다시 공무아문이 농상아문(農商衙門)과 통합되어 농상공부가 신설되면서 그 소속이 되었다.

광산국의 조직 구성은 산하에 광업과와 지질과를 두고, 참의(參議)인 광산국장 아래 주사(主事) 2명이 배치되었다. 광업과는 전국 광산의 조사, 채굴권 허가, 광산 경영, 광세(鑛稅)의 징수 등에 대한 일원적 감독과 관리를 담당하였고, 지질과는 기술개발, 지질·지층에 대한 조사, 지형 측량 및 관련 지형도의 제작, 국내 생산 광물 100여 종에 대한 조사, 수집, 시험 등의 연구 영역을 담당하였다.

갑오개혁 자체가 일제의 영향력 아래에서 진행된 것임으로 광산국의 근대 광업과 관련된 외국 기술자도 일본인을 초빙하게 되었다. 1895년, 일본인 광산기술자들이 초빙되어 광산국의 광무를 보좌하는 역할과 함께 전국 광산 조사를 실시하였다.[10] 조선 정부 내에 일본의 영향력이 강해진 것의 반영으로 광산국 안에서도 근대 광업의 도입 역할을 일본인 기술자들이 담당하게 된 것이다.[11]

---

10 이배용, 1989, 앞의 책, 25쪽.

11 초빙된 일본인 기술자들은 광산국 고문관으로 온 하세가와(長谷川芳之助), 광무보좌관 니시와다(西和田久學)와 광산기사 이시와타(石渡學之輔)였다. 하세가와는 1870년대 미국 유학을 통해 채광야금학(採鑛冶金學)을 배운 일본 1세대 광산기술자로 일본 굴지의 재벌 미쓰비시(三菱)의 모태인 미쓰비시사(三菱社)에 입사하여 광산개발과 운영에 중추적인 역할을 하였다. 1893년 미쓰비시사를 퇴사하여 독자적으로 광산 경영을 전개하면서 제철소 건설 등 일본 정부 관영사업에 관여하였다. 바로 이 시점에 광산국 고문관으로 조선에 들어왔다. 이후에는 정치인으로 변신하여 1902년 중의원(衆議院)에 당선되었고, 대러시아 조기 개전론 등 우익 국가주의의 입장에서 정치활동을 하였다(人事興信所, 1908, 『人事興信錄』 제2판, 175쪽). 광무 보좌관에 임명된 니시와다는 조선에 초빙된 1894년 그해에 도쿄제국대학 지질학 선과(選科)를 갓 졸업한 20대 초반의 신출내기 기사였다. 하세가와를 보좌하여 평안도와 함경도 등 주로 북쪽 지역의 광산 조사를 실시하였다. 1897년까지 3년간 조선 광산국에 근무하였고, 이후 일본으로 돌아와 미쓰비시합자회사－三菱社가 1893년 상법 시행에 의거 전환－에 취직하였다. 그가 미쓰비시합자회사에 취직한 계기는 미쓰비시 출신인 하세가와와의 인연 외에도, 조선에서의 광산 기사로서의 경력과 관련이 있어 보인다. 당시 미쓰비시합자회사가 뒤에 미쓰비시제철의 토대가 되는 조선의 철광산 개발 및 제철소 건설계획을 추진하고 있었기 때문이다. 니시와다는 3년간 조선에서의 경험을 바탕으로 미쓰비시합자회사가 조선의 철광산 탐사 및 개발을 진행하는 데

같은 해에는 광업과 관련한 최초의 근대적 법령이라고 할 수 있는 「사금개채조례(砂金開採條例)」도 반포되었다. 물론 광산국 개편과 밀접한 관련을 가진 조치였다. 광산국을 주체로 하여 재정과 연결되는 광산 세금을 보다 효율적으로 그리고 많이 징수하는 것과 함께 광산개발에 대한 관리·통제 강화를 목적으로 하는 법적 기반마련이었기 때문이다.

「사금개채조례」는 1895년 5월 19일 자 칙령 제94호로 반포되었다. 그 내용은 광산개발과 관련해서 당시 가장 개발이 활발했고, 이에 비례하여 폐단도 많이 발생하고 있었던 사금광에 대해 광구를 열고, 사금을 채굴하는 절차를 규정한 것이었다. 전체 조문은 47개 항목으로, '사금개채 절차는 본 조례에 의한다'는 제1조와 '본령은 반포일로부터 시행한다'는 제47조를 제외하면 관련 내용은 45개 조항이다. 이 중 제45조와 제46조의 2개 조항은 부칙으로 구분되어 있다.[12]

우선 제45조는 사금 외의 금, 은, 철, 동, 석탄, 그리고 기타 아직 개발이 시작되지 않은 광산·광구의 경우는 그 개발을 불허하며, 이미 광구를 열어 채굴이 시작된 광산의 경우 전례에 따라 징세하지만, 관련 규정이 만들어질 때까지 기다리도록 하였다. 제45조 내용은 「사금개채조례」의 성격과 관련하여 중요한 의미를 갖는다. 이 조례가 1895년 시점에서 광

중심 역할을 하였다(人事興信所, 1928, 『人事興信錄』 第8版, に56쪽). 관련하여 니시와 다는 「朝鮮ノ鐵鑛ニ就いて」(1910년 일본광업회지 게재) 등 다수의 글을 학술지에 게재하였다. 미쓰비시합자회사는 황해도 재령(載寧), 은율(殷栗) 등에서 철광산을 확인하고 개발에 들어갔고, 1912년 공식적으로 인근의 겸이포(兼二浦)에 10만 톤 규모의 제철소 건설을 확정하였다. 미쓰비시가 제철소 건설을 추진한 것은 산하 조선소인 미쓰비시중공업에서 필요한 선박용 강재의 공급 때문이었다. 실제로 겸이포제철소는 1918년부터 가동되어 미쓰비시중공업에 선박용 강재를 공급하였다.

12 「사금개채조례」 전문은 〈부록 1〉 참조.

산개발의 가장 많은 비중을 차지함과 동시에 이에 비례하여 개발 과정에 많은 문제가 발생한 사금광의 관리·통제와 관련한 긴급 조치의 성격을 갖는다는 것이다. 즉 최초의 근대 법령의 의미를 갖지만 동시에 임시 법령의 성격을 보여준다. 따라서 조선 정부가 국내 모든 종류의 광산개발에 대한 관리·통제와 징세를 위한 법률의 제정이 이루어지면 그 즉시로 사라질 법령이었다. 제45조는 이런 광산개발 관련 법령 정비와 관련한 조선 정부의 의지를 명시한 것으로 볼 수 있다.

다음으로 「사금개채조례」 반포가 광산국을 주체로 한 광산의 관리·통제, 그리고 이를 통한 증세가 목적이었으므로 법령의 주요 내용도 여기에 부합되는 것이었다는 점이다. 관련한 주요 내용을 보면, 우선 광산개발의 승인 여부는 반드시 광산국장이나 기사(技師)가 현장을 답사한 후에 가능하도록 하였다(제2조). 그리고 광산개발이 이루어지는 현지에는 영파원(另派員)[13]을 파견하여 관련 사무를 담당하도록 하였다(제3조). 영파원은 세금 징수와 관련해서도 전체적인 사무를 총괄하고(제12조), 각 광구마다 세감(稅監) 1인을 두어 징세하며, 덕대에게 관련 사무를 분담하도록 하였다(제13조). 영파원과 세감의 급료와 여비 등 경비는 징수한 세금에서 충당하도록 하였다(제21조, 제22조). 광부에 대해서는 농상공부가 광표(礦票)를 발급하여 관리하였고(제25조), 광표 휴대를 수시로 검사하여 무자격자가 섞여 들어와서 몰래 채굴하는 행위를 방지하도록 하였다(제30조). 광표 없이 채굴한 자에 대해서는 채굴한 사금을 몰수함과 동시에 징벌하고 광구에서 축출하도록 하였다(제36조). 광산개발을 제한하는 지역도 규정하였는데, 전답과 가사(家舍), 분묘의 경우 주위

---

13 '파원'이라고도 불렀다.

50보(步)까지 개발이 금지되었다. 당사자가 가사의 이전이나 분묘의 이장을 희망할 경우, 덕대가 그 경비를 지불하도록 하였다(제43조, 제44조).

　전체적으로 보면, 「사금개채조례」는 광산개발의 인허가 절차와 관리·통제, 납세 관련 규정이 마련되어, 사금광에 한정된 것이기는 하지만, 농상공부 광산국을 주체로 한 국가 차원의 어느 정도 체계적인 광산개발 체계를 갖추게 되었다고 평가할 수 있다. 그러나 「사금개채조례」 반포를 계기로, 이후 조선 정부의 광산정책은 본격적인 국가산업으로서의 광업의 발전, 그리고 그 과정에서 민간의 자유로운 광산개발과 그 권리 인정을 고민하는, 다시 말해 근대 광업으로 발전하는 방향으로 나가지 못했다. 여전히 모든 광산은 원칙적으로 국유·국영이었고, 근대 광업을 상징하는 민간 주체의 광산개발과 그 권한이자 재산으로서의 '광업권' 내지 '광산개발권'은 확립되지 못하였다.

　가장 큰 원인은 이후 일어나는 일련의 정치 상황에 있었다. 일제에 의존한 갑오개혁을 좌절로 이끌었던 아관파천과 대한제국의 선포, 그리고 광무개혁을 배경으로 하는 왕권 강화 속에서 광산 이권이 이에 필요한 자금 조달의 수단으로 인식되는 경향이 강했기 때문이다. 반외세 자주성 강조의 대한제국 선포는 황제권 강화로 연결되었고, 이를 위한 재정 확보책으로 광업이 주목된 것이다. 광업의 근본적 발전을 위해 주체가 되어야 하는 민간 광산업자의 육성, 서구 자본과 기술의 유입 등이 필요하지만, 그것보다는 당면한 황제권 강화를 위해 필요한 재정 확보를 위한 자금 조달, 다시 말해 세금을 얼마나 더 많이 징수할 것인가가 우선되었음을 부정하기 어렵다. 시급성에 따라 세금 징수에 주안을 두면서 국가가 광산을 소유하고 청부제 방식으로 개발·경영하는 기존의 익숙한 전통적 방식에 의존할 수밖에 없었다.

아울러 광업의 근대화를 위해서는 자본과 기술을 의존할 수밖에 없는 서구 외세와의 관계 설정이 중요함에도 불구하고 대한제국 선포라는 자주성 강화의 정치 기류 속에서 광산개발에서 단순히 외세를 배제만 하려는 정반대의 정책 기조가 강화되었다. 청일전쟁 승리를 배경으로 일본의 영향 아래 등장한 개화파 정권이 일본을 중심으로 한 외세의 광산 개발과 이권 침탈에 적극적으로 대응하지 않았던 반작용의 결과로 광산 이권 수호의 기류가 높아졌던 것도 상황을 더욱 악화시켰다. 대한제국 선포 직후 전국 주요 광산을 궁내부(宮內府)에 이속시켜 대한제국 황실이 직접 전통적 방식에 의해 관리·경영하도록 한 전격적 조치는 그 결과물이었다고 할 수 있다.

3. 주요 광산의 궁내부 이속과 관리·경영

아관파천을 계기로 개화파 정권이 붕괴되고, 고종이 친정체제를 구축한 광무 정권이 수립되면서 전국 광산 중 유망한 주요 광산들은 1898년 왕실 재정을 담당하는 궁내부에 이속되었다. 주도한 사람은 이용익(李容翊)이었다. 그는 원래 광산업자였다. 출신이 한미했고, 보부상, 물장수 등을 전전했지만, 함경남도 단천(端川)에서 금광개발을 통해 부를 축적했고 이를 토대로 정치권과 줄이 닿아 관직에 오른 인물이었다. 이미 1880년대 그의 근거지인 함경도 일대의 지방관을 두루 역임했는데, 주로 수완을 발휘한 것이 본업인 광업과 관련된 일이었다. 광무감리(鑛務監理)를 겸임하여 지방관으로 파견된 지역의 광산을 관리하고 세금을 거두는 일에서 두각을 나타내었다. 한말 관료 중에서 광산개발과 경영, 관련 세금 징수 등에서 최고 전문가였다고 할 수 있다.[14]

궁내부가 관리하게 된 광산은 전국 43개 군에 위치한 금·은·동·철·석탄 등 총 77개 관련 광산이었다.[15] 정리하면 〈표 1-1〉과 같다.

〈표 1-1〉 1898년 현재 농상공부에서 궁내부로 이속된 광산 현황

지역		금광	은광	탄광(煤炭)	철광	동광(銅鑛)	옥광(玉鑛)	합계
함경북도	부령	●		●		●		3
	길주			●	●		●	3
	경성			●	●		●	3
함경남도	단천	●	●		●	●	●	5
	장진	●	●					2
	갑산	●	●			●		3
	영흥	●		●	●	●		4
	문천			●	●			2
	고원	●		●	●			3
평안북도	영변	●			●			2
	선천	●						1
	의주	●						1
	후창	●				●		2
평안남도	평양	●		●				2
	순안	●						1
	은산	●						1
	개천				●			1
	영원						●	1

---

14 이용익과 관련해서는 '이용익(李容翊), 보부상 출신에서 대한제국의 실세로'(국사편찬위원회 우리역사넷[http://contents.history.go.kr/]) 참조.
15 議政府贊政農商工部大臣 李道宰, 1898, 「四十三郡各礦移屬宮內府請議書(1898.6.22)」, 『各司謄錄』.

도	군	1	2	3	4	5	6	7	8	합계
황해도	송화	●								1
	장연	●								1
	재령					●				1
	수안	●				●				2
강원도	금성	●	●							2
	춘천	●								1
	홍천	●				●				2
	삼척				●					1
경기도	안성	●								1
	통진				●					1
충청북도	청주	●				●				2
	충주	●								1
충청남도	직산	●								1
	공주		●							1
	문의	●								1
전라북도	금구	●								1
	남원	●				●				2
	전주	●								1
경상북도	청송	●								1
	의성	●								1
	경주				●	●		● 水鏡玉鑛		3
	성주	●								1
경상남도	울산				●	●				2
	창원	●			●	●				3
	진주	●			●					2
합계		43	32	6	13	17	4	5		77

출처: 국사편찬위원회, 1970, 「農商工部에서 43郡 各礦을 宮內府에 移屬케 할 것을 議論하여(光武 2年 6月 23日)」, 『고종시대사』 4집.

〈표 1-1〉을 보면, 77개 광산의 의미는 각 지역에서 산출되는 광물의 종류만을 구분하는 것으로 동일한 광물을 산출하는 광산이 여러 개 있을 경우 그 숫자는 더 늘어날 수 있다. 따라서 최소한 77개 광산 이상이라고 보는 것이 정확한 표현이다.

궁내부에 이속된 광산 대부분은 당시 시점에서 핵심적인 광산이었다. 그리고 금광이 압도적 비중을 차지한 것도 확인된다. 금광은 개항 후부터 일본으로의 금 수출과 연동되어 개발이 활발하게 이루어졌다. 일본뿐만 아니라 외세도 가장 관심을 가졌던 것이 금광이었다. 표를 보면 금광 다음으로는 철광과 탄광이 상대적으로 개발의 두각을 나타내었다. 철광은 일본 미쓰비시(三菱) 재벌의 황해도 철광개발과 겸이포제철소 건설로 이어지는 일련의 움직임이 주목되고, 탄광은 평양탄전의 개발이 활발하게 전개되었다. 그 외에 은과 동, 옥 광산의 개발이 일정하게 이루어지고 있었다. 궁내부 이속 시점의 지역별 광산 분포는 남한보다는 북한이, 북한의 경우 함경도, 남한의 경우 경상도에 많았다.

궁내부 이속 광산의 경영 주체, 다시 말해 광산을 경영하여 이윤을 내고, 국가에 정해진 세금을 납부하는 담당자는 영파원(另派員) 또는 파원(派員)이라고 불린 사람들이었다. 이들은 원칙적으로 국가에서 파견된 관리였다. 그러나 그 성격은 광산에 대한 자금 투자와 운영이라는 경영자의 모습과 함께 국가 입장에서의 광산관리, 그리고 세금 납부를 책임지는 이중적 성격을 가졌다. 여러 가지 일을 하다 보니 현장 경험이 풍부한 덕대 출신이 임명되는 사례도 많았다. 영파원 밑의 생산조직은 인부들(광군)을 데리고 채굴 등 실제 작업을 담당하는 책임자로 별장, 세금을 징수하는 세감 등이 있었다. 원칙적으로 상하관계로 구분되는 것이었으나, 현장에서는 중첩되기도 하였다. 영파원이 별장이 되기도 하고 세감의 역할을 했기 때문이다. 영파원 위에는 감리(監理)가 있었다. 도 단위의 전체 광산관리를 총괄하는 직책이었다.[16] 전국 광산을 총괄하는 직책은

---

16 도 단위 광산 관리자로 '위원(委員)'도 있었다. 감리와 위원의 관계는 상하관계로 보

감독(監督)이었는데, 이용익이 그 자리에 올라 궁내부 이속 광산관리의 총책임자 역할을 하였다.[17]

전국 주요 광산의 궁내부 이속 조치로 개화파 정권이 구축한 농상공부 광산국 관할과「사금개채조례」에 바탕을 둔 운영은 사실상 형해화되었다. 1902년 2월 농상공부의 광산국이 폐지되고 궁내부에 광무국이 설치되었다. 광무학교도 궁내부에 소속되었다.

광무 정권의 주요 광산 궁내부 이속의 명분은 왕실 재정을 강화하는 동시에 개화파 정부 수립 이후 서구 열강의 광산 이권 침탈 본격화에 대한 대응이었다. 1898년 1월 외국인에 의한 광산개발을 불허하는 방침이 공식화되었다. 이후 조치는 계속 강화되었다. 궁내부 관할 광산은 외국인 채광을 금지한다는 방침도 확정되었다. 나아가 내국인에 의한 광산개발의 경우도 외국인과 합작하거나 채굴권 양도, 외국인 기술자를 고용할 경우 제재를 가했다. 외국인이 국내 광산을 살펴보는 것조차 허용하지 않는 경우도 있었다.[18] 독립협회를 중심으로 당시 거세게 일어난 외세의 이권 침탈에 대한 반대 운동은 사회 여론까지 환기시켜 광무 정권이 광산 관련 조치를 강화하는 데 힘을 실었다.[19]

이나 명확하지는 않다. 양상현(1998)에 의하면, 위원은 최고 책임자 감독을 보좌하는 역할이고, 감리는 도 단위로 관리를 총괄하는 것이라 하였다. 그러나 여기에 부합하지 않는 사례도 발견된다.

17 『대한제국 관보』 1008호, 1898년(光武2년) 7월 20일. 대한제국 관보의 경우 국사편찬위원회 한국근대사료DB(https://db.history.go.kr/modern/)를 이용하였다.

18 양상현, 1998, 「대한제국기 내장원의 광산 관리와 광산 경영」, 『역사와 현실』 27, 한국역사연구회, 229~230쪽.

19 『독립신문』 1898년 8월 25일 자 2면 3단의 「내치 제일」이라는 제목으로 실린 다음 기사는 외세의 광산 이권 침탈에 대한 독립협회의 입장을 잘 보여준다. "그저께 독립협회에서 어떤 회원이 동의하기를 토대는 인민을 기르는 바이라, 토대가 없으면 인

왕실 재정을 담당하는 궁내부가 광업을 직접 관리·통제하는 상황은 이후 더욱 확대·강화되었다. 1899년 2월에는 서북 3도인 평안·함경·황해도의 농상공부 소관 광산을 다시 궁내부로 이속하였다. 같은 해 8월에는 궁내부 관제가 개편되어 산하 재정담당 부서인 내장사(內藏司)를 내장원(內藏院)으로 개칭하고, 궁내부로 이속된 광산의 관리와 관련 업무를 전담토록 하였다. 이용익이 내장원경(內藏院卿)이 되어서 총괄하였다. 농상공부가 관리하던 광산의 궁내부 이속은 이후에도 계속되었다. 1901년 6월, 경기도의 양성(陽城), 충청남도의 천안(天安)·전의(全義), 충청북도의 음성(陰城), 황해도의 배천(白川), 평안남도의 순안(順安), 평안북도의 창성(昌城) 등의 금광산과 강원도의 철원 철광산이 농상공부에서 궁내부 소속으로 전환되었다. 1904년에는 3개 군의 광산이 추가 이속되었고, 이를 통해 총 51개 군에 걸친 광산이 궁내부 관리하에 있게 되었는데, 이것은 사실상 국내 주요 광산의 거의 대부분을 궁내부에서 관리·통제하는 것을 의미하였다.[20]

민이 어디 있으며 인민이 없으면 나라가 어디 있으리요. 요사이 들은즉 외국에서 우리나라 광산과 철도 등을 빌리려 한다니 우리 정부에서 외국이 요구하는 대로 다 시행하게 되면 인민은 어디가 살며 나라는 무엇을 가지고 나라 노릇을 하리요. 외국 사람의 청구한 것이 진정한 여부와 장차 엇지 하려는지 본회에서 총대 위원을 별도로 선정하여 외부에 보내어 질문하여 보자 한 즉, 또 어떤 회원이 말하기를 지금 별입시 중에 간신배들이 성상 폐하의 총명을 옹폐하여 사리사욕으로 전부 협잡질들만 하고 매관매직들만 힘을 쓰고 법률과 장정과 규칙들을 준행하지 않는 까닭에 내치가 대단히 문란한지라, 내치만 잘 되면 외국 사람들이 우리나라 정부를 대하여 함부로 광산이니, 철도니 빌려달라고 말들을 못 할 터이요, 외국 사람들이 이왕 빌려 간 것이라도 우리나라 내치만 밝아지면 자연히 도로 내놓을 터이니 외부에 질문하자는 동의는 아직 미루고 내치 잘 되기를 돕자고 하였다더라."

20 이배용, 1989, 앞의 책, 29~30쪽; 박기주, 1998, 「朝鮮에서의 金鑛業 發展과 朝鮮人 鑛業家」, 서울대 박사논문, 33쪽.

궁내부는 이속 광산의 경영과 관련해서는 크게 구분하면 직영과 덕대제로 나눌 수 있다. 직영의 경우 전담 부서인 내장원이 광군을 고용하고 이들에게 임금을 직접 지불하며, 생산물의 판매도 책임지는 것이었다. 그러나 사례에 따라서는 다양한 모습이 나타났다. 예를 들어 황해도 수안(遂安)금광의 경우 맨 처음 덕대에 의한 경영이었으나, 이들이 세금 납부를 거부하는 등의 문제가 발생하자 직영으로 전환하기도 하였다.[21] 평양매광[22](平壤煤礦)의 경우는 직영하였으나, 이후 외국계 회사에 석탄 채굴을 위임하기도 하였다가 다시 직영으로 재전환하였다.[23] 궁내부 내장원은 이외에도 서양 광산기술자를 고용하고, 근대적인 광산기계를 동원하는 등 광업의 근대화를 위한 노력의 모습도 보인다. 광산개발에 필요한 자금 조달, 식량 등 생필품 공급 등도 지원했다.

광무개혁 이후 대한제국 궁내부에 의한 주요 광산의 관리·통제는 일본과 서구 외세의 광산 침탈을 일정하게 저지하는 효과가 있었지만, 이와 동시에 근대 광업으로의 발전도 더디게 만들었다고 할 수 있다. 초창기 광업 발전에 외국 자본과 기술 의존이 필수적인 상황이었다. 당시 조선 정부와 광업 관련 관료, 지식인들도 그것을 모르지 않았다. 서구 광산개발이 해당 국가의 부강과 연결되었다는 인식은 이미 1880년대에 국내에서 공유되고 있었다. 또 광산개발을 활성화시키기 위해서는 국가가 광산을 독점하지 말고 민간에 개발을 허용해야 한다는 주장도 제기되고 있었다.[24] 초창기 광산개발에 서양의 조력이 필요함도 인식하였다.[25]

---

21   양상현, 1998, 앞의 글, 239쪽.
22   '매광'은 '탄광'을 의미한다.
23   평양매광의 경영 변화와 관련해서는 양상현, 1998, 앞의 글, 240~243쪽 참조.
24   "오늘 국민과 국가의 부강을 계획하는 데에는 天時에 순응하고 地利를 이용하여 넉

1890년대 후반 을미사변 이후의 반외세적 분위기가 고양되는 속에서 외국의 광산 이권 침탈을 막아야 한다는 여론이 강력했지만, 한편으로는 외국인을 무조건 경계하고 배척할 것이 아니라 그들의 학문과 지식, 기술 등 좋은 것을 신속하게 배워서 부강에 힘쓰는 것이 상책이라는 주장도 공존하였다.[26] 광무 정권 역시 광산개발을 포함하여 근대 산업 육성

      넉한 것으로 부족한 것을 돕고, 취하여도 금지할 자 없고 사용하여도 끝이 없는 것은 오직 광산개발 한가지 뿐이다. … 각국 政表의 기록에 의하면 미국이 金銀의 생산이 제일 많은데 서력 1884년 1년 동안에 생산한 금은을 값으로 따지면 대략 다음과 같다. … 영국은 석탄 생산량이 가장 많은데 1884년 1년간에 석탄생산량을 값으로 따지면 약 5,426만 원이나 되고, 이 밖에 철의 생산도 많다. 같은 해에 탄광에서 사용한 인부의 수가 약 56만 4,496명이다. 탄광과 광산업에 종사하는 자가 전 국민의 30분의 1이니 역시 국가에 노는 백성이 없다는 하나의 증거가 아니겠는가. 이 밖에 독일과 러시아도 모두 광업으로 부강을 이룩한 나라들이다. 저 일본 역시 바닷가에 있는 조그만 나라이지만 富強術에 힘을 써서 위로 정부에서부터 아래로 국민까지 광업을 개발하는 데 힘을 다하였기 때문에 1881년 한 해 동안 국내 다섯 군데 광산에 생산한 물량의 값은 다음과 같다. … 생각하건대 우리나라에도 광물이 많이 매장되어 있다. 금·은·동·철·錫·汞를 비롯하여 석탄까지 생산되지 않는 것이 없으나 특히 금·은·석탄이 가장 많으니 海外 각 나라들은 모두 부강의 근원이라고 말하고 있다. 우리나라 관민은 등한하게 여겨 강구하지 않아서는 안 된다. 정부의 고관들이 국가와 백성의 부유책에 마음을 써서 이재를 급선무로 삼아「광산금지법」을 해제하여 국민에게 채굴을 허가하여 광물의 생산이 나날이 불어나고 재원이 나날이 넉넉해지면 農桑도 이에 따라 修擧되고 工業도 이에 따라 精巧해지며 商務도 이에 따라 진흥하여 국가에는 남아도는 재물이 있고, 백성 중에는 놀고먹는 이가 없어질 것이니 어찌 우리 국가가 부강할 수 있는 큰 계기가 되지 않겠는가. 광산개발의 요지를 대략 기록하여 時務를 아는 분들에게 質正하는 바이다."「礦山개설을 논함 제1」,『漢城周報』, 1886.6.31.

25 "특별히 礦務에 능한 西國 사람 몇 명을 보수를 주고 초청해다가 한편으로 채취해가면서 특별히 우리나라의 영특한 사람 몇 명을 선발하여 그들로 하여금 그 일을 攝幹하게 해야 한다. 그리하여 기계를 손수 운행할 수 있게 하고, 서적을 직접 눈으로 판별할 수 있게 한다면, 배우는 것을 터득하기가 쉽고, 일을 성취시키기가 쉬운 것이다."「論開礦」,『漢城周報』, 1886.9.13.

26 「몰나요씨의 의견」,『독립신문』, 1898.9.15.

을 위한 외국 자본 유치에 적극 나섰다. 1896년 러시아에 대한 300만 원 차관 요청을 시작으로 1900년대 초반 프랑스, 벨기에에 이르기까지 외국 자본을 꾸준히 도입하려고 노력했다.[27] 한국인들이 스스로 자본을 모아 광산회사를 설립하여 개발을 시도하는 노력도 시작되었다.[28] 근대적 광산기술자 양성을 위해 근대식 광업교육 학교를 설립하는 사례도 나타났다. 앞서 서술한 대로 국가 차원의 광산학교 설립을 위해 1900년 광무학교 관제 반포로 시작되는 일련의 움직임이 있었고, 같은 시기에 민간 차원에서도 광산개발에 관심이 있는 유지들이 자본을 모아서 기술자 양성을 위한 학교 설립 사례가 나타났다.[29]

그러나 이런 국가 또는 민간 차원의 노력은 결론적으로 사실상 조선이 일본의 식민지로 확정되는 1905년까지 뚜렷한 성과를 내지 못했다. 근대 광업으로의 발전은 1890년대 후반 시점에서 조선의 힘만으로는 할 수 없었고, 어떤 식으로든지 외국의 기술과 자본 등의 협력을 얻어야 하는 상황이었다. 물론 조선 정부도 이런 현실을 인식하고 있었다. 그러나 외세가 큰 이권이 담보되지 않는 상황에서 관련 협력을 할 가능성은 사실상 없었다. 더욱이 광무 정권이 강력한 반외세의 기류 속에서 외국

---

27 관련해서는 全旌海, 1999, 「광무년간의 산업화 정책과 프랑스 자본·인력의 활용」, 『國史館論叢』 84, 국사편찬위원회 참조.
28 대표적인 사례가 1904년 자본금 1,000만 원의 농광회사 설립 시도이다. 외세의 이권 침탈에 문제의식을 가진 몇몇 관리와 실업가들이 황무지 개간, 광산개발을 목적으로 설립을 추진하였다. 18조의 '회사규칙' 중 광산개발 관련으로는 금·은·동·철 등의 각종 광물채굴사업에 종사, 외국인 기술자 고용, 시험장 설치, 광학(鑛學) 장려 등이 있었다. 관련해서는 윤병석, 1964, 「日本人의 荒蕪地開拓權 要求에 대하여: 1904년 長森名儀의 委任契約企圖를 中心으로」, 『역사학보』 22, 57~59쪽 참조.
29 이배용, 1989, 앞의 책, 50쪽.

인 채광 금지 원칙을 세운 마당에 조선이 원하는 자본·기술만을 친절하게 공여해 줄 리는 더욱 없었다.

광업 발전을 목적으로 한 외세와의 관계 설정에 대한 고민은 앞서 지적한 대로 1880년대 후반 광무국 설립을 전후한 시점부터 조선 정부 내에서 있었지만 위에서 보듯이 그 자체가 어려운 문제였다. 설상가상으로 1890년대 급변하는 정치 정세는 그 고민들이 심화·발전하는 것을 결정적으로 저지하였다. 광무개혁하의 왕실 재정 강화를 위한 국내 주요 광산의 전격적인 궁내부 이속과 이권 침탈 관점하의 외국인 광산개발금지라는 변화한 정책 기조는 외국 근대 기술과 자본에 의존한 광산개발과 발전이라는 구상 자체를 어렵게 했기 때문이다. 이런 상황은 외국 자본과 기술을 얻어야 한다는 주장을 위축시켰다. 반외세 기조의 강화 속에 국내 자본의 결집을 통한 광산개발, 필요한 기술 확보를 위한 조선인 기술자 양성의 움직임이 있었지만 이 역시 현실적으로 어려운 문제였다. 갑자기 자본과 기술이 생기는 것이 아닌 상황에서 결국 차관도입, 서구 광산기술자 채용 등 어떤 식으로든 시작 시점에서는 외국 자본과 기술의 도움이 필요하기 때문이다. 외세의 이권 침탈을 막아내고 조선의 힘으로 광업을 개발하자는 주류 여론은 단지 당위론에 입각한 공허한 슬로건이 될 수밖에 없는 상황이었다.

결국 근대 광업으로의 발전을 위한 법·제도의 구축은 일제가 조선을 사실상 식민지화한 1905년 이후 「광업법」 제정을 위한 일련의 과정부터 시작되었다. 당연히 일본이 주도한 것이고 그 목적은 외세의 광산 이권 보장, 특히 일본의 이권을 확보하는 것을 전제로 한 '식민지적' 성격을 갖는 근대 광업으로 발전해 가는 길이었다. 조선 정부라는 국가가 주체가 된 근대 광업으로의 발전의 길이 사라진 상황에서 민간 조선인 주체의 광업 발전은 일본 주도 식민지 광업에 포섭된 상황이라는 불리한 여건 속에서 '친일'이라는 경계를 넘나들며 그 발전을 모색해야 하는 상황이 되었다.

4. 「광업법」 제정: 식민지 광업의 시작

한말 서구 열강은 광산 이권을 둘러싼 각축을 벌였고, 일본 역시 그 일원이었다. 한말 외세의 광산 이권 침탈과 관련하여 가장 대표적인 사례가 미국이 1895년 조선 정부로부터 채굴권을 획득하여 개발한 운산금광(雲山金鑛)이다. 운산금광은 열강의 광산 이권 침탈 과정에서 실질적으로 가장 큰 수익을 거둔 광산이었다. 대한제국 선포 이후 정부는 외세의 광산 이권 침탈을 막고, 재정 확충을 위해 독자적인 개발 방침을 세우고 강력하게 밀고 나갔지만 현실적으로 자본과 기술부족 및 정치적 외압으로 인하여 여전히 중요 광산들의 채굴권이 외국에 이양되고 있었다. 1898년에는 강원도 당현(堂峴)금광 채굴권을 독일의 세창양행(世昌洋行)에 허용하였다. 그리고 1900년 3월 평안남도 은산(殷山)금광과 1905년 황해도 수안금광의 특허권이 영국에 넘어갔다. 일본도 1900년 충청북도 직산(稷山)금광 채굴권을 확보하였다.

그러나 러일전쟁을 계기로 일본이 사실상 한국의 식민지화를 확정하자 상황이 바뀌게 되었다. 일본은 서구 열강과 광산 이권 쟁탈을 경쟁하던 상황에서 이들을 배제하고 한반도 광산 이권의 독점적 지배를 확립해야 하는 위치가 되었기 때문이다. 아울러 대한제국기 이용익 주도로 진행된 전국 주요 광산의 궁내부 이속을 계기로 확립된 외국인에 대한 광산개발 불허 원칙도 해결해야 하는 문제였다. 위에서 보듯이 서구 열강의 이권 쟁탈 속에서 몇몇 광산의 개발권이 넘어갔지만, 그렇다고 외국인에게 광산이 완전히 개방된 것은 아니었기 때문이다.

현실적인 문제도 있었다. 러일전쟁으로 인해 소모된 정화준비용(specie reserve) 금을 채워 넣어야 하는 상황이었다. 결국 이 모든 요인을 합하면 다음과 같이 정리할 수 있다. 즉 한국의 광산개발을 일본이 독점하고, 특히 일본인 민간업자가 주체가 되어 자유롭게 한반도에서 광업에 종사하여 부를 축적할 수 있으며, 그것도 주로 금광개발에 집중할 수 있는 여건을 만드는 것이었다. 1906년 7월 「광업법」의 제정이 그 수단이었다.

형식적으로는 대한제국이 공포한 것이지만, 실질적으로 일제가 만든 「광업법」은 법령 시행일(1906.9.15) 등을 규정한 부칙 2개조를 포함하여 총 32개조로 구성되었다. 주요 조항을 현대어로 바꿔 정리하면 다음과 같다(전문은 〈부록 2〉 참조).[30]

- 제3조 광업을 경영하고자 하는 자는 청원서에 채굴하고자 하는 광물의 종류를 명기하고 광구도(鑛區圖)를 첨부하여 농상공부대신의 허가를 받아야 한다. 광업청원인은 청원하는 토지에 채굴하고자 하는 광물이 존재함을 증명해야 한다.
- 제8조 광업을 청원하는 자가 동일한 땅에 2인 이상 있을 때는 청원서가 먼저 도달한 사람에게 허가한다. 같은 날에 도달하

---

30 『대한제국 관보』 부록, 光武十年七月十二日.

는 자에 대해서는 농상공부대신이 적당하다고 인정하는 자에 대해 허가한다.
- 제10조 광업권은 농상공부대신의 허가를 받지 못하면 매매, 양여, 또는 저당할 수 없다. 광업권은 상속이 가능하다.
- 제14조 광업 청원 또는 광업을 위해 타인의 토지에 들어가 측량 또는 조사함을 필요로 하는 자는 농상공부대신에게 그 허가를 청구할 수 있다. 허가서를 휴대하는 자에 대하여 그 토지 소유자 또는 관계인은 이를 거절하지 못한다. 단, 측량 또는 조사하는 중 손해가 발생할 때는 청구자가 그 배상을 해야 한다.
- 제19조 광업권자는 광산세 및 광구세를 납부해야 한다. 광산세는 광산물 가격의 100분의 1로, 광구세는 광구 1,000평당 매년 50전으로 한다. 1,000평 미만자는 1,000평으로 한다. 허가 후 만 1년간의 광구세는 전항 전액의 반액으로 한다.
- 제25조 궁내부 소속의 광산은 칙령으로 고시한다. 궁내부가 그 소속 광산의 채굴을 자행하는 경우에는 제12조, 제18조, 또는 제20조의 규정을 적용하지 않는다. 궁내부 소속 광산을 채굴코자 하는 자에 대해서는 다음 규정에 해당하는 자 외에는 본법 규정을 적용하지 않는다. 1. 제8조의 경우에는 농상공부대신이 적당하다고 인정하는 자에게 허가한다. 2. 광업권자는 제19조에 준하는 상납금을 농상공부대신을 경유하여 궁내부에 내야 한다. 그 납부에 관해서는 제20조 규정을 준용한다.

• 제27조 본법 및 시행세칙 규정에 있는 처분은 외국인에 관련됨이 많으므로 일본국 통감의 동의를 거쳐야 한다. 궁내부 소속 광산에 대해서도 마찬가지이다.

일제가 주도한 「광업법」의 제정은 당연히 일본이 한국 광산에 대한 독점적 권리를 갖기 위한 수단이었음을 확인할 수 있다. 제27조의 모든 광산의 처분과 관련해서 일본국 통감의 동의를 거친다는 규정이 이를 상징한다. 이것은 다른 의미로는 개항 후 이어온 자주적 근대 광업 발전의 노력이 좌절되고 일제 통감부가 한국의 광업을 관장하는 사실상의 식민지 광업 출발을 선포하는 것이기도 하였다.

광업개발 주체로서 한국인의 우선권이 인정되지 않았다는 사실도 「광업법」이 일제가 주도한 식민성을 가진 법령임을 보여준다. 일제는 일본 국내 광업개발에서 일본인에게 권리 취득의 우선권을 보장하였다. 반면 「광업법」이 선포된 대한제국의 한국인은 모든 외국인과 동등하게 광업권을 놓고 경쟁해야 하는 상황이 되었다. 「광업법」 제정 당시 이미 실권을 일제 통감부에 빼앗긴 상황이지만 대한제국 정부는 통감의 승인 조항과 내외국인에게 동등한 자격을 부여한다는 방침에 이의를 제기하였다. 그러나 일제 통감부는 이를 받아들이지 않았다.[31] 그리고 「광업법」 제정 2개월 후인 1906년 9월 「제실광산규정(帝室鑛山規程)」을 폐지함으로써 대한제국 선포 후 궁내부에 이속된 광산도 자유롭게 외국인의 이권 획득 목표물이 될 수 있는 기초가 만들어졌다. 그리고 같은 해 10월 「궁내부 소속 광산 건(件)에 관한 규정」이 발표되어 궁내부 소속 광산은

---

31 이배용, 1989, 앞의 책, 233쪽.

26개소로 감소되었다. 그나마 반 이상이 이미 외국인에게 특허된 광산이었다. 이 26개소의 궁내부 소속 광산도 1907년 8월 완전히 폐지되었다.[32]

식민성으로 우선 규정되는「광업법」이지만, '광업권' 내지 '광산개발권'이라는 사적 재산으로서의 권리가 확립되어 광물자원의 지속적이고 합리적인 개발을 가능하게 하는 시작점이었음도 사실이다.「광업법」제 3조의 출원에 의해 광업권을 취득할 수 있고, 제10조의 상속·매매·양도에 의한 이전, 담보로 한 금융이 이를 규정한 것이었다.

이후「광업법」은 1907년 8월, 1908년 3월과 7월의 세 차례 개정이 있었다. 개정 내용은 광업과 관련한 통감의 권한 강화(제27조), 궁내부 이속 광산의 폐지에 따른 변경(제25조), 광업권의 사적 재산으로서의 권리 강화(제10조) 등이었다.[33] 「광업법」은 이후 일제 강제병합 후 1915년 제정한「조선광업령」으로 대체될 때까지 존속되었다.

일제 통감부가 주도한「광업법」시행은 그들의 목적대로 한국 광업의 장악과 일본인 민간업자의 금광 중심의 활발한 광산개발로 이어졌다. 〈표 1-2〉는「광업법」시행 이후 광업 출원 건수를 정리한 것인데, 이런 사실을 잘 보여준다.

〈표 1-2〉를 보면 우선 주목되는 것은 1906년 9월부터 12월 사이에 광업과 사광업을 합쳐서 260건의 광업 출원이 폭주하였던 점이다.「광

---

32 이배용, 1989, 위의 책, 235쪽.
33 특히 제10조의 경우 조항이 전체적으로 바뀌었다. 기존 '광업권은 농상공부대신의 허가를 받지 못하면 매매, 양여, 또는 저당할 수 없다. 광업권은 상속이 가능하다'에서, '광업권은 상속, 양도하고 또는 저당함이 가능하다. 광업권의 양도 및 그 저당권의 설정은 농상공부 등록을 하지 않으면 그 효력이 발생하지 않는다'로 변경되었다 (『대한제국 관보』 4119호, 1908년(隆熙二年) 7월 7일).

〈표 1-2〉「광업법」 시행 이후 광업 출원 건수

기간	광업				사(砂)광업				총계
	한국인	일본인	기타 외인	소계	한국인	일본인	기타 외인	소계	
1906년 9~12월	15	156	15	186	17	57	-	74	260
1907년 전반기	8	87	-	95	20	44	-	64	159
1907년 후반기	17	103	-	120	22	18	-	40	160
1908년 전반기	16	70	-	86	6	29	-	35	121
1908년 후반기	21	71	2	94	8	15	-	23	117
1909년 전반기	51	101	6	158	13	19	-	32	190
1909년 후반기	108	118	14	240	45	23	-	68	308
1910년 1~4월	138	120	14	272	37	24	-	61	333
총계	374	826	51	1,251	168	229	-	397	1,648

출처: 山口精, 1910, 『朝鮮産業誌』上, 日韓印刷株式會社, 919~920쪽에서 작성.
비고: 1. 기타 외인에는 한국인과 일본인이 외국인과 공동 출원한 경우를 포함.
2. 사(砂)광업은 지표에 노출된 광물을 '채취'하는 것으로, 출원은 「광업법」이 아닌 「사광채취법」(1906년 7월 제정)을 바탕으로 이루어짐. 사광업의 대상은 사금(砂金), 사석(砂錫), 사철(砂鐵)이었음.

업법」이 1906년 9월 15일 자로 시행되었기 때문에 3개월 반의 짧은 기간 동안 일어난 일이다. 1907년과 1908년의 연간 출원 건수와 비교해 보면 폭주 사실을 확인할 수 있다. 그리고 이 '폭주 출원'의 260건 중 213건이 일본인 출원으로 압도적 다수를 차지하였다. 관련하여 일제 통감부가 강제병합 직전인 1910년 5월 출판한 『조선산업지』에는 그 원인으로 다음과 같이 서술하고 있다.

제1기(1906년 9월~12월-필자 주)가 겨우 3개월 반의 기간임에도 불구하고 타 기간과 비교하면 출원 건수가 현저하게 초과되었던 것은 사전에 광업권 취득에 착안한 내외국인이 광업법의 시행을 보자 일시에 원서를 제출하였기 때문이다.[34]

다음으로 「광업법」이 시행된 1906년 9월부터 강제병합 직전인 1910년 4월까지 출원된 광업권 1,648건 중 일본인 독자 출원 건수가 1,055건으로 역시 압도적 비중을 차지하였다. 「광업법」은 일본의 한국 광업 장악의 결정적 역할을 했음을 알 수 있다. 이런 사실은 다음의 〈표 1-3〉 광업권 허가 현황에서도 확인이 가능하다.

〈표 1-3〉 1906~1909년 연말 기준 허가 광구(鑛區) 수

연도	광업				사(砂)광업				총계
	한국인	일본인	기타 외인	소계	한국인	일본인	기타 외인	소계	
1906	1	16	4	21	3	12	4	19	40
1907	9	106	17	128	18	66	3	87	215
1908	23	205	24	252	21	84	4	109	361
1909	109	297	27	433	38	100	4	142	575
총계	142	624	72	834	80	262	-	357	1,191

출처: 山口精, 1910, 앞의 책, 921~922쪽에서 작성.
비고: 1. 기타 외인에는 한국인과 일본인이 외국인과 공동 출원한 경우를 포함.
2. 1907년 광업 허가 건수의 경우 합산이 맞지 않으나 그대로 둠.

〈표 1-3〉은 1906년 9월 「광업법」 시행 이후 1909년까지 매년 연말 기준 허가 광구 수를 정리한 것인데, 총 1,191개의 허가 광구 중 일본인이 광업권을 가지고 있는 광구 수가 광업 624개소, 사광업 262개소로 총 886개소였다. 비율로 따지면 74퍼센트를 넘는 절대적 비중이다.

「광업법」 시행 이후 일본인에 의한 급속한 국내 광산 독점은 국내 여론의 우려를 환기시켜 사회적 이슈가 되었다. 『황성신문』, 『대한매일신보』 등 민족계 언론에는 거의 매일같이 일본인들에 대한 광업권 허가 기

34　山口精, 1910, 『朝鮮産業誌』 上, 日韓印刷株式會社, 920~921쪽.

사가 실려서 일본인들에 의한 국내 광산 독점을 우려했다. 그러나 이것이 실질적인 '저지'나 '저항'으로 나아갈 수는 없었다. 1910년 일제의 식민 지배가 공식적으로 시작되면서 일제에 의한 한국 광산 독점은 너무나 당연한 것이 되어 버렸기 때문이다. 일제가 조선의 식민통치기관으로 설립한 조선총독부는 대대적인 지질 조사를 통한 광맥탐사와 1915년 「조선광업령」으로 상징되는 법·제도의 보완을 통해 한국 광업에 대한 식민지적 개발을 본격화하였다. 그리고 이것은 곧이어 직면한 제1차 세계대전의 전시 특수가 가져온 금을 중심으로 한 광물 수요증대에 대응하여 일본 광업 대자본의 본격적 진출을 맞이하기 위한 준비작업이기도 하였다.

제2장
1910~1920년대 식민지 광업개발
기반 구축시도

1. 조사와 연구

    1910년대 일제의 식민지 광업정책의 핵심은 개발을 위한 토대를 구축하는 것이었다. 이것은 '조사'와 '연구'라는 키워드로 정의할 수 있는데, 조선총독부 농상공부가 실시한 광물 분포 조사와 이를 계승한 지질조사소 설립, 그리고 연료선광(選鑛)연구소 설치로 전개되었다. 식민지 조선에 어떤 광물이 어느 지역에 어떤 규모로 매장·분포되어 있는가에서 시작하여 이것이 조선의 지질 전반에 대한 조사로 확대되고, 생산된 광물의 선광, 제련의 기술보급과 개선으로 진행되는 과정이라고 할 수 있다.

    정책 목적은 당연히 한반도에 매장되어 있는 광물에 대해 일제가 의도한 대로 체계적·효율적으로 채굴, 일본을 중심으로 필요한 곳에 공급하기 위한 것이었다. 식민지의 전형적인 역할 중 하나인 원료공급기지의 역할이다. 아울러 식민지 광업개발의 주체가 되어야 하는, 한반도 광업개발에 뜻이 있는 일본인들에게 관련한 정확한 정보와 출원 등에 대한 행정적 편의를 제공하기 위함이었다. 특히 조선총독부는 일본 대자본의 진출을 통한 대규모 개발을 희망했다. '조선의 광업은 전망이 없다는 유언비어가 많아 내지(內地) 자본가도 투자를 꺼리는'[1] 상황에 대한 반전이 필요했다는 것이다. 데라우치(寺內) 조선 총독이 직접 나서서 일본 광업 자본의 조선 유치에 노력하고 있는 상황이기도 하였다.[2]

---

1   「광구조사의 진척」, 『매일신보』, 1911.9.16.
2   近藤忠三, 1943, 『朝鮮の鑛業』, 朝鮮新書, 6쪽.

1) 광물 분포 조사(1911~1917)

1910년 강제병합을 통해 한국을 식민지로 만든 일제가 광업과 관련하여 제일 먼저 진행한 정책은 한반도 전역의 광물 분포에 대한 조사, 이른바 '광상(鑛床) 조사'였다. 광상 조사는 1911년 8월부터 조선총독부 농상공부의 주도로 시작되었고, 1917년 완료되었다. 조사는 농상공부 산하 광무과가 광상조사계를 두고 3명의 광산 전문기사를 주임으로 하는 3개 조사반을 구성한 뒤 각 지역에 파견하여 실시하였다.[3] 전국의 허가된 광구 또는 출원 중인 광구에 대한 조사를 중심으로 하였고, 부수적으로는 일반 지질 조사도 병행하였다.[4] 광산개발의 유망지인 함경도, 강원도, 평안도를 시작으로 1916년 경남, 전남의 남해안까지 현지 조사가 이루어졌으며, 1917년 3월 말로 종료되었다. 1917년 3월 말 시점에서 전국의 주요 지역은 대부분 조사가 끝났으나, 이 시점에 완료되지 않은 지역은 제주도와 남해안 도서지역의 일부 등으로 필요에 따라 보충조사를 실시할 계획이었다.[5]

광상 조사 결과는 해당 지역 조사가 완료되면 정리하여 보고서 형태로 공간되어 관계 관청 등 기관, 기업가에 배포되었다. 보고서는 일반 지질 및 광물자원에 관한 사항은 「조선광상조사보고」로, 그리고 조선 부존 석탄과 운모(雲母) 등의 특수광물에 대한 사항은 「조선광상조사요보」로

---

3 「각도 광상조사원」, 『매일신보』, 1911.7.20.

4 朝鮮總督府地質調査所, 1936, 『朝鮮總督府地質調査所雜報: 朝鮮に於ける地質及鑛物資源調査沿革』 제1호, 4쪽.

5 「광상조사 종료」, 『부산일보』, 1917.4.6.

구분하였다.[6] 「조선광상조사보고」 중에 제일 처음 출간된 것은 1913년 평안남도 개천(价川)과 순천(順川), 황해도 서부지역, 경상북도 상주(尙州)의 광상조사보고서였다. 상주의 경우 일제가 1910년대 가장 중요시했던 금광에 특화된 조사보고서였다. 「조선광상조사요보」 중에는 석탄에 대한 것이 「조선의 석탄(朝鮮に於ける石炭)」이라는 제목으로 1912년 처음 출간되었다. 현장조사 결과물인 보고서의 출간은 조선총독부 광상 조사 사업을 계승하여 1918년 '지질조사소'가 설치되면서 동 조사소 사업이 되었다. 광상조사보고서는 1937년 시점에서 「조선광상조사보고」가 20개, 「조선광상조사요보」의 경우 제6권이 미간인 상황에서 19개 보고서가 간행되었다. 간행 상황을 정리하면 〈표 2-1〉과 같다.

〈표 2-1〉 광상조사보고서 간행 현황

간행 연도	조사 지역	보고서명	비고
1912		「조선광상조사요보」 제1권 제1호	부제: 조선의 석탄
1913	평안남도 개천, 순천	「조선광상조사보고」 제2권 제1호	
	황해도 서부	「조선광상조사보고」 제3권 제1호	
	경상북도 상주	「조선광상조사보고」 제10권 제1호	금광 조사보고서
1915	평안북도 창성, 삭주	「조선광상조사보고」 제1권 제1호	
	황해도 동부	「조선광상조사보고」 제3권 제2호	
1916		「조선광상조사요보」 제1권 제2호	부제: 조선의 운모

---

6 朝鮮總督府地質調査所, 1936, 앞의 책, 5쪽.

간행 연도	조사 지역	보고서명	비고
1917	평안남도 개천	「조선광상조사보고」 제2권 제2호	중서면(中西面) 천왕금산(天王金山) 광상 조사
	경기도	「조선광상조사보고」 제6권 제1호	
1918	경기도 동부, 남부, 북서부	「조선광상조사보고」 제6권 제2호	북서부는 별도 보고서로 작성
1921	평안북도 연안지방	「조선광상조사보고」 제1권 제2호	
	황해도 남동부	「조선광상조사보고」 제3권 제3호	
	강원도 북부, 김화	「조선광상조사보고」 제7권 제1호	김화는 건천리(乾川里) 광상 조사로 별도 보고서 작성
	충청남도	「조선광상조사보고」 제9권	
	경상북도 동부	「조선광상조사보고」 제10권 제2호	
	경상남도 동부, 서부, 부산 영도	「조선광상조사보고」 제11권	동부, 서부, 부산 영도의 각각 보고서 작성
1922	전라남도	「조선광상조사보고」 제13권	
1923	충청북도	「조선광상조사보고」 제8권	
	전라북도	「조선광상조사보고」 제12권	
		「조선광상조사요보」 제2권	부제: 조선광물지
1924	강원도 남부, 북부	「조선광상조사보고」 제7권 제2호	남부, 북부 분리하여 각각 보고서 작성
	경상북도 서부	「조선광상조사보고」 제10권 제3호	
1927		「조선광상조사요보」 제3권 제1호	부제: 석탄 건류시험보문(乾餾試驗報文)
		「조선광상조사요보」 제3권 제2호	부제: 석탄 풍화시험성적보문
		「조선광상조사요보」 제3권 제3호	부제: 광산물 분석시험성적보문
1928	경상남도 통영	「조선광상조사요보」 제4권 제1호	부제: 경남 통영군 광도면 죽림리 だいあすぽーあ 광상(鑛床)조사보문

간행 연도	조사 지역	보고서명	비고
1929	함경남도 남북부	「조선광상조사보고」 제5권 제1호	남부, 북부 분리하여 각각 보고서 작성
1930	경상북도 경주	「조선광상조사요보」 제4권 제2호	부제: 경상북도 경주군 규조토(硅藻土) 조사보문
1931	함경북도 부령	「조선광상조사요보」 제4권 제3호	부제: 함경북도 부령군 광장(廣長)금광 조사보문
1932	경기도 부천, 경상남도 양산	「조선광상조사요보」 제4권 제4호	부제: 경기도 부천군 영종면 영종도, 삼목(三木) 및 신불도(薪佛島), 북도면 신도(信島), 용유도(龍游島)의 일부 금광 조사보문, 경상남도 양산군 물금철산(勿禁鐵山) 광상조사보문
1932	황해도	「조선광상조사요보」 제5권	부제: 황해도 철광상(鐵鑛床) 조사보문
1932	함경남도 단천	「조선광상조사요보」 제7권 제1호	부제: 함경남도 단천군 북두일면(北斗日面) 양천리(陽川里) 규조토광(菱苦土鑛) 광상조사보문
1933	황해도 재령	「조선광상조사요보」 제7권 제2호	부제: 황해도 재령, 봉산(鳳山) 및 평산군(平山郡)의 형석 광상조사보문
1934	경상남도 김해, 전라남도 해남	「조선광상조사요보」 제8권	부제: 경상남도 김해군, 전라남도 해남, 진도 및 무안군 명반석 광상조사보문
1935		「조선광상조사요보」 제9권	부제: 고문헌에 나타난 조선의 광산물
1935	평안남도 성천, 평원, 평안북도 박천	「조선광상조사요보」 제10권 제1호	부제: 평안남도 성천군 대곡면(大谷面) 석면 광상 조사 보문, 평안북도 박천군 및 평안남도 평원군 운모 광상조사보문
1935	함경남도 단천	「조선광상조사요보」 제10권 제2호	부제: 함경남도 단천군 남두일면(南斗日面) 운송리(雲松里) 니켈 광상조사보문
1936	평안남도 대동, 강서, 충청남도 서산	「조선광상조사요보」 제11권 제1호	부제: 평안남도 대동군 및 강서군 도석(陶石), 장석(長石) 및 자토(磁土) 광상조사보문, 충청남도 서산군 규석 광상조사보문
미간 (1937년 현재)	평안남도 개천, 중화 강서, 황해도 황주, 안악, 재령	「조선광상조사요보」 제6권	부제: 평안남도 개천, 중화 및 강서군, 황해도 황주, 안악, 재령군 철광상(鐵鑛床) 조사보문

출처: 朝鮮總督府地質調査所, 1937, 『朝鮮總督府地質調査所雜報: 朝鮮總督府地質調査所要覽』제2호, 19~20쪽에서 작성.

비고: 1. 「조선광상조사보고」의 1~13권(卷)은 출간 순서가 아니고, 당시 13개 도를 의미한다. 제1권: 평안북도, 제2권: 평안남도, 제3권: 황해도, 제4권: 함경북도, 제5권: 함경남도, 제6권: 경기도, 제7권: 강원도, 제8권: 충청북도, 제9권: 충청남도, 제10권: 경상북도, 제11권: 경상남도, 제12권: 전라북도, 제13권: 전라남도.

2) 지질조사소와 연료선광연구소 설치

6년간에 걸친 조선총독부의 광상 조사는 1918년 총독부 산하에 '지질조사소' 설립으로 이어졌다. 식산국 산하에 설치되었으며, 조직은 「지질조사소사무분장규정」(조선총독부 훈령 제29호)에 따라 구성되었다. 서무계와 조사계의 양계를 두고 핵심인 조사계는 다시 산하에 조사, 제도(製圖), 분석, 표본, 도서(圖書)의 5개 부서로 나누었다. 인력은 정직원으로 광산 기사 6명, 기수(技手) 7명 등이 핵심이었다. 이들을 중심으로 총 5개 조사반이 가동되었다. 주요 업무는 다음의 5가지로 규정되었다.[7]

① 토질의 조사에 관한 사항
② 광상 및 유용 광물의 검정에 관한 사항
③ 광업용 및 공업용 재료의 분석과 시험에 관한 사항
④ 지질도, 기타의 간행에 관한 사항
⑤ 지질 및 광물에 관한 표본의 수집과 정리에 관한 사항

조선총독부가 식산국 산하에 지질조사소를 설립한 것은 광상 조사의 결과를 토대로 지질과 광상에 대해 좀 더 정밀한 조사가 필요했기 때문이다. 광물자원의 발견에 주력하고 지질 조사의 경우 부수적이고 개략적인 상태에 머물렀던 광상 조사를 확대하여 한반도 지질구조를 근본적으로 파악하고 이를 기반으로 지질도를 작성하는 것이 주된 목적이었다.

---

7 朝鮮總督府地質調査所, 1937, 『朝鮮總督府地質調査所雜報: 朝鮮總督府地質調査所要覽』 제2호, 6~7쪽.

일본군 참모본부 육지측량부가 발행한 5만분의 1 지형도를 단위구역으로 지질 및 광물자원의 정밀조사를 실시하여 광물자원, 지하수, 각종 토목공사 상의 기초 지반 등에 관한 조사 등을 시행하였다. 조사 결과는 「조선지질도」 17집, 「지질조사요보」 11권 등으로 출판되었다.[8]

1922년에는 조선총독부 식산국 산하에 연료선광연구소가 설치되었다. 조선의 광산에 적용할 수 있는 광석 처리방법을 연구하는 것이 핵심이었다. 특히 연구소의 이름에서 알 수 있듯이 연료 광물의 대표격인 석탄과 관련하여 조선 내 무연탄과 유연탄의 탄전(炭田) 조사와 생산된 이른바 '조선탄(朝鮮炭)'의 이용시험 등을 주력으로 하였다. 이런 사실은 연료선광연구소의 업무 분장에서 잘 확인된다. 주력 업무는 다음의 4가지로 규정되었다.[9]

① 탄전의 조사에 관한 사항
② 석탄의 이용 방법 조사연구에 관한 사항
③ 기타 연료의 조사연구에 관한 사항
④ 선광제련시험에 관한 사항

연구소 조직은 관련 일반 행정을 담당하는 서무계를 제외하면 석탄조사계, 석탄시험계, 선광제련시험계의 세 부서가 핵심이었다. 석탄조사계는 탄전의 조사, 탄전 지질도의 작성·간행, 보고서의 편찬·간행에 관한 사무를 담당하였고, 석탄시험계는 석탄에 관한 시험·연구를, 선광제

---

8 朝鮮總督府地質調査所, 1936, 앞의 책, 5~6쪽.
9 朝鮮總督府燃料選鑛研究所, 1930, 『朝鮮總督府燃料選鑛研究所槪要』, 1~2쪽.

련시험계는 일반 위탁 선광제련 시험 및 광물 분석을 하였다. 석탄시험계의 사무는 1929년 관련한 시험이 대체로 종료되어 조직을 축소하고 선광제련시험계에 부속시켰다. 소속된 기술인력은 광산 기사 5명, 기수 6명이 핵심이었다.[10]

연구소 주력 사업인 탄전조사의 경우 함경북도 유연탄 탄전과 평안남도 북부의 무연탄 탄전조사로 시작하여 전국으로 확대하였다. 조사는 지표조사와 시추(試錐)를 통해 탄층의 부존 상태, 탄질, 매장량 등을 파악하고, 채굴한 석탄의 운반을 위한 교통 상황도 조사하였으며, 이를 통해 해당 탄전의 경제적 가치를 측정하였다. 조사 결과는 탄전 지질도, 지층단면도, 주상도(柱狀圖) 등의 제작과 보고서를 편찬·간행하여 관청, 광산업계에 정보를 제공하는 한편으로 학계에 보고도 수행하였다.

연구소 초창기에는 탄전 지질도의 경우 24개가 작성되었다.「함경북도 남부 유연탄 탄전 지질개략도」가 20만분의 1 지도에 작성된 것을 제외하면 모두 5만분의 1, 또는 1만분의 1 지도에 작성되었다.[11] 한편 조사보고서는「조선탄전조사보고」라는 제목으로 총 7권이 간행되었는데, 정리하면 〈표 2-2〉와 같다.

석탄시험계는 탄질 개량, 미분탄(微粉炭) 연소시험, 갈탄의 저온건류(乾餾)[12] 등의 공업용 시험을 시행하였다. 1929년부터 조직이 축소되어

---

10 1930년 현재, 석탄조사계에 촉탁 1명, 기사 3명, 기수 2명, 선광제련 및 석탄시험계에 촉탁 2명, 기사 2명, 기수 4명이 있었다. 연구소 소장은 식산국장이 겸임하였다 (朝鮮總督府燃料選鑛硏究所, 1930, 앞의 책, 20~22쪽).

11 朝鮮總督府燃料選鑛硏究所, 1930, 위의 책, 46~48쪽.

12 석탄을 섭씨 500도 정도의 비교적 낮은 온도에서 가열하여 건류하는 방식이다. 코크스, 가스, 타르 등을 얻는다.

〈표 2-2〉 초창기 간행된 「조선탄전조사보고」 현황

권호	조사대상지	간행일
제1권	함경북도 회령 유연탄 탄전	1927.3.
제2권	전라남도 화순 무연탄 탄전	1927.11.
제3권	강원도 통천 유연탄 탄전	1928.4.
제4권	1923~24년도 시추작업 보고	1928.12.
제5권	함경남도 고원 무연탄 탄전	1930.3.
제6권	함경북도 경성군 내 유연탄 제탄전	1930.3.
제7권	1925~26년도 시추작업 보고	1930.3.

출처: 朝鮮總督府燃料選鑛硏究所, 1930, 『朝鮮總督府燃料選鑛硏究所槪要』, 4쪽.

　선광제련시험계에 부속된 이후에는 이공학적 학술시험 외에도 가정용 연료로서 석탄을 이용하는 방법 등의 실험적 연구도 진행하였다. 석탄시험의 결과보고는 「석탄시험보고」라는 명칭의 보고서로 총 5권이 간행되었는데, 정리하면 〈표 2-3〉과 같다.

〈표 2-3〉 「석탄시험보고」 현황

권호	조사대상지	간행일
제1권	조선무연탄 분쇄 분소(焚燒)시험	1925.4.
제2권	갈탄 저온건류시험	1927.3.
제3권	갈탄 저온건류시험	1930.3.
제4권	분쇄탄 연소시험	1930.3.
제5권	조선 갈탄 탄질개량탄 제조시험	1930.3.

출처: 朝鮮總督府燃料選鑛硏究所, 1930, 『朝鮮總督府燃料選鑛硏究所槪要』, 14쪽.

　선광제련시험계의 선광제련시험은 금은광 기타 일반 금속광물의 경제적 처리법 및 이용시험과 흑연 기타 일반 비금속광물의 경제적 처리법 및 이용시험을 시행하였다. 조선 각 광산의 사정에 적용할 수 있는 가장 유리한 실질적 처리법을 개발해 내려는 것이 목적이었다. 관련 시험

<표 2-4> 「선광제련시험보고」 현황

회차	조사대상지	간행일
제1회	산화 코발트 제련시험	1927.7.
제2회	토상(土上) 흑연 선광시험	1927.7.
제3회	저품위 칼라민광 선광시험	1927.7.
제4회	연(鉛), 아연 혼합류화광의 선광	1928.10.
제5회	금은광 선광제련시험	1929.4.
제6회	금은광 선광제련시험	1929.9.
제7회	조선의 반토(礬土)광 개요조사	1930.6.

출처: 朝鮮總督府燃料選鑛硏究所, 1930, 『朝鮮總督府燃料選鑛硏究所槪要』, 13쪽.
비고: 제1회 보고서명의 경우 '硫化'로 되어 있으나 실제 보고서명에서 '酸化'로 확인하여 수정함.

결과는 「선광제련시험보고」라는 이름으로 1930년까지 총 7개 보고서가 편찬·발표되었다. 그 현황은 <표 2-4>와 같다.

2. 「조선광업령」 제정

1) 배경

1905년 을사늑약과 통감부 설치 이후 일제는 광산개발의 일본 독점을 목적으로 「광업법」 제정으로 상징되는 법·제도적 장치를 마련하였다. 이것은 소기의 성과를 거둬서 광산개발에서 일본인의 비중이 매우 빠른 속도로 증가하였고, 개발 지역도 전국에 걸쳐 고르게 분포하는 수준이 되었다. 개발 광물의 범위도 금은광뿐만 아니라 철광·석탄광·흑연·동광 등 다양하게 확대되었다. 그런데 1910년 강제병합을 통해 한국의 국권을 빼앗고 식민지로 만든 이후에는 새로운 국면에 직면하였다. 1906년 제정한 「광업법」을 수정할 필요성이 생겼기 때문이다.

새로운 국면의 첫 번째는 일본인이 이제 더 이상 '외국인'이 아니라는 사실이었다. 1906년 「광업법」은 외국인인 일본인의 국내 광산 독점을 위해 광산개발에서 한국인의 우위를 인정하지 않고, 내·외국인을 차별하지 않았다. 그런데 1910년 강제병합으로 일본인이 내국인이 된 상황이 되면서 이제는 광산개발에서 내·외국인의 차별이 필요하게 되었다. 이미 한말부터 진행된 서구 열강의 한국 내 광산개발의 확대를 막아서 일본인의 독점적 권리를 역으로 보호할 법적 장치가 필요했기 때문이다. 사실 1910년 시점에서도 서구 열강은 운산금광으로 상징되는 한반도 내의 우수한 광산들을 소유하고 있었다. 1910년 광산 총생산액을 보면, 일본 이외의 외국인 소유 광산의 총생산액이 607만 엔[13] 중 377만 엔을 차지하여 60퍼센트 이상의 압도적 비중을 차지했다. 그다음이 일본인의 197만 엔으로 절반 수준, 한국인은 33만 엔이었다.[14] 1911년 연말 기준으로 운영 중인 광구를 의미하는 가행 광구 수에서 외국인 소유 광구는 겨우 9개로, 전체 가행 광구 202개의 4퍼센트에 불과했다는 점을 염두에 두면, 외국인들이 얼마나 우수한 광산을 소유하고 있었는지 알 수 있다.[15] 1906년 「광업법」 제정을 계기로 일본인의 소유

---

13 일제 시기 화폐단위는 엔으로 서술하였다. 당시 화폐단위를 표기했던 '圓'은 한국어 발음으로는 원이지만, 일제가 발행한 일본 화폐이고, 일본 발음으로 엔(YEN)이었기 때문이다. 일본에서 통용되는 화폐와 같은 단위이지만, 조선총독부가 조선은행권을 별도로 인쇄하여 통용하였음으로 보다 정확하게는 '조선 엔'으로 표기해야 할 것이다. 실제로도 당시 일본 정부는 그들의 일본 엔과 구분하여 조선 엔으로 통칭하였다.

14 朝鮮総督府, 1924, 『朝鮮総督府統計年報』 大正11年度 第2編, 112쪽.

15 1911년 12월 말 현재 가행 광구 202개 중 일본인 소유가 103개, 조선인 소유가 90개

광산 비중이 가파르게 상승했지만, 아직 서구 열강을 압도하는 상황은 아니었다는 것이다. 결국 서구 열강의 국내 광산개발 확대를 근본적으로 저지하는 것이 일본인 광산 독점을 완수하기 위해 시급한 과제였던 것이다.

일제의 의도는 1915년 12월 24일 자, 조선총독부 제령 제8호로 공포된 「조선광업령」 제6조 '제국신민 또는 제국법령에 따라 성립한 법인이 아니면 광업권을 가질 수 없다'로 명기되었다. 이로써 외국인의 경우 신규광업권 취득이 법적으로 금지되었다.

「조선광업령」 제정으로 일제가 노렸던 효과도 빠르게 나타났다. 〈표 2-5〉에서 보듯이 일본인의 광산 출원 건수는 「조선광업령」 공포 이전 300건 대에 머무르던 것에서 1916년 일거에 2,000건을 육박하고 이듬해인 1917년에는 4,000건을 넘어섰다. 전체 광산액에서 일본인이 차지하던 비중도 「조선광업령」 공포 이전 20퍼센트 대에서 1918년에는

〈표 2-5〉 광업권 출원·허가, 생산액 비교 (단위: 건, 1,000엔)

연도	일본인			외국인			한국인		
	출원	허가	생산액(%)	출원	허가	생산액(%)	출원	허가	생산액(%)
1915	381	205	2,802(26.6)	30	18	7,311(69.5)	403	157	384(3.7)
1916	1,932	422	3,623(25.7)	72	74	9,413(66.9)	1,081	308	1,042(7.4)
1917	4,091	763	7,616(44.6)	-	-	8,584(50.3)	2,098	461	858(5.0)
1918	2,526	621	24,674(80.0)	-	-	5,865(18.9)	807	367	299(1.0)
1919	884	328	19,768(77.8)	-	-	5,568(21.9)	138	134	79(0.3)
1920	1,086	313	19,338(80.0)	-	-	4,777(19.7)	46	60	90(0.4)

출처: 朝鮮總督府, 1920, 『朝鮮總督府統計年報』 大正7年度, 221쪽; 朝鮮總督府, 1921, 『朝鮮總督府統計年報』 大正9年度 第2編, 88~91, 112쪽.
비고: 광산액은 1,000엔 이하 반올림.

었다(朝鮮總督府, 1913, 『朝鮮總督府統計年報』 明治44年度, 215쪽). 일본인 역시 서양인 소유 광구에 비해 저생산성을 보여주지만, 조선인의 경우 극도로 열악한 생산성을 확인할 수 있다.

80퍼센트를 넘어섰다. 반면 외국인의 경우 60~70퍼센트의 비중이 1918년에는 10퍼센트 대로 급락했다.

새로운 국면의 두 번째는 식민통치기관으로 등장한 조선총독부가 광업을 관리 통제하는 시스템을 구축해야 한다는 것이다. 물론 그 방향은 완전 식민지가 된 조선에서 광업이 일본 제국주의의 요구를 좀 더 철저하게 수행할 수 있도록 하는 것이었다. 이것은 광업권에 대한 조선 총독의 허가를 규정한「조선광업령」제7조 1항 '광업을 하고자 하는 자는 원서에 광구도를 첨부하여 조선 총독에게 출원하여 허가를 받아야 한다'로 대변되었다. 광업권 허가 방식에 있어서 '제한적 선원주의'를 채택한 것도 관리·통제와 관련된 것이다. 제9조 1항의 '동일한 광물에 대한 광업 출원지가 중복된 때에는 중복되는 부분에 대해서는 원서 도달일이 앞선 자에게 광업의 출원을 허가하며, 같은 날에 원서가 도달한 때에는 조선 총독이 적당하다고 인정하는 자에게 허가한다'이다. 그리고 위법 사항에 대한 처벌 강화도 이 범주에 속한다. 기존「광업법」은 벌금 등의 행정 처분만을 규정해 두었으나,[16]「조선광업령」은 행정 처분 외에 사법 처리까지 할 수 있도록 규정을 강화하였다. 대표적인 것이「조선광업령」제44조 1항으로 '광업권을 갖지 아니하고 광물을 채굴한 자 또는 사기행위로 광업권을 얻은 자는 2년 이하의 징역 또는 1,000엔 이하의 벌금에 처한다'고 규정하였다.[17] 사실 이 조항은 광업권자의 '자영주의'를 규정한 것으로, 전근대부터 한국의 전통적 광산개발 방식이었던 덕대제가 불

---

[16] 「광업법」제22조와 제23조의 규정 사항이다. 〈부록 2〉 참조.

[17] 이 외에도「조선광업령」은 위법 사항을 세분화하여 이에 대한 징벌 조항을 자세하게 규정하였다. 그 결과로 처벌 조항은 기존「광업법」의 2개 조항에서 제44조부터 제49조까지 총 6개 조항으로 늘었다. 〈부록 3〉 참조.

법화됨을 의미하는 것이기도 했다. 조선총독부의 관리·통제의 구축과 일본인에 의한 광업 독점의 지원의 일환으로 볼 수 있는 것이다.[18]

2) 주요 내용

「조선광업령」은 총 64개조로 구성되어 있고 1916년 4월 1일부터 시행되었다. 아울러 「시행세칙」 및 「조선광업등록규칙」도 공포하였다. 기존 「광업법」과 비교하여 볼 때, 주요 내용은 다음의 몇 가지 내용으로 정리할 수 있다(전문은 〈부록 3〉 참조).

① 「조선광업령」에서는 광물의 범위가 확대되었다. 1906년 「광업법」에는 17종의 광물이 규정되었는데, 여기에 11종이 추가되어 28종이 되었다. 이 28종의 광물은 제1조에 규정되어 있는데, 금광·은광·동광·연광·창연(蒼鉛)광·석(錫)광·안티몬광·수은광·아연광·철광·유화철광·격로모철(格魯謨鐵)광·망간광·텅스텐광·수연광·비(砒)광·인광·흑연·석탄·석유·토역청(土瀝靑)·유황·운모·석면·고령토·규사·사금·사철이었다.

---

18 그러나 이후에도 덕대제는 사라지지 않았다. 가장 큰 이유는 광업권자의 자본이 취약했기 때문이다. 덕대제는 자본력이 약한 광업권자가 이익을 취할 수 있는 효율적 방법이었다. 광업권자는 자본을 투자하지 않고 덕대가 채굴한 광물의 이익을 나눌 수 있었다. 또 조선의 광상 상태에 익숙한 노련한 한국인 덕대들이 오랜 기간 인적 관계를 맺고 있는 광부들을 인솔하여 근대적이지는 않지만 '나름의 방법'을 동원하여 생산을 전개하기 때문에 노무관리나 생산 능률에서 유리한 경우도 많았다. 조선총독부 관리 중에는 덕대제가 한국인의 민도와 인정에 지극히 적당하기 때문에 광산개발·조장을 위한 방편으로 개량·지도하는 것이 득책이라고 언급하는 이도 있었다(박기주, 1998, 「朝鮮에서의 金鑛業 發展과 朝鮮人鑛業家」, 서울대 박사논문, 110쪽).

② 「조선광업령」 제정의 가장 주요한 배경이었던 외국인 광업권 불허이다. 제6조, '제국신민 또는 제국법령에 따라서 설립한 법인이 아니면 광업권을 가질 수 없다'는 규정에 따른 것이다. 다만, 「조선광업령」 제정 이전에 이미 광업권을 가지고 있는 외국인의 경우는 부칙인 제56조, '이 영 시행 당시에 존재하는 국가의 광업구역에 대하여는 이 영 시행일에 그 구역을 광구로 하여 광업권의 설정등록을 한 것으로 본다'고 하여 기존 권리를 인정했다.

③ 광업권이 완전한 사유재산으로서의 권리가 되었다. 이것은 제17조 1항, '광업권은 물권으로 하여 부동산에 관한 규정을 준용한다'. 2항, '광업권은 상속·양도·저당·체납처분 및 강제집행 이외에 권리의 목적으로 할 수 없다'. 3항, '이 영에 규정한 광업권자의 권리·의무는 광업권과 함께 이전한다'는 것에 의해 뒷받침되었다. 사적 재산권으로서 광업권은 1916년 등기 제도인 「조선광업등록규칙」과 1919년 재산권 행사와 관련되는 저당권 설정 규칙인 「조선재단저당령」(朝鮮財團抵當令, 1919년) 공포에 의해 완성되었다.

④ 광산개발을 위한 토지 수용과 관련된 규정의 강화이다. 제32조 1항, '광업을 위하여 필요한 때에는 조선 총독의 허가를 받아 타인의 토지를 사용 또는 수용할 수 있다'로 대변된다. 1906년 「광업법」과 비교하면 4개 조항에서 9개 조항으로 늘었다. 특히 관련해서는 1911년 제정된 「토지수용령」을 준용함으로써(제32조 3항) 사적 경영인 광업을 위해 토지 소유자에게 토지 매각을 강요할 수 있도록 하였다. 광업권이 사유재산으로서의 법적 권리가 확립된 것이 근대성이라면, 광산개발을 위한 토지수용의 법적 강화는 식

민성을 보여준다. 「토지수용령」의 발동에 의한 토지 소유자의 권익 침해가 가중될 수 있기 때문이다. 아울러 「토지수용령」 제정 당시 실시되고 있던 토지조사사업과 일정하게 궤를 같이하는 것이었다.

⑤ 조선총독부의 관리·통제와 관련되는 '제한적 선원주의'이다. 제9조의 내용으로 1항, '동일한 광물에 대한 광업출원지가 중복된 때에는 중복되는 부분에 대하여는 원서도달일이 앞선 자에게 광업의 출원을 허가하며, 동일에 원서가 도달한 때에는 조선 총독이 적당하다고 인정하는 자에게 허가한다', 그리고 제2항 '전항의 규정은 고령토 또는 규사의 채굴출원에 대하여는 적용하지 아니하며, 제12조·제13조 또는 제22조의 규정에 의한 출원이 있는 경우에 그 정정에 의하여 증가하는 지구에 대하여도 같다'가 여기에 해당한다.

⑥ 기존 「사금채취법」을 폐지하고, 같은 법의 적용을 받던 사금, 사철, 사석을 제1조에서 보듯이 「조선광업령」이 적용되는 광물에 포함하였다. 제16조, '금광을 목적으로 하는 광업권자는 그 광구 안에 존재하는 사금의 채굴 및 취득할 권리를 가진다. 다만, 그 광구 안에 이미 존재하는 사금의 광구는 그러하지 아니하다'는 것도 관련 조항이다. 이것은 일본인 주도 사금광 개발의 활성화를 지원하는 방향으로 작용하였다. 「사금채취법」 폐지와 관련 광물의 「조선광업령」 적용은 1910년대 금의 증산이 일본 제국주의 차원의 최우선 국책임을 확인시켜 준다.

⑦ 광산 관련 세금 부과에도 변동이 있었다. 제41조 조항으로 2항의 규정인데, '광산세는 광산물의 가격을 100분의 1로 하고, 광구세

는 광구 1,000평 또는 하상연장 1정마다 1엔 60전으로 한다. 다만, 1,000평 또는 1정 미만의 단수는 1,000평 또는 1정으로 계산한다'고 하여 기존 「광업법」보다 광구세가 10전 증가하였다.

⑧ 광산개발 과정에서 발생하는 분쟁, 사고, 광해(鑛害) 발생의 대비책은 규정되지 않았다. 관련 규정은 제24조, 1항 '조선 총독은 광업권자에게 시업안(施業案) 또는 광부의 보호단속에 관한 규정의 인가를 받게 할 수 있다', 제25조 '광업상 위험하거나 공익을 해할 우려가 있다고 인정하는 때에는 조선 총독은 광업권자에게 그 예방 또는 광업의 정지를 명하여야 한다'로 대변되는데 내용에서 보듯이 구체성이 결여되어 있고, 유보적 성격이었다.

요컨대 「조선광업령」은 일제가 주도한 식민지 광업개발에서 식민성, 근대성, 자본주의적 수탈성 등 다양한 모습을 가진다. 광업권이 사유재산으로서의 법적 권리를 갖게 되는 계기가 되었지만, 토지수용 관련 규정에서 보듯이 토지 소유자의 권익이 일방적으로 침해되기도 한다. 광업경찰·광부 부조 규정의 결여에 의한 노동 착취, 당사자의 의사보다 관청 재량주의 혹은 관 우위의 일방적 지시 행정도 그대로 유지하였다.[19]

「조선광업령」은 일제 식민통치 전체 기간 동안 몇 차례 일부 조항이 개정되었지만, 광업 관련 기본 법령의 역할을 하였다. 1920년대 말까지는 세 차례 일부 개정이 있었는데, 우선 1918년에는 광산세 관련 일부 개정이 있었다. 즉 제41조 1항에 '다만, 금광·은광·연광·철광·사금 및 사철에 대하여는 광산세를 부과하지 아니한다'는 단서가 추가되었는데,

---

19 박기주, 1998, 앞의 글, 81~84쪽.

이것은 제1차 세계대전의 전시 특수에 기인한 광업의 활황에 대응하여 광산개발을 보다 활성화하기 위한 조치였다. 두 번째 개정은 1921년에 있었는데, 선원주의와 관련된 제9조 2항을 기존의 '전항의 규정은 고령토 또는 규사의 채굴출원에 대하여는 적용하지 아니하며, 제12조·제13조 또는 제22조의 규정에 의한 출원이 있는 경우에 그 정정에 의하여 증가하는 지구에 대하여도 같다'에서 '전항의 규정은 제12조·제13조 또는 제22조의 규정에 의한 출원이 있는 경우에 그 정정에 의하여 증가하는 지구에 대하여는 적용하지 아니한다'로 변경하였다. 이것은 선원주의를 모든 광물에 대해 적용하는 것을 의미하였다. 세 번째 개정은 1926년에 이루어졌으며, 제1조 2항이 개정되어 「조선광업령」 대상 광물에 납석·명반석·중정석·형석이 추가됨으로써 총 32종으로 증가하였다.[20]

3. 개발 실태

1) 1910년대

(1) 전체 동향

정책적 측면에서 보면 이 시기는 한말 경쟁자였던 서구 광업자본을 배제하고 일본이 주도하는 식민지 광업개발의 토대를 구축하는 기간이

---

20 1930년대 이후의 개정은 주로 전시체제기에 집중되었는데, 군수광물 증산을 위한 개정 조치들이었다. 「조선광업령」 개정 실태에 대해서는 국가법령정보센터(https://www.law.go.kr)에서 파악하였다.

었다고 할 수 있다. 이것은 크게 두 가지 방향으로 전개되었는데, 한반도 매장 광물에 대한 조사와 연구, 그리고 광업에 대한 일본 독점을 규정하는 법제도 체계를 구축하는 것이었다. 이 과정은 1910년대까지 일단락되지 않고 1920년대까지 이어졌다고 할 수 있다. '연료선광연구소'가 1920년대 초반 설립된 것은 그 연속성을 상징한다.

그런데 한편으로 개발 실태라는 관점에서 보면 토대 구축기간이라고 하더라도 몇 가지 중요한 점을 지적해야 한다. 우선 1910년대 광업 경기는 전체적으로 호황 국면이었다. 물론 이것은 제1차 세계대전의 전쟁 특수에 힘입은 것이었다. 전쟁의 영향을 받아 광산물 가격이 급격하게 상승하였고, 이것은 일본인들의 광업 개발 동기를 강력하게 만들었다.

광업의 호황은 광산 출원, 가행, 사업체 수 등 당시의 관련 통계지표를 통해 확인이 가능하다. 정리하면 〈표 2-6〉과 같다. 출원 광구 수는 1916년 시행된 「조선광업령」의 영향이 있지만, 감안하더라도 출원 및 가행 광구 수는 호황을 보여준다. 사업체 수도 1914년 32개소에서 1918년 79개소로 불과 4년 만에 두 배 이상 증가하였다.

광업의 호황 속에서도 가장 두각을 나타낸 것은 금은 광업이었다. 〈표 2-6〉에서 보듯이 가행 광구의 대부분은 금은 광업이었다. 출원 건수의 경우도 비슷한데, 다만 1910년대 후반에 들어와 비중이 떨어지는 이유는 철광산에 대한 출원이 많아졌기 때문이다.[21] 〈표 2-7〉은 금은 광

---

21 철광에 대한 출원은 1911년 74건에서 1916년 183건, 1917년 912건, 1918년 1,175건이었다(朝鮮總督府, 1920, 앞의 책, 221쪽). 이것은 1910년대 후반 제1차세계대전 전쟁 특수를 배경으로 일본 재벌 미쓰비시(三菱)의 황해도 진출과 겸이포제철소 건설, 일본 관영 제철소인 야하타(八幡)제철소의 본격 가동에 따른 철광석 대일 이출 증가가 견인한 것이다.

<표 2-6> 광업 경기 관련 각종 통계

연도	출원(금은광)	가행(금은광)	사업체 수			
			석탄광업	금속광업	기타 광업	합계
1911	692(358)	93(74)	-	-	-	-
1912	633(325)	103(84)	-	-	-	-
1913	610(354)	159(130)	-	-	-	-
1914	542(287)	301(177)	2	27	3	32
1915	814(447)	218(189)	2	35	8	45
1916	3,085(779)	307(249)	2	45	8	55
1917	6,189(887)	563(206)	5	51	23	79
1918	3,333(355)	358(179)	7	55	17	79

출처: 朝鮮総督府, 1920, 『朝鮮総督府統計年報』 大正7年度, 221쪽.; 朝鮮總督府, 『朝鮮鑛業の趨勢』, 각 연도 판에서 작성.

<표 2-7> 1910년대 금은 광업의 생산액

(단위: 엔)

연도	금	사금	금은광	태광(汰鑛)	은
1911	4,433,838	591,618	50,877	230,210	7,118
1912	4,644,983	670,693	190,159	293,098	15,097
1913	5,692,321	970,205	70,223	372,064	28,760
1914	6,057,628	575,350	94,866	517,485	18,920
1915	6,767,253	699,390	192,108	970,298	22,594
1916	7,379,036	890,475	639,364	2,816,173	33,731
1917	6,354,929	392,635	890,191	2,976,762	45,713
1918	5,373,269	526,364	1,051,007	1,641,909	85,869

출처: 朝鮮総督府, 1920, 『朝鮮総督府統計年報』 大正7年度, 232~233쪽.
비고: 사금, 금은광, 태광은 구분하기는 했으나, 금의 범주에 속한다. 관련해서는 朝鮮總督府, 1933, 『昭和六年 朝鮮鑛業の趨勢』, 25쪽 참조.

업의 생산액을 정리한 것인데, 금의 생산액이 압도적임을 알 수 있다. 결국 1910년대 광업은 금광이 주도했음을 확인할 수 있다.

(2) 일본 대기업 자본의 진출

제1차 세계대전의 영향에 기인한 광업 활황은 일본 대자본이 진출도 견인하였다. 일제 시기 기업체 정보를 알려주는 대표적인 자료인『조선은행회사요록(朝鮮銀行會社要錄)』의 1921년판을 보면, 광업 관련 기업 14개 업체가 나오는데, 이 중 8개 업체가 일본에서 진출한 것이었다.[22]

1910년대 가장 주목되는 대기업 진출은 일본 대표 재벌 미쓰비시(三菱)의 본사격인 미쓰비시합자회사가 겸이포제철소를 건설한 것이다. 인근 황해도 재령(載寧), 은율(殷栗) 등의 광산에서 비교적 질 좋은 철광석이 산출되었기 때문이다. 미쓰비시는 이들 철광석을 원료로 연간 10만 톤의 선철(銑鐵)을 생산하는 한편, 그 일부를 제강하여 4만 톤 정도의 조선용(造船用) 강재(鋼材)를 생산, 산하 미쓰비시중공업에 공급하려는 계획이었다. 겸이포제철소는 비록 식민지하에서 일본 자본이 주도한 제철소이지만, 한반도에 만들어진 최초의 선강일관생산시설(銑鋼一貫生産施設)[23]을 갖춘 근대식 제철소였다. 1914년 4월, 제철소 건설공사를 시작하였으나 제1차 세계대전의 영향으로 공사에 차질을 빚었다. 제철소 기계설비를 독일에 주문하였던 것에 문제가 생겼기 때문이다. 결국 주문처를 미국으로 바꾸는 우여곡절을 겪는 과정에서 지연이 발생되어 1916년에야 비로소 제철소 건설에 착수할 수 있었다.

겸이포제철소에 대응하여 미쓰비시합자회사는 1917년 10월 미쓰비시제철주식회사를 독립 자회사로 설립하고 기존 미쓰비시합자회사의

---

22 8개 업체는 계림(鷄林)광업, 메이지(明治)광업, 조선광산, 이원철산, 생기령점토석탄, 조선무연탄광, 동양광업, 함흥탄광철도이다.(『朝鮮銀行會社要錄』1921년판).
23 선강일관생산시설이란 철광석을 원료로 중간재인 선철과 완성품인 강재를 모두 생산하는 설비체제를 갖춘 것을 의미한다.

제철사업부문 전부와 광산을 이관하였다. 겸이포제철소와 인근 재령, 은율의 철광산을 주력으로 미쓰비시제철(주)의 경영은 1918년 6월에 제철소를 준공하고 제1고로 화입식을 거행하면서 본격적으로 시작되었다. 같은 해 8월에 제2고로가 가동되었고, 이듬해 1919년 초에 염기성 평로 2기의 조업이 개시되면서 계획한 설비가 100퍼센트 가동되었다. 생산능력은 철광석을 녹여 중간재인 선철을 뽑아내는 제선용(製銑用) 용광로(高爐) 150톤급 2기, 그리고 생산된 선철을 원료로 강재를 생산하는 제강용(製鋼用) 평로(平爐) 50톤급 2기, 기타 압연설비가 있었다.

그러나 본격적으로 가동된 직후 발생한 불황과 1921년 11월 제1차 세계대전의 영향으로 열린 워싱턴 군축회의에서 일본 해군의 군축 방침이 결정되면서 조선용 강재 수요가 위축되어 1922년 4월부터 강재를 생산하는 평로 작업을 중단할 수밖에 없었다. 이후에는 150톤급 고로 2기를 이용한 선철 생산만으로 제철소를 가동하였다. 생산된 선철은 매년 일정한 차이가 있었으나 최소 8만 톤부터 최대 16만 톤까지 생산되었다.[24]

(3) 동업단체의 결성

전시 특수에 힘입어 광산개발이 금광을 중심으로 활기를 띠게 되고, 일본의 대기업, 광산업자들이 조선에 진출하면서 조선총독부, 나아가서는 일본제국주의가 추진하는 정책에 대해 광산업계 전체의 이익을 추구

---

24 겸이포제철소가 다시 강철 생산을 재개하는 것은 일본이 본격적인 전시체제를 준비하는 과정에서 정책적으로 단행한 제철합동의 결과로 탄생한 일본제철주식회사 산하 제철소로 들어가는 1934년부터였다. 생산된 강재는 모두 조선용 강재로 모두 미쓰비시중공업(주)의 주력 조선소인 나가사키(長崎)조선소가 소비하였다. 생산량은 1934년 2만 톤에서 1943년 11만 톤을 생산하여 최고 생산량을 기록하였다(배석만, 2014, 『한국 조선산업사: 일제시기편』, 선인, 187~188쪽).

하는 교섭의 창구, 그리고 업자 상호 간의 권익 보호, 상호협조, 정보교환을 하기 위한 목적으로 동업단체도 조직되었다. 최초의 움직임은 1913년 6월 설립된 '조선광업협회'였다. 1913년 3월 1일 자『매일신보(每日申報)』는 다음과 같이 관련 내용을 보도하고 있다.[25]

광업협회의 조직

조선광업계는 近時 內地로부터 대광업가의 從業하는 자가 有함으로 조선 재래의 광업가도 幾分 진면목으로 업무를 추진함에 至함으로써, 此際 상호의지를 소통하고 또 총독부 광업당국자와 교섭을 완만케하는 기관을 하여 월간의 회보를 발행하고 광업의 현황을 보도하여 각광업가의 품성 향상을 기할 목적으로서 조선광업협회를 조직할 계획이라. 現今 4~5의 광업가도 찬의를 표하는고로 3, 4월경 三菱, 九原, 藤田 등의 대표자의 入京을 기다려 그 동의를 얻은 후, 조직함에 至한지라. 조직 후에는 춘추 2회 경성에서 광업가의 회의를 개최할터이라 하더라.

1917년에는 조선광업회가 창립되었다. 민간의 동업단체라기보다는

---

25 「광업협회의 조직」,『매일신보』, 1913.3.1;『매일신보』의 관련 기사는 같은 해 7월에도 확인된다. 그 내용은 다음과 같다.
'요코야마 켄(橫山謙: 전 거류민단 助役) 및 오다와라 마사토(小田原正人: 오사카마이니치 신문사 통신원) 두 사람은 조선에서 이미 각종 기관이 성비된 오늘날까지 광업계를 통일할 기관이 없음을 개탄하여 이전부터 동 기관의 설립에 분주하더니 이번에 각 상업자는 물론 명망 있는 유력가 및 경성의 각 신문사 통신사 등의 원조를 얻어 조선광업협회라는 것을 조직하여 그 본부를 경성 若草町에, 동 지부를 평양 綠川町에 설치하고 각 방면에 걸쳐 회원 모집에 착수하였는데 입회 신청자가 과다하다더라.'「광업협회 설립」,『매일신보』, 1913.7.13.

조선총독부가 주도한 반관반민 성격의 단체였다. 조선총독부 광무과장이 창립위원장으로 설립을 주도하였으며, 창립총회에서는 조선 총독이 축사를 하였다.[26] 조선광업회의 성격은 정관에서도 나타난다. 제4조 2항에 '관청의 자문에 응하여 의견을 진술할 것'을 명시하였다. 조선광업회 정관의 주요 내용은 아래와 같다.[27]

   제1조 본회는 광업에 관한 학술의 진척 및 그 사업의 발달을 도모하
         는 것을 목적으로 한다.
   제4조 본회는 제1조의 목적을 달성하기 위해 다음 사업을 수행한다.
     1. 광업에 관한 학술 연구와 강연회 개최
     2. 관청의 자문에 응하여 의견 진술
     3. 회원의 질문 또는 의뢰에 대한 대응
     4. 광업에 관한 필요 사항을 조사
     5. 정기 또는 임시로 회지를 발행
     6. 도서실 및 진열실을 설치
   제5조 본회는 다음 3종의 회원으로 조직한다.
     1. 명예회원: 학식과 명망이 있는 자, 또는 광업에 관한 특별한 공
        정이 있는 자로 평의원회의 추천을 받은 자
     2. 특별회원: 조선 광업에 관한 공로가 있는 자로서 이사장의 추천,
        또는 본회에 500엔 이상의 기부를 하고 이사장의 승인을 얻은 자
     3. 정회원: 광업과 중요한 관계가 있으며 회비 연액 18엔을 부담하

26　「조선광업회 정관」,『매일신보』, 1917.10.3.
27　조선광업회, 1918,『조선광업회지』제1권 제2호, 1쪽.

며, 이사장의 승인을 거친 자. 광업의 기술 또는 사무에 종사하
며 회비 연액 6엔을 부담하며, 이사장의 승인을 얻은 자, 이사장
의 특별 추천이 있는 자

제6조 제5조의 회원에 해당하지 않지만 연액 4엔을 선납하고 본회
발행 잡지를 구매한 자를 준회원으로 하고 이사장의 승인을
거쳐 본회의 설비를 사용할 수 있음.

조선광업회 회원은 위의 정관 제5조와 제6조의 규정에 따라 명예회원, 특별회원, 정회원, 준회원으로 구분되었음을 알 수 있다. 설립 초기인 1918년 1월 현재 명예회원은 없고, 특별회원 68명, 정회원 161명, 준회원 9명으로 총 238명이었다.[28]

대독이었지만 조선 총독이 축사를 할 정도로 화려하게 출발한 조선광업회였으나, 이후 활동은 미미했다. 1921년 『조선일보』는 '조선광업회가 근래 적막해졌고, 회원 중 대자본가는 모두 빠져나가고 회비를 징수하는 데도 어려움을 겪고 있음'을 보도하고 있다.[29] 이유는 제1차 세계대전이 끝난 후 전쟁 특수가 사라지면서 1920년대 불황의 시대가 도래했기 때문이었다. '근래 광업의 쇠퇴와 함께 토착 광업가는 모두 폐업 또는 휴업하였고, 기술자, 사무원은 사방으로 흩어진'[30] 상황의 반영이었다. 언론 특유의 과장이 들어가 있기는 했지만, 1920년대 식민지 조선의 광업이 침체기에 접어든 것은 사실이었다.

---

28 조선광업회, 1918, 위의 책, 131쪽.
29 「광업회의평회기(鑛業會議評會期) 광업진흥책 부의(附議)」, 『조선일보』, 1921.1.15.
30 「광업회의평회기(鑛業會議評會期) 광업진흥책 부의(附議)」, 『조선일보』, 1921.1.15.

2) 1920년대

(1) 전체 동향

1920년대 조선 광업을 한마디로 요약하면, 전쟁 특수가 사라지고 장기 불황에 접어드는 과정에서 석탄광업만이 예외적으로 두각을 나타내었다고 할 수 있다. 불황기 석탄광업의 성장은 조선총독부의 정책이 주도한 것이었다.

제1차 세계대전의 전쟁 특수와 「조선광업령」 공포에 힘입어 조선 광업은 한때 성황을 보였으나, 전쟁이 끝남에 따라 특수가 사라지고 열기는 빠르게 식었다. 금 이외의 모든 광물에 대한 수요가 감퇴하였고, 그 영향은 이르게는 1918년부터 휴광(休鑛)이나 폐광(廢鑛)하는 광산이 속출하는 것으로 나타났다. 이러한 불황의 분위기는 1920년대 전반기까지

〈표 2-8〉 1920년대 광업 경기 관련 각종 통계

연도	출원(금은광)	가행(금은광)	사업체 수			
			석탄광업	금속광업	기타 광업	합계
1918	3,333(355)	358(179)	7	55	17	79
1919	1,026(100)	326(121)	7	40	10	57
1920	1,132(26)	178(50)	16	37	11	64
1921	1,291(97)	203(68)	11	26	7	44
1922	259(117)	196(65)	13	23	8	44
1923	389(190)	224(80)				
1924	600(292)	223(72)				
1925	972(319)	297(108)				
1926	928(218)	358(146)				
1927	793(285)	362(131)				
1928	867(315)	365(144)				
1929	935(446)	385(140)				
1930	1,392(733)	456(187)				

출처: 朝鮮總督府, 1928, 『昭和二年 朝鮮鑛業の趨勢』; 朝鮮總督府, 1933, 『昭和六年 朝鮮鑛業の趨勢』에서 작성.

이어졌다. 1920년대 광업 경기와 관련된 각종 지표는 상황을 잘 보여 준다.

〈표 2-8〉에서 보듯이 1918년 3,000건이 넘던 출원은 1922년 200건 대로 급락하였다. 이후 회복되는 경향을 보이지만, 1920년대 말까지 1910년대 말 수준을 회복하지 못하였다. 가행 광구 수를 보면 불황은 보다 뚜렷하다. 1918년 358개의 가행 광구가 있었으나 1920년 178개까지 떨어졌고, 1920년대 후반기부터 회복하고 있으나 그 속도는 느렸다.

한편 급격한 경기변동은 있었지만, 금은 광업이 식민지 조선 광업의 대표 주자였음은 1920년대에도 변함이 없었다. 〈표 2-9〉는 연간 100만 엔 이상의 생산 실적을 낸 주요 광물의 1920년대 현황이다. 100만 엔 이상의 주요 광물은 금, 철광석, 석탄임을 알 수 있고, 1920년대에도 광

〈표 2-9〉 1920년대 주요 광물 생산액 (단위: 엔)

연도	금	철광석	석탄
1918	8,591,549	924,065	1,315,873
1919	7,216,225	3,074,573	2,124,831
1920	6,369,946	4,189,848	3,917,153
1921	5,427,875	1,716,170	3,192,263
1922	5,303,439	1,153,224	2,531,436
1923	6,468,147	1,806,055	2,750,214
1924	7,580,703	2,141,941	2,961,247
1925	7,314,098	2,199,778	4,548,535
1926	9,064,532	2,120,148	4,992,699
1927	7,435,888	2,889,544	5,286,318
1928	7,507,286	3,042,979	5,769,289
1929	7,722,999	3,153,988	6,316,485
1930	8,322,980	2,808,173	5,190,064

출처: 朝鮮總督府, 1928, 『昭和二年 朝鮮鑛業の趨勢』, 26~27쪽; 朝鮮総督府, 1933, 『昭和六年 朝鮮鑛業の趨勢』, 25~27쪽에서 작성.
비고: 금은 사금과 금은광, 汰鑛을 합친 금액이다.

업은 금광이 주도한 것이 확인된다. 다만 금 또한 전후 불황의 영향을 받고 있음을 알 수 있고, 1920년대 전반에 걸쳐 전체 생산액은 쇠퇴·정체하는 경향이 확인된다. 철광석은 오히려 1919~1920년에 살짝 튀는 수치가 있는데, 겸이포제철소의 완전 가동과 관련 있는 것으로 보이며, 그 후에는 역시 금과 마찬가지로 쇠퇴·정체하는 경향을 보인다. 반면 석탄의 경우 광업의 전반적 불황기라는 1920년대에 지속적인 성장 국면을 보여주고 있다. 전시 특수가 사라지는 시점인 1918년 130만 엔 수준이었던 석탄은 불황이 전면화되는 1920년 전후에 오히려 300만 엔대로 증가하고, 1920년대 말에는 다시 그 두 배인 600만 엔대의 생산고를 올리고 있음이 확인된다.

(2) 광산개발의 양상: 석탄광업의 성장

광산개발의 침체기인 1920년대 유일하게 두각을 나타낸 것은 석탄이었다. 〈표 2-9〉는 생산액 기준의 증가 상황을 제시하였으나, 생산량을 기준으로 보면 석탄광업 성장이 좀 더 가파르게 높아지고 있음이 확인된다.

〈표 2-10〉은 1920년대 석탄 생산량을 정리한 것인데, 1918년 18만 톤 수준에서 1929년에는 93만 톤으로 증가하였다. 1930년 증가세가 꺾이는 것은 대공황의 영향이라고 할 수 있다. 특정 기간의 이상 증가가 아니고, 불황기임에도 계속 성장하고, 1920년대 후반기에는 그 속도가 더욱 빨라지고 있음을 알 수 있다. 무연탄과 유연탄으로 구분하여 보면, 상대적으로 1920년대 전반기는 유연탄이, 후반기에는 무연탄이 성장을 견인하는 경향을 보인다.

사실 일제의 입장에서 한국의 석탄은 이미 일찍부터 특별한 관심 대

<표 2-10> 1920년대 석탄 생산량   (단위: 톤)

연도	생산량		
	무연탄	유연탄	합계
1918	141,991	45,632	188,623
1919	161,884	57,670	219,554
1920	202,708	86,328	289,036
1921	204,844	105,746	310,590
1922	178,848	138,482	317,330
1923	182,894	197,484	380,378
1924	215,209	184,206	399,415
1925	359,312	264,926	624,238
1926	351,501	331,395	682,896
1927	392,323	317,255	709,578
1928	464,954	350,863	815,817
1929	538,245	399,657	937,902
1930	478,477	405,661	884,138

출처: 朝鮮總督府, 1928, 『昭和二年 朝鮮鑛業の趨勢』, 26쪽; 朝鮮総督府, 1933, 『昭和六年 朝鮮鑛業の趨勢』, 25~27쪽; 朝鮮総督府殖産局鉱山課 編 『朝鮮の無煙炭鉱業』, 1935, 26쪽에서 작성.
비고: 1918~26년의 경우 유연탄 생산량은 합계에서 무연탄을 차감한 양임.

상이었다. 그 관심은 한말로 거슬러 올라간다. 특히 일본 해군은 연료탄 확보를 위해 지속적으로 평양탄전에 관심을 보였다. 평양탄전은 주변 대동(大同), 강동(江東), 강서(江西), 순천(順天), 개천(价川)에 약 6억 톤이 매장된 한반도 최대 탄전 중 하나였다. 그러나 해군의 평양탄전에 대한 관심이 현실화된 것은 대한제국의 광업개발 노력이 좌절되고 사실상의 국권 상실을 의미하는 통감부 설치 후에 이루어졌다. 구체적으로는 1907년 일본 해군이 직접 관여하는 평양광업부를 설치하고 본격적인 탄광개발과 채굴에 들어간 것이다. 1910년 강제병합 이후 조선총독부 직영으로 이관되었으나 해군의 영향력이 감소하지는 않았고, 그나마도 1922년에는 다시 해군이 직영하게끔 되었다. 이후 일본 해군의 제5해군

연료창이 되었다.[31]

1910년대에는 평양탄전에 대한 일본 대자본의 움직임이 있었다. 1913년 조선무연탄광주식회사가 설립되었고, 미쓰비시(三菱)가 겸이포 제철소 가동과 관련하여 대보(大寶)탄광을 열었다. 일본 광업대자본인 메이지(明治)광업주식회사가 대성(大成)탄광을 개발한 것도 이즈음이었다. 그러나 본격적인 개발은 이루어지지 않았다. 평양광업부가 생산하는 해군용 연료탄 이외에는 원칙적으로 평양탄전 생산 석탄의 일본 이출이 금지되어 있었기 때문이다.[32]

그러나 1920년대가 되면서 상황이 달라지게 되었다. 첫 번째 계기는 제1차 세계대전에 따른 전쟁 특수였다. 일본의 경기 활황, 공업 성장으로 연료탄 수요가 급증하면서 식민지 조선으로의 석탄 이입이 감소하였다. 공장용 및 가정용 탄이 부족해지는 상황이 닥쳐오자 조선총독부의 입장에서는 해결책이 필요했다. 결국 그 해결책은 조선에 매장되어 있는 석탄의 개발이었다. 두 번째 계기는 조선총독부의 1920년대 광업개발정책 기조 전환에 있었다. 조선총독부는 1910년대 광업을 대표하는 금광업의 발전 전망이 한계에 이르렀다고 판단하였다. 따라서 금광업에 치중되었던 정책 기조를 전환하려고 하였고, 그 대체재로 주목한 것이 석탄이었다.[33] 특히 1910년대 광상 조사를 통해 한반도에 대량의 석탄이 매장되어 있다는 사실을 확인한 결과이기도 하였다.

조선총독부의 구체적인 시책은 조선산 석탄의 이용을 위한 연구·조

---

31 평양상공회의소조사부, 1942, 「평양무연탄개관」, 『평양무연탄자료집성』, 평양상공회의소, 10쪽.
32 평양상공회의소조사부, 1942, 위의 글, 11쪽.
33 「炭田의 통일은 탄업개선의 득책, 黑木 광무과장 談」, 『매일신보』, 1926.10.6.

사 기관으로 연료선광연구소 설치, 민간의 탄광개발을 자극하기 위한 조선 생산 석탄의 일본 이출 허용, 그리고 저렴한 무연탄의 효율적·안정적 공급을 위한 무연탄 주요 탄광들의 합동계획의 실현인 조선무연탄주식회사 설립으로 현실화되었다.

우선 연료선광연구소는 1922년에 설립되었다. 앞서 살펴보았듯이, 조선총독부 식산국 산하에 설립된 동 연구소의 주력 업무는 탄전조사, 석탄 이용 방법 조사연구였다.[34] 그 필요성은 조선 석탄이 가지는 특징 때문이기도 했다. 즉 조선에서 생산되는 석탄의 대부분은 무연탄이었는데, 대부분이 가루 상태의 분탄(粉炭)이어서 그대로 산업용이나 가정용으로 사용할 수 없었다. 점결성이 없고 착화가 잘되지 않기 때문이었다. 무연탄 외에 조선 석탄의 또 다른 축인 갈탄의 경우 유연탄의 범주에 속하지만, 역청탄으로 불리는 일반적인 유연탄보다 열량이 떨어지고 역시 점결성이 낮아 운송 과정에서 분탄이 되기 쉬었다. 조선 석탄을 이용하기 위해서는 탄질 개량을 위한 다양한 방법이 강구되어야 하는 상황이었다.[35]

조선총독부의 조선 석탄 일본 이출 허용 조치가 석탄 증산에 역할을 하였음은 〈표 2-10〉의 1925년 생산량 급증에서 확인된다. 1924년 조선총독부는 '일본 조선 간의 산업상황의 요구를 감안'[36]하여 일본 대기업에 불하했던 평양탄전 특허 광구의 무연탄 수이출을 해금하였고, 이것은 〈표 2-10〉에서 보듯이 1924년 21만 톤에서 1925년 36만 톤으로 급

---

34 朝鮮總督府燃料選鑛研究所, 1930, 앞의 책, 1~2쪽.
35 관련해서는 연료선광연구소의 일련의 석탄시험보고서가 참조된다. 1920년대 후반기 관련 보고서는 〈표 2-3〉「석탄시험보고」 현황 참조.
36 평양상공회의소조사부, 1942, 앞의 글, 11쪽.

증하는 요인이 되었던 것이다. 이런 정황은 다음의 언급에서도 확인된다.

> 조선무연탄의 생산액은 1924년경까지는 대체로 10만 톤 내지 20만 톤 정도였으나 1925년부터 급격하게 증가한 원인은 종래 江西炭을 제외하고 평양 무연탄의 대부분에 대해 조선 외 반출을 금지했던 것을 해금한 결과에 의한 것이다.[37]

조선총독부의 무연탄 수이출 해금 조치 이후 조선산 무연탄의 일본 이출 현황을 보면 〈표 2-11〉과 같다. 1920년대 후반 조선산 무연탄은 매년 20만 톤 이상 일본에 이출되었음이 확인된다. 그 추세도 점차 증가하는 경향으로 1926년 21만 톤 수준에서 1929년에는 28만 톤을 넘는 무연탄이 일본으로 이출되었다. 이것은 〈표 2-10〉의 같은 시기 무연탄 생산량과 대비하면 그 절반 정도가 일본으로 이출되고 있는 것이다. 용도는 이미 한말부터 시작된 일본 해군의 함정용 연료로 사용되는 이른바 '해군탄' 외에 민수용 연료로 가정 난방용 연탄인 공명탄과 조개탄을 제조하는 원료로 사용되었다.[38]

조선총독부가 대일 무연탄 이출의 해금을 단행한 3년 후인 1927년에는 평양의 주요 탄광들을 하나로 묶는 조선무연탄주식회사 설립이 이루어졌다. 설립 과정에는 당시 조선 총독이었던 사이토 마코토(斎藤実)가 직접 개입했으며, 자본금 1,000만 엔의 거대 국책회사의 탄생이었다. 그

---

37 朝鮮総督府殖産局鉱山課 編, 『朝鮮の無煙炭鉱業』, 1935, 25~26쪽.
38 朝鮮総督府殖産局鉱山課 編, 위의 책, 28~29쪽.

〈표 2-11〉 1920년대 후반 조선산 무연탄 대일 이출 현황 (단위: 톤)

연도 \ 수량	총계	일본 해군탄	일본 민영탄
1926	217,564	93,861	123,703
1927	234,461	76,558	157,903
1928	269,191	86,808	182,383
1929	284,648	79,559	205,079
1930	239,141	101,897	137,244

출처: 朝鮮總督府殖産局鑛産課, 1935, 『朝鮮の無煙炭鑛業』, 29쪽에서 작성.

리고 이와 동시에 조선무연탄조합을 설립시켜서 평양탄전의 각 탄광의 출탄(出炭)과 판매 통제의 역할을 하도록 하였다.[39]

평양탄전 주요 탄광을 합동하여 거대 회사를 설립하는 계획은 이미 1923년부터 시작되었다. 조선총독부는 계획을 실현하기 위해 해당 탄광을 경영하는 일본 대자본 등 민간업자들과 협의를 시작했다. 조선총독부는 이들의 적극적 호응을 끌어내기 위해 총독부 관리들을 일본 도쿄로 출장시켜 긴밀하게 협의하였다. 협상테이블에는 조선총독부가 보유한 개발보류 광산의 불하도 올라갔다. 회사 설립은 1926년부터 가시화되어 같은 해 11월 창립준비위원회가 열렸다. 준비위원회에는 조선총독부에서 정무총감, 식산국장, 광무과장이 참석하여 회의를 주도하였다.[40] 11월 25일에는 회사 발기인대회가 열렸고 정관이 결정되었다. 주요 내용은 ①칭호: 조선무연탄주식회사, ②목적: 석탄 기타 광물 채굴 판매, 연탄제조 판매, 전 각항에 관련된 업무, ③자본금: 1,000만 엔(1주당 50엔, 20만 주 발행) 등이었다.[41]

---

39 평양상공회의소조사부, 1942, 앞의 글, 11쪽.
40 「조선무연석탄주식회사 창립준비위원회」, 『동아일보』, 1926.11.16.

조선무연탄주식회사 설립에 참여한 일본 대자본은 미쓰비시(三菱)제철(주), 미쓰이(三井)광산(주), 구하라(久原)광업(주), 메이지(明治)광업(주) 등이었다. 이들이 보유한 탄광이 현물로 출자되었으며, 그 외 평안도와 함경도에 소재한 조선총독부 관할 미개발 탄광(보류 탄광)이 조선무연탄의 소유가 되었다. 여기에는 허가 광구, 출원 광구도 포함되었다. 일본 양대 재벌인 미쓰비시와 미쓰이가 전체 지분의 37퍼센트를 장악한 조선 최대 광업회사의 출현이었다. 그러나 조선무연탄(주)은 출범 당시의 규모에 비해 이후 초창기 경영 성적은 그다지 좋지 못했다. 그 이유는 출범 직후 경영 초기에 대공황에 직면하였고, 현실적인 문제로 아직 개발이 시작되지 않은 광구들이 많았을 뿐만 아니라, 이후 개발 자체도 지연되었기 때문이다. 아울러 조선무연탄(주)의 가장 큰 지분을 보유한 미쓰비시와 미쓰이 양대 재벌 간에 생산된 석탄의 판매 문제 등을 놓고 전개된 갈등도 원인으로 작용했다.[42]

1920년대 조선총독부는 제1차 세계대전 전쟁 특수가 사라지고 장기 불황에 직면한 상황 속에서 당시까지 주력이었던 금광업을 대체할 새로운 광업으로 석탄에 주목하였다. 육성 방법으로는 조선총독부가 직접 개입하여 대규모 석탄광업회사를 신설하는 것이었다. 국영 체제는 아니지만 가급적 여기에 가까운 성격의 회사, 다시 말해 조선총독부의 지시와 통제에 잘 따르는 회사 설립을 구상했다. 이를 위해 조선총독부는 보유

---

41 「무연회사정관」, 『조선일보』, 1926.11.28.
42 조선무연탄주식회사의 보다 구체적인 설립 과정에 대해서는 김은정, 2009, 「일제의 조선무연탄주식회사 설립과 조선 석탄자원 통제」, 『한국민족운동사연구』 58. 박기주, 2009, 「식민지기 조선의 석탄 수급구조와 정책」, 『대동문화연구』 67, 성균관대학교 대동문화연구원 참조.

한 개발보류 탄광을 미끼로 일본 민간 대재벌 자본을 끌어들였다. 이렇게 식민지 조선 석탄광업 육성 주체로 탄생한 것이 조선무연탄주식회사이고, 일본 양대 재벌인 미쓰비시, 미쓰이가 최대 지분을 가졌다. 그러나 조선무연탄주식회사는 출범 이후 초창기 경영에서 조선총독부가 기대한 만큼의 역할을 하지 못했다. 조선총독부의 입장에서는 석탄 광업과 관련한 보다 근본적인 대책 수립이 필요한 상황에서 1930년대를 맞이하게 되었다.

제3장
1930년대 일제의 '금(金) 증산' 국책과
식민지 조선

1. '금 증산' 국책의 성립

1930년대부터 식민지 조선의 광업은 본격적인 개발이 시작되었다. 그 전개 속도와 확대 과정은 이전 시기를 준비단계의 시기로 상대화할 정도이다. 사실 앞서 살펴보았지만, 1910년 강제합병 이후 1920년대까지 식민지 광업은 금과 석탄 부분의 개발과 증산이 있었으나 대체로는 조선총독부 주도의 한반도 광상조사, 조선 광물의 이용을 위한 연구, 일본(인) 독점의 광업개발을 위한 법·제도의 구축, 조선무연탄주식회사 설립에서 보듯이 개발 주체로 일본 대자본을 유치하기 위한 정책적 노력 등을 주요 내용으로 한다. 그런 의미에서는 실제로도 1920년대까지의 광업은 본격적인 '식민지적 광업개발'을 위한 준비기간이었다고 평가할 수 있다.

1930년대 광업개발은 그 초입, '골드러시'라고 부를 정도의 금광개발 열풍부터 시작하여 중후반에는 철광과 탄광으로 이어졌고, 태평양전쟁을 전후한 시기에는 '군수광물 증산'의 이름으로 마그네사이트, 운모, 흑연, 납, 아연, 텅스텐, 규석, 명반석, 수연 등 희귀 광물의 개발로 이어졌다.

우선 1930년대에 들어서면서 시작된 금광개발 열풍은 식민지 모국 일본의 필요성 때문이었다. 대공황으로 금본위제가 해제되고 다자간 무역에서 '블록경제'로 전환되는 세계 경제의 상황 속에서 국제결제 수단으로서 금의 필요성이 급격히 높아지는 상황이었다. 그 결과 '경제성' 문제를 국가 보조로 메우며 '증산'을 우선시하는 제국 차원의 정책 기조가 확립되면서 금광개발 붐으로 연결되었다. 다음으로 철광과 탄광 개발은 일제의 대륙침략과 직접적으로 연동되어 있었다. 이른바 '대륙전진병참기지'로서의 조선, 그리고 이를 위한 '식민지 공업화'의 필요성 때문이다.[1] 그 토대로서 산업의 쌀이라고 불리는 철강과 20세기 전반 주력 에너지인 석탄의 증산은 가장 기본이 되는 것이었다. 마지막으로 군수광물 증산의 이름으로 정책적으로 장려된 태평양전쟁기 희귀 광물 광산개발은 전쟁 승리를 위한 극단적 증산의 '자원 동원'이었다고 할 수 있다.

1930년대 이후 1945년 일제 패전시까지의 식민지 조선 광업개발은 당연한 얘기지만, 식민지 모국 일본의 필요성에 우선하여 본격적인 개발 시기를 맞게 되었다. 그 형태는 정책이 주도하고 여기에 일본 대자본을 필두로 민간이 '플레이어'가 되는 형태를 취했다. 우선 제3장에서는 1931년 금본위제 이탈을 기점으로 시작되어 1943년 10월 「금산(金山) 정비령」으로 일단락될 때까지, 일제가 식민지, 점령지를 모두 포함한 그들이 세력 권역에서 초중점 국책으로 전개한 '금 증산'이 한반도 광업을 어떻게 변모시켰는지부터 살펴보도록 하겠다.

1) 금 증산 필요성 대두

1920년대 말 세계 경제가 한 번도 경험해 보지 못한 미증유의 대공황은 당시 자본주의를 선도하던 국가들에게 자국 경제 우선 생존의 길

---

[1] 물론 1930년대 조선총독부가 공업화를 추진한 배경에는 기존 조선에서의 농업 중심 정책기조의 전환 필요성 등 다양한 각도의 식민지 내부의 문제도 있었다. 그러나 공업화가 '실현'되는 데에는 전쟁에 필요한 공업화, 이른바 '군수공업화', 그리고 그 달성을 통한 '대륙전진병참기지로서의 조선'의 공식화가 가장 큰 역할을 했다.

을 선택하도록 만들었다. 세계 경제를 염두에 둔 다자간 경제교류와 무역·통상, 자본 이동은 급격히 위축되었고, 서구 자본주의 각각의 맹주들이 그들을 중심으로 '블록'을 쌓는 상황이 도래한 것이다. 1931년 9월, 영국의 금본위 이탈로 시작되는 세계 경제 금본위체제 해체는 자본주의 각국의 '각자도생'을 상징하는 사건이었다. 일본 역시 1931년 연말을 기해 금수출 금지, 금태환 정지 등을 통해 금본위제를 이탈하고 사실상의 통화관리제로 전환하였다. 그리고 이것은 예상대로 국제수지 관리의 어려움 속에 엔화 가치의 폭락, 외화 부족 등을 야기하게 되었다.[2] 통화가치 안정과 국제수지 관리를 위한 대외결제 수단 확보 등이 요청되는 상황이었고, 그 해결책으로 제시된 것이 최대한 금을 확보하여 일본 국내에 축적하는 것이었다.

금을 통한 통화와 외환을 관리하는 일본의 정책 기조는 1930년대 후반 보다 강화되었다. 중일전쟁을 계기로 전시체제 구축이 본격화되었기 때문이다. 특히 군비 확충과 관련된 생산재 수입이 급증하여 국제수지의 상황이 날로 악화되었으므로 대외 결제용 금의 필요성은 더욱 높아졌다. 중일전쟁이 일어난 1937년 일본의 무역수지 적자는 무려 6억 엔을 초과하는 사상 최고 적자를 기록하였고, 결국 외화나 금으로 지불할 수밖에 없는 상황이었으므로 금의 확보는 일본 제국주의 최긴급 국책 중 하나가 되었다.[3]

---

2   달러 대비 일본 엔화 가치는 금본위제 이탈 이전 1달러당 2.05엔에서 일거에 3.56엔까지 폭락하였고, 1933년에는 3.97엔까지 떨어졌다(中村隆英, 1993, 『日本經濟: その 生長と構造』第3版, 東京大學出版會, 118쪽).

3   일본 정부는 국제수지 적자가 지속되는 상황에서 이미 1937년 3월부터 이른바 '금현송(金現送)'을 실시할 수밖에 없었다(中村隆英, 1993, 위의 책, 127쪽). '금현송'은 한 나라의 국제수지가 지불 초과일 때 환시세의 하락을 막기 위하여 금을 직접 보내

식민지 모국 일본의 금 증산 필요성 대두는 조선총독부의 광업정책에 직접적인 영향을 주었다. 광업정책의 중심에 금을 증산하기 위한 시책이 놓인 것이다. 이른바 '산금(産金)정책'의 본격화이다. 이것은 1920년대 조선총독부의 광업정책이 불황기에 접어들어 금광업의 발전성에 회의적 시각을 가지고 그 대안으로 일본 대자본을 끌어들여 탄광개발에 힘을 기울였던 점을 상기하면, 일정하게 변화된 것이기도 했다.[4]

일본이 금본위제에서 이탈한 직후인 1932년 1월 조선총독부 식산국장은 '조선의 금광개발에 대해서는 다만 산금 증가책뿐 아니라 국가경제, 국제신용의 향상, 발전 등의 견지에서도 조선 오지의 개발문화의 보급 등의 점으로 보아서도 가장 긴요한 일임을 감안하여 1932년도 금광업에 대한 적극적 장려시책을 강구하게 되었다'고 하였다.[5] 4월 초에는 총독부 2인자인 정무총감이 '관통첩(官通牒)'으로 각 도지사에게 금 증산을 촉진하기 위한 최선의 노력을 하도록 지시하였다. 금 증산 촉진 통첩을 내린 배경과 관련해서 정무총감은 다음과 같이 언급했다.

> 조선은 금산지로서 가장 유망하나 아직 연간 생산액이 700만 엔 내지 800만 엔에 불과하며, 그 사업의 발달은 아직도 미미한 상황에 있으므로 1932년도 예산에서 보조장려비 약 18만 엔을 요구 중인데, 일부 중에는 그 이해를 결한 자가 있으며, 또는 지방에서도 광업의 조장은 총독부의 직접 장악이라 하여 동의치 아니하는 경향이 있어

지급하는 것을 의미한다.
4 물론 그렇다고 탄광개발이 위축된 것은 아니다.
5 「경제계 불황 계속, 산업진흥 노력이 필요: 渡邊 식산국장 談」, 『조선일보』, 1932.1.9.

실로 유감 천만임으로 차제에 특히 다음의 각 항에 대하여 유의한 후 산금 증가의 촉진에 일단 노력하기를 바란다. 1. 광업과 묘지관계 2. 광업용 도로의 신설 개수 3. 광업과 수로의 이용 4. 광업용 토지의 이용 5. 광업용 화약의 취체(取締)[6]

금 증산을 위해 정무총감이 각 도지사에게 유의하도록 지시한 5개 항목의 자세한 내용이 언론에 공개되었으며, 『동아일보』는 4월 14일과 15일 이틀에 걸쳐 자세하게 실었다. 그 내용을 요약하면 다음과 같다. 우선 첫 번째로 '광업과 묘지관계'라는 것은 광업권이 설정된 지역 내에 묘지가 있을 경우, 분쟁의 소지 많은데 경찰과 관헌을 동원하여 관리감독을 철저히 하여 분쟁을 줄이도록 하라는 것이었다. 철저한 관리감독의 방향은 묘지 주인의 허락 없이 개발을 하는 경우와 정당한 이유 없이 개발을 허락하지 않은 묘지 주인 양쪽 모두에 열려 있었지만, 당연히 금 증산을 강조하는 흐름 속에서는 후자 쪽에 무게 중심이 기울어 있을 수밖에 없었다. 두 번째로 '광업용 도로의 신설 개수'는 말 그대로 광산개발과 생산 광물의 운반을 위한 도로 개선을 강조한 것으로, '광업인들을 지도편달하는 동시에 상당한 편의를 제공하라'는 내용이었다. 세 번째로 '광업과 수로의 이용'은 사금 채취, 금 제련시설 등의 하천 이용 및 기타 공유수로 이용에 대한 편의를 제공하는 데 적극 노력하라는 것이었다. 네 번째 '광업용 토지의 이용'은 첫 번째의 '광업과 묘지관계'와 동일하게 타인의 토지를 광업용으로 사용할 경우 토지 소유자의 승낙을 받아

---

6 「광산업조장 일층 노력하라. 총감 각 도지사에 통첩, 보조장려비 20만 엔」, 『조선일보』, 1932.4.6.

야 하는 것과 관련된 분쟁에 대한 지시였다. 즉 관리감독의 방향은 허락 없이 강제사용하는 광산권자와 정당한 사유 없이 토지 사용을 거부하는 토지소유권자 양쪽을 모두 향하지만, 역시 후자 쪽에 무게 중심이 기울어 있는 것이었다.[7] 마지막 다섯 번째 요구 항목인 '광업용 화약의 취체'는 광업과 화약류는 거의 불가분의 관계를 가지는데 그 관리 취급에 대한 몰이해로 분쟁이 발생하고 있음을 지적하고, 그 사용과 관련한 불편함이 없도록 관리, 경찰관과 광산업자에게 화약류 관리, 취급과 관련한 교육을 실시하도록 하는 것이었다.

일제의 금본위제 이탈로 인한 금 증산 필요성의 대두와 이에 호응한 조선총독부의 관련 지원정책 수립의 움직임에 금광업계도 민감하게 반응하였다. 1932년 5월 25일 자 『조선일보』는 '금수출 금지에 자극되고 금 증산을 조장하는 제 정책으로 평안도, 황해도의 이른바 서선(西鮮)지역에 금광 열기가 왕성하다'고 보도하고 있다. 그 이유에 대해서는 '금수출 재금지에 자극된 것은 물론이고 여기에 더해 광산사업에 대한 장려, 광산 금융의 보조 등 각종 조장책으로 금광업의 채산성이 높아졌기 때문'으로 진단하여 당시 상황을 정확하게 지적하고 있다.

---

7 관련해서 다음 언급은 정당한 사유 없이 토지 사용을 허락하지 않는 토지소유권자에 대한 관리감독에 무게를 두고 있음을 보여준다. 즉 '특히 광산권자가 상당한 자본가인 경우에는 일층 시가를 무시한 요구를 하여 기업을 곤란으로 인도하는 것과 같은 사례가 적지 않으므로, 그런 사건에 관한 분규가 있을 경우에는 실정을 잘 조사하고 적당한 조치를 강구할 것'이라고 하였다(「금광업 조장책을 지방 장관에 통첩, 4월 4일 총독부서」, 『동아일보』, 1932.4.15).

2) 조선총독부 산금장려정책의 구체화

1932년에 들어와 식산국장, 정무총감으로 이어지는 조선총독부의 금 증산에 대한 의지는 곧 구체적인 산금장려정책으로 실체를 드러냈다. 우선 1920년대 구축된 조선총독부 조사·연구 시스템의 핵심인 식산국 산하 연료선광연구소에서는 이제 주력인 석탄에 버금가게 금광처리시설 개선에 관한 지도장려, 위탁제련분석 등도 중점을 두게 되었고, 지질조사소는 금광지대의 지질과 광상 조사에 힘을 기울였다. 세제 혜택도 시작되어 수입 광산용품에 대한 수입세가 면제되었다. 조선총독부가 궁민구제사업의 일환으로 진행되는 도로공사에서도 금광지대 주요 도로에 대한 공사가 우선 고려되었다.[8]

그리고 '확정 광량(鑛量)'을 증가시키기 위한 필수 작업인 금광 탐광(探鑛) 작업에 대한 직접적 자금지원도 준비되었는데, 이것이 1932년 8월 조선총독부 부령 제78호로 공포된 「금탐광(金探鑛)장려금교부규칙」이다. 4월 초에 정무총감이 금 증산을 위해 각 도지사에게 보낸 통첩에서 언급한 보조금 18만 엔이 보다 구체화된 것이었다.

「금탐광장려금교부규칙」은 조선총독부 식산국장이 '현재 일본의 국정을 감안하면 금 증산의 긴요함은 누구나 이론 없는 바'라는 취지와 함께 주요 내용을 직접 언론에 설명하였다. 주요 내용은 크게 세 가지 정도인데, 장려금 교부대상 광산의 선정 기준, 금액 산정 방법, 대상 광산 선정 절차이다.[9]

---

8 「광업관계의 조조를 확장, 광업가의 여러 가지 편의로 총독부의 조장시설」, 『동아일보』, 1932.7.12.

① 장려금 교부대상 광산의 선정 기준
- 장려금 대상 광산은 지난 3년간 사업경영을 계속하고 있으며, 연간 1만 엔 이상의 금을 산출하고 있고, 장래 증산의 희망이 확실하다고 인정할 수 있어야 함.
- 현재 수백만 엔의 금을 산출하고 있으며, 스스로 탐광을 위한 대규모 투자가 가능한 광산은 교부금을 지원하지 않음.
- 장려금 대상 광산은 탐광의 작업능률 증진을 위하여 탐광 갱도의 굴착에 착암기를 사용한 것, 또는 사금광천(砂金鑛泉)의 시추에 '엔파이야도리'를 사용한 것에 한함. 단 현재 착암기를 사용하지 않은 것도 장려금 교부의 지령을 받은 후 이를 사용하면 상관없음.
- 사금(砂金)에 대해서는 현재 광구를 가지고 있고 장래 유망하다고 인정되는 것으로, 심도(深度) 4~5미터 이상의 시추 결과에 따라 바로 채취사업을 시작한 것에 한함.

② 장려금 산정 방법
- 대체로 실비의 반액을 표준으로 함. 수평 갱도 연장 1미터에 대해 16엔 50전, 수직 갱도 심도 1미터에 대해 33엔, 시추 1개소에 대해 5엔

③ 장려금 대상 광산 선정 절차
- 신청서를 받아 총독부에서 기술자를 파견하여 충분한 조사를 한 후 탐광의 가치가 있다고 인정한 것에 한함.
- 신청서 도달 순서에 준하여 접수번호를 부여하고 우선 서면 심

---

9 「금탐광장려금 교부에 대하야, 穂積 식산국장」, 『동아일보』, 1932.9.2.

사를 거친 후 실지 조사가 필요하다고 인정된 경우에 한해 조사 후 결정함.
- 장려금 교부대상이 많아서 해당 연도 예산을 초과할 경우는 접수 순서에 의하여 예산 범위까지 교부하고, 나머지 교부대상 광산은 다음 연도로 이월함. 이 경우 이들 교부대상 광산은 다음 연도 신청 광산보다 우선순위 장려금 교부대상이 됨.

탐광장려금 교부대상 광산은 신청 시점에서 과거 3년간 계속 운영된 광산이어야 했고, 연간 1만 엔 이상의 금 산출 실적이 있어야 했다. 다만 대기업 광산의 경우 탐광장려금 교부대상에서 제외되었다. 착암기 등을 이용한 탐광만을 장려금 교부대상으로 하였다. 물론 기계를 이용한 탐광을 유도하여 단기간에 심층부까지 광상의 상태 파악을 가능하게 하여 금 증산으로 연결되도록 하려는 것이었다. 장려금은 탐광 갱도 건설, 시추작업에 대해 전체 경비의 50퍼센트 기준으로 지원되었고, 신청서를 받아 서면, 현장 심사를 거쳐 선정하였다. 조선총독부는 「금탐광장려금 교부규칙」에 의거하여 우선 10개년 계획으로 탐광자금을 광업장려금 형태로 교부하여 금광업의 발전을 도모하려고 하였다.

「금탐광장려금교부규칙」에 따라 1936년까지 교부된 장려금은 70만 엔 정도였고, 혜택을 입은 광산은 시행 첫해인 1932년 23개 광산으로 시작하여 점차 증가해서 1935년 67개 광산으로 정점을 찍었다. 장려금 대부분은 탐광 갱도 건설비에 지원되었고, 그중에도 수평 갱도 건설에 대한 교부가 60만 엔 정도로 제일 비중이 컸다. 정리하면 〈표 3-1〉과 같다.

1933년 6월에는 금 증산을 위한 또 다른 조치로 「저품위 금광석 매광장려금 교부규칙」이 조선총독부 부령 제59호로 제정되었다. 금 함유량

〈표 3-1〉 금탐광(金探鑛)장려금 교부실적

연도	광산 수	장려금 교부액(엔)			
		수평 갱도	수직 갱도	시추	소계
1932	23	54,232	7,714	1,875	63,821
1933	33	161,476	24,621	8,100	194,198
1934	49	149,611	11,947	8,060	169,618
1935	67	157,875	29,356	4,488	191,719
1936	46	74,756	13,252	5,478	93,486
합계	218	597,950	86,890	28,001	712,842

출처: 조선광업회, 1937, 『조선광업회지』 제20권 제10호, 77~78쪽에서 작성.
비고: 1엔 이하에서 반올림.

이 적은 이른바 저품위 금광석의 경우 제련상의 기술적 문제, 경제성을 이유로 채굴 현장에서 제련하여 지금(地金)으로 만들어지지 않고 사장되는 경우가 있는데, 조선총독부가 동 규칙에 의거하여 보조금을 지급하여 제련이 가능하도록 하는 목적이었다.[10] 방법은 금광업자가 보유 저품위 금광석을 제련업자에게 매광(賣鑛), 즉 판매하여 제련할 경우 양쪽에 장려금을 지원하는 것이었다. 금광업자에게는 판매된 금광석의 제련소로의 운반비를 1킬로미터당 최대 30전까지 지원하고, 제련업자에게는 매입 금광석 1톤당 최대 20전까지 지원하는 것이었다. 관련한 전체 7조로 구성된 「저품위 금광석 매광장려금 교부규칙」의 주요 내용은 다음과 같다.[11]

---

10 「저품위 금광석 매광장려금 교부, 5일부로 규칙 발표, 16일부터 시행」, 『매일신보』, 1933.6.5.
11 中村喜元 編, 1934, 『參考法条揷入鑛業法令集』 訂4版, 巖松堂書店, 432~438쪽.

① 광산업자가 채굴한 저품위 금광석(그 기준은 별도 고시)을 제련업자에게 매도할 경우 양측 업자에게 장려금 지원(제1조).
② 광산업자에 대한 장려금으로 광산 선광소(選鑛所)로부터 가장 가까운 철도역, 또는 선적장(船積場)까지의 육상 운송비의 실비(기준금액은 별도 고시)에 상당한 금액 지원. 제련업자에게는 매입한 금광석 1톤당 20전 이내에서 지원(제2조).
③ 장려금 교부를 희망하는 광산업자는 소정의 서류를 첨부한 '저품위 금광석 매광 원서'를 매광제련업자를 경유하여 조선총독부에 제출(제3~5조).

〈조선총독부고시 제257호〉
- 「저품위 금광석 매광장려금 교부규칙」 제1조 규정에 따른 장려금 교부대상 금광석의 함금(含金) 품위는 광석 1톤 중 15그램 이하로 함.
- 동 제2조 규정에 의한 매광자에 대한 장려금은 육상 운송비 1킬로미터당 최대 30전까지로 함.

그러나 불과 몇 개월 뒤인 11월 조선총독부는 〈조선총독부고시 제257호〉의 지원대상 저품위 금광석의 금 함유량 기준이 완화되어 1톤 중 15그램에서 20그램이 되었다. 이유는 금 함유량 15그램을 기준의 총독부 지원금으로는 채산이 맞지 않아서 지원금 신청자가 적었고, 이로 인해 6월 「저품위 금광석 매광장려금 교부규칙」 시행 후 9월 말까지 조선총독부가 준비한 예산 6만 엔 중 불과 10퍼센트에 해당하는 6,000엔만이 집행되었기 때문이다.[12] 다음의 〈표 3-2〉 집행 내역을 보면 저품위 금광석의 범위를 넓힌 조치는 효과가 있었던 것으로 보인다. 11월 이후

〈표 3-2〉 장려금 지원 후 저품위 금광석 매광 실적   (단위: 톤, 엔)

연월	매광량	장려금 지원
1933.6.	28	34
1933.7.	710	1,694
1933.8.	723	3,543
1933.9.	629	1,834
1933.10.	454	1,329
1933.11.	431	1,653
1933.12.	1,326	9,341
1934.1.	992	5,960
1934.2.	1,172	15,472

출처: 朝鮮鑛業會, 1934, 「昭和8年の産業獎勵實績」, 『朝鮮鑛業會報』第137號(1934年 5月號), 5~6쪽.

매광량이 현격하게 증가하고 이에 비례하여 장려금 지원 규모도 확대되었음이 확인된다.

금광석의 제련을 위한 건식제련소의 증설도 추진되었다. 국책으로서 금 증산을 위한 산금장려정책이 본격화되는 1932년의 시점에서 한반도에는 1910년대 구하라(久原)광업(주)이 평안남도 진남포에 설립한 진남포제련소가 유일했다. 첫 번째 결과물로 1933년 일본 신흥재벌 닛치쓰(日窒) 계열사 조선광업개발(주)이 설립한 함경남도 흥남제련소가 건설되어 가동에 들어갔다. 이로써 한반도 북동부 금광에서 채굴되는 광석의 제련을 담당하게 되었다.

한반도 남부지역 광물 처리를 위한 제련소 건설도 같은 시기에 추진되었다. 이것은 국영 제련소 건설 요청과 연동되어 있었는데, 1910년대

---

12 「저품위금광석의 含金제한을 개정, 1瓲 15瓦을 20瓦 이하로, 24일부터 시행」, 『매일신보』, 1933.11.25.

설립되어 장기간 한반도 제련업을 사실상 독점한 진남포제련소의 횡포에 대한 반작용이기도 하였다. 즉 국영 제련소가 건설되면, 민영 제련소에 비해 제련비가 낮게 책정되고, 광석분석 결과 역시 신뢰할 수 있을 것이라는 기대감 때문이었다. 조선총독부 역시 국영 제련소 건설을 검토했으며, 1934년 조선총독부 식산국장 호즈미 신로쿠로(穗積眞六郞)는 '한반도의 금광개발상에 있어 유력한 제련소의 설치에 대해서는 총독부도 그 필요성을 인정하고 있고 국영 제련소 건설을 포함한 여러 가지 방안을 연구 중'임을 천명하였다. 그러나 그는 국영 제련소 건설에는 대규모 자본이 필요하고, 기존 민영 제련소와의 관계 설정도 고려해야 한다고 하며 회의적인 반응을 보였다. 그는 조선총독부 관료 출신으로 당시 조선식산은행을 이끌고 있던 아리가 미쓰토요(有賀光豊)가 추진하고 있던 제련소 건설계획을 지지하였다. 호즈미는 아리가의 계획에 대해 '금 증산의 국책에 순응하여 조선 금광업의 개발을 조성하고 그 촉진을 위하여 금광업자와 공존공영을 목적으로 하는 것이며, 그의 기업계획에 대해서는 일찍부터 설명을 듣고 당국의 희망도 개진하여 대체로 의견 일치를 보아 총독부가 그 설립을 양해했다'고 하였다.[13] 결국 아리가의 계획은 조선총독부의 전폭적 지원을 배경으로 조선식산은행이 주도하여 1935년 계열사로 조선제련주식회사를 설립하고, 충청남도 장항의 금강 하구에 장항제련소를 건설하였다. 1936년 한 달에 금 150킬로그램, 은 1,000킬로그램 제련 능력을 갖추고 가동에 들어갔고, 준공식에는 우가키 가즈시게(宇垣一成) 조선 총독이 직접 참석하여 금광개발을 통한 산업진흥 도모를 역설하였다.[14]

---

13 「殖銀 방계회사로 금광제련 설립, 穗積 식산국장」, 『매일신보』, 1934.11.3.

2. 1930년대 후반 산금장려정책의 강화

1930년대 일본 제국주의의 필요에 따라 본격화된 금 증산정책은 1930년대 후반에 들어서 보다 강화되었다. 가장 큰 이유는 일제의 대륙 침략이 본격화되면서 군비 강화와 그 기반이 되는 중화학공업의 확충을 통한 군수공업 성장이 필요했기 때문이다. 군비 강화, 군수공업 성장을 위해서는 대량의 자원 및 기자재, 기계 설비 등의 중공업 제품 수입이 필요한 상황이었고, 그 수단으로 블록경제의 구축에 비례하여 대외결제용 정화(正貨), 다시 말해 금의 확보가 더욱 크게 요구되는 상황이었다. 실제로도 일본의 국제수지는 1930년대 후반 적자 기조가 지속되는 상황에서 그 폭이 급격히 커졌고, 중일전쟁 발발 해인 1937년에는 6억 엔을 초과하는 사상 최고 적자를 기록하였다. 결국 1937년 3월부터는 대외 결제를 직접 금으로 하는 '금현송(金現送)'을 실시하는 상황에 직면하였다. 일제는 '총후(銃後)에 있어서 최우선으로 노력해야만 하는 것은 금의 증산'[15]을 강조하며 금 증산과 일본 정부 국고로의 금 집중을 위한 특단의 조치들을 강구했고, 그 중심에 식민지 조선이 있었다.

1) 「조선산금령」

1937년 8월 일본 정부는 금의 증산을 도모하고 일본은행으로 금을

---

14 「"慶祝에 不堪" 長項製鍊所 竣工式에서 宇垣總督 祝辭內容」, 『매일신보』, 1936.6.5.
15 商工省, 1943, 『商工通報』 72, 20쪽.

집중시킬 목적으로 「산금법」을 제정하였다. 「산금법」은 이른바 '조선의 특수 사정'[16]을 이유로 조선에 직접 적용되지 않고, 약 한 달 뒤 9월에 조선총독부가 제령 제16호로 「조선산금령」을 공포하였다. 물론 일본 「산금법」에 기초한 것으로 총 24조로 구성되었다. 「조선산금령」 공포의 목적도 당연히 일본 「산금법」과 동일하게 금이 생산되어 유통되는 전 과정을 전면적으로 관리·통제하여, 보다 많은 금을 생산하고 이를 최대한 모아서 일본 정부 국고로 들어가도록 하려는 것이었다. 이른바 '금 증산'과 '금 집중'으로 요약할 수 있는데, 그 목적을 달성하기 위해 민간의 자율적 운영을 극도로 제한하고 조선총독부가 금광업을 직접적으로 통제·관리하는 법적 근거가 되었다.

「조선산금령」의 목적이 이러했기 때문에 그 주요 내용은 금광업자와 제련업자에 대한 통제·관리에 집중되어 있었다. 먼저 금광업자에 대한 통제·관리를 보면, 금광업자는 채굴과 제련 과정에서 나오는 모든 광산물, 즉 함금광산물(含金鑛産物),[17] 금지금(金地金)[18] 등을 자유롭게 판매할

---

16 식민지 모국인 일본과 구분되는 식민지 조선의 특수한 상황을 의미한다. 특히 1930년대 조선총독부는 조선의 지정학적 위치, 특히 만주국과의 밀접한 관련, 조선의 가치, 조선인 활용의 중요성 등을 부각시켜 '조선의 특수 사정'을 강조하였다.

17 함금광산물이란 말 그대로 금을 포함한 광산물을 의미하지만, 「조선산금령」 제1조에서는 함금광물, 사금, 제련 과정에서 나온 함금물을 통칭하는 것으로 사용되었다. 하루 간격으로 발표된 「조선산금령 시행규칙」에서는 함금광물과 함금물의 범위를 규정해 두고 있다. 즉 시행규칙 제1조에 함금광물은 금광, 금은광, 금은동광 기타 금을 포함한 광물로 공업상 금을 취득할 수 있는 물질로 규정하였다. 함금물은 시행규칙 제2조에 규정되었는데, 조동(粗銅), 조연(粗鉛), 전물(澱物), 아말감(amalgam), 기타 제련 과정에서 생기는 금을 포함하는 물질로 공업 상 금을 채취할 수 있는 것, 그리고 금과 은을 주성분으로 하는 지금(地金)으로서의 함금광물, 사금 등을 의미하였다. 『조선총독부 관보』 제3196호, 1937.9.8.

18 순도 99.0퍼센트 이상의 금괴를 의미한다.

수 없고 조선총독부가 지정한 곳에 매각해야 했다. 사실상 '강제매각'에 해당하는 것으로, 자체 제련한 순금인 금지금의 경우는 조선은행에만 팔 수 있었고, 제련이 필요한 함금광산물은 조선총독부 면허를 보유하고 총독부가 지정한 제련업자에게 판매해야 했다. 여기에는 양측의 의견이 맞지 않을 경우 조선총독부가 강제로 거래를 성사시킬 수 있는 권한까지 부여되었다. 「조선산금령」의 관련 조항은 아래와 같다.[19]

> 제1조 ① 함금광물·사금 또는 제련 과정에 있는 함금물(이하 함금광산물이라 한다)을 취득한 자는 조선 총독이 정하는 바에 의하여 이를 금지금으로 제련하여 조선은행에 매각하거나 조선 총독이 지정하는 금제련업자 또는 제3조 제1항의 규정에 의하여 함금광산물의 매입 면허를 받은 자에게 매각하여야 한다.
> ② 전항의 규정에 의하여 금지금의 매각을 신청하는 경우에 조선은행은 그 매입을 거부할 수 없다.
> ③ 제1항의 함금광산물의 범위는 조선 총독이 정한다.
> 제2조 ① 조선 총독이 필요하다고 인정하는 때에는 함금광산물을 취득한 자에 대하여 이를 금제련업자 또는 제3조 제1항의 규정에 의하여 함금광산물의 매입 면허를 받은 자 중에서 조선 총독이 지정하는 자에게 매각할 것을 명할 수 있다.
> ② 조선 총독이 필요하다고 인정하는 경우에는 금제련업자

---

19 『조선총독부 관보』 제3195호, 1937.9.7. 「조선산금령」의 법령 내용과 관련해서는 이하 동일함.

　　　　또는 제3조 제1항의 규정에 의하여 함금광산물의 매입 허
　　　　가를 받은 자에 대하여 조선 총독이 지정하는 자로부터 함
　　　　금광산물을 매입할 것을 명할 수 있다.
　제3조　① 금제련업을 경영하고자 하는 자는 조선 총독이 정하는 바
　　　　에 의하여 조선 총독의 면허를 받아야 한다. 직업으로 함
　　　　금광산물의 매입을 하고자 하는 자 또한 같다.
　　　　② 전항의 면허를 받아 금제련업을 경영하는 자를 금제련업
　　　　자라 한다.
　　　　③ 금제련업자 또는 제1항의 규정에 의하여 함금광산물의 매
　　　　입 면허를 받은 자가 아니면 함금광산물을 양수할 수
　　　　없다. 다만, 조선 총독이 별도로 정한 경우에는 그러하지
　　　　아니하다.

　함금광산물과 관련해서는 예외 조항도 있었다. 9월 8일 공포된 「조선산금령 시행규칙」 제3조에는 함금광산물 매입 면허를 가진 제련업자가 그 제련을 위해 해당 함금광산물을 일본으로 이출하는 것을 가능하도록 했다.[20]
　또 금광업자는 광산개발 및 운영 전반과 관련해서도 조선총독부의 직접적 통제와 관리를 받았다. 즉 사업계획의 입안과 변경, 설비의 신설·확장·개량, 제반 업무에 대한 보고·검사·승인이 규정되었고, 조선총독부는 이에 대해 변경 명령 등을 할 수 있었다. 관련 규정은 다음과 같다.

20　『조선총독부 관보』 제3196호, 1937.9.8.

제7조 ① 금광 또는 사금을 목적으로 하는 광업권자(이하 금광업자라 한다)는 조선 총독이 정하는 바에 의하여 사업계획을 정하고 이를 조선 총독에 신고하여야 하며 이를 변경하고자 하는 때에도 같다.

② 조선 총독이 필요하다고 인정하는 때에는 그 정하는 바에 의하여 사업계획의 변경을 명할 수 있다.

제8조 ① 조선 총독은 산금의 증가를 위하여 필요하다고 인정하는 때에는 금광업자에 대하여 채광·채굴 또는 선광에 대한 설비의 신설·확장·개량·공용 기타 필요한 사항을 명하거나 제련설비의 신설 또는 공용을 명할 수 있다.

② 전항의 규정에 의한 명령에 의하여 제련설비의 신설을 하거나 이를 공용하는 자는 제련업자로 본다.

③ 제6조 제2항의 규정은 제1항의 규정에 의하여 설비공용의 명령이 있는 경우에 이를 준용한다.

제11조 ① 조선 총독은 금광업자·금제련업자 또는 제3조 제1항의 규정에 의하여 함금광산물의 매입 면허를 받은 자에 대하여 그 업무 및 재산 상황에 관한 보고를 하게 하거나 검사를 할 수 있다.

② 조선 총독은 금광업자·금제련업자 또는 제3조 제1항의 규정에 의하여 함금광산물의 매입 면허를 받은 자에 대하여 그 업무 및 회계에 관한 감독상 필요한 명령을 하거나 처분을 할 수 있다.

다음은 금을 제련하는 제련업자에 대한 통제·관리이다. 금을 제련하기 위해서는 위의 「조선산금령」 제3조와 같이 조선총독부의 면허가 필요했고, 제련소 운영과 관련해서도 금광업자와 동일하게 여러 가지 사무, 즉 사업계획 신고, 설비 확장, 개량, 제련소의 휴업, 폐업, 합병, 해산에 대해서 조선총독부의 승인 등 간섭을 받았다. 「조선산금령」의 관련 조항은 다음과 같다.

제4조 ① 금제련업자는 그 사업을 폐지하거나 휴지하고자 하는 때에는 조선 총독의 허가를 받아야 한다.
② 금제련업자의 양도, 금제련업을 경영하는 회사의 합병 또는 해산의 결의 또는 총사원의 동의는 조선 총독의 인가를 받지 아니하면 그 효력이 없다.
③ 상속인이 피상속인의 금제련업을 승계한 때에는 상속인은 금제련업의 면허를 받은 자로 본다. 이 경우에 상속인은 조선 총독이 정하는 바에 의하여 그 취지를 조선 총독에 신고하여야 한다.

제5조 ① 금제련업자는 조선 총독이 정하는 바에 의하여 사업계획을 정하여 이를 조선 총독에 신고하여야 하며, 이를 변경하고자 하는 때에도 같다.
② 조선 총독이 필요하다고 인정하는 때에는 그 정하는 바에 의하여 사업계획의 변경을 명할 수 있다.

제6조 ① 조선 총독은 산금의 증가를 위하여 필요하다고 인정하는 때에는 금제련업자에 대하여 제련설비의 확장·개량·공용 기타 제련설비에 관하여 필요한 사항을 명할 수 있다.
② 전항의 규정에 의하여 설비 공용의 명령이 있는 경우에 그

실시 방법 또는 수득하거나 부담하여야 하는 금액에 대하여 당사자 간에 협의가 조정되지 않을 경우에는 신청에 의하여 조선 총독이 재정한다.

금광업자와 제련업자가 「조선산금령」을 어겼을 경우에 대한 처벌 조항도 강력하게 마련되었다. 조선총독부의 명령을 이행하지 않은 금광업자의 광업권을 박탈하고, 제련업자의 면허를 정지 또는 취소할 수 있었다(제9조, 제17조). 관련한 벌금 조항도 사항에 따라 구체적으로 규정되어 있었다. 24개 조항 중 제18조부터 23조까지 6개 조항이 사안에 따른 벌금 규정이었다. 가장 큰 벌금은 제1조와 3조의 금 관련 생산물의 매매와 관련한 금광업자와 제련업자의 위반으로 5,000엔이었다. 관련 조항은 다음과 같다.

제9조 1. 조선 총독은 전조 제1항의 규정에 의한 명령을 이행하지 아니한 금광업자에 대하여 그 광업권을 조선 총독이 지정하는 자에게 양도하도록 명령할 수 있다.

제17조 금제련업자 또는 제3조 제1항의 규정에 의하여 함금광산물의 매입 면허를 받은 자가 이 영 또는 이 영에 의한 명령을 위반하거나 조선 총독이 명한 사항을 집행하지 아니한 때에는 조선 총독은 그 업무를 정지하거나 제한하고, 제3조 제1항의 면허를 취소하거나 법인의 임원을 해임할 수 있다.

제18조 다음 각호의 1에 해당하는 자는 5,000엔 이하의 벌금에 처한다. 다만, 당해 금지금 또는 함금광산물 가액의 3배가 5,000엔을 초과하는 경우의 벌금은 그 가액의 3배 이하로

한다.
1. 제1조 제1항의 규정에 의한 명령을 위반하여 금지금을 조선은행에 매각하지 아니한 자
2. 제1조 제1항의 규정에 위반하여 금지금을 조선은행 이외의 자에게 양도한 자
3. 제1조 제1항의 규정에 위반하여 조선 총독이 지정한 금 제련업자 및 제3조 제1항의 규정에 의하여 함금광산물의 매입 면허를 받은 자 이외의 자에게 함금광산물을 양도한 자
4. 제3조 제1항의 규정에 위반하여 함금광산물을 매입하거나 같은 조 제3항의 규정에 위반하여 이를 양수한 자

제19조 다음 각호의 1에 해당하는 자는 5,000엔 이하의 벌금에 처한다.
1. 제2조 제1항의 규정에 의한 명령을 위반하여 함금광산물을 조선 총독이 지정한 자 이외의 자에게 양도한 자
2. 제3조 제1항의 규정에 위반하여 금을 제련한 자
3. 제10조의 규정에 의한 명령을 위반한 자
4. 제12조의 규정에 의한 명령을 위반한 자

「조선산금령」은 조선총독부 주도하에 금의 획기적 증산을 시도하고, 이렇게 식민지 조선에서 생산되는 금을 조선은행을 거쳐 일본 정부 국고로 집중시키기 위해 제정된 법령이었다. 이를 위해 금 생산 과정상에 존재하는 금광업자, 제련업자에 대한 전면 통제·관리, 그리고 그 시장을 일본 정부 국고로 고정하는 강제매각을 규정하고 있었다. 「조선산금령」

<그림 3-1> 일본 정부 국고에 대한 '금 집중' 과정도

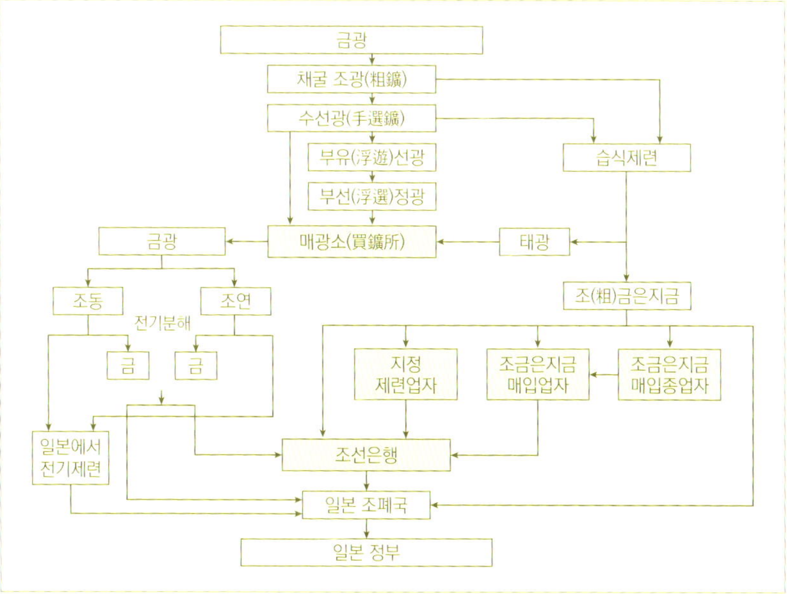

출처: 「1939.6.30. 金ノ密輸出防止等ニ關スル打合會開催ノ件」, 『금관계서류 2』(박현, 2009, 「조선총독부의 전시경제정책, 1937~1945-자금·생산·유통 통제를 중심으로-」, 연세대 박사논문, 147쪽 재인용).

에 의해 구축된 조선산 금의 일본 정부 국고 집중까지의 과정을 정리하면 <그림 3-1>과 같다.

2) 산금5개년계획(1938~1942)

「조선산금령」이 의도한 조선총독부 전면 개입을 통한 금 증산의 구체적 계획은 '산금5개년계획'으로 구체화되었다. 사실 그 계획 입안은 「조선산금령」 제정 이전부터 진행되었다. 직접적인 계기는 일본의 국제수지 적자가 급격히 확대되어 1937년 3월부터 '금현송'을 시작되면서부터였다. 일본 정부는 국가 차원의 금 확보가 시급한 상황에서 일본 본토는 물론 식민지 조선과 타이완 등 일본 제국주의 전체 영역에서의 '금 증산'과 일본 국고로의 '금 집중'을 모색하였고, 산금5개년계획은 그 주요 방책 중 하나였다. '세계적 금 쟁탈전 시대에 진입하여 증산과 금 집중책을 목표로 하고 내지(內地), 조선, 타이완에서 일제히 증산을 도모하자'[21]는 것이었다.

따라서 산금5개년계획을 실행하기 위해서는 일본 정부와 식민지 권력 간의 일정한 협의가 필요했는데, 사실상 그 협의 대상은 식민지 조선이었다. 왜냐하면 1937년 시점까지 일본 제국주의 영역에서 금의 생산은 일본 본토와 식민지 조선이 양분하고 있었기 때문이다. 〈표 3-3〉은 1930년대 이후 일본 제국주의 영역권 내 금 생산량을 정리한 것인데, 이런 사실을 잘 보여준다. 조선에서 생산된 금광석이 일본에 이출되어 제련된 것을 제외한 통계임을 생각하면 조선의 비중은 조금 더 높을 수 있다. 그리고 조선의 금 생산량을 보면 앞서 서술한 1930년대 전반기 금

〈표 3-3〉일본 제국주의 영역권 금 생산량 (단위: 톤)

연도	일본	조선	타이완	계
1930	12	6	1	19
1931	12	9	1	22
1932	12	10	1	23
1933	14	12	1	27
1934	15	12	1	28
1935	18	15	1	34
1936	22	17	1	40
1937	23	23	1	47

출처: 日本銀行百年史編纂委員會, 1984, 『日本銀行百年史』 제4권, 80, 387쪽에서 작성.
비고: 톤 미만에서 반올림.

---

21 「朝鮮의 産金譜3, 증산5개년계획 목표」, 『동아일보』, 1937.11.3.

증산정책이 일정하게 효과가 나타나고 있음도 확인된다.

산금5개년계획을 둘러싼 협의는 당시 조선 총독인 미나미 지로(南次郎)가 도쿄에서 일본 정부와 논의하였다. 그리고 그 결과로 제국 차원의 산금5개년계획이 결정되었다.[22] 그 내용은 〈표 3-4〉와 같은데, 1938년부터 시작하는 5개년계획이 완수되는 1942년에는 금 130톤, 1937년 시가로 5억 엔어치를 생산하며, 일본 본토와 식민지 조선이 절반씩 생산을 담당한다는 것이었다.[23] 그렇게 보면 조선은 1938년 36톤, 1939년 46톤, 1940년 53톤, 1941년 60톤, 1942년 65톤의 금 생산을 목표로 해야 한다. 1927년 23톤의 금을 생산했으므로 5개년 연평균 10톤 전후의 증산이 필요하다는 계산이고, 3배 이상의 증산이 이루어져야 하는 상황이었다. 그런데 당시 언론에서는 1942년 조선 금 생산 목표량을 75톤으로 보도하고 있다.[24] 1942년 산금5개년계획이 끝나는 시점에서는 식민지 조선의 금 생산량이 일본 본토를 앞지르는 증산 결과를 일본 정부와 조선총독부 논의 사이에서 결정된 것으로도 볼 수 있는 대목이다.

일본 제국주의 영역 전체 차원의 산금5개년계획 속에서 조선 총독이

---

22 「산금2억, 5개년계획으로」, 『동아일보』, 1937.7.9.
23 산금5개년계획의 생산 목표를 일본과 조선이 양분하는 것은 현실을 감안한 것이고, 일본 제국주의 차원의 구상은 이 당시 1톤 정도의 금을 생산하던 타이완이 4톤, 그리고 만주에서 별도의 산금5개년계획을 수립하고 금 생산 2억 엔 달성을 목표로 증산정책을 추진하는 것도 포함되었다(「朝鮮의 産金譜 3. 증산5개년계획 목표」, 『동아일보』, 1937.11.3.
24 汀學人, 1938, 「産金增産計劃에 對하야」, 『鑛業時代』 2권 6호, 鑛業時代社 4쪽; 『동아일보』는 1937년 10월 30일부터 「조선의 산금보(産金譜)」라는 제목으로 11월 초까지 총 5회에 걸쳐 산금5개년계획을 중심으로 금 증산 문제를 다루고 있는데, 여기서도 '1938년부터는 본격적 산금5개년계획을 실시하고 연산액 75톤, 2억 8,000만 엔을 목표로 획기적 증산계획을 세우고 있다'고 언급하고 있다(「朝鮮의 産金譜 1. 증산계획 본격적 전개」, 『동아일보』, 1937.10.30).

〈표 3-4〉 일본 제국주의 영역 산금5개년계획 목표량   (단위: 톤, 만 엔)

연도	생산량	생산액
1938	72	27,500
1939	92	34,600
1940	106	40,330
1941	120	45,550
1942	130	50,000

출처: 月汀學人, 1938, 「産金增産計劃에 對하야」, 『鑛業時代』 2권 6호, 鑛業時代社 3쪽.

직접 일본에 건너가 일본 정부와 논의한 결과로 조선의 산금5개년계획이 결정되었고, 증산 목표량은 현재의 20톤 수준의 생산량을 5년 후에는 70톤대로 끌어올리는 것이었다. 이와 같은 결정 후 조선총독부는 조선의 산금5개년계획의 구체적인 실행안을 작성하였는데, 그 내용은 1937년 20톤 수준이었던 금 생산량을 5개년계획이 끝나는 1942년에는 75톤, 2억 8,000만 엔까지 증산하여 일본 국고로 집중시키는 것이었다. 이를 위해 1937년 기준 연간 금 생산량 5만 엔 이상인 250개 광산을 주요 광산으로 규정하여 75톤 중 60톤을 생산하고, 나머지 15톤은 연산 5만 엔 이하의 2,600개 광산을 군소광산으로 규정하여 담당시킨다는 구상이었다. 군소광산은 휴면, 포말(泡沫)광산이 다수 포함되어 있으므로 다양한 지원책을 통한 '경제적 가치 증진'으로 증산에 참여시킬 예정이었다.[25]

5년간 3배 이상의 금 증산을 위해서는 당연히 가행 광산을 늘리기 위한 다양한 시책, 설비 투자를 통한 기계화, 관련 인력 양성, 노동력 확보가 필요하였다. 조선총독부가 구상한 대책은 기계화와 관련해서는 착

---

25 「朝鮮의 産金譜3, 증산5개년계획 목표」, 『동아일보』, 1937.11.3.

암기 추가 공급, 광업과 확충을 통한 기술인력 증대, 필요 노동력 규모 산정 등이었다. 착암기의 경우 1937년 현대 1,200대 수준에서 5,000대까지 늘리고, 기술인력의 경우 경성고등공업학교 광산과를 1938년부터 확대하는 것이었다.[26] 노동력 확보, 즉 광부의 동원과 관련해서는 갱내 작업반인 갱부(坑夫), 지주부(支柱夫), 공작부, 기계부 등이 26만 7,000명, 갱외 작업반인 탐광부(探鑛夫), 선광부, 제련부, 운반부, 시추부 등이 40만 명, 합계 66만 7,000명이 필요할 것으로 보았다. 그러나 이러한 노동력 동원에 대한 총독부는 '조선에서는 비교적 저임금으로 용이하게 동원할 수 있을 것'으로 판단하고 있었다.[27]

착암기 등 광산 설비 확충과 관련하여 필요 자금은 산금장려 보조금 제도를 확대하는 것으로 충당하려고 하였다. 1937년도에는 착암기 설비 보조금, 선광장(選鑛場) 보조금, 금광업 공동시설비를 교부하기로 결정하였다. 1932년 시행되어 일정한 효과를 본 금탐광 장려금에 더하여 장려금이 광업 설비에 대한 보조금으로까지 확대된 것이었다. 1937년도 금탐광과 광업 설비 보조금의 항목별 배정액은 다음과 같았다.

산금장려 보조금 총액은 49만 9,000엔이었고, 보조금 교부는 해당되는 각 광산에 대해 설비비의 30~50퍼센트를 지원하는 것이었다. 금탐광과 착암기 설비 보조금은 대소 금광산의 구별 없이 교부되지만 선광장 보조금과 금광업 공동시설비는 자력으로 설치할 수 있는 대광산은 제외하고 군소광산에 교부되는 것이었다. 산금5개년계획의 최종 목표인 연산 75톤 중 15톤을 담당해야 하는 군소광산들의 능률 증진을 목적으

---

26 「산금2억, 5개년계획으로」, 『동아일보』, 1937.7.9.
27 「朝鮮의 産金譜4, 증산5개년계획 분석」, 『동아일보』, 1937.11.6.

〈표 3-5〉 1937년도 금탐광 및 광업 설비 항목별 보조금 배정액 (단위: 엔)

항목	금액
금탐광 보조금	192,000
착암기 설비 보조금	188,000
선광장 보조금	73,000
금광업 공동시설비	46,000
합계	499,000

출처: 「朝鮮의 産金譜 3, 증산5개년계획 목표」, 『동아일보』, 1937.11.3.

로 금광업자와 제련업자가 공동으로 제련, 탐광, 채굴, 선광 등의 관련 시설을 구축할 경우 지원하는 것이었다. 이는 「조선산금령」에 의거한 것으로(제6조, 8조), 일본의 「산금법」에는 없는 조항이고, 조선 금광업의 영세성을 반영한 것이기도 하였다. 〈표 3-5〉에서 보듯이 1937년도에는 4만 6,000엔으로 공동 제련설비 1개소를 설치할 예정이었다.[28] 그리고 본격적인 산금5개년계획의 1차년도인 1938년에는 다시 광업도로 시설비 보조금이 추가되어 총액이 500만 엔으로 대폭 증가할 것으로 예상하였다.

광업도로는 금광에 대한 접근성을 높이는 것뿐만 아니라 새로운 광상 발견에도 중요한 역할을 하였다. 산금5개년계획상의 광업도로 건설 계획은 33개 노선의 총 연장 1,116킬로미터였고, 필요 자금은 1,000만 엔으로 예상되었다. 해당 33개 노선 연변에 자리한 금광 광구는 약 900개에 달하였다.

이제 마지막으로 남은 문제는 이들 산금장려 보조금을 어떻게 마련할 것인가였다. 이른바 '산금금융' 문제로 대략 2억 엔 정도로 추산되는

---

28 「朝鮮의 産金譜 5, 획기적 산금령 공포」, 『동아일보』, 1937.11.7.

<표 3-6> 광산도로 개수 5개년계획 (단위: km)

도로 종별	노선 수	연장
갑종	20	626
을종	7	326
병종	6	164
합계	33	1,116

출처: 「朝鮮의 産金譜 4, 증산5개년계획 분석」, 『동아일보』, 1937.11.6.

자금 동원과 관련해서는 일본 정부와 조선총독부 간의 논의가 진행되었으나, 1937년 단계에서는 이 문제가 명확하게 결정되지 않았다. 다만 기존 금융기관을 통해 융자할 것인지 아니면 새롭게 광산금융회사를 설치할지를 두고 고민하는 상황이었다.[29] 이 사실은 산금5개년계획이 일본 제국주의 차원의 필요성에 따라 얼마나 급하게 만들어진 것인지를 알 수 있다. 결국 이 문제는 1938년 일본 정부가 「일본산금진흥주식회사법」을 제정하여 국책회사 일본산금진흥주식회사를 설립하는 것으로 귀착되었다. 불입자본금의 5배에 달하는 채권 발행이 가능한 특권을 가지고 있었고, 조선의 금광업을 장악하고 있던 일본 대자본이 출자에 참여하였다. 주요 업무도 조선에 대한 산금금융을 담당하는 것이었다. 1939년에는 자회사로 조선금산개발주식회사를 설립하여 조선의 중소 광산에 대한 자금 대출을 전담시키면서 일본산금진흥(주)은 일본 대자본이 경영하는 조선의 유력 금광산에 대한 금융에 집중하였다.[30]

---

29 「朝鮮의 産金譜 4, 증산5개년계획 분석」, 『동아일보』, 1937.11.6.
30 박기주, 1988, 「1930년대 조선산금장려정책에 관한 연구」, 『경제사학』 12, 경제사학회, 178쪽.

3. '금 증산' 국책의 귀결

1) 증산 실적

일본 제국주의 전체 영역에서 국가 주도로 총력이 경주된 1930년대 금 증산 실적의 결과를 한마디로 정의하면 '증산은 있었으나 원래 목표를 달성하지는 못했다'이다. 아울러 식민지 모국 일본의 대외결제 수단이라는 필요에 따라 시작된 것이었으므로 그 필요성이 사라진 태평양전쟁 이후에는 '금 증산 국책'은 순식간에 신기루처럼 사라졌다. 1943년 이후 금광은 개발의 대상이 아니라 정비의 대상이 되었다.[31]

그러면 우선 1930년대 이후 사실상 금 증산 국책이 폐기되는 1943년까지 식민지 조선에서 금 증산이 어느 정도 이루어졌는지부터 살펴보자. 1930년대 전반기의 경우 〈표 3-3〉으로 정리했기 때문에, 여기서는 일본 정부가 「산금법」을 제정하여 제국 차원의 산금5개년계획을 시작하고, 여기에 순응하여 조선총독부가 「조선산금령」을 제정해 조선의 산금5개년계획을 시작하는 1937년 이후 금 생산량을 정리하였는데, 〈표 3-7〉과 같다.

금 증산의 실적과 관련해 우선 확인할 수 있는 것은 산금5개년계획의 목표였던 1942년 제국 전체 차원의 130만 톤 목표는 전혀 이루어지지 않았다. 식민지 조선에서 생산되는 금만 75톤을 목표로 했으나, 1942년 생산량은 24톤에 불과했다. 이는 전년도보다 감소한 양인 데다

---

31 1943년 10월 공포한 「금산(金山)정비령」에 의한 것이다.

〈표 3-7〉 1937년 이후 일본 제국주의 영역권 금 증산 실적   (단위: 톤)

연도	일본	조선	타이완	계
1937	23	23	1	47
1938	24	28	2	54
1939	26	29	1	56
1940	27	25	1	53
1941	25	26	1	52
1942	23	24	1	48
1943	12	14	1	27

출처: 日本銀行百年史編纂委員会, 1984, 『日本銀行百年史』 제4권, 387쪽에서 작성.
비고: 본 미만에서 반올림.

가 산금5개년계획 시작 전인 1937년 수준으로 돌아갔음을 의미한다. 전체적으로 보더라도 조선의 금 생산량은 1939년 29톤이 정점이었고 이후에는 감소세를 보였다.

금 증산을 주도한 것은 물론 일본 대기업 자본이었다. 미쓰이(三井), 미쓰비시(三菱), 스미토모(住友), 닛산(日産), 닛치쓰(日窒) 등 '자이바쓰(財閥)'로 불리며 일본 제국주의 경제를 지배하던 이들은 식민지 국책기업인 동양척식(東拓), 조선식산은행(殖銀)과 함께 1930년대 전반에 이미 식민지 조선의 전체 금 생산량의 30퍼센트를 점유했고, 산금5개년계획이 본격화되면서 그 비중은 일거에 50퍼센트를 넘어 1941년에는 73퍼센트에 달하였다. 이들보다 자본 규모가 적지만 상대적으로 일찍 조선 금광업에 진출한 아사노(浅野), 고바야시(小林), 후루카와(古河) 등의 일본 자본들의 점유량을 합하면 비중은 보다 올라간다.[32]

한국인들도 금 증산 대열에 참여하여 광업권을 내고 개발에 뛰어들

---

32 박기주, 1988, 앞의 글, 214쪽.

었다. 이들 중에는 최창학(崔昌學), 방응모(方應謨), 이종만(李鍾萬) 등 성공하여 거부가 된 사람들도 있었지만 어디까지나 주변부에 불과했다. 각고의 노력으로 우량한 금광을 발견했다고 하더라도 경험이 없고 자본과 기술이 부족한 현실에서 본격적 개발을 통해 광업가로 성장하는 길을 가기보다는 매각하는 쪽을 선택했기 때문이다. 물론 매각 대금 자체가 거액이기 때문에 당시 식민지 사회에서 주목받기도 했지만, 개발을 통해 매각한 광산이 본격적인 채굴에 들어갔을 때의 가치와 비교하면 터무니없이 적은 액수였다. 이들 운 좋은 한국인들이 소유 금광을 매각한 대상은 물론 일본 대자본들이었다.[33]

식민지 조선만이 아닌 일본 정부가 주도하여 제국 차원에서 총력을 경주한 초중점 국책이었음에도 불구하고 산금5개년계획이 매우 저조한 성과를 낸 원인은 다양한 관점에서 여러 가지를 얘기할 수 있다. 생산의 주체가 되는 금광업자의 증산 의욕을 담보할 수 있을 정도의 이익 보장이 되지 않았다거나, 금의 증산과 일본 국고 집중의 시급성에 비례하여 급조된 정책의 결함과 시행 과정의 미숙함 등이다. 그러나 가장 근본적이 원인은 증산계획 자체가 당시 현실에서 무모한 것이었다는 점이다.

1930년대에 들어 대공황의 여파로 일본이 금본위제에서 이탈한 것을 계기로 앞서 보았듯이 금광업을 성장시키기 위한 각종 정책이 입안되어 실행되었지만, 산금5개년계획이 입안되는 1937년 시점에서도 몇몇 대기업 금광을 제외하면 여전히 사람 손에 의한 수작업(手堀)이 대세였다. 광산기계화의 상징이라고 할 수 있는 착암기 설치 광산은 1937년

---

[33] 한국인들의 금광개발 참여와 관련해서는 박기주, 1998, 「朝鮮에서의 金鑛業 發展과 朝鮮人鑛業家」, 서울대 박사논문, 그리고 전봉관, 2005, 『황금광시대』, 살림 참조.

가동 중인 금광 3,269개소 중 129개소에 불과했다.[34] 사실상 조선 금광의 대부분을 차지하는 소형 광산은 기계화와는 거리가 멀고 전통적 수작업 방식에 머물러 있었던 것이다. 각종 지원정책에 힘입어 이른바 '골드러시'라고 할 정도의 금광개발 붐이 일었지만 그 대부분은 수작업으로 하는 지표면 채굴 수준이었다. 〈표 3-5〉에서 보듯이 급속한 광산기계화를 목적으로 설비 확충에 보조금을 지원하는 등의 적극적 정책이 추진되었지만 소기의 성과를 달성할 수 없었다. 전시체제가 구축되고 통제와 배급을 키워드로 하는 경제시스템이 작동하면서 물자난, 운송난, 인력난이 가속되었기 때문이다. 이른바 '부족의 시대'가 도래한 것으로 아시아·태평양전쟁에서 일본 제국주의가 질 수밖에 없었던 근본적인 약점이었기 때문에 뾰족한 해결책이 없었다. '부족의 시대'는 계획의 '지연'과 '차질'을 가져왔고, 산금5개년계획 또한 동시기 일제가 추진한 수많은 생산력 확충, 증산정책과 마찬가지로 '증산'은 있었으나 원래 목표와는 거리가 먼 저조한 실적을 낼 수밖에 없었던 것이다. 이런 상황은 다음 〈표 3-8〉의 광업권 출원 건수와 허가 건수를 통해서도 확인된다. 1930년대 '골드러시', '황금광 시대'라고 불리던 금광개발 열풍이 언제 그랬냐는 듯이 1940년대에 들어와 사라진 것이다.

　산금5개년계획의 목표와는 거리가 있었으나, 어쨌든 생산된 금이 어느 정도 일본정부 국고로 들어갔는지도 살펴보자. 〈표 3-9〉는 산금4개년계획 중 조선에서 생산된 금이 일본으로 이출된 상황을 정리한 것이다.

　조선에서 생산된 금이 일본 정부 국고로 들어간 비율은 1938년부터

34　「朝鮮의 産金譜 2. '골드 럿쉬'시대 출현」, 『동아일보』, 1937.11.2.

〈표 3-8〉 1930년대 이후 금광업 광산권 출원 및 허가 건수

연도	출원	허가
1930	733	145
1931	1,372	244
1932	2,103	344
1933	3,408	528
1934	5,732	802
1935	5,590	982
1936	2,743	847
1937	2,655	815
1938	3,893	753
1939	3,909	1,170
1940	1,733	956
1941	583	453
1942	187	104

출처: 朝鮮總督府, 1940, 『朝鮮總督府統計年報』昭和13年度, 118쪽; 朝鮮總督府, 1944, 『朝鮮總督府統計年報』昭和17年度, 112쪽.
비고: 정확하게는 금은광 출원 건수임.

1941년까지 약 80퍼센트 수준이다. 양으로는 최소 20톤 이상의 금이 일본으로 이출되어 대외결제에 사용된 것이다. 생산과 일본 정부 국고로의 집중량에 약 20퍼센트 정도의 차이가 있는 원인에 대해 조선총독부는 금 유통 문제에 주목하였다. 주로 시장 소비와 밀수출로 추정하였다.[35] 이런 일이 발생한 원인은 정부의 그 매상가격과 일반 시세에 차이가 있었기 때문이다. 전쟁 확대와 이에 따른 물가상승이 지속되면서 금 시세도 계속 상승했지만, 일본 정부 국고로의 금 집중을 목적으로 하는 조선은행의 금 매입가격은 1938년 5월 3.85엔으로 고정되었다.[36] 전쟁과 물

35　박현, 앞의 글, 156쪽.
36　『官報』1937.9.15, 1938.5.2.

〈표 3-9〉 산금5개년계획 기간 중 조선 생산 금의 일본 이출 실태

(단위: kg, %)

	조선 금 생산량	일본 정부 이입량	금 집중 경로			
			조선은행 매입량	조금은지금 (粗金銀地金) 이출량	조동(粗銅)·조연(粗鉛) 이출량	광석 이출량
1938년	29,888 (100)	25,275 (85)	9,211 (31)	7,436 (25)	6,805 (23)	1,823 (6)
1939년 1~5월	12,955 (100)	9,460 (73)	3,194 (25)	2,910 (22)	2,859 (22)	497 (4)
1940년	26,463 (100)	24,334 (92)	13,960 (53)	12 (0)	9,187 (35)	1,175 (4)
1941년 1~9월	19,978 (100)	16,561 (83)	9,431 (47)		6,727 (34)	403 (2)

출처: 「1939.6.30. 金ノ密輸出防止等ニ關スル打合會開催ノ件」, 『금관계서류 2』; 「第79回 帝國議會 說明資料」(『日帝下 戰時體制期 政策史料叢書』 9권, 142~145쪽), 박현, 앞의 글, 157쪽에서 재인용.

비고: 1. 양은 모두 순금량임, 괄호안은 해당연 금생산량에 대한 백분율임.
2. 1940년과 1941년 1~9월의 '조동·조연 이출량'에는 전불(錢物) 및 아말감 이출량이 포함되어 있음.
3. 금생산량이 〈표 3-7〉과 차이가 있지만 원자료에 따라 그대로 두었음.

가상승은 안전 자산 확보 관점에서 금 수요를 증가시켰고, 이로 인해 퇴장금이 증가했으며, 이는 다시 금 가격을 추가로 상승시켰을 가능성이 있다. 금시세와 조선은행 매입 가격의 격차는 금의 밀거래와 밀수출도 끊임없이 발생시켰다. 발각된 밀수출만 하더라도 1938년에 223킬로그램, 1939년에 209킬로그램, 1940년에 552킬로그램으로 상당한 규모였다.[37]

---

37 박현, 앞의 글, 157쪽.

2) 국책의 폐지와 금광 정비

1940년대에 들어와 일제의 초중점 국책이었던 금 증산과 이를 위한 금광개발이 가져온 '황금광 시대', '골드러시'의 열풍은 언제 그랬냐는 듯이 빠르게 식었다. 전쟁이 확대되어 가는 것에 비례하여 서구 진영의 대일본 경제제재의 강도도 높아졌고, 대외결제 수단으로서의 금의 필요성도 빠르게 줄어들었기 때문이다. 이제는 일본 본토와 식민지, 점령지를 아우르는 '엔블록'의 자급 경제와 전쟁 승리에 필요한 물자 동원이 필요한 시기가 되었다. 따라서 1938년부터 시작한 산금5개년계획이 아직 진행되는 과정이었지만, 계획을 멈추고 오히려 1940년대에 들어서는 금광개발에 투입된 역량을 전쟁에 필요한 광물 생산으로 전환시키는 것이 필요해졌다. '금 증산'에서 '군수광물 증산'으로의 급속한 전환이 시작되었다. 금보다는 동과 철, 납과 아연이 더 필요하게 된 것이다.

'금이 곧 병기(金卽兵器)'임을 외치며[38] 엔블록 전체를 대상으로 강력하게 추진하던 '금 증산' 국책이 멈춘다는 징후는 〈표 3-8〉에서 보듯이 1940년대에 들어 금광업 광산권 출원 및 허가 건수가 급격히 줄고 있는 것에서도 확인할 수 있다. 산금5개년계획이 시작되는 시점에는 금광의 채산성 문제를 국가 보조금으로 메우며 한 톨의 금이라도 더 생산하도록 독려하던 시대가 사라진 것이다. 조선제련이 보유한 금광 중 소규모 금광의 가동을 '전시하 지하자원개발의 중대사명에 입각하여' 중지하기로 결정한 것은 이를 상징하는 조치였다.[39]

---

38 金屬局, 1943, 「産業獎勵政策と金鑛業整備の方向」, 『商工通報』 72, 商工省, 22쪽.
39 「제련의 금산정비」, 『매일신보』, 1941.12.4.

일제가 중앙정부 차원에서 금 증산 국책을 폐기하는 작업은 1943년 연두부터 가시화되었다. 1943년 1월 10일 각의에서 「금광업의 정비에 관한 건」이 결정되었다. 그리고 2월 10일 정비에 따른 대상 금광의 보상 대책과 관련한 「금광업의 정비에 수반한 자금대책에 관한 건」이 마련되었고,[40] 2월 17일에는 이를 주도한 일본 정부 상공성의 제국의회 보고가 있었다.[41] 그리고 마침내 4월 10일 자로 상공성은 금광업 정비의 기본 방침과 정비의 구체적 방법을 규정한 「금광업 정비에 관한 방침요지」로 공식화되었다.

금광업 정비의 기본 방침은 "특정 중요 광물의 급속 증산에 대처해서 동, 납, 아연, 수은, 철, 망간 등의 중요 광물의 생산을 확보하기 위해 금의 소요량 추이도 고려하여 다음과 같은 요령으로 금광업의 정리를 단행하고, 그로 인해 발생하는 자재, 노무 등을 전기(前記) 중요광업으로 이전하여 활용한다"[42]는 것이었다. 이 방침을 토대로 정리대상 금광의 범위, 정비 방법 등이 정해졌는데, 다음의 4가지로 요약할 수 있다.[43]

1. 금광산 중 다음에 해당하는 것에 한하여 가행을 계속하고 그 외는 전부 휴지(休止) 또는 폐지한다.
    (1) 동(銅) 제련상 필요한 규산광(硅酸鑛)으로 동(銅)건식제련소에 송광(送鑛)하는 광산.
    (2) 금과 함께 상당량의 동, 납, 아연, 안티몬 등을 산출하는 광산.

---

40 「金鑛業ノ整理ニ伴フ資金對策諸資料」, 1943, 우방협회 자료.
41 「金鑛業整備を單行」, 『경성일보』, 1943.2.19.
42 金屬局, 1943, 앞의 글, 22쪽.
43 金屬局, 1943, 위의 글, 22쪽.

2. 위의 방침에 따라 휴·폐지해야 하는 금광산에 대해서는 제국광업개발주식회사로 하여금 광구, 굉도, 토지, 건물, 설비 등 광업용 자산을 인수케 한다.
3. 정리로 인해 발생하는 자재설비는 각반(各般)의 조치에 따라 확보하고 이를 계획적으로 동과 기타 긴요 광산에 전용한다.
4. 정리로 인해 발생한 노무자는 최대한 이들을 계획적으로 동광산과 기타 긴요 광산 또는 탄광에 이주시켜서 그 기능과 경험의 활용을 도모한다.

위의 정비 방법의 내용을 보면, 명칭은 '정비'이지만, 사실상 국가가 강제적으로 금광업을 멈추고 관련 민간재산을 수용하는 조치였다. 1943년부터 금 이외에 규산광, 동, 납 등 당시 일제가 중요 광물로 규정한 것을 함께 생산하는 금광을 제외하고 모두 정리대상이 되었을 뿐만 아니라 1943년 이후 자재, 노동력 등의 배당이 중지되었다. 정리되는 금광산은 그 소유주인 광산업자로부터 국책회사인 제국광업개발주식회사가 광구와 굉도, 자재·설비, 토지 건물 등 모든 것을 인수하며, 해당 광산업자에게는 그에 대한 보상이 주어졌다. 보상 자금은 재정에서 염출되었다. 그리고 이렇게 확보한 자재·설비는 당시 중요 광물, 물론 그 '중요'의 기준은 전쟁 승리에 필요한 광물인 군수광물을 생산하는 광산으로 이전하고, 노동자 역시 이들 광산으로 재배치하도록 되었다. 이 전체 과정에서 필요한 정비대상 광산의 광구, 부동산, 자재·설비 인수금액의 결정, 동 자재·설비의 재배치도 일본 정부 차원에서 이루어졌다. 휴폐지 광산에서 나오는 자재·설비의 금액 산정은 광업평가위원회의 자문을 거쳤고, 그 재배치와 관련한 실무는 광업의 전시통제기관인 광산통제회

의 협력을 받았다.[44]

일제 중앙정부의 금광에 대한 정비 방침과 방법은 식민지 조선에도 즉시 대체로 동일하게 적용되었다. 1943년 2월 17일 일본 정부의 금광업 정비 방침이 제국의회에서 공론화되자, 불과 이틀 뒤인 19일 조선총독부 식산국장은 즉각 공식 담화를 발표하여 대체로 동일한 방침에 따라 금광의 정비를 단행할 것임을 천명하였다.[45] 이렇게 신속할 수 있었던 것은 1937년 금 증산 국책하의 산금5개년계획 실시 때와 동일하게 일본 정부와 조선총독부가 사전에 긴밀하게 논의했기 때문이었다.

금광 정비 방침과 방법은 일제 중앙 정부 것을 그대로 따랐지만, 실무 차원에서는 약간 차이도 있었다. 예를 들어 일본에서 휴폐지 금광의 설비·자재를 인수하는 등의 업무를 담당하는 제국광업개발주식회사의 역할을 조선에서는 조선총독부가 전쟁에 필요한 중요 광물 증산을 목적으로 1940년 설립한 국책회사 조선광업진흥주식회사가 맡았다.

'증산'에서 '정비'로의 극단적 전환 방침에 대해 금광업자를 중심으로 한 반발이 예상되는 상황에서 조선총독부의 기관지 『경성일보』는 일본 상공성이 「금광업 정비에 관한 방침요지」를 발표한 다음 날인 1943년 4월 11일, 금광 정비에 적극적 협력을 독려하는 사설을 실었다.[46] 이 사설에서 금광 정비에 협력해야 하는 이유로 첫 번째 강조한 것은 현 전시

---

44 金屬局, 1943, 위의 글, 23쪽.
45 「內地와 대체 동일 방침, 금광업 전면 정비, 上瀧 식산국장 담화를 발표」, 『매일신보』, 1943.2.19.
46 「[社說] 金山整備に協力せよ」, 『경성일보』, 1943.4.11; 조선총독부의 또 다른 기관지 『매일신보』 역시 같은 날짜에 비슷한 논조의 사설을 실었다(「[사설] 금광업의 정비」, 『매일신보』, 1943.4.11).

(戰時) 상황에서의 조치 필연성이다. 금광 정비 방침이 금의 가치를 부정하는 것이 아닌 어쩔 수 없는 국제결제방식의 전환으로 금의 가치에 일정한 제한이 발생한 상황 때문이며, 금 대신 동, 철 기타 중요 전쟁광물의 가치가 크게 주목되는 상황이 되어 금광 정리의 필요적 이유가 발생하게 되었음을 지적하였다. 둘째로는 정비대상 광산을 소유한 금광업자들의 반발을 무마하기 위한 '희망'을 제시했다. 금광 정비에도 불구하고 일본 정부는 산금장려금 교부제도를 유지할 것이고, 국내 소비와 장래 국제결제 수단으로서 금의 용도도 고려하고 있음을 언급하는 것 등이다. 셋째는 '애국심'에 대한 호소이다. 전쟁이 끝날 때까지 금광의 일부에 대한 휴폐지는 어쩔 수 없는 것이고, 이로 인한 광산업자의 희생도 요구되지만 전쟁에서 승리하는 관건이 하나도 둘도 전력 증강에 있다고 하면서 '미련 없이 깨끗하게 떨어지는 벚꽃잎처럼 적극적 협력을 아끼지 않는 결의를 보여야 한다'고 강조하였다.

조선총독부는 1943년 5월 1일 자로 금광정비사업을 주관할 부서로 식산국 산하에 광업정비과를 신설하였다. 그동안 산금장려5개년계획을 주도하던 산금과는 폐지되어 동 계획이 중지되었음을 알렸다.[47] 정비대상 광산은 1,000개 정도로 예상되었는데, 5월 말까지 소유주로부터 광산 매도 신청을 받았다.[48] 신청 결과는 예상보다 많아져서 총 1,500건이었고, 이 중 300건은 이미 2년 이상 가행하지 않은 광산이라 정리대상에서 제외하고 1,200건을 확정하였다. 제외된 300건의 휴업 광산은

---

47 「金鑛業整備에 따라 鑛業整備課 新設, 産金課는 一日附로 폐지」, 『매일신보』, 1943. 5.2.
48 「整備金山의 賣渡, 申込受付은 今月末迄」, 『경성일보』, 1943.5.25.

1943년 말까지 광산권 등록말소 신청을 하도록 유도하였다.[49]

결정된 정비대상 금광 1,200건에 대해서는 조선총독부는 이후 실무를 담당한 조선광업진흥주식회사와 긴밀한 관계 속에 정비대상 광산에 대한 현지조사를 실시하고 인수 자재·설비에 대한 보상가격 기준을 마련하였다.[50] 관련한 업무를 총괄하기 위해 조선총독부는 정무총감을 회장으로 하는 광업평가위원회를 총독부 내에 설치하였다.[51] 1944년 초까지 정비대상 광산의 광구와 자재·설비를 인수하고 광산업자에게 지불할 대금은 2억 6,000만 엔에 달했고, 이 시점까지 지불이 완료된 금액은 3,000만 엔 정도였다. 1944년까지 마무리할 계획이었다.[52]

금광업은 개항 후부터 일제 식민지 전 기간에 걸쳐 한국 광업을 대표하는 영역이었다. 1920년대 불황기에 탄광업에 잠깐 그 위치를 양보한 경우가 있지만 1930년대에는 다시 일본 제국주의 초중점 국책의 중심에서 각광을 받았다. 1930년대 한반도는 '골드러시', '황금광 시대'라 불리는 것에 어색하지 않는 분위기가 연출되었지만, 오래가지는 못했다.

---

49 「千二百金山整理, 補償金支拂は年內完了」, 『경성일보』, 1943.12.28.

50 「金山 보상평가회」, 『매일신보』, 1943.6.30.

51 1943년 4월 22일부로 설립되었다. 회장은 정무총감이 맡았고, 평가위원은 총독부 관리 4명, 일본 정부 관리 3명, 민간 5명, 통제회 1명으로 구성되었다. 금광정비사업을 총괄하는 위원회의 위상과 역할은 광업평가위원회 규정 제1조에 나타나는데 다음과 같다. 「조선총독부광업평가위원회규정」 제1조, 조선총독부에 광업평가위원회를 둔다. 위원회는 조선 총독의 자문에 응하여, 광업권자가 광업정비를 위한 그 사업의 휴지 또는 폐지를 하는 경우, 제국광업개발주식회사(조선광업진흥주식회사가 제국광업개발주식회사의 조선에 대한 사업을 양수(讓受)할 경우는 조선광업주식회사)에게 양도, 기타 처분을 하는 자산의 평가 등에 관한 사항을 조사, 심의함(「金鑛業の整備へ, 評價委員十四名を任命」, 『경성일보』, 1943.4.23).

52 「光陽鑛山日窒へ, 整備金山を委託經營」, 『경성일보』, 1944.2.5; 8월까지 전체의 1/3 정도가 완료되었다(「금산 정비 진전」, 『매일신보』, 1944.8.20).

역시 동일한 일본 제국주의의 필요성에 입각해 강제력을 동원한 국가의 정비조치를 통해 한순간에 '황금광 시대'는 종말을 고했다.

제4장
일제 철강 국책과 철광산 개발

1. 식민지 철광산 개발 시작과 겸이포(兼二浦)제철소

1) 조선 철광산 개발의 특징

일본 제국주의의 입장에서 한반도의 철광산은 사실 개항기부터 서구 열강까지 가세하여 쟁탈전을 벌인 금광만큼 주목받지 못했다. 가장 큰 이유는 황해도의 몇몇 철광산을 제외하면, 대부분의 철광산이 철광석의 품질, 즉 철 함유량이 낮은 빈광이었기 때문이다.[1] 함경도 무산(茂山)철광이 동양 최대의 매장량을 가지고 있다는 정보는 매우 일찍 알려졌으며, 채굴이 비교적 쉬운 노천 광산이었지만 1930년대까지 거의 주목받지 못한 이유도 여기에 있었다.[2]

일제의 1920년대까지 식민지 조선의 철광산 개발은 황해도의 재령(載寧), 은율(殷栗) 등의 철광산에 국한되었다. 여기서는 무산철광만큼 대

---

[1] 양질의 철광석이란 보통 철광석 안에 들어 있는 철의 함유량이 최소 50퍼센트 이상을 의미한다. 자연 상태의 광석에 필요한 광물 성분이 얼마나 들어 있는지를 약간 전문적인 용어로는 '품위(品位)'라고 하는데, 광물 안에 들어 있는 필요 성분의 함유량을 의미한다. 광물의 품위가 50퍼센트 미만이면 저품위, 그 이상이면 고품위라고 한다. 이것이 중요한 이유는 저품위 광물의 경우 바로 원료로 쓸 수 없고 '선광(選鑛)'등의 추가 공정이 필요하기 때문이다. 선광 작업은 채굴한 광물에서 품위가 높은 것을 선별하여 품위를 향상시키는 과정이다. 결국 저품위 광물의 경우 원료로 사용하기 위해 '선광장'이라는 관련 시설이 추가로 필요하고 시간과 노동도 더 들어가게 된다. 시간과 비용이 더 든다는 의미로, 경제성이 떨어질 수밖에 없다.

[2] 1913년 무산의 한 초등학교 교사가 발견하여 광구출원을 하였다고 전해지는 무산철광은 이미 1917년 미쓰비시가 매수하였으나 1930년 이전까지 거의 개발되지 않았다. 그 이유는 철광석(粗鑛)의 철분 함유가 37~40퍼센트에 불과한 빈광이어서 당시로서는 경제성이 없다고 판단되었기 때문이다.

규모는 아니지만 비교적 양질의 철광석이 생산되었기 때문이다. 생산된 철광석은 전량 일본으로 이출되었다. 이처럼 황해도에서 이루어진 일제의 한반도 철광산 개발은 식민지를 원료공급기지로 삼으려는 전형적인 모습을 보여주었다.

재령과 은율의 철광산은 황해도 철광산 중 가장 이른 시기에 일제가 개발한 광산들이다. 우선 재령의 경우 1906년 일제의 「광업법」 제정 후, 이듬해 통감부가 주도하여 개발을 시작했다. 4월에 일본인 광산개발 기사 니시자키 쓰루타로(西崎鶴太郎)가 개발을 위임 받아 철광석 채굴을 시작하였다. 1908년부터 채굴이 시작된 철광석은 일본 관영제철소인 규슈(九州) 야하타(八幡)제철소[3]에 전량 보내졌다. 1910년 강제병합 이후, 재령 철광산은 일본 정부의 소유가 되었고, 상공성 직할 광산으로 가동되었다. 은율 철광산 역시 동일한 과정을 거쳐 일본 정부 상공성 광산으로 운영되었으며, 생산된 철광석은 전부 야하타제철소로 보내졌다.[4]

재령과 은율뿐만 아니라 1910년대 말까지 식민지 조선에서 생산된 철광석의 대부분은 일본으로 이출되었다. 이런 사실은 1910년대 말까지

---

[3] 야하타제철소는 1896년 일본 정부에 의해 '관영'으로 건설이 결정되었으며, 이듬해인 1897년부터 건설공사가 시작되어 1901년 가동을 시작한 제철소이다. 사실상 일본 근대 철강산업의 시작점에 있는 제철소로 건설비는 청일전쟁 승리로 청나라로부터 받은 배상금으로 충당하였다. 제철소 건설과 가동에 필요한 기술은 당시 미국과 함께 신흥 철강 강국으로 부상한 독일에 의존하였다. 제철소의 전체 설계가 독일에 맡겨졌고, 독일의 철강 기술자들이 일본에 직접 들어와 초기 제철소 가동을 지휘했다. 제철소는 100톤급 고로와 25톤급 평로, 압연 설비를 모두 갖춘 일관제철소였다. 당시로서는 서구의 근대 제철소와 비교해도 시설면에서 떨어지지 않는 제철소였다. 야하타제철소와 관련해서는 長野暹, 2003, 『八幡製鉄所史の研究』, 日本経済評論社 참조.

[4] 관련해서는 長島修, 1977, 「日本帝國主義下朝鮮における鐵鋼業と鐵鑛資源(上)」, 『日本史研究』 183, 日本史研究會 참조.

〈표 4-1〉 1910년대 조선 생산 철광석의 일본 이출 현황

연도	생산량(톤)	일본 이출량(톤)	이출 비율(퍼센트)
1910	140,365	-	-
1911	101,374	-	-
1912	122,503	123,405	100
1913	142,049	142,420	100
1914	182,034	162,044	89
1915	209,937	201,978	96
1916	245,418	190,225	78
1917	152,933	120,907	79
1918	430,787	236,611	55
1919	417,000	333,521	80
1920	447,249	332,533	74

출처: 商工省鑛山局, 1928, 『製鐵業參考資料-昭和3年6月調査』 1, 11쪽; 朝鮮總督府殖産局 編, 『朝鮮の鉄鑛業』, 1929, 부표-1쪽에서 작성.
비고: 소수점에서 반올림.

조선에서 생산된 철광석 사용 내용을 정리한 〈표 4-1〉에서 잘 확인할 수 있다.

1910년대 초반에 10만 톤 수준으로 생산되던 철광석은 이후 생산량이 증가하여 1910년대 말에는 40만 톤 수준으로 급격히 증가하였다. 이는 일본에 의한 황해도 철광석 산지 개발이 본격적으로 이루어진 결과이며, 1910년대 말은 제1차 세계대전 전쟁 특수로 일본 경제가 호경기를 맞았던 시기의 반영이기도 하다. 그리고 이렇게 생산된 조선의 철광석 약 80퍼센트 정도가 일본으로 이출된 것으로 확인된다.

철강을 둘러싼 식민지 조선의 역할과 관련해 한 가지 더 지적할 점이 있다. 식민지 조선이 일본 철강산업의 원료공급기지였을 뿐 아니라, 일본이 생산한 철강재의 소비지 역할도 했다는 것이다. 일제가 조선을 식민지로 만든 이후 한반도에서는 각종 개발사업이 진행되었다. 예를 들어

한반도가 일제의 대륙침략의 전진기지 역할을 해야 했기 때문에 한반도를 관통하여 대륙을 잇는 종단 철도의 구축, 부산항을 비롯한 각종 항만의 건설이 필요했다. 또한 일본이 한국인들에게 근대화, 산업화, 문명발전을 가져다준다고 선전하기 위해서라도 최소한도의 각종 개발이 필요했다. 철광산 개발에 한정하더라도 광산개발에 필요한 기자재, 채굴한 철광석을 일본으로 운송하기 위한 산업철도와 항만시설 건설 등이 필요했다. 이 모든 개발 인프라 수요는 당연히 다양한 종류의 철강재를 필요로 하는 것이었다.

〈표 4-2〉는 1910년대 조선에 수입된 철강재의 규모를 보여주는 것이다. 우선 전반적으로 수입 규모가 늘어나고 있음을 알 수 있다. 1910년대 후반에 철강재 수입 규모가 급격하게 증가하고 있는 것은 한반도 개발 수요에 더하여 제1차 세계대전 전시 특수의 영향을 나타낸다.

그런데 여기서 흥미로운 점은 1910년대 전반과 후반의 철강재 수입

〈표 4-2〉 1910년대 조선 소비 철강재의 수입처   (단위: 엔)

연도	일본	일본 이외	합계
1910	14,986	970,496	985,482
1911	6,984	2,089,977	2,096,961
1912	214,707	2,750,442	2,965,149
1913	155,682	2,543,996	2,699,678
1914	749,367	1,678,569	2,427,936
1915	891,547	1,251,497	2,143,044
1916	1,015,019	1,732,151	2,747,170
1917	2,133,719	2,864,507	4,998,226
1918	6,005,438	3,119,944	9,125,382
1919	7,960,334	3,729,988	11,690,322
1920	4,203,603	2,379,058	6,582,661

출처: 長島修, 1977, 「日本帝國主義下朝鮮における鐵鋼業と鐵鑛資源(上)」, 『日本史研究』 183, 日本史研究會, 4쪽.

처가 달라진다는 것이다. 전반기까지 조선에서 필요한 철강재는 일본보다는 다른 나라에서 수입되는 경향이 있었다. 그러나 후반기에는 일본에서의 수입이 압도적으로 많아진다. 관영 야하타제철소의 가동이 1901년임을 생각하면 일본 근대 철강산업이 유아기였을 때 조선은 원료공급지였지만, 제품 판매시장은 아니었다. 그러나 1910년대 후반기 일본 철강산업은 제1차 세계대전의 전시 특수에 힘입어 유아기에서 벗어나 본격적인 성장을 보이면서 생산된 철강제품의 1차 소비시장이 식민지 조선이었음을 알 수 있다. 〈표 4-1〉과 〈표 4-2〉를 종합하면 1910년대 후반기에는 일본으로 이출되는 원료 철광석의 규모도 급증하고, 일본 제철소가 생산한 완제품 철강재의 이입도 급증하는 상황이 된 것이다.

결국 사실상 일제에 의한 지배가 시작된 1905년 이후 일본 근대 철강산업과 조우한 식민지 조선의 초창기 역할은 일반적으로 제국주의 지배하의 식민지가 그렇듯이 원료공급지였고, 일본 철강산업의 성장과 함께 서구 철강재에 비해 품질이 떨어질 수밖에 없는 일본의 신생 제철소 철강제품의 1차 소비지 역할도 수행했음을 알 수 있다.

2) 겸이포제철소 건설

1930년대 이전 식민지 조선의 철광산 개발과 관련하여 한 가지 더 검토할 필요가 있는 것은 황해도 철광산 개발과 긴밀하게 연결된 겸이포(兼二浦)제철소이다. 일본 대표 재벌인 미쓰비시(三菱)가 1910년대라는 매우 이른 시기에 황해도에 진출하여 건설한 것이다.

미쓰비시 재벌의 겸이포제철소 건설과 관련해서는 우선 건설을 시작한 1917년이라는 시기에 주목할 필요가 있다. 왜냐하면 이 시기는 식민지 조선 경제의 관점에서 보면 조선총독부가 일본의 식량난 해소를 위한 농업 중심의 경제정책을 전개하고, 토지조사사업이 한창이던 시기였다. 그런 시기에 일본 재벌 대자본이 진출하여 대규모 제철소를 건설한 것은 매우 이례적인 일이다. 조선총독부가 일본 재벌 대자본을 끌어들여 한반도의 공업화를 추진하는 것으로 경제정책의 기조를 바꾼 것은 이른바 '식민지 공업화'라고 불리는 1930년대 이후의 일이었다.

이렇게 보면 미쓰비시 재벌이 1917년의 시점에서 식민지 조선에 경공업도 아닌 대규모 자본투자와 기술이 필요한 거대 제철소를 건설한 것은 조선 경제 내지 식민지 공업화를 염두에 둔 것이 아님을 알 수 있다. 미쓰비시가 황해도에 진출하여 제철소를 건설한 배경에는 우선 철강산업이 갖는 산업적 특성의 하나와 관련되는 것으로, 대규모로 원료를 소비하는 산업이기 때문에 원료 산지 인근에 제철소를 건설하는 경향이 있다는 점이다. 원료인 철광석, 석탄 등은 부피와 무게가 나가는 광물로, 이를 대량으로 안정적으로 공급받아야 하기 때문이다. 따라서 제철소는 일반적으로 철광석이나 석탄의 산지, 혹은 교통의 요지에 건설된다.

앞서 언급했지만, 황해도에는 재령, 은율 등 비교적 양질의 철광석이 채굴되는 철광산이 존재하고 있었다. 일본 정부는 관영 야하타제철소의 원료 확보를 위해 황해도 철광산 개발을 추진했으나, 미쓰비시가 아직 근대 공업화의 기반조차 갖추지 못한 식민지 조선에 제철소를 건설하려 한 것은 조선업 등 중공업을 주력 사업으로 삼고 철강산업에 참여하려는 의지와 함께 황해도 철광산의 원료 조달 용이성이 중요한 역할을 했다고 볼 수 있다.

실제로도 1918년 가동을 시작한 겸이포제철소가 사용한 철광석의 90퍼센트 이상이 식민지 조선 내에서 공급되었다. 그중 60퍼센트 이상은 미쓰비시가 제철소를 건설하기 이전부터 매수해 두었던 황해도의 철광산 등을 중심으로 공급되었다. 겸이포제철소가 사용하는 철광석의 단가는 1931년 기준 4.9엔 수준으로, 일본의 민영 제철소와 비교하여 평균 2엔 정도 저렴했다. 이유는 인접한 거리에서 운송비 등에서 유리한 점도 있었지만, 근본적으로는 철광산에서 일하는 한국인 광부의 임금이 낮았기 때문이었다. 당시 식민지 조선에서 일본인과 한국인 광부의 임금 격차는 동일 노동 조건에서도 최대 3분의 1에서 2분의 1까지 차이가 나고 있었다.

겸이포제철소에서 일하는 한국인들의 임금도 일본인의 대략 40퍼센트 수준이었다. 예를 들어 겸이포제철소 가동 초창기인 1919년 일본인 직공의 1일 12시간 노동의 평균 임금은 약 1.7엔, 한국인은 0.7엔 수준이었다. 물론 오늘날에도 같은 직장 내에서 노동의 종류와 내용, 수준에 따라 임금 격차가 존재하므로 이를 고려해야겠지만 대규모 저임금 한국인 노동력은 미쓰비시 입장에서는 매력적인 조건 중 하나였을 것이다.[5]

신규 설비를 구축한 신생 제철소임에도 불구하고 겸이포제철소의 작업공정 기계화가 일본의 제철소들보다 가장 뒤떨어져 있었다는 점은 한국인 저임금 노동력과 관련이 있다. 제철소 구내에서 원료의 하역과 운반 시 기중기, 화차 등을 쓰지 않고 사람이 '지게'로 날랐다고 하는데, 기계화를 통한 운반보다 사람을 대량으로 쓰는 것이 경제적이었다는 이야기가 된다. 한국인 노동력의 저임금이 부각되는 일화라 할 수 있다.[6]

---

5 長島修, 1977, 「日本帝國主義下朝鮮における鐵鋼業と鐵鑛資源(下)」, 『日本史研究』 184, 日本史研究會, 38~39쪽.

6 長島修, 1977, 위의 글, 39~40쪽.

조선총독부의 입장에서도 비록 경제정책의 중심이 농업에 있었지만, 일본 민간 대재벌이 철광산을 중심으로 한 광업개발과 이와 연계된 대규모 제철소를 식민지에 건설하겠다는 제안을 마다할 이유는 없었다. 개발 수요는 어쨌든 안정적 식민 통치를 위해 도움이 되기 때문이다.

미쓰비시의 제철소 건설은 일찍부터 식민지 조선의 광업개발에 적극적이었다는 점과도 연결된다. 미쓰비시가 조선의 철광산 개발에 관심을 가진 것은 이미 러일전쟁기까지 거슬러 올라간다. 미쓰비시 재벌의 본사격인 미쓰비시합자회사 산하 광산부가 그 주체였다. 일제가 조선을 강제병합한 직후인 1911년부터는 황해도 철광산지 일원의 광구를 매수하기 시작하였다. 1912년부터는 매수한 철광산에 대한 본격적인 시추, 탐광 작업에 착수하였고, 조선총독부도 이를 적극 지원하였다.

미쓰비시의 철광산 매수는 1910년대 전반기까지 지속되었고, 황해도 재령, 황주, 겸이포, 그리고 평안남도 중화에 이르기까지 광범위한 지역에 달했다. 그리고 시추, 탐광을 통해 선광 과정 없이 바로 원료로 쓸 수 있는 양질의 철광석이 매장되어 있음을 확인하였다. 이렇게 미쓰비시는 제철소 조업에 필요한 철광석을 확보할 수 있었다. 미쓰비시의 수년에 걸친 원료 철광석 조달 기반이 완성된 시점은 1916년경으로, 1917년 제철소 건설을 본격화하기 1년 전의 일이었다.

또 다른 배경은 미쓰비시 재벌의 주력 사업과 관련이 있었다. 미쓰비시 재벌은 일본 정부와 긴밀한 관계 속에서 급속히 성장하여 재벌의 반열에 오른 전형적인 정경유착형 재벌이다. 특히 메이지(明治) 유신 이후 일본 정부가 근대 산업화를 위해 추진한 다양한 국영사업들, 당시에는 '관영사업'이라 불린 사업들을 인수하여 성장의 토대로 삼았다. 이렇게 형성된 미쓰비시의 주력 사업은 조선업, 광업, 금융이었다. 특히 미쓰비시 재벌의 핵심 사업체인 조선업의 미쓰비시중공업(주)은 일본 정부가 경영하던 나가사키(長崎)조선소에서 시작된다. 미쓰비시는 광산, 특히 철광산에 관심이 많았다. 그 이유는 앞서 언급한 대로 광업 자체가 미쓰비시 재벌의 주력 사업이었고, 다음으로 또 다른 주력 사업인 조선업의 원료인 선박용 철강재의 안정적 조달을 위해서 제철소가 필요했기 때문이다.

특히 제1차 세계대전으로 서구로부터 철강재 공급이 원활하지 않은 상황에서 전쟁 특수로 인한 호황으로 선박 수요가 급증하자, 미쓰비시 재벌은 자체적으로 철강재를 안정적으로 조달할 필요성이 더욱 커졌다. 이것은 1917년이라는 아직 농업경제가 주력이었던 식민지 조선에 미쓰비시가 제철소를 건립하게 된 직접적 배경이 되었다. 실제로도 제철소가 가동된 이후 생산된 철강재는 대부분 미쓰비시중공업(주)이 건조하는 선박용 기자재로 사용되었다.

이렇듯 미쓰비시 재벌의 제철소 건설 배경을 보면 겸이포제철소 건설은 식민지 조선 경제의 필요성과는 상관이 없이 진행된 것임을 알 수 있다. 일본 민간 재벌이 정부의 후원 속에 산하 주력 사업인 광산업의 성장과 조선업의 안정적 원료 조달이라는 기업 내부 필요성에 의해 건설된 것이다. 이런 모습은 식민지에 대한 제국주의 독점자본의 자본수출의 전형적인 모습이라고도 할 수 있다.

미쓰비시제철(주) 겸이포제철소는 일제 시기 조선 경제와 사실상 관계없이 설립되었지만, 한반도에 최초로 세워진 근대식 제철소였다. 더욱이 원료 철광석에서 완제품 철강재까지를 생산하는 모든 공정, 즉 '제선(製銑)-제강(製鋼)-압연(壓延)의 공정을 갖춘 '일관제철소'였다. 현재도 황해제철소라는 이름으로 가동되고 있는 북한의 주력 제철소의 기원이 되는 제철소이기도 하다. 따라서 건설 과정에 대해 좀 더 구체적으로 언

급해 두기로 한다.[7]

미쓰비시가 겸이포제철소 건설을 본격화한 것은 1915년부터이다. 미쓰비시는 본사인 미쓰비시합자회사 산하에 '임시제철소건설부'를 설치하고, 주요 설비인 고로 건설 등 필요한 기계설비를 독일에 발주하였다. 그러나 제1차 세계대전의 여파로 독일로부터의 설비 구입이 어려워지자, 설비 발주처를 미국으로 바꾸는 등 우여곡절을 겪었고 건설공사도 지연되었다. 주문한 기계설비 및 관련 기자재가 미국으로부터 황해도 겸이포 건설 현장에 도착한 것은 1916년 가을이 되어서야 이루어졌고, 본격적인 건설공사를 시작할 수 있었다.

1917년, 겸이포제철의 건설과 경영 주체로서 미쓰비시제철주식회사가 자본금 3,000만 엔의 미쓰비시 재벌 계열 자회사로 독립, 출범하였다. 이는 겸이포제철소의 시작을 1917년으로 잡는 근거이기도 하며, 이로써 겸이포제철소의 정식 명칭은 '미쓰비시제철주식회사 겸이포제철소'가 되었다.

제철소의 가동은 우선 1918년, 제선 설비인 고로(高爐)의 가동으로 시작되었다. 일산 150톤급 고로 2기가 설치되었고, 제1고로는 6월, 제2고로는 8월부터 가동에 들어갔다. 고로 2기의 연간 생산 선철은 10만 톤이었다. 제강용 설비인 평로(平爐)는 일산 50톤급 2기로 건설되었으며, 연간 6만 톤의 강괴(鋼塊)를 생산할 수 있었다. 강괴를 다시 가공하여 완성품 철강재를 생산하는 분괴·압연 설비는 연간 4만 3,000톤의 대형

---

[7] 겸이포제철소 건설 과정과 관련해서는 다음 논문을 참조했다. 金承美, 2006, 「三菱の鉄鋼業への進出-三菱製鉄株式会社兼二浦製鉄所を中心に」, 『三菱史料館論集』 7, 三菱經濟研究所付属三菱史料館; 金承美, 2007, 「三菱製鉄株式会社の経営-兼二浦製鉄所を中心に」, 『三菱史料館論集』 8, 三菱經濟研究所付属三菱史料館.

강재와 두꺼운 강철판인 후판(厚板)을 생산하는 규모로 완성되었다. 생산한 후판은 모두 미쓰비시중공업(주)에 선박 건조용 강재로 제공되었으며, 특히 나가사키조선소가 건조하는 군용 함정에 우선 배정되었다. 겸이포제철소는 처음부터 군수공장의 성격을 지녔던 것이다. 제강 및 압연 설비는 1919년에 완공되어 일관제철소로 완전가동을 시작하였다.

다음의 〈표 4-3〉은 1920년대 식민지 조선의 철광석 생산량과 그중 일본으로 이출된 양을 비교한 것이다. 주목할 점은 1920년대에 철광석 생산량이 급감한 것이다. 1920년 40만 톤 수준이던 생산량은 1921년 20만 톤대로 줄고 1922년에는 10만 톤대로 더 떨어졌다. 이후 회복세를 보였지만, 1920년의 생산 수준을 회복한 것은 1927년 이후부터였다. 가장 큰 원인은 제1차 세계대전 전후 불황이었다. 그리고 여기에 더하여 1923년 미국 워싱턴에서 맺어진 워싱턴 군축조약은 일본 철강산업의 불황을 악화시켰다. 당시 일본 내 철강시장에서 군수가 중요한 비중을 차지했기 때문이다.

1919년부터 본격적으로 가동에 들어간 겸이포제철소는 불황의 직접적인 타격을 입었다. 왜냐하면 겸이포제철소의 생산 철강재는 전부 미쓰비시중공업(주)의 선박 건조에 사용되는 구조였기 때문이다. 결국 겸이포제철소는 고로를 통해 중간재인 선철을 생산하는 제선 설비만을 가동하고, 선철을 원료로 강재를 생산하는 평로 조업과 분괴·압연에 이르는 제강공정을 멈출 수밖에 없었다. 워싱턴군축조약이 체결되면서 일제가 해군력 증강을 위한 88함대계획을 중지할 수밖에 없었던 1923년의 일이다. 겸이포제철소를 운영하는 미쓰비시제철(주)은 경영위기에 따른 대응책으로 감자까지 단행하여 기존 3,000만 엔의 자본금을 2,500만 엔으로 줄이는 극단적 조치를 단행할 정도로 큰 위기에 직면하였다.

〈표 4-3〉 1920년대 조선 생산 철광석의 일본 이출 현황

연도	생산량(톤)	일본 이출량(톤)	이출 비율(퍼센트)
1920	447,249	332,533	74
1921	232,692	190,541	82
1922	185,584	89,827	48
1923	306,255	95,390	31
1924	323,636	136,727	42
1925	376,207	107,868	29
1926	387,717	98,992	26
1927	422,560	168,764	40
1928	559,331	225,389	40
1929	559,218	314,134	56
1930	581,960	287,729	49

출처: 商工省鑛山局, 1927, 『製鐵業參考資料-昭和2年6月調査』 1, 10~11쪽; 商工省鑛山局, 1932, 『製鐵業參考資料-昭和7年6月調査』 11, 82~83쪽.
비고: 소수점에서 반올림.

다음으로 일본 이출량을 보면 1910년대의 80퍼센트에 달했던 이출 비율에 비해 매우 큰 폭의 감소가 나타난다. 이것은 1920년대 불황의 영향도 있지만, 겸이포제철소의 가동도 중요한 원인이다. 겸이포제철소는 원료 철광석의 90퍼센트 이상을 조선에서 조달했고, 이 중 70퍼센트 이상을 황해도 철광산에서 공급받았다.[8]

전체적으로 보면 1920년대까지 일제의 철광산 개발은 상대적으로 고품위 철광석이 매장된 황해도의 철광산에 집중되었다. 1910년대에는 주로 철광석이 일본에 이출되어 관영 야하타제철소의 원료로 사용되었으나, 1920년대 겸이포제철소가 본격 가동되면서 선철과 철강재로 가공

---

8 長島修, 1977, 「日本帝國主義下朝鮮における鐵鋼業と鐵鑛資源(下)」, 『日本史研究』 184, 日本史研究會, 36쪽.

되어 일본으로 이출되는 구조도 추가되었다.⁹ 여기에 불황까지 겹치면서 철광석의 일본 이출 비율은 큰 폭으로 줄었다. 조선 내의 철광석 생산량도 〈표 4-3〉에서 보듯이 1920년대 후반까지 1910년대 후반의 40만 톤 수준을 회복하지 못했다.

2. 1930년대 철광산 개발의 본격화

1) 대륙침략과 철강 자급 국책

1930년대에 들어서면서 일제는 한반도의 철광산, 그중에서도 그간 '빈광(貧鑛)'이라고 하여 경제성이 없다는 이유로 개발되지 않았던 철광산들에 본격적인 관심을 가지고 개발을 시도한다. 일제는 특히 동양 최대의 매장량을 자랑한다고 이미 알려져 있던 무산철광에 주목하였다.

일제가 빈광이라는 이유로 지난 20년간 관심을 두지 않았던 한반도 철광산에 다시 관심을 가지게 된 계기는 여러 가지 요인이 작용했지만, 가장 중요한 요인은 일본 제국주의가 대륙침략을 본격화한 것이다.

1931년 가을, 일본 육군의 주력 관동군이 정부 허락 없이 시작한 만주 침략은 그간 항상 같은 편이었던 미국, 영국 등 서구 열강과 대립하는 시발점이었다. 이 대립의 시작이 일본 경제에 미친 영향은 서구 열강과

9　1923년 이후 제선 설비만 가동한 겸이포제철소의 생산 선철은 거의 대부분 일본으로 이출되었다.

의 관계에서 최대한 벗어나 '독립적'인 경제체제를 구축하려는 움직임으로 이어졌다. 이는 아우타르키(Autarkie) 경제의 구축, 혹은 일본 제국주의가 영향력을 미치는 영역을 폐쇄적 블록화, 즉 블록경제(Bloc economy)로 만드는 방향으로 발전했다.

폐쇄적 블록경제의 구축은 만주사변 이후 해가 갈수록 높아지고 있던 정치·군사적 긴장감에 비례하여 강화되어 나갔다. 이는 일본 철강산업에 대한 정책 기조를 근본적으로 변화시키는 계기가 되었다. 철강산업은 '산업의 쌀'이라고 불릴 만큼 중요한 기간산업으로, 일본 제국 내 자립적인 재생산 구조의 필요성이 강조되었기 때문이다.

사실 철강산업에서 일본의 약점은 양질의 철광석과 연료 석탄, 특히 용광로에서 철광석을 녹이는 연료 역할을 하는 코크스의 원료인 유연탄을 자급할 수 없다는 점이었다. 메이지 유신 이후, 일본은 서구의 근대 철강산업 기술을 도입하여 관영 야하타제철소를 건설하고 철강재를 생산하였지만, 원료인 철광석과 유연탄 등은 식민지 조선, 중국 등 대륙에 상당 부분 의존해야 했다. 미쓰비시가 매우 이른 시기에 식민지 조선에 진출하여 겸이포제철소를 건설한 것도 이와 같은 배경에서 비롯되었다.

이런 상황 때문에 이후 일본 철강산업은 주로 민간업계를 중심으로 외국에서 중간재인 선철이나 고철(Scrap)을 수입하여 제강하는 제강업체가 주류를 이루었다. 그러나 1930년대 이후 일제가 서구 열강과 정치적으로 대립하게 되면서 일본 본토와 식민지, 점령지를 아우르는 엔블록 경제가 강화되었다. 이에 따라 철강산업은 선철과 고철 등의 중간재를 서구 열강 등 외부 수입에 의존하지 않고, 엔 블록 영내에서 철광석에서부터 제선-제강-압연을 통해 산업에 필요한 모든 철강재를 생산하는 완결된 구조로의 근본적 전환을 모색하게 되었다. 설상가상으로 제강용 고철의 최대 수입국이었던 미국의 대일본 수출 여력이 감퇴한 것은 일제 국가권력이 나서서 철강산업의 구조개선에 박차를 가하도록 하는 결정적인 계기가 되었다.[10]

두 번째 요인은 1920년대 말부터 시작된 유래가 없는 전 세계적 대공황이었다. 이 외부의 돌발변수는 철강산업에 대한 국가 주도성을 강화하였다. 즉 대공황의 여파로 일본 철강산업 역시 큰 타격을 입었고, 기간산업의 국가 보호·유지를 위한 필요성이 일본 정부 내에서 대두되었기 때문이다. 철강산업의 국가 보호·유지는 1934년 1월 일본 내 주요 제철소를 반강제로 합병하여 사실상 국영 체제인 '일본제철주식회사'를 설립하는 것으로 귀결되었다. 1933년 2월 25일 일본 정부 각의를 통과한 「일본제철주식회사법」은 정부가 반드시 50퍼센트를 넘는 주식을 소유하도록 명시하였고(제5조),[11] 사업과 경영 전반을 정부가 관리·감독하도록 규정하였다(제6조~제12조).[12] 사실상 철강산업의 국영화를 의미하는 것이었다.

그러나 불황 대책을 구상하던 1930년 시점과, 일본제철(주) 설립이 현실화되는 1934년은 상황이 크게 달라졌다는 점도 지적할 필요가 있다. 즉 일본제철(주) 설립의 시작은 틀림없이 1929년 시작된 대공황의 장기불황 속에서 부진에 허덕이던 일본 철강산업을 국가의 힘으로 보호·유지하기 위해 1930년 구상된 것이었다. 그러나 이후 세계 경제는

---

10 미국의 대일 고철수출 여력의 감퇴와 관련해서는 長島修, 1986, 『日本戰時鉄鋼統制成立史』, 法律文化社, 5쪽 참조.
11 일본제철(주) 출범 당시 발행 주식의 82퍼센트를 일본 정부 대장성(大蔵省)이 소유하였다.
12 「일본제철주식회사법」 전문은 〈부록 5〉 참조.

대공황의 터널을 빠져나와 호황의 국면으로 전환하고 국제관계 변화 속에서 블록경제의 징후가 높아지는 상황으로 급변하였다. 따라서 1934년 설립 당시의 일본제철(주)은 불황 대책보다는 블록경제에 조응하여 국가 주도하에 일본 제국권 내의 철강자립이라는 국책을 수행하기 위한 국영회사 성격이 보다 강해졌다.[13]

일본제철(주)의 출범과 함께 주요 제철소들은 모두 여기에 흡수 합병되었다. 관영제철소인 야하타제철소를 중심으로, 주요 민간제철소인 가마이시(釜石)광산(주), 규슈(九州)제강(주), 후지(富士)제강(주), 와니시(輪西)제철(주), 그리고 미쓰비시제철(주)의 겸이포제철소도 포함되었다. 일제는 1934년 하반기부터 일본제철(주)을 주체로 한 생산능력 확장에 본격적으로 나섰다. 야하타제철소에는 일본 최초로 1,000톤급 대형 고로 2기가 건설되었고, 합병에 동참한 주요 제철소의 설비 확장도 진행되었다. 겸이포제철소의 경우도 350톤급 고로를 신규 건설하고, 1920년대 불황으로 가동을 중단했던 평로 제강설비의 시설을 확충하여 다시 가동을 시작하였다.[14]

원료 철광석 문제와 관련해서도 식민지와 점령지를 포함한 일본 제국주의 영역에서 해결책을 찾을 수 있었다. 이 시기에는 품위가 낮은 철

---

13 관련해서는 日本製鐵株式會社編輯委員會, 1959, 『日本製鐵株式會社史: 1934~1950』 참조.

14 설비 증강을 통해 겸이포제철소의 생산은 이후 비약적으로 증가하였다. 대형 고로를 통해 생산하는 선철의 경우 1929년 15만 톤 수준에서 1930년대 말에는 30만 톤에 이르렀고, 평로를 통해 생산되는 강재는 1934년 조업 재기 시 2만 톤대에서 1930년대 말에는 10만 톤 수준에 이르렀다. 겸이포공장의 선철 생산량 추이와 관련해서는 商工省金屬局, 『製鐵業參考資料-昭和18年8月調査』, 49, 64~65쪽 참조. 일본제철(주) 겸이포공장의 강재 생산실적은 日本製鐵株式會社編輯委員會, 1959, 위의 책, 570쪽 참조.

광석의 품위를 인위적으로 올리는 선광법, 배소법(焙燒法) 등의 이른바 '빈광(貧鑛)처리법'이 개발되었다. 특히 '배소법'은 철광석을 용융점 이하, 다시 말해 녹지 않을 정도로 가열하여 화학 반응을 일으키고 광석의 화학성분과 성질을 개량하는 한편 불순물을 제거하여 철광석의 품위를 인위적으로 높이는 것이었다. 빈광처리법의 발전은 철광석의 철 함유율이 낮은 저품위 철광석을 이용할 수 있는 길을 열었다.

철강산업의 기술적 진전으로 그간 경제성이 떨어져 거들떠보지 않았던 대륙의 철광산들이 주목받기 시작하였다. 특히 채굴하기 쉬운 노천광산으로 동양 최대의 거대한 매장량을 자랑하는 식민지 조선의 함경북도 무산철광은 일본 정부가 가장 주목한 광산이었다.

만주 쇼와제강소 안샨제철소(昭和製鋼所 鞍山製鐵所)의 성공적인 건설 과정도 저품위 철광석을 매장하고 있는 대륙의 철광산 개발에 힘을 실었다. 안샨제철소 건설은 만주 공업화를 목적으로 일본 관동군이 주도하였다. 원래는 겸이포제철소 건설과 비슷한 시기인 1918년 남만주철도주식회사(만철)가 투자하여 산하에 설립한 선철 생산 제철소 안샨제철소가 기원이다. 1933년 만철에서 분리되어 쇼와제강소 안샨제철소로 재설립된 이후 제강시설을 신설하여 만주 최대의 제선과 제강을 모두 수행하는 선강일관제철소로 발전하였다. 이 제철소가 주목받은 이유는 안샨지구의 철분 함유가 낮은 저품위 철광석을 '환원배소법'과 같은 '빈광처리법'을 개발, 적용하여 대형 고로 작업을 통해 저렴한 선철을 생산하는 데 성공하였기 때문이다.[15]

---

15 안샨제철소가 '還元焙燒法'이라는 독자의 빈광처리법 개발하여 대량의 선철생산에 성공하는 과정과 관련해서는 奈倉文二, 1984, 『日本鉄鋼業史の研究-1910年代から30年代前半の構造的特徴-』, 近藤出版社, 261~281쪽 참조.

일제가 철강산업의 아우타르키화를 선언하며 일본제철(주)을 출범시키고, 대륙의 철광산 개발에 본격적으로 나서자, 일본 민간 재벌들도 정부 정책에 편승하여 철광산 개발에 참여하였다. 식민지 조선도 예외는 아니어서 무산 철광산 외에도 조선 내 철광산 개발을 위해 일본 재벌들이 경쟁적으로 조선에 진출하기 시작하였다. 이에대해 당시 식민지 조선 언론은 '현재는 바야흐로 금의 시대가 가고 철의 시대가 도래했다'고 보도하였다.[16]

2) 조선총독부의 공업화 추진

조선총독부 역시 일본 중앙정부의 철강 자급 국책 선언과 그 일환으로 식민지, 점령지의 철광산을 개발하려는 움직임을 적극적으로 환영하였다. 사실 여기에는 식민지 조선의 좀 더 절박한 문제가 있었다. 제1차 세계대전의 전시 특수가 끝난 이후 1920년대 전 기간에 걸쳐 진행된 장기 불황이 대공황으로 절정에 이르렀기 때문이다.

문제는 이러한 장기 불황으로 인해 일본에서 미곡가격이 폭락하여 식민지 조선 경제에 심각한 타격을 가했다는 사실이다. 일제가 조선을 식민지로 만든 이후 가장 중점을 둔 경제정책은 어떻게 하면 더 많은 미곡을 일본으로 보낼 수 있을지에 있었다. 1910년대 토지조사사업과 1920년대 산미증식계획은 이러한 목적을 달성하기 위해 추진된 정책으로, 1920년대까지 조선총독부 경제정책의 핵심이었다. 일제의 목표는

---

16 「朝鮮鐵鑛을 목표로 재벌의 경쟁 격렬. 三井 三菱 日鐵등 적극적 진출. 金時代가 鐵時代로」, 『조선중앙일보』, 1935.12.3.

900만 석을 증산하여 그 절반 이상의 쌀을 일본에 공급하는 것이었고, 조선총독부는 그 목표를 달성하기 위해 경제정책의 역량을 농업에 집중했다.

그런데 1930년대에 들어와 정반대의 상황이 벌어졌다. 1910년대 후반, 쌀 부족에 따른 가격 폭등과 그로 인한 폭동으로, 조선 1대 총독 출신인 데라우치 마사타케(寺内正毅)가 이끌던 내각이 총사퇴하는 사태까지 이어졌던 상황과는 완전히 다른 국면에 직면한 것이었다. 조선총독부의 입장에서 무엇보다 심각하게 생각한 것은 식민지 조선에서 생산된 쌀의 대일본 이출이 벽에 부딪혔다는 점이다. 쌀값 폭락으로 일본 내 농민들이 식민지 조선을 포함한 외부에서 들어오는 쌀의 수이입 중지를 정부에 강력하게 요구하는 상황이었다.

결국 조선의 식민지화 이후 1920년대까지 20년간 조선총독부가 역점을 둔 미곡 증산 중심의 식량공급기지 구축의 경제정책에 일정한 변화를 줄 필요가 생겼다. 그대로 둘 경우 식민지 조선의 경제 토대가 붕괴될 수 있고, 이는 사회경제적 불안을 고조시켜 식민지 통치의 안정성을 위협할 수 있기 때문이었다.

조선총독부의 경제정책 기조의 변화는 제1차 세계대전 종전 후 시작된 불황이 장기화되고 악화 조짐을 보이던 1920년대 후반부터 그 모습을 드러냈다. 불황으로 전력 수요 전망이 불투명해 식민지 조선 내 발전소 건설을 주저하던 미쓰비시(三菱)로부터 장진강 수력전기개발 권리를 빼앗아 일본 신흥재벌 닛치쓰(日窒)에게 부여한 조치는 조선총독부가 '조선의 공업화', 이른바 '식민지 공업화'를 주도적으로 추진하겠다는 신호탄이었다.[17]

당시 조선 총독인 우가키 가즈시게(宇垣一成)의 의지도 강했다. 그는 이른바 '일본해 중심발전론'을 주장했는데, 미국과 소련에 대항하여 일본 제국이 나아갈 길은 일본과 조선, 만주를 아우르는 것이고, 이를 위해서는 조선의 적극적인 산업개발이 필요하다는 것이었다. 일본 중앙정계에서 막강한 영향력을 가진 인물이었던 우가키가 이와 같은 구상을 하고 있었다는 것은 조선총독부의 공업화정책 추진에 힘을 실었다.[18] 우가키 총독이 조선 공업화의 일환으로 무산철광의 개발과 청진제철소의 건설에 특히 집념을 보였다는 관계자의 증언도 있다.[19]

조선총독부가 구상하는 '식민지 공업화'에는 철강산업 육성이 핵심 사업으로 자리 잡고 있었다. 가장 큰 이유는 동양 최대의 노천 철광산 중 하나로 알려진 무산철광이 있었기 때문이었다. 일본 정부도 주목하는 함경북도 무산의 철광산 개발과 연동하여 그 인근에 대규모 제철소를 건설하겠다는 계획을 세웠다. 여기에는 일본 신흥 재벌 닛치쓰에게 개발하도록 한 장진강 수력발전을 통해 장차 생산될 전기의 소비처를 찾아야 한다는 현실적 측면도 있었다. 특히 생산된 전력의 소비처 전망이 불투명하다는 이유로 발전소 건설착수가 계속 지연되었던 미쓰비시로부터 개발권을 회수하여 닛치쓰에 수력발전소 건설을 맡기면서 1935년 말까

---

17 닛치쓰의 장진강수력전기 개발과 관련해서는 호리 가즈오 지음, 주익종 옮김, 2003, 『한국 근대의 공업화-일본 자본주의와의 관계』, 전통과 현대, 제5장 「조선의 전력업과 일본자본」 참조.

18 이승렬, 1996, 「1930년대 전반기 일본군부의 대륙침략관과 '조선공업화'정책」, 『국사관논총』 67, 국사편찬위원회, 155~157쪽; 방기중, 2003, 「1930년대 조선 농공병진정책과 경제통제」, 『동방학지』 120, 연세대학교국학연구원, 2003, 80~81쪽. 방기중은 이러한 우가키의 구상을 관동군과 일본 정부의 만주개발 중심의 일만블럭경제 구상과 일정한 차별성을 가지는 독자적인 것으로 보았다.

19 友邦協会, 1974, 『穗積真六郞先生遺筆 我が生涯を朝鮮に』, 94쪽.

지 완공하라는 전례 없는 조건을 붙였던 조선총독부의 입장에서는 미쓰비시의 고민을 스스로 해결할 필요가 있었다. 무산철광 개발과 청진제철소 건설계획을 주도했던 조선총독부 식산국장 호즈미 신로쿠로(穗積眞六郎)의 다음과 같은 회고는 위의 사실을 뒷받침한다.

> 그러한 계획(청진제철소 건설)을 세운 것은 우가키씨 였습니다. … 북쪽에 그 정도의 전기가 생기게 되는데 … 함경남도 쪽은 노구치 시타가우(野口遵; 닛치쓰의 총수)가 여러 가지 것을 하고 있었는데 함경북도 쪽은 청진이 중심입니다만 (개발이) 일어나지 않는 겁니다. 그래서 생각한 것이 두 가지로 무산을 어떻게든 개발해서 그곳으로부터 철을 생산하는 것과, 제철소를 건설하여 그것을 청진으로 가져오는 것, 그런 계획이었습니다.[20]

회고는 당연히 당사자의 주관성이 강하게 개입될 수 있으며, 경우에 따라서는 기억의 조작도 가능한 자료임을 염두에 두어야 한다. 그러나 우가키를 정점으로 하는 조선총독부의 무산철광 개발과 제철소 건설계획이 일본 정부나 군부와 협의된 사항이 아닌 독자적 구상이었다는 점은 여러 자료를 통해 확인할 수 있다. 후술하겠지만 우선 당시 언론에 자세히 보도된 제철소 건설을 둘러싼 조선총독부와 일본 정부 간의 대립을 통해 확인할 수 있고, 최종적으로 청진제철소 건설의 담당자가 된 일본제철(주) 역시 제철소 건설이 자사의 사업계획에 따른 것이 아니라 조

---

20 学習院大学東洋文化研究所 友邦文庫, 2004,「未公開資料 朝鮮総督府関係者 録音記録(5)-朝鮮軍·解放前後の朝鮮」,『東洋文庫研究』 6, 学習院大学東洋文化研究所, 309~310쪽.

선에 일관제철소를 건설하려고 한 조선총독부의 열의에 의한 것임을 명확히 하고 있기 때문이다.[21]

1930년대 식민지 조선에서 본격화된 무산의 대규모 철광산 개발과 이와 연동된 신규 대형 제철소 건설의 움직임은 이렇듯 대공황의 위기에서 철강산업의 보호 육성에 나선 식민지 모국 일본과 식민지를 안정적으로 통치하여 영구 영토로 만들어야 하는 조선총독부, 그리고 일제 군부가 주도한 대륙 침략의 본격화와 그 결과물로서의 폐쇄적 블록경제의 형성이 만들어 낸 철강자급 국책 등의 다양한 요인이 탄생시킨 합작품라고 할 수 있다.

3. 무산철광 개발과 청진제철소 건설

1) 제국주의 권력 내부의 갈등과 조율

조선총독부가 '식민지 공업화'의 핵심사업으로 함경북도 무산철광의 개발과 이에 연동된 대형 제철소를 건설하겠다는 계획은 대략 1934년부터 본격화되었다. 1934년 10월부터 1935년 7월까지 조선군 주최로 조선총독부 관련 각 과와 '총동원계획설정사무타합회(總動員計劃設定 事務打合會)'가 9회에 걸쳐 개최되었는데, 광공업 분과회의의 주요한 논의 사항이 제철에 관한 것으로 특히 무산철광의 개발 및 겸이포 이외의 새

21　日本製鐵株式會社史編纂委員會, 1959, 앞의 책, 104쪽.

로운 제철소 설립을 위한 장소 연구가 포함되었다.[22] 1934년은 일제가 일본제철(주)을 설립하여 사실상 철강산업을 국영화하고 시설확장을 본격화하던 시점이었다. 조선총독부의 무산철광 개발과 신규 제철소 건설 논의는 이러한 일본 제국주의 전체의 흐름과 맥이 맞닿아 있는 것이기도 했다.

그런데 무산철광 개발과 신규 제철소 건설계획은 이후 그 추진 과정에서 중요한 문제에 직면하게 되었다. 문제의 발단은 무산철광 개발과 제철소 건설계획에 대해 일제 중앙정부와 식민지 권력 조선총독부의 생각이 달랐기 때문이다. 중앙정부는 계획의 중심을 일본제철(주)의 설비 확장에 두고 있었다. 이른바 '일철 중심주의'라고 하는 것이다. 제철소 설비의 확장은 주로 일본제철(주) 산하 제철소의 설비 확장, 또는 일본제철(주)이 신규 제철소 건설을 추진하고, 식민지 조선의 역할은 이 설비 확장에 의해 증가하는 철광석 수요의 공급처로서 무산광산을 중심으로 한 철광산 개발만을 상정하고 있었다. 이것은 식민지 조선의 공업화 관점에서 무산철광의 개발만이 아니라 이를 토대로 인근 청진에 신규로 대형 제철소를 건설하여 만주 안산 지역과 같은 급속한 청진의 공업지대 개발을 계획하던 조선총독부의 구상과는 상당히 거리가 있었다. 따라서 이후 무산철광 개발 및 제철소 건설을 둘러싸고 일제 중앙정부와 식민지 권력인 조선총독부는 장기간에 걸쳐 복잡한 경합과 조율 과정을 거쳐야 했다.

조선총독부가 무산철광과 제철소 건설을 추진한다는 것이 언론을 통해 공식화된 것은 만주 안산제철소의 제1기 공사가 완료되어 본격적인

---

22 안자코 유카, 2006, 「조선총독부의 '총동원체제'(1937~1945) 형성 정책」, 고려대학교 박사논문, 60~62쪽.

가동에 들어간 직후인 1935년 7월 중순경이었다. 『조선중앙일보』는 1935년 7월 17일 자로 '미쓰비시가 조선총독부의 지원하에 무산철광의 개발과 청진 외곽에 일대 제철소를 건설한다'고 보도하였다. 대체적인 계획은 미쓰비시 자본을 중심으로 조선 내 중소자본도 참가하여 자본금 2,000만 엔 정도의 제철회사를 설립하고 이 회사가 무산광산 개발과 제철소를 건설하여 제철·제강을 실시한다는 것이었다.

조선총독부가 무산철광을 기반으로 일관제철소 건설을 공식화하면서, 단지 무산철광만의 개발을 통해 철광석을 일본으로 반출하여 일본제철(주)을 중심으로 하는 일관제철소의 원료로 공급하려는 일본 정부와의 마찰은 피할 수 없게 되었다. 더욱이 여기에는 무산철광의 개발권, 즉 광업권을 갖고 있던 미쓰비시가 조선총독부에 의해 제철소 건설의 담당자로 내정되면서 영리적 측면까지 작용하여 상황은 복잡한 양상을 띠게 되었다.

조선총독부의 제철소 건설이 공식화된 직후 우가키 총독은 도쿄로 직접 건너가서 당시 일본 정부 상공대신이었던 마치다 주지(町田忠治)에게 무산광산 개발을 통해 철광석만을 채굴하여 일본으로 반출하는 것은 조선 산업정책상 납득할 수 없으며 반드시 무산 부근에 제철소를 건설해 줄 것을 요청했다. 우가키의 요청에 대해 마치다 상공대신은 조선에는 겸이포제철소가 이미 존재하는 상황에서 다시 제철소를 건설할 필요가 없으며, 무산 부근에 제철소를 건설하는 것은 물자 운반 문제로 인해 매우 고가가 될 것이라는 이유로 반대하였다. 일본 정부는 무산 철광산만을 개발할 계획임을 공식적으로 확인하였다.[23] 우가키는 같은 해 11월

---

23 「무산철광의 제철소 설치 상공성은 반대」, 『동아일보』, 1935.9.4.

에 다시 도쿄에 건너가 상공성과 척무성, 그리고 일본군부와 접촉하여 제철소 건설을 요청했지만 성과를 거두지 못했다.[24] 「제철장려법」에 따라 제철소 건설과 관련된 인가권을 가지고 있던 상공성의 반대가 요지부동이었기 때문이다.[25]

상공성은 조선총독부의 제철소 건설추진이 제철 합동 및 통제의 일본 제국주의 국책에 위반될 뿐 아니라, 경제성의 측면에서도 문제가 있다고 보았다. 상공성은 청진에 제철소를 건설하는 경우 대략 1,500만 엔의 자금이 필요한데, 같은 시설을 일본제철(주) 야하타제철소에 건설하고 무산철광의 철광석을 야하타로 운송하여 제철하는 경우 200~300만 엔이면 충분하다고 생각하였다. 상공성은 미쓰비시광업(三菱鑛業)(주)이 소유한 무산철광을 제철합동의 산물인 일본제철(주)이 매입하여 개발하고, 생산된 철광석은 야하타로 이송하여 제철해야 한다고 주장하였다. 상공성은 '내지와 조선 경제의 일원화를 선전하는 지금 조선총독부가 제철사업을 단독으로 추진하여 제철 통제를 위반하는 상황을 초래해도 좋은가'라고 조선총독부를 공식적으로 비난하는 상황까지 벌어졌다.[26]

---

24 「무산제철소 건설, 자본금 千萬圓」, 『동아일보』, 1935.11.9.
25 상공성이 제철사업에 대한 인가권을 갖게 된 것은 1926년 개정된 「제철장려법」이 시행되면서부터였다(『大阪朝日新聞』, 1926.3.12). 산업에 대한 일본 정부의 통제는 1930년대 초까지도 전기, 가스, 제철, 조선 등 공공성 및 기간산업의 성격을 갖는 산업 분야에 국한되어 있었다. 그러나 1934년부터 석유산업을 필두로 자동차, 기계, 경금속, 화학 등 중화학공업 전반으로 통제가 확대되었다. 철강산업의 경우 1937년 「제철사업법」이 제정되면서 사업의 인가가 허가제로 바뀌어 정부 통제가 한층 강화되었다. 관련해서는 山崎志郎, 2003, 『日本経済史-近現代の社会と経済のあゆみ-』, 放送大学教育振興会, 2003, 179쪽 및 中村隆英, 1993, 『日本経済-その生長と構造-』 第3版, 東京大学出版会, 1993, 121쪽 참조.
26 「무산제철소 三菱 착공 단념」, 『동아일보』, 1935.11.20; 「茂山製鐵所中止が」, 『조선신문』, 1935.11.20.

제철합동과 통제의 국책과 경제성 측면에서 상공성을 필두로 한 일본 정부의 강력한 반대에 직면했음에도 불구하고 조선총독부는 무산철광 개발과 연동한 신규 제철소 건설 구상을 굽히지 않았다. 결국 이 문제는 해를 넘긴 1936년에 들어서면서 더 치열하게 전개되었다. 동 계획의 중심에 있었고, 직접 일본 중앙정부를 설득하는 창구의 역할을 했던 우가키가 총독을 사임하고 일본으로 돌아갈 즈음인 1936년 7월 말 현재 제철소 설립을 둘러싼 조선총독부와 일본 중앙정부 간의 대립 상황에 대해 당시 신문은 다음과 같이 그 상황을 정리하여 보도하였다.

무산개발은 '원료 국책'의 견지로부터 상공성 중심의 '철강협의회'에서 중요대상이 되어 군, 상공성, 자원, 대장성, 일본제철, 미쓰비시 등에서 개발계획이 연구되고 있는데 이에 대해 조선총독부에서 시종일관으로 조선 내 제철소 건설의 강고한 주장을 고집하여 일본 내지 측과 정면충돌을 피할 수 없는 형세이다. 즉 일본 내지 측에서는 '야하타(八幡)중심설'이 의연 농후하고 있기 때문에 (이를 위해) 일본제철의 무산철광 매수와 같은 것도 유포시키고 있는데, 조선총독부에서는 조선중공업지대의 설정, 일본중공업지대의 분산(分佈), 제철사업의 합리적 채산의 견지에서 북조선에 제철소 건설을 절대적으로 필요로 하는 방침으로 임하고 있다. 군부에서는 이 조선(총독부)의 주장이 타당하다고 보는 견해가 상당히 강하고, 일본내지의 대세는 '야하타설'에 일치된 상황이다. 북조선 제철소 문제는 근자의 '쇼와(昭和)제철소 건설지 문제'와 같이 금후 우여곡절의 전개를 보일 것으로 생각된다.[27]

조선총독부가 무산철광을 근간으로 하는 제철소 설립을 공식화한 지 1년이 지났지만, 이 문제를 둘러싼 조선총독부와 일본 중앙정부 간의 갈등은 여전히 평행선을 달리면서 결론을 내지 못하고 있었음을 알 수 있다. 한 가지 인상적인 것은 그간 언론에 언급되지 않았던 군부의 견해가 나오고 있는 점인데, 대체적으로 조선총독부의 주장에 지지를 보내고 있었음을 알 수 있다.[28] 군부의 의견은 1936년 '2·26 사건' 이후 군부의 일본 정관계에서의 실권이 급격히 강화되고 있었다는 점을 감안하면, 조선총독부가 구상하는 무산철광 개발과 신규 제철소 건설계획의 성패와 관련하여 주요한 의미를 갖는 것이었다.

1936년 8월 5일 우가키의 후임으로 관동군사령관을 지낸 미나미 지로(南次郎)가 총독에 부임했다. 그는 군부 내 파벌에서 우가키계의 선두주자로 꼽혔던 인물로서[29] 2·26 사건의 책임을 지고 관동군 사령관직을 사임하고 퇴역해 있던 상황이었다. 미나미의 조선 총독 부임은 우가키가 자신의 후임으로 강력히 추천했던 것으로 보인다. 이런 사실은 미나미의 총독 부임과 함께 정무총감으로 같이 부임한 오노 로쿠이치로(大野綠一朗)의 회고에서 확인된다.[30] 우가키가 미나미를 후임으로 생각한

---

27 「조선내 제철소에 일본 내지측 이의」,『동아일보』, 1936.7.31.

28 그럼에도 군부가 내부적으로 완전히 견해가 일치한 것은 아니다. 반대도 꽤 강했다. 조선총독부 식산국장 호즈미의 회고에 의하면 청진이 소련의 연해주와 인접해 있어 대소련 전쟁이 발발할 경우 블라디보스토크에서 이륙한 소련 전투기에 의해 가장 먼저 파괴될 것이라는 점 때문이었다고 한다(学習院大学東洋文化研究所 友邦文庫, 2010,「未公開資料 朝鮮総督府関係者 録音記録(11)-朝鮮の重工業」,『東洋文庫研究』12, 学習院大学東洋文化研究所, 350쪽).

29 임성모, 2009,「중일전쟁 전야 만주국·조선 관계사의 소묘-'日滿一體'와 '鮮滿一如'의 갈등」,『역사학보』201집, 역사학회, 166쪽.

30 学習院大学東洋文化研究所 友邦文庫, 2000,「未公開資料 朝鮮総督府関係者 録音記

것은 그와 미나미의 정치적 관계 외에도 미나미가 관동군 사령관으로 만주 공업화를 지휘했던 경험을 살려 조선 공업화에 대한 우가키의 구상을 계승하여 줄 것으로 기대했기 때문일 것이다.

실제 미나미는 무산철광 개발과 제철소 건설계획과 관련하여 우가키 노선의 기조를 유지한 것으로 보인다.[31] 미나미 취임 직후인 1936년 8월 24일부터 28일까지 조선총독부의 요청으로 일본제철(주)이 기술자 2명을 청진에 파견하여 제철소 부지로서의 타당성을 조사하였다. 그리고 9월 초에는 조선총독부 제3회의실에서 오노 총감 주재로 무산철광 개발에 대한 협의회가 열렸고 기본방침이 결정되었는데, 그 내용은 다음과 같았다(강조는 필자).[32]

1. 무산 개발은 철강문제 해결에 중대성이 있어 그 본격적인 개발을 총독부에서 적극 촉진할 것.
2. 무산 개발과 관련하여 북조선 지방에 철·강 일관의 신제철소를 건설시킬 것. 경제적으로 보나 지리적으로 보나 북조선제철소가

錄(1)-十五年戰爭下の朝鮮統治」,『東洋文庫研究』 2, 東京:学習院大学東洋文化研究所, 44쪽.

31 우가키와 미나미 총독 시대 조선총독부 경제정책의 계승과 단절에 대해서는 이승렬, 1996, 앞의 글과 방기중, 2003, 앞의 글 참조. 동시대 식민지 통치정책 전반에 걸쳐서 같은 문제의식을 분석한 연구 성과로는 임성모, 2009, 앞의 글, 송규진, 2009, 「일제하 '선만관계'와 '선만일여론'」,『한국사연구』 146, 한국사연구회 등 참조. 전반적으로 우가키 시대와 미나미 시대를 연속적으로 볼 것인가 단절적으로 볼 것인가에 대해서 기존 연구는 여전히 합의점에 도달하지 못한 듯이 보인다. 관련하여 철강산업 육성만을 가지고 본다면 청진제철소 건설을 계속 추진했다는 의미에서 정책의 기조가 유지되었던 한편으로 구체적인 시행방식과 과정에 대해서는 일정한 차별성을 보였던 것으로 확인된다.

32 「문제 중의 제철소 북조선에 건설하기로」,『조선일보』, 1936.9.13.

유리하고 **국방상에도 필요하여** 이런 점들을 종합하여 사업 주체의 여하를 불문하고 북조선에 건설시킬 것.
3. **일본 내지(內地)의 제철 국책과 방침을 동일하게 진행하여** 제철소 문제에 대하여 일본 내지와 조선 간에 원활한 협정을 행하게 할 것.
4. 교통문제 기타에는 개발사업의 진행에 호응하여 준비를 진행할 것.

전체적으로 무산철광 개발을 근간으로 선강일관제철소 건설을 재확인하고 있지만, 구체적인 추진 과정에서 우가키 때와는 뚜렷한 차이를 보이는 몇 가지 주요한 내용도 포함되었다. 우선 조선에 제철소가 필요한 이유로 기존 식민통치 관점에서의 산업정책상 이유 외에 국방상의 필요성이 추가되었다. 다음으로 사업 주체를 원래 계획상의 미쓰비시에 특정하지 않았으며, 일본 제국주의 제철 국책에 순응하여 진행할 것이라는 점을 명확히 하였다.

국방상의 필요성 증가는 대륙에서의 긴장감이 점차 높아지고 있는 시대적 흐름을 강력하게 반영한 것이었음은 틀림없다. 그러나 조선총독부가 제철소 건설을 성사시키기 위해 일본 군부의 지원을 끌어내려는 전략적 목적도 있었다. 2·26 사건 이후 일본제국 국책 정책결정 과정에서 일본 군부의 힘이 빠르게 강화되고 있었던 것이 이런 조선총독부의 판단에 영향을 주었을 것이다.

조선 공업화에 군사적 필요성을 강조하는 것은 사실 조선총독부의 입장에서도 반대할 이유가 전혀 없었다. 호즈미 식산국장은 훗날 회고에서 '무산철광 개발과 함께 제철소를 조선에 건설만 하면 되었지, 그것이 군수용이든 민수용이든 나중의 사용 목적은 중요한 것이 아니었다'고 말했다.[33] 이런 인식은 조선 경제의 장래가 아닌 식민 통치의 안정이라는 관점에서 공업화에 접근했던 식민지 권력기관 조선총독부의 입장에서는 당연한 사고로 볼 수 있다.

실제 2·26 사건 이후 조선총독부는 일본 육군성과 해군성의 지지를 끌어내기 위한 적극적인 물밑 활동을 벌이고 있었다. 그 창구는 조선군이 담당했고, 특히 1936년 3월 조선군 자원주임장교로 부임한 이하라 준지로(井原潤次郎)[34]가 일본 육군성과 해군성의 설득작업에 중요한 역할을 했다.[35] 그는 육군성의 선배 및 동기 인맥을 통해 교섭했고, 육군성보다 반대가 강했던 해군성의 설득을 위해 13일간 매일 해군성을 드나들었다고 회고하고 있다.[36] 식산국장 호즈미 역시 군부의 경우 육군성이

---

33 学習院大学東洋文化研究所 友邦文庫, 2004, 앞의 책, 310쪽.
34 일본 육사 28기 출신으로 1936년 3월 조선에서 자원동원을 촉진하는 임무를 맡은 자원주임장교로 부임했고, 이듬해 4월 중좌로 승진하여 조선군 참모를 겸하게 되었다. 1939년 8월까지 3년 5개월 동안 자원주임장교로 재임한 후 만주로 진출되었다가, 1942년 조선군 참모장으로 다시 조선에 돌아왔다. 1945년 2월 조선군이 제17방면군과 조선군관구로 재편성되면서 육군 중장으로 양쪽 참모장을 겸직하던 중 패전을 맞이했다. 해방 후에도 구일본군 출신 한국 군인들과 친분관계를 유지하며 한국과 관계를 가졌다. 이하라가 친분을 유지한 인물로는 육사 1년 선배로 해방 후 한국군 창설에서 일본군 출신이 주도권을 잡는 데 핵심적인 공헌을 했던 김석원(金錫源), 직접 부하로 데리고 있었던 최경록(崔慶祿) 등이 있다. 최경록은 육군참모총장과 교통부장관, 주일대사를 지낸 인물이다. 이하라의 인물정보와 관련해서는 学習院大学東洋文化研究所 友邦文庫, 2004, 위의 책 참조, ja.wikipedia.org 등 관련 인터넷 사이트에서 보충.
35 조선군이 청진제철소 건설과 관련하여 일본 군부를 설득하는 역할을 하게 된 계기는 당시 조선군사령관이었던 고이소 구니아키(小磯国昭)의 적극적인 지원 덕분이었다. 호즈미는 개인적으로 고이소에게 지원을 요청했고, 이에 고이소는 적극적인 협력을 약속했을 뿐만 아니라 자신의 수하인 자원주임장교 이하라를 빌려주어 일본 군부 설득을 위한 실무를 담당하게 했다고 회고하고 있다(学習院大学東洋文化研究所 友邦文庫, 2010, 앞의 책, 350, 358쪽).
36 学習院大学東洋文化研究所 友邦文庫, 2004, 앞의 책, 294~295, 305쪽.

우선 설득되었고 해군성은 설득에 애를 먹었다고 하여 이하라의 회고를 뒷받침하고 있다.[37]

다음으로 조선총독부가 사업 주체를 특정하지 않고 일본 중앙정부의 철강산업 국책에 순응하겠다는 것은 무산철광 개발에 연동한 신규 제철소 건설을 전제로 그 주체를 일본제철(주)로 할 수 있다는 메시지를 가장 강력한 반대자인 상공성에 보낸 것으로 볼 수 있다. 일본제철(주)에 청진의 부지 타당성 조사를 의뢰한 것도 그 일환이었다고 할 수 있다. 즉 무산철광 개발과 제철소 건설의 주체를 일본제철(주)로 함으로써 상공성의 가장 큰 반대 근거 중 하나인 '일철 중심주의'와 이를 통한 철강산업 국가통제의 국책 명분을 살려주는 동시에 조선에 신규 제철소를 건설하는 실리를 챙기려는 의도였다고 할 수 있다.

조선총독부가 일본 정부의 강력한 반대에 직면하여 일본 군부의 지지를 얻어내기 위해 조선군을 움직이는 한편으로 조선에 제철소를 건설한다는 원칙을 지키면서도 세부계획을 일부 수정하여 일본 정부와의 현실적인 타협점을 모색한 것은 일정한 효과를 보았다. 1936년 9월 하순 조선총독부 기관지『경성일보』의 보도 내용은 이런 사실을 정확하게 뒷받침한다. 보도 내용은 조선총독부와 일본 중앙정부가 내부교섭를 완료했고, 그 결과 조선에 제철소를 건설하는 것이 확정적이라는 것과 함께 건설시행과 관련하여 합의한 4가지의 구체적 시행방침을 게재하였다.[38]

1. 제철소의 경영 주체는 제철 합동의 정신을 존중하여 일본제철이

---

37 学習院大学東洋文化研究所 友邦文庫, 2010, 앞의 책, 350~352쪽.

38 「北鮮製鉄所は愈よ日鉄が経営, 本府も積極的に助成」,『京城日報』, 1936.9.20.

직접 경영한다.
2. 제철소는 북선(北鮮)의 무산, 청진 2개 장소 중에서 선정한다.
3. 총독부는 제철소 신설과 병행하여 제품 소화와 관련하여 어느 정도의 보장조성(保障助成)을 한다.
4. 총독부는 사철매수계획(私鉄買収計画) 중에 함북선(咸北線)의 매수를 신속하게 추진한다.

조선총독부 기관지『경성일보』를 통해 공식화된 제철소 건설과 관련된 조선총독부와 일본 중앙정부의 조율 내용은 신문 보도가 나온 지 정확히 한 달 후인 1936년 10월 20일부터 개최된 '조선산업경제조사회'에서 별다른 반대 없이 식민지 조선에 제철소를 건설하는 것이 확정됨으로써 증명된다.

조선산업경제조사회는 조선총독부가 식민지 산업정책의 근본방침을 재검토하기 위한 목적으로 1년 이상의 준비를 거쳐 조선은 물론 일본과 만주의 정군관계의 인사를 대대적으로 초빙하여 개최한 회의로 그간 일본 중앙정부와 조선총독부 사이에 의견 차이가 있었던 안건에 대해서는 회의 석상에서 치열한 논쟁이 전개되었다.[39] 대표적인 예로 일본「중요

---

39 조선산업경제조사회는 미나미 총독 부임이후 개최 되었지만 그 기획과 준비는 우가키 총독 시절 이미 대부분 마무리되어 있었다. 조사회를 열게 된 직접적 계기는 조선 공업화를 추진하는 조선총독부의 입장에서 만주사변 이후 일본 자본의 활발한 진출에 의한 만주의 급격한 공업화와 이에 따른 조선의 상대적 소외에 대안 위기의식 때문이었다. 만주 공업화는 일본을 정공업, 조선을 조공업, 만주를 원료공급지대로 하는 우가키의 '일본해중심론' 구상과도 거리가 있었다. 조선총독부의 입장에서는 만주에만 주목하는 일본 중앙정부와 자본가들에게 이의를 제기하는 한편으로 조선 공업화의 필요성에 대한 적극적 선전하여 그들의 눈을 조선으로 돌리게 하도록 할 이벤트가 필요했고, 그일환으로 계획된 것이 조선산업경제조사회였다. 조선산업경제

산업통제법」의 조선 시행과 관련해서 상공성을 중심으로 하는 일본 정부 관료들과 조선총독부 간에 논쟁이 전개되었다.[40]

조선산업경제조사회 회의 석상이 이런 분위기였음에도 불구하고, 무산철광 개발과 이와 연동한 제철소 건설문제와 관련해서는 1935년 이후 연일 언론에 보도되며 장기간 치열하게 대립이 이어졌던 사안임에도 불구하고, 제2분과회에 상정되자마자 별다른 이의 없이 상정 원안대로 의견일치를 보았다.[41] '무산철산의 개발을 급속히 실시할 것'이라는 제목의 이 안건은 실제 조선총독부가 준비한 원안에는 포함되어 있지 않았다. 제2분과회의가 즉석에서 제안하는 형식으로 의안이 상정되어 별다른 논의 없이 만장일치로 채택되었다. 이후 최종자문답신서의 '광물자원 및 동력자원에 관한 건'에 삽입되었다.

조선총독부가 원안을 만들지 못하고 회의 과정에서 즉석 상정되어 처리된 과정은 제철소 건설을 둘러싼 일본 중앙정부와의 조정 과정이 산업경제조사회 개최 직전까지도 진행되고 있었기 때문으로 보인다. 실제로 조선총독부의 호즈미 식산국장, 하야시(林) 재무국장, 그리고 이시다(石田) 광산과장 등은 도쿄에서 일본 중앙정부 관련 관청과 협의를 계속하고 있었다. 조선산업경제조사회 개최가 불과 1주일 앞으로 임박

조사회 개최배경과 관련해서는 友邦協会, 1974, 앞의 책 참조.

40 「중요산업통제법」의 식민지 조선에서의 실시와 관련한 일본 정부 관료들과 조선총독부 간의 논쟁에 대해서는 이승렬, 1996, 앞의 글 및 川北昭夫, 1996, 「1930年代朝鮮の工業化論議」, 『論集朝鮮近現代史-姜在彦先生古稀記念論文集』, 明石書店, 김제정, 2009, 「1930년대 전반 조선총독부 경제관료의 '지역으로서의 조선' 인식」, 『역사문제연구』 22호, 역사문제연구소 참조.

41 관련해서는 朝鮮總督府, 1936a, 『朝鮮産業經濟調査會會議錄』 昭和十一年十月 및 朝鮮總督府, 1936b, 『朝鮮産業經濟調査會諮問答申書』 昭和十一年十月 참조.

한 1936년 10월 12일에도 오가와 상공대신과 협의를 진행하고 있었던 것으로 확인된다.[42]

조선산업경제조사회를 통해 결정된 무산철광 개발 및 제철소 건설계획의 주요 내용은 다음과 같다(강조는 필자).[43]

1. 무산, 청진간 철도의 확장 정비를 도모할 것. - 현재 철도로는 수송력이 불충분하기 때문에 고무산(古茂山)과 무산간 철도궤간(鐵道軌間)의 확장, 구배(勾配)의 수정, 대피선(待避線)의 증설 및 기관차, 화차의 증비(增備) 등 무산·청진간 철도 수송력을 확장·정비할 필요가 있다.
2. 청진항에 선차(船車) 연락시설의 확충 정비를 도모할 것. - 청진항은 현재 선차연락시설이 불충분하기 때문에 무산철산 개발계획에 대응하여 그 확충 정비 방법을 강구할 필요가 있다.
3. 빈철광 선광(選鑛)사업의 기업(起業) 촉진을 도모할 것. - 무산철광은 대부분 빈철광이기 때문에 선광사업의 기업 촉진의 방법을 강구할 필요가 있다.
4. **제철사업을 기업시킬 것.** - 무산철광은 **채산상 광산 부근에 제련하는 것이 적당하다**고 인정되기 때문에 북선 지방의 적당한 지역에 **선강일관작업을 하는 제철사업**을 기업할 필요가 있다.

---

42 「茂山鐵鋼開發方針決定す」, 『大阪朝日新聞』, 1936.10.13; 아울러 오사카(大阪)가 일본제철(주)의 제철소 건설을 놓고 청진과 경합했던 점도 교섭을 복잡하게 만들어 협의가 길어지게 한 하나의 요인이었던 것으로 생각된다(「增設候補地は輪西と朝鮮清津, 總督府の要望を商工省は內諾, 阪神地方へは次回, 日鉄の熔鉱炉」, 『大阪毎日新聞』, 1936.11.19).

43 朝鮮總督府, 1936a, 앞의 책; 朝鮮總督府, 1936b, 앞의 책 참조.

조선산업경제조사회에서 결정된 주요 내용은 무산철광 개발을 위한 교통과 항만 인프라 구축, 무산철광 개발 및 선강일관제철소 건설이었다. 특히 제철소 건설의 이유로 제시된 "채산상 광산 부근에 건설한다"는 방침은 그간 상공성이 반대했던 주요 근거인 "철광석만을 개발하여 일본에서 제련하는 것이 경제성이 높다"는 주장과 정면으로 배치되는 것이었다. 그럼에도 불구하고 제철소 안건이 상정된 제2분과회의에 참석했던 쓰지(辻謹吾) 상공성임시산업합리국제1부장, 마쓰이(松井春生) 내각자원국장관 등 같은 석상에서「중요산업통제법」문제를 가지고 조선총독부 관리들과 날카로운 설전을 주고받았던 일본 정부 관리들은 전혀 반론을 제기하지 않았다. 이것은 제철소 건설의 문제와 관련해서 일본 중앙정부와 조선총독부가 조율한 안건이 제2분과회 안건으로 상정되었음을 의미하는 것이다.

1935년 7월에 공식화된 조선에 일관제철소를 건설하는 문제는 1년 이상의 장기간에 걸친 대립과 조정 과정을 거쳐 1936년 10월 조선총독부의 의도가 일정하게 수정·관철되는 형태로 일단락되었다고 볼 수 있다. 그 내용은 9월의 신문보도와 10월의 산업경제조사회 합의사항을 토대로 정리하면 무산철광 개발과 이를 기반으로 한 선강일관제철소의 설립, 그리고 제철소 건설 및 경영의 담당자는 일본제철(주)로 하며, 조선총독부는 이와 관련한 교통, 항만의 인프라 구축 등 제반 관련 지원을 담당한다는 것이었다. 실제로 산업경제조사회 이후 조선총독부 호즈미 식산국장이 도쿄로 건너가 중앙정부 상공성과 절충한 결과 대체적으로 같은 내용의 최종적 합의가 이루어졌다. 그 주요 내용은 다음과 같다.[44]

---

44 「茂山鉄山の開発問題 本府の主張通り決定, 北鮮地方に熔鉱炉を建設」, 『경성일보』,

1. 무산 원광석 채굴은 종래대로 미쓰비시광업에게 담당시키고, 일본 제철과 매광(買鑛) 계약을 체결시킨다.
2. 일본제철은 조선총독부의 북선(北鮮) 개발정책에 대응하기 위하여 북선지방(청진 예정)에 용광로를 건설한다.
3. 이와 관련하여 조선총독부는 무산-고무산 간의 철도 확충과 함께 청진항을 개수한다.

위의 최종 합의에서 한 가지 주목할 점은 무산광산의 개발은 개발권을 가지고 있는 미쓰비시에게 맡기고 일본제철(주)은 제철소 건설만을 맡는다는 내용이었다. 이것은 후술할 미쓰비시와 일본제철(주)의 대립으로 청진제철소 건설이 지연된 요인이 되었다.

한편 일본 정부가 완강했던 반대에서 한발 물러나서 '일철 중심주의'를 유지하는 선에서 조선총독부의 조선 내 일관제철소 건설을 승인한 것은 1936년에 접어들어 선철과 강재의 공급 차질이 현지해지기 시작하면서 후반부터 이른바 '철강기아(鐵鋼飢餓)'가 표면화되었기 때문이다. 그 원인은 주로 일본 제국 내 철강수요의 증가에 기인한 것이었다. 특히 2·26 사건 이후 대륙 침략 본격화를 염두에 둔 군수 확장의 정책 추진이 수요증가의 가장 큰 원인이었다.[45]

1936년 4월 상공성은 일본제철(주)의 1,000톤급 고로 1기, 일본강관(日本鋼管)(주) 400톤급 고로 1기, 아사노조선(淺野造船)(주) 300톤 고로 1기의 신설 허가를 내렸다.[46] 민간업체인 일본강관(주)과 아사노조선(주)

1936.11.18.

45 長島修, 1986, 앞의 책, 19쪽.

의 제선용 대형 고로 설치 허가는 제철의 '일철 중심주의'의 완화로도 비춰질 수 있는 것이었다.

이 조치에 대해 당시 상공대신 오가와 고타로(小川鄕太郎)는 일본제철(주) 중심의 철강 증산, 통제 유지 및 확대라는 일철 중심주의에는 변함이 없음을 강조한 한편, 그럼에도 민간기업의 제철소 건설을 허용한 것은 당면한 수요증대에 대응하기 위한 불가피성에 있음을 언명하였다.[47]

일철 중심주의의 유지를 포기하는 것은 아니지만 민간제철소를 포함하여 시설 확충에 적극적으로 나서야 한다는 상공성의 입장은 같은 해 7월 오가와 상공대신의 철강국책 발표로 명확히 정리되었다. 여기에는 원광석 획득을 위해 조선 무산 등의 빈광처리, 사철(砂鐵) 처리의 지원방책을 강구한다는 내용도 명시되었다.[48] 철강수요 증대에 따른 적극적인 시설 확장의 필요성과 이에 따른 상공성 입장의 부분적 변화는 일본 중앙정부가 무산철광의 개발과 여기에 연동한 신규 제철소 건설문제에 대해 보다 유연한 자세를 가지게 하는 데 일정한 분위기를 조성했다고 하겠다.

---

46 「철강수급 자급자족, 三社 용광로 인가」, 『조선일보』, 1936.4.15.
47 長島修, 1986, 앞의 책, 21쪽.
48 그 내용은 크게 5가지로 정리할 수 있다. ①「제철업장려법」을 개정하여 사업허가 및 정부보호지원 대상규모를 연산 10만 톤급 高爐 2기 이상으로 올려 시설 확충을 촉진한다. ②일철 중심의 선철 자급을 목표로 1941년까지 제철5개년계획을 수립하고 시설을 확충한다. ③민간 제철소에 대해서도 철강자급의 대국적 견지에서 적극적으로 보호한다. 동시에 일본-만주 간의 철강수급망 확립을 도모하기 위해 만주 昭和제강과 협력한다. ④원광석 획득을 위해 조선 무산 등의 빈광처리, 砂鐵처리의 지원방책을 강구한다. ⑤생산판매통제를 위한 새로운 기관을 설치한다(長島修, 1986, 앞의 책, 25쪽).

2) 미쓰비시의 반발과 무산철광개발(주)의 설립

함경북도 무산철광의 개발은 미쓰비시가 맡고, 일본제철(주)이 대형 고로 생산 프로세스를 가진 선강일관제철소를 건설한다는 결정은 1936년 10월에 이루어졌지만, 사업 추진은 이후에도 매우 느리게 진행되었다. 가장 큰 이유는 무산철광의 개발권을 가지고 있던 미쓰비시가 강력하게 반발했기 때문이다.[49]

1차적인 원인 제공자는 일본제철(주)이었다. 일본제철(주)이 무산철광의 개발을 미쓰비시 산하 미쓰비시광업(주)에 맡기고, 이렇게 생산한 철광석을 구입하기로 한 결정을 따르지 않고 무산철광 전체를 매수하겠다고 나섰기 때문이다. 이유는 일본제철(주)이 건설하는 청진제철소에 저렴한 철광석을 안정적 공급을 위해서라고 하였다. 그러나 미쓰비시는 일본제철(주)의 요구를 거부하고, 원래 결정한 대로 철광석을 구입해서 사용할 것을 요구하며 독자적인 제철소 건설도 추진하였다.

겸이포제철소 건설을 통해 일찍부터 조선의 철강산업계를 선점하고 있던 미쓰비시는 무산광산의 개발과 이를 통한 제철소 건설구상 역시 이미 1930년대 초반에 가지고 있었음이 확인된다.[50] 그리고 앞서 언급했듯이 조선총독부가 조선 공업화의 일환으로 무산의 철광산 개발과 제철소 건설을 계획했을 때 사업담당자로 염두에 두고 있었던 것도 미쓰

---

49 미쓰비시는 1913년 발견된 무산철광의 개발권을 1917년 매수하여 가지고 있었다 (日本製鐵株式會社編輯委員會, 1959, 앞의 책, 814쪽). 다만 무산철광을 개발을 하지 않은 것은 매장량은 많으나 철광석의 품질이 낮았기 때문이었다. 1920년대 장기 불황 상황도 영향을 미쳤다.

50 계획의 대강은 청진의 3만 평 부지에 자본금 800만 엔의 제철소 건설한다는 것이었다(「朝鮮の大鉄鉱: 三菱の手で大製鉄所建設」, 『台湾日日新報』, 1931.12.22).

비시였다.

1934년 일본 정부의 제철합동과 이를 통한 일본제철(주) 설립의 제철국책에 순응하여 겸이포제철소를 일본제철(주)에 넘기고 산하의 제철주식회사(미쓰비시제철)를 해산해야 했던 미쓰비시의 입장에서는 그 이듬해 조선총독부가 대규모 제철소 건설을 구상하고 그 담당자로 미쓰비시를 지목한 데 대해 큰 기대를 가지고 있었다.

1935년 조선총독부가 미쓰비시를 사업담당자로 하는 제철소 건설구상을 공식화하자 미쓰비시는 여기에 호응하여 300만 엔의 대규모 자금을 투자하여 무산철광 개발을 시작했다.[51] 미쓰비시가 이렇듯 제철사업에 적극적인 태도를 보인 것은 대공황이후 철강 수요가 급증하는 한편, 국책적 관점에서 일제가 철강산업 육성에 힘을 기울이기 시작한 데에 힘입어 사업환경이 좋아졌다는 점도 배경으로 작용하였다.

그러나 미쓰비시의 기대와 달리 1936년 말 청진제철소 건설의 사업담당자로 결정된 것은 일본제철(주)이었다. 상황이 이렇게 되자 미쓰비시는 즉각 반발하고 독자적인 제철소 건설을 추진하였다. 미쓰비시는 1937년 4월 무산광산의 소유자인 미쓰비시광산 산하에 제철부를 설치하는 한편으로 9월에는 만주 얀산제철소와 함께 독일 쿠르프(Krupp)社로부터 쿠르프렌법(Krupp-Renn Verfahren)이라는 직접제강법의 특허권을 40만 파운드에 인수하여 철강산업 재진입에 대한 강력한 의지를 천명하였다.

그리고 곧바로 1938년 4월부터 이 제강기술에 입각한 연간 연철(鍊鐵) 15만 톤 규모의 청진제강소 건설에 착수하였다.[52] 그리고 무산철광

---

51 「무산제철소 건설」, 『동아일보』, 1935.11.9.
52 미쓰비시의 청진제강소 건설계획은 1939년 완공을 목표로 5,000만 엔을 투자한다

의 개발도 본격화하여 1938년 봄에는 정광(精鑛) 생산 50만 톤 설비의 건설이 개시되었고, 이어서 1939년 2월에는 150만 톤 설비 건설을 추가로 착공하였다.[53]

일본제철(주)은 무산철광 인수 문제를 놓고 청진제철소 건설담당자로 결정된 1937년부터 미쓰비시와 협상을 시작했지만, 이와 같은 상황 속에서 협상은 순탄할 수 없었다. 미나미 총독은 물론 상공성 및 대장성의 대신들이 중계자로 나섰으나 협상은 타결되지 않았다. 결국 협상 시작으로부터 2년이 지난 1939년 8월에 일본제철(주)의 히라오 하치사부로(平生釟三郎) 회장과 미쓰비시의 오너 이와사키 고야타(岩崎小彌太) 사장 간의 합의로 '무산철광개발주식회사'를 설립하는 것으로 귀착되었다.[54]

무산철광개발(주)은 일본제철(주)과 미쓰비시가 5,000만 엔의 자본금을 절반씩 출자하여 공동 경영하는 형태였고,[55] 회사설립과 함께 미쓰비시광업(주)은 무산철광의 광산 개발권과 개발을 위해 그간 구축해 놓은 부대설비 일체를 현물출자 형식으로 무산철광개발(주)에 양도하였다. 관

는 것이었다. 렙법에 의한 회전로 4기를 건설할 계획이었으며 제1호 회전로는 1939년 5월 4일 가동을 시작하였다. 같은 해 10월까지 4기 모두가 가동을 시작하였으나 기술적 문제 등으로 초창기 가동에는 어려움을 겪었다. 이후 제2기 설비 증설을 단행하여 1943년까지 제5, 6호 회전로가 완공되어 가동을 시작하였다. 연간 생산량은 초창기 3만 톤 정도에서 1942년 이후는 5만 톤 정도의 생산을 패전 시까지 유지하였다. 그러나 이것은 애초 15만 톤 생산을 목표로 했던 것과 비교하면 실망스러운 것이었다(三菱鑛業セメント株式会社総務部社史編纂室編, 1976, 『三菱鑛業社史』, 340~343쪽).

53 日本製鐵株式會社史編纂委員會, 1959, 앞의 책, 107쪽.
54 日本製鐵株式會社史編纂委員會, 1959, 위의 책, 107쪽.
55 일본제철(주)의 출자는 정확하게는 일본제철(주) 25퍼센트, 그리고 일본제철(주)이 1939년 5월 자회사로 설립한 일철광업(주)이 25퍼센트를 출자하는 것이었다(日本製鐵株式會社史編纂委員會, 1959, 위의 책, 814쪽).

련한 주요 내용은 다음과 같다.[56]

1. 무산철광개발(주)은 미쓰비시로부터 광업권 5광구 287만 6,626평, 광업 출원 면적 100만 평을 양도받아 개발한다.
2. 광업권 및 광업 출원은 미쓰비시로부터 무산철광개발(주)로 이전되고, 동 광산에 부속되는 시설 및 권리, 의무 일절을 현 상태 그대로 무산철광개발(주)에 양도한다.
3. 무산철광개발(주)은 채광료로서 정광 1톤당 40전을 미쓰비시에 지불한다. 요금의 개정은 광업권의 이전 후 10년(제1기)은 앞의 요금으로 하고, 이후에는 변경할 수 있다.
4. 미쓰비시가 채굴, 선광, 수송 및 여기에 관련되는 시설, 토지, 저광(貯鑛) 및 조사, 연구에 지출한 실비는 여기에 연리 4.5퍼센트의 금리를 가산하여 지불하고, 또 저장품, 배급품, 채권채무는 장부가격으로 미쓰비시에 지불한다.
5. 미쓰비시 사원은 그대로 무산철광개발(주)이 승계하며, 당사자와의 협의하에 대우를 결정한다. 노무자는 퇴직적립금과 함께 무산철광개발(주)이 계승하고 미쓰비시 근속연수에 가산한다.
6. 미쓰비시는 무산철광개발(주)이 적당한 상각(償却) 및 적립금을 달성한 뒤에 연간 7퍼센트를 하회하지 않는 배당이 실현되는 수준의 가격으로 광석을 구입한다.

무산철광의 소유권을 유지하려던 미쓰비시가 한발 물러서서 일본제

56　日本製鐵株式會社史編纂委員會, 1959, 위의 책, 814~815쪽.

철(주)과의 공동출자를 통해 무산철광개발이라는 별도 회사를 신설하여 개발의 주체로 삼는 데 동의한 것은 우선 무산철광과 연계하여 건설한 청진제강소에 문제가 있었기 때문이다. 청진제강소는 1939년 초부터 가동을 시작했으나 거액을 들여 독일에서 수입한 직접제강법, 쿠르프렌법이 기대와 달리 기술적 결함이 있어서 생산량이 기대한 것에 비해 매우 저조한 실적을 보였기 때문이다.[57]

두 번째 이유는 일본제철(주)과 추가로 합의한 다음 3가지 항목이 미쓰비시의 마음을 움직였다. 첫째는 미쓰비시 청진제강소가 필요로 하는 연간 철광석 90만 톤을 신회사 무산철광개발(주)이 안정적으로 공급한다는 약속이었다. 철광석 90만 톤은 1939년까지 모두 가동에 들어갈 계획인 청진제강소 회전로 4기가 필요로 하는 철광석 30만 톤과 아직 계획 단계에 있는 전기로 8기가 필요로 하는 철광석 60만 톤을 포함한 것이었다. 일본제철(주)은 이 철광석을 선광을 거친 표준 품위 52퍼센트의 고품위 정광으로 공급하는 것도 약속하였다. 둘째는 청진항 축항과 관련하여 일본제철(주)이 미쓰비시광업(주)에 하역시설 용지를 양도하고, 그 외에도 미쓰비시의 청진항 하역에 관한 시설 구축에 지장이 발생하지 않도록 배려할 것을 약속하였다. 셋째는 가장 중요한 항목으로, 공동출자로 설립하는 무산철광개발(주)의 경영을 당분간 미쓰비시에 일임하는 것에 합의했다.[58]

이렇게 일본제철(주)과 미쓰비시의 약 3년에 걸친 갈등의 결과로 탄생한 무산철광개발(주)이 미쓰비시로부터 양도받은 자산은 1,674만 엔

---

57 三菱鉱業セメント株式會社総務部社史編纂室編, 1976, 앞의 책, 337~338쪽.
58 日本製鐵株式會社史編纂委員會, 1959, 앞의 책, 814~815쪽.

이었고, 1939년 12월 창립총회를 통해 설립되었다. 이후 무산철광개발 (주)은 미쓰비시가 진행하던 광산의 개발공사를 이어받아 1940년 4월 제1기 설비공사를 완성하고 철광석 생산을 시작하였다.

철광석의 채굴 방법은 무산철광이 노천광산임으로 계단식으로 깎아 내려가는 방식으로 품위 32퍼센트의 철광석 원광을 선광 작업을 통해 평균 품위 55~60퍼센트의 정광으로 만들어 주로 청진제철소에 공급하였다. 일부는 일본으로 이출되어 일본제철(주) 산하 홋카이도 무로란시(北海道 室蘭市)의 와니시(輪西)와 고베(神戸) 인근의 히로하타(広畑)제철소에도 공급되었다. 미쓰비시의 청진제강소에도 공급되었으나 10퍼센트 수준이었고, 90퍼센트는 청진제철소를 중심으로 일본제철(주) 산하 제철소에 공급되었던 것이다.[59]

무산철광개발(주)을 주체로 한 무산철광의 본격 개발이 시작된 1940년 이후 생산된 철광석의 실적을 정리하면 〈표 4-4〉와 같다.

표를 보면 1940년 하반기부터 철광석 채굴이 시작되었고, 매년 철광

〈표 4-4〉 무산철광 철광석 생산실적 및 공급처 (단위: 톤)

연도	생산실적		정광 공급처			
	원광	정광	일본제철	미쓰비시	기타	합계
1940	251,000	109,000	218,000	51,000	1,000	270,000
1941	1,258,000	597,000	445,000	17,000	2,000	464,000
1942	2,159,000	999,000	621,000	124,000	3,000	748,000
1943	?	?	?	?	?	908,000
1944	?	?	?	?	?	998,000

출처: 日本製鐵株式會社史編輯委員會, 1959, 『日本製鐵株式會社史: 1934~1950』, 815쪽에서 작성.

59　日本製鐵株式會社史編纂委員會, 1959, 앞의 책, 815쪽.

석 원광과 선광작업을 거친 정광의 생산량이 급격히 늘고 있음을 확인할 수 있다. 이를 통해 1942년에는 원광 채굴량이 200만 톤을 넘었고, 정광 생산량 역시 100만 톤에 달했다. 1943년 이후는 불명확하지만, 사실상 청진제철소를 중심으로 한 일본제철(주) 산하 제철소와 미쓰비시 청진제강소에 공급한 것으로 추정되는 정광 공급량 합계가 1942년 75만 톤 수준에서 1943년 90만 톤을 넘어서고, 1944년 100만 톤에 육박하는 등 계속 증가한 것은 확인된다. 이를 통해 원광 채굴량과 정광 생산량 역시 증가 경향에 있었음을 유추할 수 있다.

이런 사실은 무산철광개발(주)의 경영성적을 통해서도 확인할 수 있다. 〈표 4-5〉는 무산철광개발(주)의 1939년 12월 창립 이후 1944년 3월까지의 영업보고서를 이용하여 경영성적을 정리한 것이다. 표를 보

〈표 4-5〉 무산철광개발(주) 경영성적

(단위: 엔)

영업기	수입		지출			손익
	정광(精鑛) 매출	수입이자	정광(精鑛) 원가	본점 및 지점 경비	지불이자	
1기 (39.12~40.3)	-	-	-	-	-	-
2기 (40.4~40.9)	-	-	-	-	-	-
3기 (40.10~41.3)	1,799,665		1,565,095	296,990	7,020	-69,438
4기 (41.4~41.9)	2,773,517		2,351,969	228,702	13,201	179,645
5기 (41.10~42.3)	9,267,636	90,316	7,652,236	454,020	26,129	1,225,567
6기 (42.4~43.3)	15,027,100	80,248	12,769,311	440,222	86,570	2,811,246
7기 (43.4~44.3)	20,260,996	26,584	16,826,328	430,918	32,375	2,997,959

출처: 무산철광개발주식회사, 「영업보고서」 1-7기(1939.12~1944.3)에서 작성.
비고: 엔 이하 반올림.

면, 제3기 영업기인 1940년 10월부터 선광 과정을 통해 품위를 높인 정광의 판매가 시작되었고, 그 규모는 이후 급격히 증가하고 있음을 확인할 수 있다. 제6기 영업기부터는 결산기간이 1년으로 변경되었지만, 이를 감안하더라도 매출액 증가는 현저하다. 매출액에 비례하여 수익도 커져서 1941년 제5기 영업기에는 100만 엔을 넘어섰고, 1944년 제7기 영업기에는 300만 엔의 영업이익을 거두고 있음을 알 수 있다. 이에 힘입어 영업이익이 100만 엔을 넘어선 제5기 영업기에는 중역상여금이 지불되었고, 280만 엔의 영업이익을 달성한 1942년 제6기 영업기부터는 주주배당금도 실현되었다. 중역상여금과 주주배당은 1943년 제7기 영업기에도 유지되었다.[60]

3) 청진제철소 건설

무산철광의 소유권과 개발을 둘러싸고 장기간 미쓰비시와 일본제철(주)이 대립했기 때문에 이와 연동되어 있던 청진제철소의 건설도 지연되었다. 우선 건설 주체인 일본제철(주)이 정식 결정을 하는 데 다시 1년이 걸렸다. 일본제철(주)은 1937년 10월 '일본제철 제5차 확충계획'에 넣어서 청진제철소 건설을 확정하였다. 그러나 이후에도 속도가 나지 않았다. 건설현장사무소로 '임시건설국 청진지부'가 설치되고 초대 지부장으로 미키 다카시(三鬼隆)[61]가 부임하기까지 다시 1년 이상이 걸렸다. 미

---

60 무산철광개발주식회사, 「영업보고서」 1~7기(1939.12~1944.3).
61 미키는 1917년 도쿄제국대학을 졸업하고 다나카광산(田中鑛山)에 입사, 가마이시광업(釜石鑛業)을 거쳐 1934년 '제철합동'을 통한 일본제철(주) 설립과 함께 일본제철(주)에 들어오게 되었다. 야하타제철소(八幡製鉄所) 출신이 주류를 형성했던 일본제

키는 1938년 12월 청진지부에 부임했는데, 건설공사는 이후에도 별다른 진척이 없었다. 1939년 4월, 제철소 건설공사가 착공되었으나 이후에도 본격적인 건설공사에는 들어가지 못했다. 제철소 건설이 본격화된 것은 그로부터도 다시 2년이 지난 1941년 봄부터였다.[62] 건설 결정에서 본격적인 공사 시작까지 무려 4년이 넘게 걸린 것이다. 이것은 일본제철(주)이 비슷한 시기에 건설을 시작한 홋카이도 무로란시의 와니시와 고베 인근의 히로하타, 양 제철소의 건설진행 상황과 극히 대조를 이루는 것이었다. 와니시제철소는 1936년 11월 제3차 확충계획으로 일관제철소 건설이 결정된 후 이듬해 4월에는 본격적인 공사가 시작되었고,[63] 히로하타제철소의 경우도 1937년 3월 제4차 확충계획으로 결정된 뒤 6월에 건설현장사무소가 설치되었고, 7월부터 본격적인 공사가 시작되었다[64]

이렇게 건설공사가 늦어진 과정을 좀 더 구체적으로 살펴보면, 우선 1936년 말 청진제철소 건설의 담당자로 일본제철(주)이 결정되자 일본제철(주)은 원래 확장계획으로 추진하던 와니시, 히로하타의 양 제철소 건설계획에 청진제철소 건설을 포함시켜 3개 제철소를 동시에 착공하려

철(주) 내에서 능력을 발휘하여 청진제철소 건설책임자로 부임했다. 이후 여러 가지 악조건 속에서도 1942년 말까지 청진제철소 제1, 2고로(高爐) 건설을 완성했다. 전후 1946년 일본제철(주) 사장, 일본철강경영자연맹 회장이 되어 철강업계의 핵심 인물로 부상했다. 1950년 일본제철(주) 분할로 야하타제철가 독립기업으로 재출범하면서 초대 사장에 올랐다. 1952년 비행기사고로 사망했다. 관련해서는 三鬼隆回想錄編纂委員會, 1952, 『三鬼隆回想錄』, 八幡製鉄株式會社 참조.

62 '청진제철소의 건설상황은 1940년 말까지는 건설사무소의 가건물과 「일본제철주식회사청진제철소」라고 쓰여진 큰 나무푯말뿐이었다(鐵鋼新聞社編, 1974, 앞의 책, 298쪽)'

63 日本製鐵株式會社史編纂委員會, 1959, 앞의 책, 1001쪽.

64 髙見沢榮寿調, 출판 연도 불명, 앞의 책.

고 하였다. 그러나 최종적으로 결정된 것은 청진의 제철소 건설을 보류하고 와니시와 히로하타의 양 제철소를 약간의 선후관계는 있지만 동시에 건설을 진행하는 것이었다.[65]

가장 큰 이유는 앞서 살펴본 무산철광을 둘러싼 미쓰비시와의 대립 때문이었다. 현실적인 문제도 있었다. 일본제철(주)의 입장에서는 바다 건너 식민지에 위치한 관계로 행정적으로 일본 정부와 조선총독부의 이중적 간섭을 받아야 했고, 거의 모든 제철소 건설 관련 기자재를 일본에서 운송해야 하는 상황이었다. 이를 위해서는 청진항의 항만시설 확충 무산광산에서 철광석을 운송할 교통망 확충 등이 선행되어야 했다.

조선총독부는 제철소 건설에 적극적이었으므로, 일본제철(주)이 청진제철소 건설을 정식 결정하기도 전에 청진항 확충 및 무산과 청진 간의 광석수송철도공사(함북선 개량공사)를 시작하여 제철소 건설을 위한 인프라 확충에 적극 나서고 있었다.[66] 또 일본제철(주)이 와니시와 히로하타의 양 제철소의 건설을 급격히 진행하는 반면에 청진의 제철소 건설이 지지부진한 원인에 대해서 조선총독부는 상공성이 여전히 '내지중심주의의 좁은 견해'를 고수하고 있기 때문이라고 불만을 표출하였다. 조선총독부는 상공성이 이런 태도를 바꾸지 않으면 별도의 대책을 고려

---

65 日本製鐵株式會社史編纂委員會, 1959, 앞의 책, 98쪽; 호즈미는 애초 청진제철소가 제일 먼저 건설에 들어가기로 되어 있었으나 제철소 분산 정책을 이유로 뒤로 밀렸으며, 이 결정을 다시 되돌리기 위해 노력했으나 성공하지 못했다고 회고했다(学習院大学東洋文化研究所 友邦文庫, 2010, 앞의 글, 353쪽).

66 조선총독부는 청진항의 항만시설 확충의 경우 1937년 4월 1일 460만 엔의 예산으로 시작되었고, 함북선개량공사의 경우도 8월에 예정된 63킬로미터의 1차 측량을 완료하였다(高見沢榮寿調, 출판연도 불명, 앞의 책;「제철소 건설로 무산 隧道 착공」,『동아일보』, 1937.9.7).

하지 않을 수 없다고 하고 무산철광의 개발을 위해서도 청진제철소의 시급한 건설이 절대적으로 필요하다고 압력을 넣는 상황이었다.[67]

그러나 미쓰비시와의 무산철광을 둘러싼 대립이 해결되지 않는 상황에서 식민지 권력기관인 조선총독부의 압력은 큰 역할을 하지 못했다. 이런 상황에서 1년의 시간이 흘렀고, 1937년 10월 극적인 진척이 있었다. 중일전쟁 장기화라는 돌발변수였다. 일본제철(주)은 중일전쟁 발발과 함께 1937년 10월 5차 확충계획에 따라 청진제철소 건설을 전격적으로 결정하였다. 이것은 일본제철(주)의 의지라기보다는 중일전쟁의 장기화 전망이라는 특수상황에서 군부의 일본제철(주)에 대한 직접적인 압력에 의해 이루어진 결정이었다.[68] 그럼에도 결정 과정에서는 일본제철(주) 내부적으로 상당한 논란이 있었다. 중일전쟁 발발을 계기로 엔블록 경제의 급속한 전시통제경제 구축이 시작되는 가운데 자재난, 물가상승, 노동력 부족이 예상되는 상황이었다. 더불어 3차 및 4차 확충계획으로 와니시, 히로하타의 제철소 건설이 진행 중인 상황에서 또다시 청진제철소 건설에 착수하는 것이었기 때문이다.[69]

일본제철(주)은 이처럼 청진제철소 건설에 소극적이었으며, 미쓰비시와의 문제도 전혀 해결되지 않은 상태였다. 1937년 10월 중일전쟁의 장기화 전망이라는 특수상황에 의해 군부의 직접적인 압력으로 청진제철소 건설이 결정되었음에도 불구하고 일본제철(주)은 여전히 건설에 수

---

67 『매일신보』, 1937.7.13.
68 「日鐵の淸津製鐵所近日中に正式決定, 茂山鐵鑛買收問題は切離す商工省と本府の交涉成立」, 『京城日報』, 1937.8.27; 「상공성 명령으로 일철의 청진제철소 설치」, 『동아일보』, 1937.8.27.
69 日本製鐵株式會社史編纂委員會, 1959, 앞의 책, 98쪽.

동적이었고, 건설공사는 진전을 보이지 못했다.

　한편 이 과정에서 청진제철소의 건설 규모는 대폭 축소되었다. 일본제철(주)이 처음 구상한 청진제철소의 규모는 청진 수성(輸城)평야 128만 평에 연간 선철 140만 톤과 강재 100만 톤을 생산하는 일관제철소였다.[70] 그러나 1937년 10월 제5차 확충계획으로 최종 결정된 청진제철소의 규모는 500톤급 고로 2기를 건설하여 연간 35만 톤의 선철만을 생산하는 것이었다. 규모가 대폭 축소됨은 물론 제강 및 압연시설의 건설이 제외되어 일관제철소로서의 면모를 갖추지 못하게 된 근본적인 원인은 건설에 필요한 자재, 노동력, 원료의 조달 전망이 비관적이었기 때문이다.[71] 일본제철(주)은 5차 확충계획을 통해 청진제철소 건설 외에도 야하타와 히로하타의 선강일관설비 증설을 계획하였으나 이것 역시 취소되었고, 청진의 선철시설만을 건설하는 것으로 최종 결정되었다.[72] 일본제철(주)의 입장에서는 일본 내 주력시설의 확충을 포기하고 자의가 아닌 정치적 판단에 의해 결정된 전망이 불투명한 식민지 제철소의 건설에 집중해야 하는 상황이었다. 이는 일본제철(주)의 청진제철소 건설에 대한 소극적 자세를 더욱 부추겼다고 할 수 있다. 최종적으로 결정된 청진제철소의 주요 시설 내역은 〈표 4-6〉과 같다.

　1941년 봄부터 본격적인 건설이 시작되었으나, 곧 또 한 번의 중대한 고비를 맞게 된다. 1941년 5월 26일 자로 제2 고로의 건설 중지를 명령받았기 때문이다. 이 같은 명령이 하달된 배경은 이 시점에 엔블록 물

70　鐵鋼新聞社編, 1974, 앞의 책, 270, 278쪽.
71　日本製鐵株式會社史編纂委員會, 1959, 앞의 책, 105쪽.
72　日本製鐵株式會社史編纂委員會, 1959, 위의 책, 98쪽.

〈표 4-6〉 청진제철소 주요 시설

설비 명칭	규모	연간 생산능력	완공시기	예산(1,000엔)
500톤급 고로	2基	선철: 350,000톤	제1호로: 1942년 5월 제2호로: 1942년 12월	20,184
코크스로	2基	코크스: 452,000톤	제1호로: 1942년 5월 제2호로: 1942년 12월	6,899
부산물공장	1式	유안(硫安): 7,300톤 벤졸: 4,200톤 타르: 27,000톤	1943년부터 일부 가동 개시	4,605
동력설비	2基	15,000Kw	1942년 5월	3,800
소결(燒結)공장	8基	500,000톤	1943년 12월	?
기타		토지, 급배수설비, 사택 등		?
합계				61,993

출처: 日本製鐵株式會社史編纂委員會, 1959, 앞의 책, 240, 289쪽.

자동원의 한계로 인해 생산력확충계획의 기조가 '설비 증설'에서 기존 시설의 최대이용'으로 크게 변화하였기 때문이었다. 전시통제경제가 구축되면서 일본제국 경제권역의 주요 산업시설 확충은 1939년부터 일본 기획원이 1년 단위로 작성하는 생산력확충계획에 의하여 이루어지게 되었다. 생산력확충계획의 기본 목적은 명칭 그대로 전쟁수행을 위해 필요한 공업의 설비 증설을 통한 생산력 확충이었다. 그러나 1941년부터 기존의 설비 증설을 통한 '생산력 확충'을 주축으로 하던 기조가 물자동원의 한계로 더 이상 유지될 수 없었고, 기존 설비의 가동률 유지를 중점으로 하는 '생산 확충'으로 전환되었다. 이에 입각한 구체적인 계획변경은 1941년 8월 5일 상공성특별실에 의해 '개정생산력확충계획안'으로 입안되었고, 이것을 참고하여 기획원이 최종안을 만들어 8월 28일 각의 결정에 의해 확정된 것이 '쇼와16년도생산확충계획(昭和十六年度生産擴充計劃)'이었다.[73] 청진제철소의 제2 고로 건설 중지는 현재 건설 중인 제1

고로를 시급히 완성하는 선에서 청진제철소의 건설을 마무리하고 아직 본격적인 공사에 들어가지 않은 제2 고로는 건설을 중지함으로써 생산력확충계획의 변화된 기조에 순응하는 조치였다. 이런 사실은 건설 축소의 상황이 청진제철소에 국한된 것이 아니라는 점에서도 잘 알 수 있다. 당시 건설 중이던 조선의 주요 제철소들인 미쓰비시 청진제강소, 일본고주파중공업(주) 성진제철소 역시 1941년에 같은 조치를 취하고 있었다.[74]

그러나 중지되었던 제2 고로 건설은 정확히 1년이 지난 1942년 5월 제1 고로의 완성과 함께 다시 시작되었다. 근본적인 이유는 태평양전쟁의 발발을 계기로 생산력확충계획의 기조가 다시 변경되었기 때문이다. '생산 확충'에서 '생산 증강'으로의 전환으로 불리는 이 단계에 이르면 물자부족이 더욱 심화된 상황에서 생산력 확충 대상 공업을 보다 압축하여 철강, 석탄, 경금속, 선박, 항공기의 5개 분야를 '초중점 육성대상 공업'으로 선정하고 생산요소를 집중시켜 시설 확장을 포함한 모든 수단을 동원하여 증산을 도모한다는 것이었다.[75] 이와 같은 생산력 확충 기조의 변화 덕분에 조선에서도 청진제철소 제2 고로 건설 재개뿐만 아니라 미쓰비시 청진제강소 역시 기존 설비를 두 배로 확장하는 제2기 확장공사를 진행할 수 있었다.[76] 이 시기에 오면 일본제철(주) 본사의 청진제

73　原朗 編, 1995, 『日本の戦時経済-計画と市場-』, 東京大学出版社, 71~76쪽.

74　미쓰비시 청진제강소의 경우 당시 진행 중이던 시설 확충 규모가 15만 톤에서 12만 톤으로 축소되었고, 일본고주파중공업(주)의 경우 7만 5,000톤에서 1만 톤으로 대폭 축소되었다(企劃院, 「昭和十六年度生産擴充實施計劃」, 原朗·山崎志郎 編集·解説, 1996, 『生産力拡充計画資料』5, 現代資料出版).

75　山崎志郎, 「生産力拡充計画資料の解説」, 原朗·山崎志郎 編集·解説, 1996, 『生産力拡充計画資料』1, 現代資料出版.

76　「大東亜鉄鋼自給圏の構想 (三), 民谷利昭:鉄鋼統制会関西出張所長」, 『日本工業新

철소 건설에 대한 태도 역시 변화하였다. 제2 고로 건설을 당시 일본제철(주) 회장이었던 도요다 데이지로(豊田貞次郎)가 직접 챙기면서 독려하였고, 그 결과 제1 고로가 완성된 지 불과 반년 만인 1942년 12월 제2 고로를 완성할 수 있었다.[77]

건설이 본격화된 1941년 이후에도 공사 중지와 재개가 반복된 청진 제철소의 상황을 보면 처음 조선총독부가 추진했던 조선 공업화의 관점은 거의 희박해졌고, 일본 정부가 전쟁 수행을 위해 엔블록 전체를 대상으로 구축한 전시경제 시스템 속에 편입되어 일본 철강산업의 일부분으로 기능하고 있음을 알 수 있다. 1941년 이후의 건설 과정에서 조선총독부는 어떤 목소리도 내지 못했다. 철광석 공급만을 주장하는 일본 정부에 대해 1935~6년경 조선의 특수성을 바탕으로 제철소 건설을 설득하던 조선총독부 모습은 이미 찾아볼 수 없었다.[78] 물론 조선총독부가 일본 정부의 산업정책에 대해 완전히 수동적인 자세로 일관한 것은 아니었다. 1941년 일본 기획원이 주도하여 평양에 대규모 전기로 제철소를 건설하려는 계획에 대해 채산성, 기술, 자금, 일본으로부터의 물자동원 문제 등 현실적인 문제를 거론하며 극히 회의적인 자세를 보인 것은 대

聞』, 1942.7.17.

77 鐵鋼新聞社編, 1974, 앞의 책, 306~307쪽.

78 이것은 조선총독부 스스로도 인정하는 것이었다. 일본제국의 몰락이 현실화되고 있던 1944년 조선총독부는 '조선의 철강업은 중일전쟁 이후 점차 그 형태를 정비하여 태평양전쟁 후 급속히 발전하였으나 철강업 전반으로서의 형태를 정비하지 못하고 일본 철강업의 일부로서 전개되어 왔기 때문에 그 생산품목은 한정되어 철강업으로서의 파행상태에 놓여 있는 상황'임을 솔직히 고백하고 있다(朝鮮総督府, 『昭和十九年度鉄鋼生産計画書』 昭和十九年三月二十五日).

표적인 예이다.[79] 그러나 조선의 특수사정을 적극적으로 거론하며 제철소 유치를 위해 일본 정부와 의견조정을 거듭하던 조선총독부의 자세는 1940년대에 접어들며 근본적으로 변화하고 있었다. 심혈을 기울였던 청진제철소 건설문제가 지지부진한 것과 동시에 일본제국 전체 경제정책에 연동되어 일관성 없이 추진되는 과정에서 나타난 태도 변화라고 할 수 있다.

어쨌든 이로써 1935년 조선총독부가 제철소 설립계획을 공식화한 지 7년여 만에 우여곡절을 거쳐 500톤급 고로 2기를 주축으로 하는 청진제철소의 가동이 시작되었다. 최초 6,200만 엔이었던 건설비는 물가상승과 공사지연으로 1억 5,400만 엔 이상이 소요되어 원래 예산의 두 배를 초과하게 되었다.[80]

원래 계획보다 규모가 축소되었고 일관제철소로서의 기능도 갖추지 못했지만, 개별 고로의 규모만으로 본다면 기존 겸이포제철소를 능가하는 거대한 제철소가 조선에 설립된 것이었다. 원료는 계획대로 무산철광의 철광석을 주로 사용하였고, 철광석과 함께 고로에 장입되어 철광석을 녹이는 연료탄의 역할을 하는 코크스는 만주산 유연탄을 공급받아 가공하여 사용하였으며, 주로 미샨탄(密山炭)을 이용하였다. 1942년 8월 초순에는 생산된 선철이 최초로 쓰루가(敦賀)와 오사카(大阪)로 보내졌다.[81] 패전 시까지의 전체적인 조업상황은 부분 조업이었던 1942년에는 10만

---

79 이 계획은 일본 최대의 전기로 생산업체인 대동제강(大同製鋼)이 조선제철주식회사를 설립하는 것으로 이와 관련해서는 배석만, 2010b, 「태평양전쟁기 조선제철주식회사의 설립과 경영(1941~1945)」, 『사학연구』 100, 한국사학회 참조.

80 日本製鐵株式會社史編纂委員會, 1959, 앞의 책, 289, 873쪽.

81 「鑄物銑內地向積出し, 日鉄清津製鉄所から」, 『大阪朝日新聞』, 1942.8.13.

〈표 4-7〉 청진제철소 조업실태 (단위: 톤)

	1942년도		1943년도		1944년도		1945년도	
	수량	선철 톤당*	수량	선철 톤당*	수량	선철 톤당*	수량	선철 톤당*
出銑量	100,269		200,331		197,722		25,536	
철광석		1,963		2,099		1,989		약 2,000
망간광		2		10		52		
석회석		989		965		1,040		약 1,000
코크스		1,370		1,393		1,399		약 1,300

출처: 日本鐵鋼協會編, 1950, 『最近 日本製鋼技術槪觀』, 日本學術振興會, 104쪽.
비고: *선철 1톤 생산을 위해 소비된 각종 원료의 양.

톤의 선철을 생산했고, 주요 시설공사가 완료된 1943년부터는 연간 20만 톤 정도의 선철을 생산했다. 최대 35만 톤 능력의 60퍼센트 정도에 불과했던 이유는 원료공급 문제, 특히 만주로부터의 코크스 제조용 유연탄의 공급난과 동절기 생산 부진에 의한 것이었으나 전적으로 저품위 철광석을 가공한 소결광(燒結鑛)에 의존하여 이 정도의 생산실적을 낼 수 있었던 것만으로도 당시 상황에서는 획기적인 것으로 평가되었다.[82] 청진제철소의 구체적인 조업실적은 〈표 4-7〉과 같다.

패전을 얼마 남기지 않은 1945년 초, 일제는 본토결전을 준비하면서 공습에 대비하여 산업설비를 보전하는 한편으로 대륙의 식민지와 점령지를 '후방병참기지'로 사용한다는 목적으로 일본 내 주요 설비의 대륙 이전을 본격화하였다.[83] 일본제철(주)의 경우도 산하 제철소 중 야하타

---

82 日本鐵鋼協會編, 1950, 『最近 日本製鋼技術槪觀』, 東京: 日本學術振興會, 104쪽.
83 일본 철강 설비의 대륙 이전에 대한 검토는 이미 1944년부터 시작되어, 조선으로의 제강 설비 이전을 통한 선강일관생산체제 확립과 관련해서도 1944년 7월 말 그 결정이 언론을 통해 보도되었다(『매일신보』, 1944.7.29).

와 오사카, 후지제철소의 시설을 대륙의 일본제철(주) 산하 제철소로 이전하기로 결정하였다. 1945년 3월 8일 청진제철소에는 오사카제철소의 평로(平爐)와 야하타의 혼선로(混銑爐)의 제강시설 및 오사카제철소의 중소형 압연시설의 이설이 결정되었다.[84] 청진제철소는 계획수립 당시의 구상이었던 선강일관제철소의 완전한 모습을 갖출 수 있는 기회가 찾아온 셈이었다. 4월 11일 이설계획이 약간 변경되어 야하타에서 이설 예정이었던 400톤급 혼선로 대신 200톤급 정련로(精鍊爐)를 이설하기로 한 것을 제외하면 이설작업은 원래 계획대로 순조롭게 진행되었다. 8월 5일에는 오사카제철소에서 이설되는 50톤급 평로 4기의 기초공사가 완료되었고, 이전되는 설비도 일부 도착하여 타르 증유부(蒸油釜) 2기 등은 거치 공사가 완료되었다. 그러나 이설작업은 거기까지였다. 8월 13일 오전 소련군이 청진에 상륙하고 제철소를 점령했기 때문이다.[85] 결국 1935년부터 일관제철소를 건설한다는 조선총독부의 청진제철소 건설계획은 10년의 우여곡절을 겪으면서 미완성인 상태로 종막을 맞게 되었다.

식민통치 안정을 목적으로 급속한 조선 공업화를 추진한다는 구상 속에서 1935년부터 조선총독부가 추진한 청진제철소 건설은 장기간의 우여곡절 끝에 최종적으로 선철 생산만을 하는 미완성 제철소로 귀결되었다. 무산철광의 개발과 연계된 청진제철소의 전개 과정은 일본 제국주의 내부 각 경제행위 주체들의 불일치와 정책적 시행착오, 국책과 영리의 대립, 그리고 엔블록 경제력의 한계, 식민지 권력의 한계가 상호작용하며 역사적으로 결과한 사례라고 할 수 있다.

---

84 日本製鐵株式會社史編纂委員會, 1959, 앞의 책, 166쪽.
85 高見沢榮壽調, 출판 연도 불명, 앞의 책.

제5장
1930년대 석탄 증산정책과 실태

1. 증산정책의 본격화

1) 증산의 필요성

일본 제국주의의 한반도 탄광과 석탄에 대한 관심의 시작은 앞서 2장에서도 언급하였지만, '군수' 목적에 있었다. 일본 해군이 한말부터 함정의 연료탄 확보를 위해 한반도 석탄에 관심을 보였기 때문이다. 더 정확하게는 석탄 중에서도 일본 내에서는 희소하고 한반도에 대량으로 매장된 무연탄이었다. 개항 이후, 일본과 서구 열강이 경쟁적으로 쟁탈전을 벌인 금광개발과, 일제가 철강산업 육성을 위해 사활을 걸었던 관영(官營) 야하타(八幡)제철소에 원료 철광석을 공급하기 위해 개발을 시작한 철광산과 결을 달리하는 시작이었다.

일본 해군의 관심 대상 탄광은 이른바 '평양탄전'으로 불린 대동강을 중심으로 한 평양 주변과 대동강 상류의 북부지역에 매장된 대규모 무연탄이었다. 일제 시기 개발이 확대되면서 평안남도 북부탄전과 남부탄전으로 구분되었다. 매장된 석탄의 종류는 대부분 무연탄으로 최소 6억 톤이 넘는 것으로 추정되는 한반도 최대 탄전이었다. 북부탄전은 해군이 직영하는 평양탄광을 중심으로 하였고, 남부탄전은 강동과 강서탄광이 중심이었다. 특히 평양탄광에서는 매우 질 좋은 무연탄이 생산되어 일제 말까지도 해군이 직영하며 함정 연료로 사용하였다. 1930년대 말 전시체제하에서 '증산'과 '동원'이 당연시되던 시기에 매장량 3억 톤의 강원도 삼척탄전 개발이 본격화되기 전까지 식민지 조선의 석탄 생산은 사실상 평양탄전을 중심으로 한 무연탄 생산을 의미한다고 해도 무방한 상황이었다.

평양 주변에 대량의 무연탄이 매장되어 있다는 사실은 매우 일찍부터 알려져 있었고, 조선 정부도 서구 자본과 기술을 끌어들여 개발을 시도하였으나 성공하지 못하였다. 결국 평양탄전의 본격 개발은 을사늑약 이후 한반도의 지배를 사실상 확정지은 일제에 의해 시작되었다. 구체적으로는 1907년 설치된 평양광업소가 주도하였으며, 동 광업소는 일본 해군성이 직접 운영하였다. 한반도가 일제 식민지가 된 1910년 이후 평양탄전은 조선총독부 직영 체제로 전환되었으나 일본 해군 함정의 연료탄 공급지의 역할은 지속되었고, 1922년에는 다시 해군 직영 제5연료창이 되었다.[1]

제1차 세계대전으로 인한 전쟁 특수가 사라지고 장기 불황기에 접어드는 1920년대에, 한반도 석탄 광업은 새로운 국면을 맞이하였다. 조선총독부가 금광을 대신하여 석탄을 한반도의 주력 광업으로 육성하기 위해 정책적으로 탄광 개발에 힘쓰면서 나타난 변화였다. 우선 불황기에 접어들면서 식민지 조선 광업의 중심이었던 금광개발이 쇠퇴 조짐을 보이자, 조선총독부는 이에 대한 대안을 모색한 것이다. 이와 관련하여 조선총독부는 탄광 개발과 석탄 증산을 목표로 다양한 정책적 노력을 기울였고, 이는 여러 형태로 나타났다.

우선 1922년에 설립된 '연료선광연구소'를 들 수 있다. 이 연구소는 한반도 내 탄전조사와 석탄 이용방법 연구를 주요 업무로 삼아 활동하였으며, 관련 기술 개선 등에서 일정한 성과를 거두었다. 특히 이 시기

---

[1] 평양상공회의소조사부, 1942, 「평양무연탄개관」, 『평양무연탄자료집성』, 평양상공회의소, 10쪽.

무연탄은 화력이 뛰어나고 불순물이 적어 연기가 거의 나지 않는 우수한 연료로 평가받았으나, 주로 분탄(粉炭), 즉 가루탄이고 점결성(粘結性)이 떨어져 불을 붙이기 어려운 약점이 있었다. 따라서 이를 해결하기 위해 석탄을 응고시켜 화력을 제대로 발휘하도록 만드는 것이 핵심 과제였으며, 연료선광연구소가 이 문제 해결에 주도적인 역할을 하였다.[2]

　무연탄 수이출 해금 조치와 조선무연탄주식회사 설립도 조선총독부의 탄광 개발정책 기조와 맥을 같이하는 것이었다. 우선 무연탄 수이출 해금 조치는 증산된 무연탄의 수요처를 확보하기 위한 것으로, 일본으로의 수출을 증가시키고, 연탄으로 제조하여 민간 연료용으로 사용하는 길을 확대하였다. 특히 일본 가정용 연탄 제조 원료로 소비하는 유통 구조가 정착되었다. 그리고 조선무연탄주식회사의 설립은 조선총독부의 석탄정책에 순응하여 한반도 석탄 광업을 육성할 강력한 독점적 석탄회사를 조직하려는 시도였다. 이를 위해 미쓰비시(三菱), 미쓰이(三井) 등 일본 재벌 대자본의 진출을 유도하였다.

　그런데 1930년대에 들어서면서 새로운 변수가 등장하였다. 이로 인해 탄광 개발과 석탄 증산은 1920년대 장기 불황 속에서 침체하는 금광의 대안으로 구상되었던 차원을 넘어, 근본적으로 중요한 문제가 되었다. 새로운 변수란 주지하듯이 대륙침략에 따른 군수 관점의 증산 필요성 증대, 서구 제국주의 국가들과의 긴장감 고조에 따른 폐쇄적 블록경제 구축이었다. 블록경제 구축은 연료 자급의 필요성을 증대시켰다.

2　관련하여 연료선광연구소는 1920년대 중·후반부터「석탄시험보고」라는 명칭의 보고서를 통해 연구 결과를 제출하고 있는데, 1925년 4월 제1권이 '조선무연탄 분쇄분소(焚燒)시험'이었다(朝鮮總督府燃料選鑛研究所, 1930, 『朝鮮總督府燃料選鑛研究所槪要』, 14쪽).

여기에 더하여 식민지 조선 내부의 이른바 '식민지 공업화' 추진에 따른 공업용 원료와 연료 확보의 필요성도 대두되었다.

1930년대 증산 목적을 달성하기 위한 석탄정책은 그간 조선 석탄 광업을 주도하던 무연탄의 획기적 증산과 함께 유연탄 개발을 본격화하는 것이었다. 무연탄은 기존 군수와 일본 가정용 연료공급을 강화하는 역할을 하였고, 유연탄은 식민지 공업화의 본격화와 함께 엔블록 자급 차원의 군수·국책 사업의 육성에 중요한 역할을 하였다.

1930년대 일제의 군국주의화와 대륙침략 본격화는 기존 일본 식량공급기지로서의 식민지 조선의 역할에 중요한 변화를 일으켰다. 그간 미곡 이출을 전제로 한 농업 중심의 일제 조선총독부 경제정책은 '식민지 공업화'의 필요성이 강조되면서 '농공병진' 정책으로 전환되었고, 나아가 군수공업을 기반으로 한 '대륙전진병참기지'로서의 식민지 조선의 역할이 요구되었다.

이제 식민지 조선의 석탄은 그 개발이 시작된 한말 해군 함정의 연료공급 목적과 1920년대 일본 가정용 연탄의 원료제공에 더하여 식민지에 세워지는 공장들의 공업용 원료와 연료공급, 그리고 나라가 일제의 대륙침략에 필요한 군수공업과 철도 등 사회간접자본 구축을 위한 연료 역할을 해야 하는 상황에 이르렀다. 또 동시에 함경도 등 북한지역을 중심으로 본격적인 공업지대가 형성되었고, 이에 노동자들이 몰려들면서 이들이 사용할 생활용 연료 대책도 필요해졌다. 이러한 모든 상황은 중일전쟁과 태평양전쟁이라는 전시체제로 달려가는 과정에서 단기간에 신속하고 집중적으로 이루어져야 하는 것이었다. 불황에 대처하며 금광의 대안을 모색하던 1920년대와는 완전히 다른 시기가 도래한 것이었다.

2) 법·제도의 정비

1930년대 석탄 증산 관련 법·제도의 구축은 기본적으로 증산을 위한 조선총독부의 '개입'과 '통제'를 강화하는 방향으로 진행되었다. 그 시작점으로 우선 1929년 「자원조사법」 제정에 주목할 필요가 있다. 「자원조사법」은 일제가 칙령 제326호로 제정하였으며, 일본 본국은 물론 식민지 전체에 동일하게 적용되었다. 이를 통해 민간에 대해 일제가 국가 차원에서 자원조사와 관련된 강제적 명령을 내릴 수 있는 근거가 마련되었다.

「자원조사법」이 식민지 조선에 시행되자, 조선총독부는 이를 뒷받침하기 위해 1929년 12월 1일 자로 「조선광업자원조사규칙」을 공포하고 시행하였다. 주요 내용은 매년 광산업자가 자신이 경영하는 광산의 규모와 생산량 등을 조선총독부에 신고하는 것을 의무화하는 것이었다. 조선총독부가 주도하는 한반도의 광물자원조사는 보다 큰 규모로 시행되었다. 당연히 증산을 목적으로 1934년부터 1936년까지 8만 3,000엔의 자금이 투입되는 형태로 진행되었다.[3]

일제의 계획과 달리 중일전쟁이 장기화되는 경향을 보이기 시작한 1938년, 조선총독부는 「조선중요광물증산령」을 제령 20호로 공포하였다. 이는 광업에 대한 조선총독부의 전면적인 통제이자 전쟁에 필요한 광물의 증산과 동원을 위한 법적 토대를 마련한 법령이었다. 우선 「조선중요광물증산령」 제1조에서는 조선총독부가 통제 대상으로 하는 중요 광물 25종이 규정되었다. 물론 석탄은 당연히 포함되었다. 중요 광물로

---

3 『조선총독부관보』 호외, 1929.12.1.

규정된 25종의 광물에 대해서 조선총독부는 광산업자의 사업계획 신고와 변경, 사업의 착수와 계속, 중지, 광산 설비의 신설·확장 또는 개량, 광업권의 양도 등, 광산 경영과 관련된 거의 모든 사항을 통제하고 관리할 수 있게 되었다.「조선중요광물증산령」 공포는 사실상 민간이 영리만을 목적으로 자유롭게 광산을 경영하는 것이 불가능한 상황이 되었음을 의미하였다.[4]

조선총독부의 증산을 위한 법·제도 구축은 통제에만 있지 않았다. 증산 독려를 위한 지원책으로 보조금 교부의 제도적 틀도 마련되었다. 관련 문제는 1930년대 후반이후 전시체제가 구축되는 과정에서 지속적으로 언급되었고, 1940년부터 실행되었다. 우선 3월에 조선총독부는 1940년도부터 3년간 750만 톤의 석탄 증산을 위해 장려금을 교부하기로 결정하였다. 초년도인 1940년에는 600만 엔의 예산으로 증산 장려금, 손실 보상금, 갱도 굴착 조성금을 집행하기로 하였다. 조선총독부의 장려금 교부 배경은 조선이 일본과 달리 자재만 있으면 상당한 증산 가능성이 있으며, 광산 채굴의 관점에서도 매우 유리한 조건을 갖추고 있다고 판단하였기 때문이다.[5]

석탄 증산을 위한 장려금 교부는 1940년 11월 「석탄 증산시설 장려금 교부규칙」이 공포되면서 제도화되었다. 증산 장려금은 크게 새로운 광구 개발, 증산 장려, 생산 보상의 세 가지로 구분되어 지급되었다. 새로운 광구 개발은 말 그대로 석탄 광산에서 새로운 광구를 개발하기 위

---

4 「조선중요광물증산령」 전문은 〈부록 6〉 참조.
5 「석탄증산장려금 초년도 600만 엔, 3개년에 750만 톤 증산, 손실보상에 주력 방침」, 『조선일보』, 1940.3.23.

해 갱도를 굴착하려는 광산업자에게 교부되었고, 증산 장려는 석탄 생산량 증가에 대한 보상으로 지급되었다. 생산 보상은 생산조건이 불리하다고 인정된 광산에 대해 생산비 일부를 보상하는 형태였다. 조선총독부 부령 제248호로 공포된 「석탄 증산시설 장려금 교부규칙」의 그 주요 조항을 제시하면 다음과 같다.[6]

> 제2조 석탄 증산시설 장려금은 이것을 석탄 광산 신갱(新坑)개발 조성금(이하 신갱개발 조성금이라고 칭함), 석탄 증산 장려금(이하 증산 장려금이라고 칭함)과 석탄 생산 보상금(이하 생산 보상금이라고 칭함)의 세 종류로 한다.
> 제3조 신갱개발 조성금은 석탄 광산에서 새로운 갱을 개발함을 목적으로 하여 갱도를 굴착하려는 광업권자에게 교부한다.
> 제4조 증산 장려금은 아래의 각호 중 하나에 해당하는 석탄 광산 광업권자에게 교부한다.
>> 1. 전년도 송탄(送炭) 수량이 1만 톤 이상의 석탄 광산에서 당해 안에 송탄 수량이 전년도(전전 연도의 송탄 수량이 전년도 송탄 수량에 비해 큰 경우에는 전전 연도의 것으로 함) 송탄 수량에 비해 1,000톤 이상 증가한 것
>> 2. 전년도 송탄 수량이 1만 톤 미만의 석탄 광산(전년 송탄을 하지 않은 석탄 광산을 포함함)에서, 당해 안에 송탄 수량이 1만 1,000톤 이상인 것
>
> 제5조 생산 보상금은 조선 총독이 생산조건이 불리하다고 인정한

---

6 『조선총독부관보』 제4145호, 1940.11.14.

석탄 광산에 대해 당해 연도 생산비 일부를 보상하기 위해 그 광업권자에게 교부한다.

제7조　신갱개발 조성금의 액수는 수평갱(水平坑)의 경우 연장(延長) 1미터당 30엔 이내, 수직갱(豎坑)의 경우 깊이 1미터당 60엔 이내로 한다.

제8조　증산 장려금의 액수는 제4조 제1호의 경우 당해 연도의 송탄 수량이 전년도(전전 연도의 송탄 수량이 전년도 송탄 수량에 비해 큰 경우에는 전전 연도의 것으로 함) 송탄 수량에 비해 증가한 수량. 제4조 제2호의 경우 당해 연도의 송탄 수량이 1만 톤을 초과한 수량에 대해 석탄 1톤당 2엔 이내로 한다.

제9조　생산보상금의 액수는 당해연도에 송탄했던 석탄 1톤당 3엔 이내로 한다.

조선총독부는 태평양전쟁기에 들어서면서 석탄 증산을 위한 장려금 교부 정책을 한층 더 적극적으로 추진하였다. 1942년에는 「석탄 증산시설 장려금 교부규칙」을 수정하여 장려금 지급의 기준을 목적지까지 이송된 석탄인 '송탄(送炭)'에서 탄광 현장의 '출탄(出炭)'으로 변경하였다.[7] 물론 생산업자의 의욕을 고취시키려는 목적이었다.

1941년 12월 일제의 진주만 공습으로 시작된 태평양전쟁 이후, 석탄 증산은 '성스러운 전쟁에서의 승리'라는 슬로건 아래 운동의 형태를 가장한 '동원'으로 변질되었다. '석탄증산강조기간'이 정해지고 목표 생산량을 설정하여 노동력 동원이 이루어졌다. 또 증산을 압박하기 위해 이

7　『조선총독부관보』 제4512호, 1942.2.3.

른바 '독려대'까지 조직하여 탄광 현장에 파견하는 등 강압적인 조치가 시행되었다. 이와 관련하여 1930년대부터 본격적으로 개발된 삼척탄전의 사례를 제시하면 다음과 같다.

> 석탄은 평시에도 중요한 것이지만 오늘과 같은 필승체제하에서는 그 수요가 날로 증대하고 있는 만큼 강원도에서는 그의 성가(聲價)가 높은 영월 삼척탄의 개발을 적극 독려해 왔는데, 도 광산연맹에서는 오는 2월 1일부터 동 말일까지 1개월 동안을 석탄 증산 강조기간으로 정하여 강력한 증산운동을 일으키기로 되었다. 강조기간 중에는 특히 출탄 목표량을 배정한 후 각 탄광에 독려대를 파견하여 채탄을 독려하기로 되었으며, 성적이 우량한 탄광과 종업원들에 대해서는 정당히 표창하기로 되었다 한다.[8]

이렇듯 1930년대 이후 석탄 증산을 위한 법·제도의 정비는 제국주의 국가 권력에 의한 탄광 개발·경영의 통제 기반 구축 과정이자 증산 장려금이라는 당근과 전쟁 승리라는 당위를 명분으로 대규모 동원을 가능하게 하는 과정이기도 하였다.

---

8 「석탄증산 강조주간」, 『매일신보』, 1942.1.29.

2. 무연탄 증산

1) 조선무연탄(주)의 확장

조선의 무연탄은 한반도에 매장된 석탄 중 가장 주목받은 자원으로 이른 시기부터 개발이 시도되었다. 앞서 언급했듯이 대부분 점결성이 떨어지는 분탄으로 구성되어 있으며, 휘발분이 적어 착화(着火)가 어려운 단점이 있다. 그러나 화력이 강한 편이고 회분과 유황 등 불순물이 적어 연기가 나지 않는다는 장점이 있다. 무엇보다 평양탄전을 중심으로 거대한 매장량을 자랑하는 반면에 일본에서는 거의 생산되지 않는 석탄이었다. 따라서 일찍부터 연료선광연구소를 중심으로 무연탄의 약점을 극복하기 위한 기술적 실험들이 진행되었고 1920년대를 거치면서 일정한 성과를 내었다. 특히 무연탄 분탄에 접착용으로 '피치(pitch)'[9]를 섞어 응고시킨 각종 형태의 연탄과 조개탄이 개발되어 연료로 사용될 수 있게 되었다. 이는 기존의 해군 함정용 연료 외에도 일본 가정용 연료로 무연탄을 공급하며 소비시장를 확대하는 데 기여하였다.

조선의 무연탄은 1920년대 금광의 대안으로 주목받으며, 조선총독부가 주력 광업으로 육성하기 위해 본격적으로 개발을 시작한 자원이었다. 이는 기존 군수 외에 민수용으로 일본에 이출되며 소비가 확대된 광물이기도 하였다. 1930년대 초반 조선총독부의 기관지 역할을 한 『경

---

9   원유나 식물, 목재에서 추출되는 점성을 가진 물질이다. 특히 원유에서 얻어지는 타르를 건류하면 생산되는 흑색의 끈적한 고형 물질이 대표적이다. 식물에서 추출한 것은 별도로 '수지'라고도 한다.

성일보』의 다음 기사는 식민지 모국 일본과 연결된 조선 무연탄의 상황을 잘 보여준다.[10](강조는 필자)

우리나라의 무연탄 매장량 중 조선은 그 80퍼센트 이상을 차지하며, 매장량은 7억여 톤으로 추정된다. 그 분포는 평안남도를 중심으로 평안북도, 강원도 등에 걸쳐 있으며, 품질 또한 우수하다. 현재 그 채탄량은 매년 약 53~54만 톤 정도로 그중 14~15만 톤은 해군용 탄에 속하며, 나머지 37~38만 톤이 민간에서 활용되고 있다. 그러나 **조선의 수요는 매우 미미한 것으로 총액의 3분의 1에서 4분의 1에 불과하며, 절반 이상은 내지(內地)로 이출되어 연탄, 조개탄(豆炭)의 원료로 사용되고 있다.** 따라서 내지의 수요 여부는 바로 조선 무연탄에 영향을 미쳐 **조선 무연탄의 성쇠는 오직 내지의 수요에 달려 있는 상황**이다. 조선 무연탄의 오늘날 발전은 내지의 연탄 산업 발달에 기인하며, 내지의 조개탄과 연탄 발달은 조선 무연탄의 발달에 적지 않은 의존을 하고 있다. 상호 간에 매우 밀접한 관계가 계속되어 왔던 것이다.

이미 식민지 공업화가 시작되어 조선 내 공장 소비량이 늘어나기 시작한 1934년의 경우를 보아도 조선산 무연탄의 수요 현황은 총 98만 톤 중 일본으로 이출된 양이 57만 톤, 조선 내 사용이 41만 톤이었다. 구체적인 내역을 정리하면 〈표 5-1〉과 같다.

---

10 「慎重考慮を要す 朝鮮無煙炭と 仏領印度支那炭: 報復関税問題を覗く」, 『京城日報』, 1931.7.28.

〈표 5-1〉 1934년 조선산 무연탄 수요 현황

총판매고(980)								(단위: 1,000톤)
일본 이출탄(移出炭)(570)				조선 내 사용탄(410)				
해군 연탄 원료용	민간 조개탄 [豆炭] 원료용	민간 공명탄 [孔明炭] 원료용	기타	칠도 마세크 (マセツク)탄 원료용	기타 마세크탄 원료용	각형(角型)과 연형(蓮型) 원료용	대량 거래 공장용	기타
64	240	252	14	60	60	55	209	26

출처: 朝鮮總督府 殖産局鑛山課, 1935, 『朝鮮の無煙炭鑛業』, 29~30쪽에서 작성.

비고: 1. 일본 이출탄 중 기타로 분류된 것은 거의 전부 괴탄(塊炭, 덩이탄)으로, 연탄원료 외에 사용될 것이다.
     2. 해군 소유 탄광 산출고 가운데 해군 연탄 원료용으로 제공된 것 외에 일반 민간으로 판매된 것은 일본 이출용 무연탄 가운데 약 1만 2,000톤, 조선 내수용 탄 가운데 약 6만 4,000톤이다.
     3. '마세크(マセツク)탄'은 무연탄 분탄에 접착용으로 '피치(pitch)'를 섞어 계란형으로 뭉친 '계란형(卵型)연탄'을 의미한다. '조개탄'으로도 불렸다. 각형 연탄, 연형(연꽃형) 연탄도 마찬가지로 모양과 용도에 따라 명칭이 나누어진 것이다.

    조선총독부 기관지『경성일보』의 '조선 무연탄의 성쇠는 오직 내지의 수요에 달려 있다'는 묘사를 역으로 해석하면 일본의 군수, 민수용 무연탄 공급을 위해서는 조선산 무연탄 개발이 매우 중요하다는 것을 의미한다. 연료공급기지로서의 식민지 조선을 상징적으로 보여주는 것이다. 실제로도 일본에 무연탄을 안정적으로 공급하기 위해 조선총독부는 개발과 증산에 적극적으로 나섰다. 가장 대표적인 사례로 1927년 조선총독부는 일본 재벌 대자본을 끌어들여 독점적 성격을 지닌 조선무연탄주식회사[이하 조선무연탄(주)]를 설립하여 개발 주체로 삼았다.

    그러나 화려한 출범과 달리, 조선무연탄(주)은 초창기부터 경영은 조선총독부의 기대에 미치지 못하는 경영 성과를 보였다. 우선 회사 설립 직후 곧 대공황이라는 어려운 경제환경에 직면하였다. 내부적으로도 미쓰비시, 미쓰이 등 자본을 투자한 일본 재벌들의 주도권 경쟁과 대립이 발생하였다.

    조선무연탄(주)의 초창기 예상 밖의 경영 부진과 1930년대 들어 더욱 절박해진 증산의 필요성이 맞물리면서, 이 회사에 대한 보다 근본적인 개편이 요구되었다. 더욱이 1930년대 접어들어 절박해진 증산의 필요성은 시간이 갈수록 확대·강화되었다. 1930년대 전반기 일제 대륙침략 본격화와 엔블록 하의 자급자족의 필요성 대두, 이와 연동된 조선총독부가 담당하는 식민지 공업화 추진, 그리고 후반기의 일제 군국주의화 속에서 전개된 중일전쟁, 태평양전쟁으로의 전쟁의 확대 속에 강화된 군수 목적의 필사적인 증산 필요성이 커지면서 조선무연탄(주)의 개편은 더욱 빠르고 광범위하게 이루어졌다. 그 방향은 일제 국가권력이 더욱 강력하게 개입하여 회사의 규모를 확대하는 동시에, 무연탄 개발의 독점적 권한을 더욱 강화함으로써 신속하게 목표를 달성하는 것이었다.

군수·국책의 관점에서 무연탄의 획기적인 증산을 목적으로 하는 1930년대 조선무연탄(주)의 규모 확대와 독점 강화는 이미 1930년대 초부터 계획이 진행되었다. 이에 따라 조선총독부는 회사 규모를 확대하는 것 외에 특히 계속 지적되어 온 조선무연탄 내부 문제, 즉 주요 지분을 가진 재벌 간의 알력이 회사 경영에 미치는 부정적인 영향을 개선하려고 하였다. 그 해결책은 조선총독부가 일본 민간 재벌보다 상대적으로 영향력을 좀 더 행사할 수 있는 동양척식주식회사[이하 '동척']에 독점적으로 경영권을 맡기는 것이었다.

조선총독부의 동척 중심 조선무연탄(주)의 확대 개편 방침이 공식적으로 드러난 것은 1931년부터였다. 『조선일보』는 8월 15일 자 「불황 대책의 무연탄합동문제, 급속히 구체화시키기 위해 동척과 조선무연탄(주) 교섭 중」이라는 제목의 기사에서 조선총독부가 동척 총재에게 무연탄 합동을 주도해 줄 것을 요청하였으며, 동척이 이에 동의하여 관련 논의를 주도적으로 진행하고 있음을 보도하였다. 또한 동척이 이미 조선 내 주요 무연탄 탄광을 소유한 5대 기업인 조선무연탄(주), 조선진기흥업(주), 메이지(明治)광업(주), 미쓰비시광업(주), 조선무연탄광(주)의 최고경영진과 합동에 대한 심도 있는 교섭을 진행하고 있으며, 특히 동척의 사실상 자회사인 조선전기흥업(주)과 조선무연탄(주)은 상당한 진척을 보이고 있다고 보도하였다.[11] 『조선일보』는 1차적으로 이 두 회사의 합동이 이루어지면, 나머지 세 회사 역시 조선총독부의 합동 방침에 순응할 것이므로 무난하게 합동이 이루어질 것으로 전망하였다.

그러나 이런 낙관적 전망과 달리 동척이 주도하는 5개 무연탄 탄광회사의 합동은 신속하게 이루어지지 않았다. 우여곡절의 과정을 거쳐 합동은 1935년에 가서야 이루어졌다. 이미 1931년에는 무연탄 탄광회사 합동에 대한 대체적인 윤곽이 나왔지만 시간이 걸린 이유는 합동 대상 탄광의 자산재평가에 5개 회사 간에 이견이 있었고, 조선 내 연탄제조업자들의 강력한 반발이 있었기 때문이었다. 연탄제조업자들은 무연탄 탄광회사 합동이 '일본 이출에 전력을 경주하고 조선 내 상황은 전혀 고려하지 않는 정책'이라고 맹비난하였다.[12]

무연탄 탄광회사 합동이 지지부진한 사이, 동척은 광업에 직접 진출하여 1933년 자본금 700만 엔으로 동척광업(주)을 설립하였다. 설립 방식은 조선전기흥업(주)이 보유한 무연탄 탄광, 구체적으로는 평양 남부 탄전의 강동(江東)탄광을 포함한 3개 탄광을 기존 출자금의 일부 상환 형식으로 동척광업(주)으로 이전하는 방식이었다. 이 3개 탄광의 가치는 350만 엔으로 평가되었고, 이는 조선전기흥업(주)이 상환한 금액으로,

---

11 정확하게는 조선전기흥업(주) 소유 무연탄 탄광과 조선무연탄(주)의 합동이었다.
12 「무연합동으로 연탄업자 진정, 독점적 기업에 반대」, 『동아일보』, 1935.2.13.

동시에 동척광업(주)의 불입자본금이 되었다.[13]

무연탄 탄광회사 합동이 다시 활기를 띤 것은 1934년부터였다. 5월 조선총독부와 합동 대상의 5대 기업이 다시 모여 협의를 진행하고 합동 형식 및 자산평가 관련 기초안을 마련하였다.[14] 그리고 마침내 1935년 애초 조선총독부의 구상대로 동척을 중심으로 하는 새로운 합동회사가 설립되었다. 다만 이 과정에서 자산 평가에 의견일치를 보지 못한 조선무연탄광(주)은 합동에서 이탈하였다. 따라서 최종적으로는 조선무연탄(주), 조선전기흥업(주)의 무연탄 사업 부분을 인수한 동척광업(주), 미쓰비시광업(주), 메이지광업(주)의 4개 회사가 보유·채굴 중인 무연탄 광산을 합동하여 새로운 조선무연탄(주)을 창립하는 것으로 귀결되었다. 합동 형식은 1927년 조선총독부 주도로 설립된 조선무연탄(주)이 확대되는 것이었으나, 동척이 최대 지분을 보유하고 경영진을 교체하는 방식으로 주도권을 장악하여 조선총독부의 의도를 관철시켰다.

우여곡절 끝에 재출범한 조선무연탄(주)은 자본금 2,000만 엔을 바탕으로 조선 전체 무연탄 생산의 70퍼센트를 통제하는 거대 독점 국책회사가 되었다. 조선총독부는 추가로 일본 해군이 한말부터 관장해 온 연간 생산 15만 톤의 평양탄광 사동(寺洞)광업소를 비롯하여 나머지 조선 전역의 주요 무연탄 탄광도 추가적으로 합동하려고 하였다.[15] 사실상 식민지 조선에서 조선총독부가 강력한 영향력을 행사할 수 있는 조

---

13 「자본 700만 엔 동척광업회사」, 『조선일보』, 1933.9.7.

14 「朝鮮無煙炭大合同の 準備工作着々進む: 今月末までに資産報告完了: 来月早々実地調査開始」, 『京城日報』, 1934.6.10.

15 「朝鮮無煙炭合同 四社協定遂に成立: 資本金一千五百万円の新会社」, 『大阪朝日新聞』, 1935.3.29.

선무연탄(주) 1개 회사만 두고 이를 주체로 하여 획기적 석탄 증산을 도모해 보겠다는 구상이었다. 그러나 추가 합동은 1945년 일제 패전까지 이루어지지 않았다.

한편 조선총독부는 이렇게 재탄생한 조선무연탄(주)에 당시까지 보유만 하고 개방하지 않았던 남한 최대의 무연탄 광산인 강원도 삼척탄전을 불하하려고 하였다. 그러나 최종적으로는 조선전력(주)의 자회사 형태로 1936년 삼척개발(주)이 설립되어 탄전 개발 및 경영을 담당하게 되었다. 이러한 배경에는 삼척탄전에서 생산된 무연탄을 일본 전력회사 발전 연료로 이출하는 것이 1차 목표로 설정되었기 때문이다. 삼척탄전의 무연탄 매장량은 평양탄전과 필적하는 약 3억 톤으로 추정되었으며, 이 중 이출하고 남는 무연탄은 인근 묵호항 부근에 역시 일본 대자본을 끌어들여 석회요소 및 기타 화학공업을 일으켜 소화할 계획이었다. 묵호항은 저탄(貯炭) 설비를 갖추고 삼척탄전에서 생산된 무연탄을 일본으로 이출하는 출구로 예정된 항구였다.[16]

2) 증산의 결과

(1) 생산실적 추이

우선 1930년대 이후 무연탄 증산이 어느 정도 이루어졌는지 살펴보자. 정리하면 〈표 5-2〉와 같은데, 1930년대 이후 가파른 증가 추세를 확인할 수 있고, 그 증가를 조선무연탄(주)이 주도하고 있음을 알 수도 있다.

---

16 朝無社友会回顧錄編集委員会 編, 1978, 『朝鮮無煙炭株式会社回顧錄: 汗と油・血と淚の記錄』, 15쪽.

<표 5-2> 1930년대 이후 무연탄 생산량 추이 (단위: 톤)

연도	생산량		비고
	총량	조선무연탄(주)	
1930	498,477	56,420	
1931	518,804	83,357	
1932	652,162	119,761	
1933	741,217	146,765	
1934	912,370	238,679	
1935	1,079,330	460,441	
1936	1,051,853	645,461	
1937	1,113,330	691,150	
1938	1,723,290	734,399	
1939	2,233,864	1,110,000	
1940	3,362,000	1,315,366	
1941	3,457,000	1,603,148	
1942	3,898,282	2,020,000	
1943	4,159,000	2,210,000	조선무연탄(주)의
1944	4,530,363	3,600,000	경우 계획량임.
1945		3,100,000	

출처: 일본석탄주식회사기획부, 1941, 『朝鮮石炭鑛業事情硏究』, 18쪽; 近藤釰一 編, 1964, 『太平洋戰下の朝鮮』 5, 朝鮮史料編纂会, 36쪽; 조선경제통신사, 1949, 『조선경제통계요람』, 124쪽; 朝無社社友会回顧錄編集委員会 編, 1978, 『朝鮮無煙炭株式会社回顧録: 汗と油・血と淚の記録』, 19쪽에서 작성.

1930년 50만 톤에 미치지 못했던 식민지 조선의 무연탄 생산은 1935년 100만 톤을 넘어섰고, 1939년에는 200만 톤에 달하였다. 그리고 일제말 강제동원 수준의 '총력 증산'이 전개된 1940년대에 접어들어 400만 톤 이상의 생산을 달성하였다. 한편 조선무연탄(주)은 조선총독부 주도하에 동척 중심으로 무연탄 합동이 이루어진 1935년 당시 46만 톤 생산 수준에서 1938년 70만 톤을 넘어섰고, 1939년에는 100만 톤 이상의 무연탄 생산을 달성하였다. 태평양전쟁이 발발한 1941년에는 160만 톤을 달성하였으며, 이후는 실적 자료가 없으나, 계획상으로는 1942년

200만 톤, 1943년 360만 톤을 목표로 설정했음을 알 수 있다.

1930년대 이후 일제 석탄 증산정책은 증산 '수치'만으로 본다면 50만 톤에서 400만 톤으로 급격한 증산을 이루어 내 일정하게 목적을 달성한 것으로 평가할 수 있다. 그렇다면 이렇게 급격한 증산이 가능했던 원인은 무엇일까? 근대 자본주의적 관점에서 본다면 증산은 자본 투자를 확대하여 신규 탄전 개발을 확대하거나 기계화로 상징되는 기술 혁신을 통해 생산성 향상을 이루는 방식이 일반적이다. 그러나 이 시기 일제에 의한 식민지 조선 무연탄 증산에서는 대규모 신규 탄전 개발이 강원도 삼척탄전의 개발을 제외하면 두드러진 성과를 보이지 않았다.

생산성 향상을 위한 기계화 역시 저급한 수준에 머물러 있었다. 이런 사실은 일본석탄주식회사 기획부가 1941년 조선 석탄광업의 실태를 조사하여 작성한 『조선석탄광업사정연구』에서 확인할 수 있다. 이 보고서는 '다수의 극비자료를 게재하였기 때문에 특별한 주의와 비밀 취급'을 요청하며, 관계자에게만 배포된 회사 내부자료로 조선 석탄광업의 기술수준에 대해 '조선 여러 탄광의 기술 수준은 세계적 수준보다는 아득하게 뒤처져 있다고 말할 수 있으며, 일본 수준과 비교해도 또한 아주 낮은 단계에 있다는 점에 주의해야 한다'고 평가하고 있다. 또한 '조선의 근대화는 구조적인 근대화가 아니며, 표면적인 가상(假象)에 사로잡혀 조선의 자본주의화를 말하는 자가 있다면 이는 대단히 잘못된 주장'이라고 단정하고 있다.[17]

'일본과 비교해도 아주 낮은 단계의 기술 수준'은 다음 〈표 5-3〉을 통해 확인된다. 조선과 일본의 광부 한 명의 채탄량을 비교한 것인데, 매

---

17 일본석탄주식회사기획부, 1941, 『조선석탄광업사정연구』, 53쪽.

〈표 5-3〉 조선과 일본 광부 1인당 채탄량 비교

연도	채탄량(톤)	
	일본	조선
1931	0.731	0.298
1932	0.802	0.363
1933	0.853	0.386
1934	0.810	0.376
1935	0.805	0.312
1936	0.798	0.339
1937	0.772	0.304
1938	0.701	0.483
1939	0.696	0.352

출처: 일본석탄주식회사기획부, 1941, 『조선석탄광업사정연구』, 82쪽.

우 큰 격차를 보이고 있기 때문이다.

위의 표에서 흥미로운 것은 1930년대 전반에 걸쳐 조선과 일본의 생산성 차이가 좁혀지지 않았으며, 동시에 생산성 향상도 일어나지 않았다는 점이다. 1930년에는 50만 톤을 밑돌던 수준에서 10년 뒤 300만 톤을 넘는 놀라운 증산이 이루어졌음에도 불구하고 그 동력은 생산성 향상이 아니었던 것이다.

그렇다면 1930년대 이후 조선총독부 주도하의 석탄 증산이 실현될 수 있었던 가장 중요한 원인은 무엇이었을까. 결국 한국인 저임금 노동력의 대량 동원에 의한 자본주의적 수탈이었다. 관련하여 일본석탄주식회사 기획부의 조사보고서도 동일한 해답을 제시하고 있다.[18](강조는 필자)

기술 수준 정체의 한 가지 원인은 탄층의 상태, 또는 탄질 등의 특질

---

18 일본석탄주식회사기획부, 위의 책, 56~57쪽.

에서 불가피하게 초래된 것으로 보이지만, 그 본질적인 원인은 반드시 그러한 자연적인 조건만으로 규제되었던 것은 아니다. **오히려 조선에서 탄광부의 저임금이 주요 원인임을 알 수 있다.** 예를 들어 탄부의 임금이 더 높았다면 그 부담을 견디기 어려워서, 그 탄층에 적합한 기술을 도입하거나 채탄 작업을 정지하는 선택을 해야 했을 것이다. … 이와 같이 논하면 명백한 것처럼, **조선 탄광업의 기술 수준의 저위(低位)는 근본적으로는 조선의 경제적·사회적 특이성, 구체적으로는 반(半) 농민적(영세 생산자의 가계 보조적) 임금 노동자인 때문에, 기술로의 대치(代置)가 자극을 받지 못하였던 것**이다.

경영자가 기계화를 통한 생산성 향상의 동기를 부여받지 못할 정도로 대규모 저임금 노동자가 석탄 증산의 근본적인 동력이었다. 사실 이런 상황은 식민지 조선의 생산 현장에서 일반적으로 볼 수 있었다. 광산에서 전근대 개발 형태인 '덕대제'가 일제 시기에도 여전히 존속하였으며, 앞서 4장에서 언급했지만, 미쓰비시가 황해도 철광산 산지에 건설한 겸이포제철소가 구내에서 철광석 등 원료의 하역과 운반 시 기중기, 화차 등을 쓰지 않고 사람이 '지게'로 날랐다는 것 등이다. 이처럼 〈표 5-2〉에서 보듯이 태평양전쟁기 석탄 증산 속도가 한층 가팔라진 것도 이른바 '징용'으로 일컬어지는 대규모 한국인 강제동원에 의한 것이라 말할 수 있다.

그리고 이렇게 한국인 저임금 노동력의 대규모 동원에 의한 석탄 증산은 필연적으로 광산 사고를 증가시켰다. 〈표 5-4〉는 1930년대 탄광 사고 빈도와 사상자 수를 집계한 것이다. 사고와 사상자의 절대 숫자는 계속 늘어나고 있으며, 석탄 1,000톤 생산 기준의 비율도 동일한 경향이

〈표 5-4〉 1930년대 탄광 사고와 사상자

연도	업무구분	사고 횟수		사상자 수				
		횟수	출탄 1,000톤당 비율	사망	중상	경상	합계	출탄 1,000톤당 비율
1931	갱내	825	1.07	16	141	696	853	1.10
	갱외	177		1	22	150	173	
	계	1,002		17	163	846	1,026	
1932	갱내	812	0.87	39	161	1,140	1,340	1.41
	갱외	149		5	16	192	213	
	계	961		44	177	1,332	1,553	
1933	갱내	1,401	1.33	65	198	1,167	1,430	1.36
	갱외	342		4	36	306	346	
	계	1,743		69	234	1,473	1,776	
1934	갱내	1,430	1.10	57	198	1,342	1,597	1.20
	갱외	420		5	50	383	438	
	계	1,850		62	248	1,725	2,035	
1935	갱내	2,344	1.50	102	336	1,895	2,333	1.48
	갱외	667		9	80	527	616	
	계	3,011		111	416	2,422	2,949	
1936	갱내	2,858	1.67	119	187	2,476	2,782	1.65
	갱외	353		8	33	939	980	
	계	3,211		127	220	3,415	3,762	
1937	갱내	2,439	1.31	81	238	2,094	2,413	1.29
	갱외	734		11	75	637	723	
	계	3,173		92	313	2,731	3,136	
1938	갱내	2,464	1.04	147	685	1,613	2,445	0.97
	갱외	889		19	249	618	886	
	계	3,353		166	934	2,231	3,331	
1939	갱내	3,140	1.01	169	942	2,411	3,522	1.11
	갱외	1,027		18	256	791	1,066*	
	계	4,167		187	1,198	3,202	4,588**	

출처: 일본석탄주식회사기획부, 1941, 『조선석탄광업사정연구』, 72쪽에서 작성.
비고: *실제 합산은 1,065임.
　　　**실제 합산은 4,587임.

나타난다. 1930년대 후반 잠깐 사고와 사상자 비율에서 감소 경향이 있으나, 사고 횟수와 사상자 중 경상의 경우 보고가 누락되었을 가능성이 있다. 당시 규정상 반드시 보고해야 하는 사고 사망자와 중상자의 경우를 보면 계속 증가하고 있기 때문이다. 이 점은 일본석탄주식회사 기획부 보고서도 동일하게 언급하고 있다.

광산 사고와 사상자 증가 원인과 관련해서 일본석탄주식회사 기획부의 조사보고서는 '설명할 것까지도 없이, 사망 및 중상자가 증가하고, 특히 중상자가 급격한 증가율을 보이는 것은 사변 후 증산 수행의 고귀한 희생자 때문'[19]이라고 하였다. 일본인의 입장에서는 '증산 수행의 고귀한 희생'일 수 있겠으나, 일제 식민지 지배하의 한국인의 입장에서는 근대 광업이라고 하기에는 어려울 정도의 저급한 기술 수준의 광산 현장에서 노동력을 수탈당하며 극도의 위험에 그대로 노출되는 노동환경을 통해 식민성을 확인할 수 있다.

(2) 유통과 소비

다음으로 생산된 무연탄의 유통과 소비에 대해서 살펴보자. 일제의 입장에서 조선산 무연탄의 용도는 한말부터 시작된 해군 함정용 연료에서 1920년대에는 일본 가정용 연탄 공급으로까지 확대되었다. 1930년대 조선총독부 주도의 무연탄 증산의 근본적인 목적은 1차적으로 대일 이출을 통해 일본 군수와 민수시장에 안정적으로 공급하는 것이었다. 이런 사실은 이미 한말 평양탄전에 대한 일본 해군의 관심이 일제 한반도 탄광 개발의 시작이었다는 점에서도 확인되지만, 1941년 당시 일본석탄

---

19 일본석탄주식회사기획부, 앞의 책, 73쪽.

주식회사 기획부 조사보고서에서도 다음과 같은 언급이 있어 재차 확인된다.[20]

조선탄의 유통 과정을 검토하는 경우, 무연탄과 유연탄을 기본적으로 구별하는 것이 필요하다. 즉 유연탄은 반도 내에서 소비되고, 무연탄은 내지 이출에 충당되는, 그 각각이 얽혀있는 재생산 과정 그 자체가 성격상 차이가 있기 때문이다.

물론 1930년대 이후 본격화된 조선총독부의 '식민지 공업화' 정책 속에서 조선 내 무연탄 수요도 공장용으로 매우 빠르게 확대된 것이 사실이다. 공업화와 연동된 측면에서, 북한을 중심으로 하는 철도망 확충도 무연탄의 소비를 증가시켰다. 그러나 일본석탄주식회사 조사보고서가 1941년 시점에서도 '무연탄은 일본 이출, 유연탄은 조선 내 소비'라는 구도로 규정한 것처럼 조선산 무연탄의 유통과 소비는 여전히 대일 이출과 가장 강력하게 연결되어 있었다. 이것을 설명하기 위해서는 다음 두 가지 배경을 추가로 지적할 필요가 있다. 우선 일제가 대륙침략을 본격화하면서 일본 본토와 식민지·점령지를 아우르는 폐쇄적 블록경제를 구축하고, 그 안에서 필요한 연료를 자급해야 하는 상황에 놓였다는 것이다. 1920년대 일본에 무연탄을 공급한 것은 조선과 프랑스령 인도차이나가 양분하였다. 따라서 폐쇄적 블록경제로 가는 상황에서 일제는 인도차이나산 무연탄을 조선산 무연탄으로 대체할 필요성을 염두에 두었을 것이다. 더욱이 인도차이나산 무연탄은 저렴한 가격을 무기로 급격히

---

20 일본석탄주식회사기획부, 앞의 책, 91쪽.

일본 시장을 잠식하여 1920년대 말에는 조선산 무연탄보다 두 배 이상 많이 수입되는 상황이었다.[21] 두 번째는 대공황 이후 일본 경제의 확대이다. 만주침략으로 중국 시장을 확보하면서 일본 경제는 매우 신속하게 대공황을 벗어나 호황 국면에 접어들었고, 이것은 1930년대 후반 절정에 이르게 된다. 1930년대 후반 일본 경제는 군수와 민수가 동시에 확대되는 상황이었고 당연히 이에 필요한 연료 공급도 급증할 수밖에 없었다. 1937년 『동아일보』의 다음 기사는 이런 상황을 잘 묘사하고 있다.

> 시국(時局) 하의 군수공장, 화학공장을 비롯하여 각 공장이 주야 겸행(兼行)으로 기계를 움직이고 있어도 역으로 부족이라는 상태에 있고, 석탄도 파내자마자 곧 공장의 가마(窯) 속으로 들어가기 때문에 아무리 파내어도 부족한 터이다. 6, 7년 전까지 부두나 산이나 파낸 석탄의 산을 보고 입을 딱 벌리던 당시와는 비교할 수 없는 격세지감이 있다.[22]

그러면 1930년대 이후 조선에서 생산된 무연탄 중 일본으로 이출된 양은 어느 정도인지 확인해 볼 필요가 있다. 〈표 5-5〉는 1930년대 후반

---

21 "가격이 저렴하다는 절대적인 강점을 지닌 인도차이나 탄의 파도와 같은 진출은 내지(內地)에서의 수입 통계가 명백히 실증하고 있다. 즉, 1925년의 통계에서 조선 무연탄의 내지 수입고는 19만 7,738톤인 반면, 프랑스령 인도차이나 탄의 수입은 16만 5,838톤에 지나지 않았다. 그러나 5년 후인 1929년에는 조선 탄 28만 5,349톤에 비하여 프랑스령 인도차이나 탄은 45만 5,249톤이라는 수입고를 보이며, 같은 해 우리나라의 무연탄 소비고 약 115만 톤의 45퍼센트 이상을 차지하는 추세였다." 「慎重考慮を要す 朝鮮無煙炭と 仏領印度支那炭: 報復関税問題を覗く」, 『京城日報』, 1931.07.28.

22 「수요는 年年 격증, 공급력 지지부진, 해결 묘안은 果如何」, 『동아일보』, 1937.12.4.

〈표 5-5〉 1930년대 후반 무연탄 일본 이출 추이   (단위: 톤)

연도	1936			1937			1938		
	상반기	하반기	계	상반기	하반기	계	상반기	하반기	계
이출량	275,940	322,658	598,598	269,911	274,214	544,125	541,449	247,972	789,421

연도	1939			1940		
	상반기	하반기	계	상반기	하반기	계
이출량	517,096	450,331	967,427	705,189	730,706	1,435,895

출처: 일본석탄주식회사기획부, 1941, 『朝鮮石炭鑛業事情研究』, 95~96쪽에서 작성.

조선에서 생산된 무연탄의 일본 이출량을 정리한 것이다.

1930년대 후반 조선에서 생산된 무연탄의 일본 이출은 1936년 60만 톤 수준에서 1940년 140만 톤을 넘어서고 있다. 불과 4년 만에 두 배가 넘게 늘어난 것이다. 〈표 5-2〉의 같은 시기 무연탄 생산량과 비교해 보면 대략 조선에서 생산된 무연탄의 50퍼센트 정도가 일본으로 이출되었음을 확인할 수 있다. 한국인 저임금 노동력의 동원을 통한 극단적인 증산이 이루어지는 상황에서 이에 비례하여 대일 이출도 급증한 것이다. 후반으로 갈수록 대일 이출 비중이 약간 떨어지는 경향을 보이지만, 이는 중일전쟁 이후 전시체제기에 접어들면서 문제가 된 수송력 약화에 따른 것이다.[23]

다음으로 일본으로 이출되는 무연탄은 조선의 어느 탄광에서 주로 생산되는지 살펴보았다. 〈표 5-6〉은 1930년대 후반 생산된 무연탄 중

---

23 예를 들어 중일전쟁 발발 3개월이 지난 1937년 10월 일본으로 무연탄을 이출하는 주요 경로인 평양탄전과 진남포 간의 수송 상황을 보면, '시국 관계로 화차가 부족하여 석탄 운송에 막대한 어려움을 겪고 있으며, 이대로 가면 진남포 석탄 적치장에 머지않아 석탄이 품절될 것'이라고 하였다(「석탄 수송에 화차 廻着 부진」, 『동아일보』, 1937.10.11).

〈표 5-6〉 1930년대 후반 대일 무연탄 이출 주요 탄광

(단위: 톤)

연도 탄광	1936 상반기	1936 하반기	1936 계	탄광	연도 1937 상반기	1937 하반기	1937 계	탄광	연도 1938 상반기	1938 하반기	1938 계
조선무연탄광(주)	87,106	108,828	195,934	조선무연탄광(주)	107,311	108,885	216,196	조선무연탄(주)	164,035	58,101	222,136
동척광업(주)*	50,062	75,465	125,527	동척광업(주)	77,397	43,400	120,797	동척광업(주)	106,060	72,811	178,871
삼신동 (조선무연탄(주))	42,475	37,896	80,371	삼신동 (조선무연탄(주))	11,695	48,900	60,595	삼신동 (조선무연탄(주))	77,253	20,107	97,360
평양일본 해군	43,899	20,594	64,493	용등 (대동광업(주))	30,500	11,127	41,627	봉천 (봉천무연탄(주))	59,124	17,431	76,555
용등 (대동광업(주))	17,150	27,150	44,300	대보면 (조선무연탄(주))	7,601	19,796	27,397	용등 (대동광업(주))	37,875	16,789	54,664

연도 탄광	1939 상반기	1939 하반기	1939 계	탄광	연도 1940 상반기	1940 하반기	1940 계
삼척 (삼척개발(주))	12,722	157,965	170,687	삼척 (삼척개발(주))	146,979	280,324	427,303
동척광업(주)	99,284	51,360	150,644	용등 (대동광업(주))	56,290	46,529	102,819
조선무연탄(주)	104,213	42,341	146,554	강동 (조선무연탄(주))	24,018	67,794	91,812
봉천 (봉천무연탄(주))	59,020	28,532	87,552	봉천 (봉천무연탄(주))	45,709	40,304	86,013
안창동 (조선무연탄(주))	38,079	25,145	63,224	동척광업(주)	83,035		83,035

출처: 일본석탄주식회사기획부, 1941, 『조선석탄광업사정연구』, 43~46, 95~96쪽에서 작성.

비고: * 원 자료에는 진총(鎭總)으로 되어 있는데, 조선전기흥업(주)이다. 식탄사업부문은 1933년 이후 분리되어 동척광업(주) 설립으로 이어졌기 때문에 동척광업(주)로 변경하였음.

제5장 1930년대 석탄 증산정책과 실태 231

일본 이출이 많은 5개 탄광을 정리한 것이다.

전반적으로 조선에서 생산된 무연탄의 대일 이출은 1930년대 조선총독부 주도로 재조직된 조선무연탄(주)과, 이 합동의 중심 주체였고 조선무연탄(주)의 최대 지분을 가지고 있던 동척 산하의 동척광업(주) 등이 보유한 탄광에서 이루어진 것으로 확인된다. 1936년과 1937년의 경우, 무연탄 합동의 최종 단계에서 자산 평가 문제로 의견일치를 보지 못해 참여하지 않았던 조선무연탄광(주)이 20만 톤 정도를 이출하여 수위를 차지했으나, 이후에는 큰 비중을 차지하지 못했다. 원래 조선무연탄(주)에 불하하려 했으나 최종적으로 삼척개발(주)이 설립되어 독자적으로 개발된 삼척탄전은 1939년부터 본격적으로 무연탄을 생산하기 시작하였으며, 그와 동시에 가장 많은 무연탄 이출이 이루어졌다. 앞서 언급했듯이 삼척탄전 개발의 원래 목적인 일본 전력회사의 발전용 연료 공급의 임무를 충실히 수행하고 있는 것이다.

그러면 이처럼 조선에서 생산된 무연탄의 약 50퍼센트가 일본으로 이출되는 상황에서 이출된 무연탄이 구체적으로 일본의 어디로 가고 어떻게 사용되었는지 살펴보자. 우선 지적할 것은 한말 일제의 석탄 개발의 시작이기도 했던 일본 해군의 함정 연료용 무연탄 이출이다. 평양 북부탄전에는 해군이 광업소를 두고 이를 직영하였으며, 생산된 무연탄은 대부분 일본 도쿠야마(德山) 해군연료창으로 보내졌다. 1930년대 생산 추이를 보면 〈표 5-7〉과 같다. 대략 14만~15만 톤 정도의 무연탄이 군수용으로 지속적으로 이출되었음을 알 수 있다. 조선 석탄 개발의 시작이기도 했던 해군의 평양 무연탄 조달은 한말부터 일제 시기까지 변함없이 유지되었다. 조선산 석탄 중 가장 양질의 무연탄인 '평양탄'의 일본 해군 공급은 일제 시기 조선 광업이 가지는 군수적 성격을 가장 잘 보여

〈표 5-7〉 1930년대 해군 평양광업소 무연탄 출탄량 (단위: 톤)

연도	1931	1932	1933	1934	1935	1936	1937	1938	1939
출탄량	140,451	145,812	150,824	146,548	149,950	154,671	122,272	144,214	160,919

출처: 일본석탄주식회사기획부, 1941, 『조선석탄광업사정연구』, 45~46쪽에서 작성.

주는 사례이다.

한편 민수용으로 일본에 이출된 무연탄은 70퍼센트 이상이 도쿄와 오사카로 유입되었다. 예를 들어 1941년 일본에 이입된 조선산 무연탄 140만 톤 중 100만 톤 이상이 도쿄와 오사카로 들어왔다. 도쿄가 60만 톤, 오사카에 46만 톤이었다.[24] 이렇게 들어온 조선산 무연탄은 연탄제조업자들을 통해 일반 가정의 난방용 연탄으로 제조되어 소비되는 비중이 가장 컸다. 〈표 5-8〉은 1941년 일본석탄주식회사를 통해 배분될 조선산 무연탄을 용도별로 정리한 것이다. 전체의 50퍼센트가 연탄 제조용으로 사용되었으며, 그다음은 각종 공업용 연료로 사용되었다. 공업용 연료 중에서는 제철업과 요업의 비중이 높다는 것도 알 수 있다.

전체적으로 보면, 일본에 이입된 조선산 무연탄의 소비는 해군 함정용 연료로 사용되는 군수용과, 민수용으로는 주로 가정용 연탄의 원료로 소비되는 것이 가장 큰 비중을 차지하였다. 조선산 무연탄이 일본에 이입되어 군수와 민수로 소비되는 것은 사실 이전 시기와 비교하여 크게 변함이 없었던 것으로 볼 수 있다. 그러나 중요한 차이가 있다. 우선 일본으로 이입되는 무연탄의 절대량이 증가했다는 것이다. 1930년초반 조선산 무연탄의 일본 이출은 연간 30만 톤 수준이었다.[25] 그러나 1940년

---

24 일본석탄주식회사기획부, 앞의 책, 97쪽.

25 1930년 전후 일본에 이출된 조선산 무연탄의 양은 1929년 28만 톤, 1930년 24만

〈표 5-8〉 일본석탄주식회사 이입 조선산 무연탄 배분 계획 (단위: 톤, %)

	1941년도 상반기		1941년도 하반기	
	수량	비율	수량	비율
일철(日鐵) 이외의 제철	93,596	8.3	62,800	8.2
가스(瓦斯) 코크스(coke)	4,600	0.5	4,600	0.6
선박 기계 제조			3,000	0.3
광산 정련(精鍊)	2,000	0.2	0,800	0.1
요업(窯業)	98,930	8.8	70,230	9.2
화학공업	35,370	3.1	14,240	1.8
연탄	490,676	43.5	421,153	55
중매불명 거래(仲買不明示口)	330,618	29.3	151,938	20
소액 거래(小口)	71,051	6.3	36,572	4.8
할당분 합계	1,126,841	100.0	765,333	100.0
보류	47,935		180,591	
송탄(送炭) 합계	1,201,776		986,500	

출처: 일본석탄주식회사기획부, 1941, 『조선석탄광업사정연구』, 93쪽.

이 되면서 일본에 이입된 조선산 무연탄은 〈표 5-5〉에서 보듯이 140만 톤을 넘어섰다. 이는 1930년대 조선의 무연탄 증산과 비례하는 추세였다. 아울러 1930년대 후반 새로 개발된 삼척탄전에서 대량의 무연탄이 생산되어 일본에 공급되었으며, 특히 일본 전력회사의 발전연료로 사용된 점에서 일본 내 공업용 소비가 증가했음을 주목할 필요가 있다.

(3) 주요 광산

1930년대 무연탄 증산을 이끌었던 주요 광산의 현황을 보면 〈표 5-9〉와 같다.

톤, 1931년 30만 톤 수준이었다(朝鮮總督府 殖産局鑛山課, 1935, 『朝鮮の無煙炭鑛業』, 29쪽).

〈표 5-9〉 1930년대 주요 무연탄 광산 현황과 출탄고

출탄량(톤)

탄전명	추정매장광(만톤)	탄광명	1939년 현재 경영자명	1931	1932	1933	1934	1935	1936	1937	1938	1939	1940
평남북부	49,154	용등(龍登)	대동광업(大東鑛業)				29,111	61,020	52,373	32,970	156,775	166,112	201,256
		용담(龍潭)	조선무연탄광(朝鮮無煙炭鑛)				44,004	42,887	27,185	36,681	69,699	92,011	120,083
		봉천(鳳泉)	봉천무연탄(鳳泉無煙炭)			10,798	50,489	40,101	34,868	29,304	137,820	108,577	175,068
		조양(朝陽)	조양탄광(朝陽炭鑛)									13,713	58,373
		평양(海運)	해군연료창(海軍燃料廠)	140,451	145,812	150,824	146,548	149,950	154,671	122,272	144,214	160,919	
		흑령(黑嶺)	조선무연탄(朝鮮無煙炭)									120,893	391,362
		덕산(德山)	〃							87,573	114,173	131,289	
평남남부	30,000	강동(江東)	〃	76,237	131,684	118,678	177,634	210,122	146,148	200,592	231,004	285,474	284,976
		인단(仁遁)	〃						41,758	51,550	77,338	85,281	73,910
		삼신(三神)	〃	68,514	109,374	137,031	173,067	207,932	121,820	110,108	156,452	149,425	124,009
		정백(貞柏)	〃	33,671	32,179	28,163	22,470	16,563	21,404	21,742	19,850	18,054	18,283
		답북(沓北)	〃						25,668	24,834	29,236	30,203	27,539
		대보(大寶)	〃	55,785	43,994	48,672	51,284	59,417	59,331	62,575	81,604	119,685	151,130
		강서(江西)	조선무연탄광(朝鮮無煙炭鑛)	83,622	106,473	126,827	132,446	125,449	126,281	126,115	108,806	109,435	70,918
		대문산(大文山)	조선무연탄광(朝鮮無煙炭鑛)	20,502	297,783	35,835	46,353	57,334	61,290	48,454	47,192	36,056	13,534
문천(文川)	1,391	문천(文川)	〃	15,810	18,979	24,751	34,403	47,302	46,102	43,700	38,138	53,230	63,907
삼척(三陟)	29,810	삼척개발(三陟開發)	삼척개발(三陟開發)									134,664	620,061
화순(和順)		화순(和順)	전남광업(全南鑛業)						15,909		43,055	62,992	42,039
		구암(鹽岩)	남선탄광(南鮮炭鑛)						15,447	21,028	48,880	81,047	88,441

출처: 일본석탄주식회사기획부, 1941, 『조선석탄광공사정구』, 45~46쪽에서 작성.

제5장 1930년대 석탄 증산정책과 실태 235

우선 한반도 주요 무연탄 산지는 한말부터 '평양탄전'으로 불렸던 평안남도 남부와 북부탄전이 여전히 중심이었음을 알 수 있다. 이 탄전은 일제 시기에 들어와서도 지속적으로 개발·확장되었다. 〈표 5-9〉에 따르면 주요 탄전 중에서도 평안남도 북부탄전에는 해군 직영의 평양탄광을 비롯하여 조선무연탄광(주) 등 4개 회사가 운영하는 5개 탄광이 위치해 있었으며, 추정 매장량은 5억 톤에 달하였다.

평안남도 북부탄전에 비해 상대적으로 개발이 더딘 편이었으나, 1930년대 후반 전시체제기에 접어들면서 남부탄전에서도 개발이 활발해졌다. 특히, 조선총독부 주도로 설립된 무연탄 합동회사인 조선무연탄(주)이 사실상 독점적으로 생산하는 체제가 구축되었음을 확인할 수 있다. 총 10개의 주요 탄광 중 조선무연탄(주)이 8개를 소유하고 있으며, 개발과 무연탄 채굴을 진행하고 있었다. 그리고 표를 보면 조선무연탄(주)이 운영하는 8개 탄광 중에서도 강동탄광이 주력 탄광임을 알 수 있다.

조선무연탄(주)의 광산개발과 경영은 1930년대 조선총독부가 추진한 석탄 증산정책과 가장 잘 부합하는 모습을 보였다. 1931년 7만 톤 수준이던 채굴량은 1940년에는 30만 톤에 근접하였다.

한편, 1930년대 말 두각을 나타낸 탄광으로는 삼척개발(주)이 개발을 담당한 강원도 삼척탄광이 있다. 이곳은 추정 매장량만 3억 톤에 달하고, 무연탄 채굴이 본격화된 1940년에는 단숨에 60만 톤 이상을 생산하여 조선 주요 무연탄 탄광 중 압도적인 생산량을 보였다. 전남 화순탄전도 1930년대 후반부터 2개 회사가 개발을 시작하였으며, 1930년대 말에는 대략 10만 톤 정도의 생산량을 기록한 것으로 나타난다.

3. 유연탄 개발

1) 개발 배경

조선의 유연탄은 한말부터 일제가 관심을 가졌던 무연탄과 달리 큰 주목을 받지 못하였다. 가장 큰 이유는 함경북도를 중심으로 매장된 유연탄의 품질이 낮았을 뿐만 아니라 당시로서는 주목할 만한 매장량도 아니었기 때문이다. 조선의 유연탄은 제철소와 화력발전소 등 높은 화력이 필요한 공업용으로 사용되는 대표적인 유연탄인 역청탄(瀝靑炭)과 비교했을 때, 화력이 절반에도 미치지 못했으며 점결성도 없는 갈탄(褐炭)이었다. 또 덩어리 탄인 괴탄(塊炭) 형태로 채굴되더라도 풍화(風化)가 쉬워서 운반 중에 가루탄, 즉 분탄으로 변해버리기 때문에 유통 과정에서 추가 비용이 발생하는 약점이 있었다. 더욱이 무연탄과 달리 유연탄은 일본 내에서도 조선보다 상대적으로 품질이 좋은 역청탄이 규슈(九州)와 홋카이도(北海道)를 중심으로 분포하고 있었다. 따라서 해군 직영의 평양탄광을 중심으로 조선총독부가 일본 재벌 자본을 유치하여 적극적으로 개발을 추진했던 무연탄에 비해 유연탄은 1920년대 초반까지도 이와 같은 개발이 이루어지지 않았다. 당시 유연탄은 주로 영세한 광산업자들이 소량을 채굴하여 조선 내 혹은 주요 산지인 함경북도와 가까운 간도 등 동만주 지역으로 유통하는 수준이었다.

이러한 상황을 반영하듯, 일제 식민통치가 시작된 1910년대 초반에는 이미 무연탄의 연간 생산량이 10만 톤이 넘어섰던 반면, 유연탄의 생산량은 고작 1만 톤 안팎에 불과하였다. 다음 〈표 5-10〉에서 나타나듯,

〈표 5-10〉 1910년대 조선 유연탄 생산량 (단위: 톤)

연도	1911	1912	1913	1914	1915
생산량	4,407	10,639	8,704	28,636	24,523
1916	1917	1918	1919	1920	
28,954	41,137	45,632	57,670	88,485	

출처: 朝鮮總督府殖産局鑛山課 編, 1933, 『朝鮮の有煙炭』, 22쪽.

1910년대 유연탄 생산량은 이를 잘 보여준다. 1911년에는 연간 생산량이 5,000톤에도 미치지 못했고, 이후 점진적인 증가세를 보이긴 하지만, 1920년에도 8만 톤 수준에 머물러 있었다.

그런데 1920년대에 들어서면서 개발이 활기를 띠게 되었다. 가장 큰 이유는 조선총독부가 그동안 식민지 조선의 대표적인 광업 자원인 금광의 침체에 대한 대안으로 석탄을 주목하고, 이를 육성하기 위한 정책을 펼쳤기 때문이다. 물론 무연탄이 중심이었지만, 유연탄도 포함되었다. 예를 들어 앞서 언급한 연료선광연구소를 통한 기술 개발에는 유연탄과 관련한 연구실험도 포함되었다. 그 방향은 질 낮은 갈탄인 조선산 유연탄을 어떻게 활용할 것인가에 초점을 맞추었으며, 연료선광연구소는 갈탄을 저온건류[26] 방식으로 처리하여 인조석유로 일컬어지는 석유대용품을 생산할 수 있는 가능성을 제시하였다.

연료선광연구소의 조선산 갈탄에 대한 저온건류 실험 결과는 「석탄시험보고」라는 명칭의 보고서로 1927년과 1930년 각각 제출되었다. 1930년에는 '조선 갈탄 탄질개량탄 제조시험'에 대한 보고서도 제출되

26　건류(乾溜)는 고체 유기물을 용기에 넣고 공기를 차단하고 가열하여 분해하는 조작이다. 주로 석탄이 건류의 재료로 빈번하게 사용되며, 1000~1200℃로 건류하는 것을 고온 건류, 800℃ 이하로 건류하는 것을 저온건류라고 한다.

었다.[27] 여기서 조선산 갈탄은 수분을 많이 함유하고 있어서 저온건류를 통해 인조석유와 점결제로 사용되는 피치 등을 제조할 수 있다고 보았다. 연료선광연구소는 저온건류법을 이용하면 조선산 갈탄의 추정 매장량을 10억 톤으로 상정했을 때, 이로부터 1억 2,000만 톤의 각종 석유대용품을 제조할 수 있을 것으로 전망하였다. 관련하여 이 실험을 주도한 연료선광연구소 기사 다케다 요지(武田庸二)[28]는 1929년 조선광업회 회지에 다음과 같이 언급하였다.[29]

> 이런 견지에서 볼 때, 매장량 약 10억 톤의 갈탄을 건류한다고 상정하면, 얻을 수 있는 유분량(油分量)은 12퍼센트로, 1억 2,000만 톤의 석유대용품을 제조할 수 있다. 금후 아국(我國)이 연간 240만 톤의 석유대용품이 필요하기 때문에 실로 50년 동안은 조선 갈탄의 저온건류만으로 이것을 충당할 수 있는 것이다. 조선 갈탄은 아국 석유문제에 대한 획기적 자원이라고 단언할 수 있다.

대륙침략의 대가이기도 한 엔블록의 폐쇄적 자급경제를 목전에 둔 1929년 시점에서 식민지 조선의 저질 갈탄을 가지고 일제가 50년간 쓸 수 있는 석유대용품 생산이 가능하다는 실험을 주도한 전문가의 언급은 분명 매력적인 것이었다. 이 구상은 통칭 '석탄액화사업'으로 불리며

27　朝鮮總督府燃料選鑛研究所, 1930, 『朝鮮總督府燃料選鑛研究所槪要』, 14쪽.

28　1927년 제출한 「석탄시험보고」 제2권의 선임연구원이었다(朝鮮總督府殖産局 燃料選鑛研究所, 1929, 「石炭試驗報告」 第2卷).

29　工學士 武田庸二, 1929, 「朝鮮褐炭低溫乾溜に就て」, 『朝鮮鑛業會誌』 第12卷 第2號, 朝鮮鑛業會, 36쪽.

1930년대 일본 대자본의 진출을 통해 실제로 실천되었고, 전시체제기 일제의 핵심 국책사업 중 하나가 되었다. 여기에는 일본 해군의 지원도 있었다. 일본 해군은 석유 공급이 두절될 경우를 대비한 대체 방법으로 조선산 갈탄을 이용한 액화사업에 관심을 가졌으며, 자체 연구는 물론 관련 사업을 대규모로 육성하려는 의도를 가지고 있었다.[30] 따라서 조선산 갈탄 개발 역시 군수적 성격을 지닌 것이었다.

석탄액화사업은 일본 신흥 재벌로 적극적 식민지 진출을 전개하고 있던 닛치쓰(日窒)가 주도하였다. 닛치쓰는 1927년 함경남도 흥남에 조선질소비료(주)를 설립하여 조선에 진출하였다. 이듬해인 1928년, 닛치쓰는 함경북도 명천군(明川郡) 서면(西面)에 위치한 영안탄광(永安炭礦)을 매수하여 개발에 착수한 한편, 인근에 석탄액화사업을 위한 공장을 건설하였다. 이 공장은 조선질소비료(주) 영안건류공장(永安乾餾工場)이라고 불렸으며, 영안탄광에서 불과 2킬로미터 정도 떨어져 있었다. 영안탄광과 공장 사이에는 왕복 레일을 설치하여 탄광에서 채굴된 갈탄을 탄차로 바로 공장으로 운반하는 시스템을 구축하였다.

닛치쓰의 영안공장은 설립 후 1930년대 초반까지 시험적으로 가동되었으며, 하루 300톤, 연간 10만 톤의 갈탄을 액화하였다.[31] 시험 가동이었지만 공장이 가동되면서 영안탄광의 갈탄 생산도 급증하였다. 1928년 최초 채탄량은 1,400톤 수준이었으나 1931년 1만 톤을 넘어섰고, 1932년에는 5만 톤에 근접하였다. 갈탄 채굴에 종사하는 광부의 규모도 채탄, 선탄, 운반 등을 포함하여 475명에 달하였다.[32] 1935년에는

---

30 「갈탄액화공업 유연탄합동문제」, 『조선일보』, 1928.10.17.
31 「석탄액화공장」, 『동아일보』, 1931.10.8.

조선질소비료(주)로부터 석탄액화사업을 분리하여 자본금 1,000만 엔의 조선석탄공업(주)을 설립하고 닛치쓰 재벌 총수인 노구치 시타가우(野口 遵)가 사장으로 직접 경영을 이끌었다.

이후 닛치쓰는 조선 갈탄을 이용한 석탄액화사업을 통해 일제의 '대용품공업' 확대 국책에 편승하며, 1930년대 후반 전시체제가 본격화되면서 사업을 더욱 확장하였다. 물론 이는 일제의 핵심 국책사업이었으므로, 국가 차원의 보조금 등 각종 지원이 따랐다. 구체적으로는 조선석탄공업(주) 영안공장의 설비를 확장하고, 새롭게 조선 최대 갈탄 탄광인 함경북도 아오지탄광과 연결된 아오지공장을 설립하여 1938년 가동을 시작하였다. 설립 당시 250만 엔에 불과했던 조선석탄공업(주)의 자본금은 이 시기에 오면 공칭자본금 1,000만 엔 전액을 불입하여 사업 확장에 필요한 자금을 조달하였다.[33] 나아가 닛치쓰는 1939년에는 1930년대 조선에서 진행한 석탄액화사업의 경험을 토대로 만주 진출을 모색하였다. 만주국과 제휴하여 자본금 1억 엔의 석탄액화 전문 기업을 만주에 설립하고 만주 유연탄을 원료로 사업을 진행하는 것이 계획의 주요 내용이었다.[34]

1930년대에 들어 석유 대체와 관련한 군수·국책사업으로 석탄액화사업이 조선산 유연탄인 갈탄과 연결되면서 그 개발의 중요성이 부각되

---

32 朝鮮總督府殖産局鑛山課 編, 1933, 『朝鮮の有煙炭』, 54쪽.

33 조선석탄공업(주)의 자본금 변동과 관련해서는 국사편찬위원회 한국사데이터베이스 한국근대사료DB 근현대회사조합자료(https://db.history.go.kr/modern/hs/detail.do) 참조.

34 「인조석유 증산, 日窒 중심 회사설립, 자본금 1억 엔으로 만주에」, 『동아일보』, 1939.5.31.

자, 조선총독부는 본격적인 개발을 위한 유연탄 합동을 추진하였다. 시작은 1920년대 후반, 연료선광연구소가 갈탄 이용에 대한 연구보고서를 발간하고, 닛치쓰가 조선에 진출하여 석탄액화사업을 시작한 시점부터였다. 다음은 이에 대한 관련 정황을 잘 보여준다.

> 최근에 총독부는 국가적 대산업인 갈탄액화공업에 대한 논의가 일어나자, 빈약한 조선의 갈탄사업을 종래처럼 소기업대로 방임하여 그 발달을 저지함은 조선 내 산업 개발상 우려할 바라 하여 재차 유연탄 기업자의 합동을 책동 중임은 사실인 듯하며 일부가 전하는 바에 따르면 그 문제는 도쿄(東京)로 옮겨서 미쓰이(三井), 미쓰비시(三菱), 기타 대자본가 간에 모종의 양해를 구하는 듯하다더라.[35]

앞서 언급한 무연탄 합동과 비슷하게 일본 재벌 대자본을 끌어들여 석탄액화사업의 원료가 되는 조선산 갈탄의 본격 개발을 조선총독부 주도로 구상한 것이다. 그리고 이를 위해 조선총독부 관리들이 일본 도쿄로 건너가서 미쓰이, 미쓰비시 등 일본 대표 재벌 자본들과 교섭하고 있다는 사실도 확인된다. 그러나 무연탄과 달리 유연탄 합동은 시간이 좀 더 걸려 구체화된 것은 1939년이었다.

1939년 8월 초 『조선일보』는 「유연탄개발회사, 기존회사도 포함」이라는 제목을 기사를 통해 조선총독부의 지원하에 무연탄과 마찬가지로 동척이 주도하여 유연탄 합동회사를 설립할 것임을 보도하였다. 그 내용은 다음과 같다.[36] (강조-필자)

---

35 「갈탄액화공업 유연탄합동문제」, 『조선일보』, 1928.10.17.

유연탄개발증산을 위하여 동척을 중심으로 하는 신개발회사의 계획은 이미 보도한 대로 식산국의 지원하에 착착 진행 중인데, **조선산 유연탄의 통제적 개발과 적극적 증산**을 위하여는 다시 일보 나아가서 이 개발회사를 확대 강화하고 **전 조선의 기존 탄광도 무연탄 합동과 같이 합동**을 하여 일원적으로 통제하자는 기운이 성숙하여 동척광업에서는 광산과와 연락하고 착착 공작 중이라고 한다. … **무연탄에 있어서 조선무연탄(주)이 종합개발을 담당하고 있는 것과 같이 유연탄에서는 신설하는 신개발회사가 일원적 통제에 착수하게 될 것**으로 그 결과는 자못 기대되고 있다 한다.

위 자료에서 보듯이 조선총독부 식산국 광산과가 동척을 앞세워 추진한 유연탄 합동은 무연탄 합동을 통해 설립된 조선무연탄(주)과 거의 동일한 구상이었다. 유연탄의 '통제적 개발과 적극적 증산'을 목적으로 '전 조선의 모든 유연탄 탄광의 합동'을 추진한 것이었다. 그 결과, 같은 해 11월에 자본금 1,500만 엔을 바탕으로 조선유연탄(주)이 설립되었다.

그러나 설립된 조선유연탄(주)은 무연탄 합동으로 탄생한 조선무연탄(주)만큼의 위상을 갖지는 못하였다. 가장 큰 이유는 1920년대 말부터 조선에 진출하여 석탄액화사업을 전개하면서 아오지, 영안탄광 등을 소유한 닛치쓰가 참여하지 않는 등 많은 탄광회사가 합동에 포함되지 않았기 때문이다. 그러나 이는 원래부터 예상된 일이었다. 계획을 주도한 조선총독부와 동척은 조선유연탄(주)을 '1차 합동'으로 규정하고 계속해서 전체를 합동하는 2차 합동을 지속적으로 추진한다는 구상이었기 때

---

36 「유연탄개발회사, 기존 회사도 포함」, 『조선일보』, 1939.8.5.

문이다. 실제로 1차 합동인 조선유연탄(주) 설립 당시 보유한 탄광은 동척의 소유 광구와 조선총독부가 미개발 상태로 보유하고 있던 이른바 보류 광구들, 그리고 1차 합동에 참여한 북선(北鮮)탄광(주)과 마생(麻生)광업(주)의 소유 광구 정도로 연간 12만 톤 생산 규모였다. 2차 합동에 대해서는 '신회사의 확장 및 증산을 예상해도 능력적으로 그 지배력이 적지만 유연탄은 무연탄처럼 강력한 자본이 적고 업계도 합동을 요망하고 있는 사정임으로 내년 봄까지 대합동이 가능할 것'으로 낙관하였다.[37]

전체적으로 보면 유연탄 개발은 그 품질 때문에 일제가 일찍부터 주목하지 않았으며, 1920년대 후반 금광의 대안으로 석탄광업을 육성하려는 과정에서 시작되었다. 특히 석유 대체품으로 석탄액화사업이 국책사업으로 떠오르면서 조선산 갈탄의 개발이 본격화되었다고 할 수 있다. 여기에는 함정 연료 대체의 관점에서 일본 해군이 일찍부터 기술 개발을 지원한 측면이 있었다. 따라서 석탄액화사업은 군수적 성격도 함께 가지고 있었다. 1930년대 후반 전시체제가 점차 강화되면서 조선산 갈탄을 원료로 하는 석탄액화사업은 여기에 비례하여 군수적 성격을 더욱 강화하게 되었다.

2) 생산 실적

우선 1930년대부터 본격화된 유연탄의 생산 추이를 보면 〈표 5-11〉과 같다. 1930년 40만 톤 수준이던 생산량은 1940년 250만 톤을 넘어

---

37 「유연탄 대합동! 명춘에는 제2단 공작」, 『조선일보』, 1939.9.10.

〈표 5-11〉 1930년대 조선 유연탄 생산량 (단위: 톤)

연도	1931	1932	1933	1934	1935
생산량	417,578	452,032	565,517	706,277	717,823
	1936	1937	1938	1939	1940
	1,230,149	1,318,075	1,696,061	1,904,830	2,593,000

출처: 일본석탄주식회사기획부, 1941, 『조선석탄광업사정연구』, 18~19쪽.

섰다. 특히 1930년대 후반기의 증가는 매우 급격하다. 배경에는 닛치쓰의 석탄액화사업이 1935년 설립된 조선석탄공업(주)을 중심으로 본격적으로 자리 잡은 것과 함께 식민지 공업화, 군수공업 육성, 전시체제의 엔블록 자급체제의 강화 등도 영향을 미친 것으로 볼 수 있다.

다음으로 1930년대 주요 유연탄 광산의 생산 추이는 〈표 5-12〉와 같다. 1939년 유연탄 1차 합동으로 설립된 조선유연탄(주)은 주요 광산 경영자 목록에 등장하지 않는데, 이는 설립이 11월에 이루어졌기 때문이다. 북선탄광(주)이 소유한 고건원탄광이 초창기 조선유연탄(주)의 주력 광산이었으며, 1939년 14만 톤에서 1940년 22만 톤으로 생산량이 급증하였다. 이는 무연탄 합동으로 설립된 신회사를 중심으로 진행된 적극적인 개발 확대의 결과로 볼 수 있다.

〈표 5-12〉의 주요 유연탄 광산 생산 추이와 관련하여 주목되는 점은 1930년대 초반만 하더라도 주요 유연탄 탄광의 규모가 매우 영세했음을 확인할 수 있다는 것이다. 1931년 가장 많은 갈탄을 생산한 탄광은 생기령탄광으로 생산량은 4만 톤 수준에 불과하였다. 이에 비해 〈표 5-9〉의 주요 무연탄 탄광을 보면, 같은 해에 해군 직영의 평양탄광은 14만 톤을 넘었고, 조선무연탄광(주)의 강서탄광도 8만 톤 이상을 생산하고 있었다.

(단위: 톤)

<표 5-12> 1930년대 주요 유연탄 광산 현황과 출탄고

탄전 명	주청 매장량(만톤)	탄광 명	경영자명(1939년 현재)	출탄고(톤)									
				1931	1932	1933	1934	1935	1936	1937	1938	1939	1940
아오지(阿吾地)	3,000	아오지(阿吾地)	조선석탄공업(朝鮮石炭工業)	4,240	3,966		35,713	95,513	270,850	317,695	321,339	178,283	430,108
고건원(古乾原)	5,000	승량(承良)									11,886	44,816	52,921
		고건원(古乾原)	북선탄광(北鮮炭鑛)				24,281	30,844	80,791	68,386	102,845	144,874	226,604
은성(穩城)	700	풍인(豊仁)	신화광업(新和鑛業)								51,224	134,863	158,772
		화풍(花豊)	암촌조(岩村組)									14,629	32,991
		구심(弓心)	구심탄광(弓心炭鑛)								35,397	69,277	100,097
회령(會寧)	11,320	계림(鷄林)	조선함동탄광(朝鮮合同炭鑛)						67,412	138,325	118,657	99,633	98,596
		유선(遊仙)	암촌광업(岩村鑛業)	19,211	31,254	64,045	106,190	139,090	166,730	169,403	217,733	170,987	191,849
		훈계(訓戒)	부사탄광(富士炭鑛)		1,952			17,758	39,578	40,428	67,904	59,795	104,545
나남(羅南)		나남(羅南)	나남탄광(羅南炭鑛)								7,815	7,380	4,891
생기령(生氣嶺)		생기령(生氣嶺)	생기령탄업(生氣嶺炭業)	40,034	36,113	30,773	29,865	38,119	46,729	67,521	83,352	105,761	201,947
		주을(朱乙)	조선집소비료(朝鮮集堂素肥料)	2,063								112,641	122,745
대문동(大門洞)		용선(龍蟬)	일선광업(日鮮鑛業)		8,368	21,237	29,397	33,344	31,051	29,753	30,999	93,611	183,350
주남(朱南)		회문(會文)	회문탄광(會文炭鑛)									90,397	43,702
명천길주	1,000	소화(昭和)	소화탄광소(昭和炭鑛業所)	35,126	28,228	26,273	21,249	12,659	12,927		7,386	10,578	11,708
(明川吉州)		고참(古站)	영식광업(英嚙鑛業)	5,092	4,345							7,326	13,156
		북선(北鮮)									6,530	10,692	
함흥(咸興)	10	함흥(咸興)	조선함동탄광(朝鮮合同炭鑛)	20,855	32,989	42,841	41,262	42,313	39,996	26,309	22,498	39,296	46,649
안주(安州)	100	안주(安州)	명지광업(明治鑛業)	55,687	66,302	60,568	56,509	52,369	62,061	57,036	65,181	59,549	71,884
봉산(鳳山)	500	사리원(沙里院)		2,009	15,819	42,700	74,006	106,256	715,253	180,342	229,307	249,539	313,695

출처: 일본석탄주식회사기획부, 1941, 『조선석탄광업사정연구』, 45~46쪽에서 작성.

한편 1930년대 후반 유연탄 생산의 급증을 주도한 것은 석탄액화사업과 연결된 닛치쓰 소유 광산임이 확인된다. 석탄액화사업을 주도하기 위해 닛치쓰 재벌 산하에 자회사로 설립된 조선석탄공업(주) 소유의 아오지탄광은 1930년대 후반 30만 톤 수준의 갈탄을 생산하였으며, 1940년에는 40만 톤을 넘었다. 조선질소비료(주)가 소유한 주을탄광의 생산량과 합치면 1940년에는 55만 톤으로, 주요 광산의 생산액 전체를 합친 220만 톤의 25퍼센트를 차지하였다.

다음으로 1930년대 본격적인 개발을 통해 1931년 40만 톤 수준에서 1940년 250만 톤을 넘어서는 급격한 증산을 이루어 낸 유연탄의 유통과 소비가 같은 시기 어떻게 이루어졌는지도 확인해 보자. 앞서 언급한 바와 같이 우선 전체 생산량의 4분의 1은 1930년대 일제 군수·국책사업으로 급부상한 석탄액화사업의 원료로 사용되었음을 확인하였다. 그렇다면 나머지는 어떻게 되었을까? 다음의 〈표 5-13〉은 유연탄 생산이 절정에 달했던 1939년과 1940년 동안, 식민지 조선의 수요와 공급을 정리한 것이다.

표를 보면, 이 시기 조선에는 대략 400만 톤 이상의 유연탄이 공급되었고, 이 중 자체 생산과 외부 공급이 대략 절반씩 차지하고 있음을 알 수 있다. 조선 외부 공급은 일본으로부터 이입되었으며 그 양은 2년 평균 약 130만 톤 수준이다. 일본 외의 수입은 모두 중국에서 이루어졌으며, 주로 만주와 화북지역에서 공급되었고, 그 양은 평균 70만 톤 수준이다. 수요는 공업용 원료나 연료로 사용되며, 대략 300만 톤 수준이었다. 나머지 100만 톤 정도는 관수특수용, 다시 말해 군수를 포함하는 국가 사용분이다.

이와 같은 유연탄 유통·소비와 관련하여 먼저 지적해야 할 점은 전

〈표 5-13〉 조선 내 유연탄 수요와 공급   (단위: 1,000톤)

연도			1939	1940	비고
공급	출탄(出炭)		2,262	※ +185 2,658	※표시(印)는 통제외 탄(炭) 기타
	이입 (移入)	일본	1,115	1,000	
		사할린(樺太)	141	385	
		타이완(台灣)		20	
		계	1,256	1,405	
	수입 (輸入)	만주(滿洲)	366	286	
		중국	323	482	주로 중국 화북과 몽강(蒙疆)지역
		계	689	768	
	저탄(貯炭) 증감		(-)236	(+)55	
	총계		4,443	4,957	
수요	조선 내 수요	생산지 소비	107	90	
		관수특수용 (官需特殊用)	946	1,348	
		가정난방용	407	523	
		공업	2,965	2,988	자료에는 '생산적 소비'로 나옴
		계	4,425	4,949	
	수출	일본 이출	10	4	
		만주	8	8	
	총계		4,443	4,961	

출처: 일본석탄주식회사기획부, 1941, 『조선석탄광업사정연구』, 91쪽에서 작성.

시체제기가 본격화되고, 유연탄 생산도 크게 증가하는 상황이에서도 조선산 유연탄은 기존과 마찬가지로 일본 시장과 연결되지 않았다는 것이다. 예를 들어 1939년의 경우도 고작 1만 톤의 유연탄이 일본에 이출되었으며, 1940년에는 그나마도 4,000톤으로 줄어들었다.[38] 이것은 앞

---

[38] 1941년에는 유연탄 배탄(配炭) 계획에서 일본 이출은 전혀 이루어지지 않았다(일본석탄주식회사기획부, 앞의 책, 92쪽).

에서 다룬 조선산 무연탄과는 완전히 다른 모습이다. 같은 시기 이출된 조선산 무연탄은 〈표 5-5〉를 참조하면, 1939년 96만 톤, 1940년 143만 톤이었다.

유연탄의 경우 오히려 일본과 만주에서 수이입되는 양이 조선에서 필요한 수요의 50퍼센트 정도를 담당하였음도 알 수 있다. 외부 의존도가 높은 이유는 무엇보다 조선산 유연탄의 품질에 기인한다. 조선산 유연탄의 대부분을 차지하는 갈탄은 품질이 낮아서 고품질의 역청탄이 필요한 제철소나 발전소, 철도용 연료 등에는 사용할 수 없었다. 1930년대 이후 식민지 공업화가 본격화되면서 유연탄 수요가 확대되었지만, 그 수요는 주로 일본과 만주·중국에서 수입한 역청탄으로 충당되었다는 의미이다. 〈표 5-13〉을 보면, 유연탄이 가장 많이 사용되는 용도는 전체 공급량의 300만 톤, 대략 60퍼센트 이상을 차지하는 공업용 원료나 연료이다. 하지만 이는 조선산 갈탄이 아닌 일본과 만주·중국에서 도입되는 양질의 유연탄이 우선적으로 충당되었다. 반면에 가정난방용으로 사용되는 40만~50만 톤의 유연탄은 대부분이 조선산 갈탄이었을 것이다. 이 갈탄은 연기가 많이 나고 유독성까지 있어 가정용 연료로는 무연탄보다 못한 것이었지만 빈민층을 중심으로 소비되고 있었다.

조선산 갈탄이 공업용으로 대량 소비된 이유는 앞서 언급한 대로 석탄액화사업 때문이다. 그 외에도 조선산 갈탄의 공업용 사용이 일정하게 증가한 것도 시기적 특수성에 따른 결과이다. 1939~1940년 시점에서는 전시통제경제가 본격화되었고, '공급 부족의 시대'가 열리는 상황이었음을 감안할 필요가 있다. 일본과 만주·중국에서 도입되던 양질의 유연탄이 부족해지는 상황에 대한 대책이 필요해졌던 시기였다. 석유대용품으로 석탄액화사업을 국책으로 전개하는 등 공업 전반에 걸쳐 일어나는 이른바 '대용품 시대'가 열린 것이다.

다음 6장에서 보다 자세하게 다루겠지만 광업의 경우도 그동안 품질, 접근성, 경제성 등의 여러 이유로 주목하지 않았던 식민지 조선의 다양한 광물들에 대한 개발이 군수광물, 특수광물 증산이라는 명목하에 일본 제국주의 국가 권력 차원에서 강력하게 추진되었다. 경제성 부족에 따른 손실을 국가 재정으로 메우고, 그 재정은 화폐 증발과 애국심을 명분으로 한 공채 등으로 '동원'하는 한반도 전역의 '광물 총동원 시대'가 전시체제 구축과 같이하였다. 조선산 갈탄의 경우도 마찬가지로, 일본과 만주에서 들여오는 역청탄 부족을 대체하는 방법들이 강구되었다. 예를 들어 조선산 갈탄과 수입 역청탄을 '혼용'하여 부족분을 메우는 방법이 시도되었고, 역청탄을 사용해야 하는 철도용 연료로 갈탄의 탄질을 개선하고 이를 연탄으로 제조하여 사용하는 연구 등도 진행되었다. 조선산 갈탄에 대한 이런 다양한 시도들은 전쟁이 가속화되며 부족이 심해질수록 더욱 강력하게 추진되었고, 그 결과 공업용으로서 조선산 갈탄의 사용이 확대되었다.[39]

---

39 '조선 전체로 보더라도 조선 갈탄이 일본 내지탄의 공급 감소를 완전히 커버함은 탄질의 특성으로 볼 때 곤란하다. 하여튼 조선 내 유연탄은 당분간은 내지탄 및 만주탄 등과의 혼용 혹은 갈탄 연탄의 생산 등과 관련한 금후의 연구에 기대하는 바가 많아 이 점에 있어서는 자못 장래성이 있다고 할 수 있다.' 「석탄 수급상과 그 대책, 전시 산업의 발흥에 반하야 조선 내 수요 대확장」, 『동아일보』, 1938.7.9.

제6장
태평양전쟁기 군수광물 증산정책과 광산개발

1. 전시광물 총동원체제 구축

1) 전시체제기 시기 구분의 필요성

일제의 태평양전쟁기 전쟁에 필요한 군수광물 증산정책의 전개 과정을 서술하기에 앞서 전시체제기에 대해 좀 더 구체적으로 이야기할 필요가 있다. 일제 말 군수광물 증산과 관련하여 일제의 정책 전개와 변화 과정, 그 결과로 나타난 광업 실태를 이해하는 데 중요한 요소이기 때문이다.

국내 학계에서 보통 일제 말 전시체제기란 1937년 중일전쟁 시작부터 태평양전쟁이 끝나는 1945년까지의 기간을 의미한다. 일본을 포함한 해외 학계까지 넓히면, '아시아태평양전쟁기'라고도 하고, 1931년 일제의 만주침략까지 포함하여 '15년 전쟁기'라고도 불린다. 이 시기는 일제가 자랑하는 메이지유신을 통해 근대 국가의 정치제제로 구축했다고 하는 영국을 모방한 입헌민주주의 정당정치제를 포기하고 군국주의의 길을 걸으며 본격적인 전쟁에 돌입하는 시기이다. 식민지 한국인의 입장에서 보면, 강요된 애국 속에 국가 권력의 폭력을 수반한 '통제'와 '동원', '수탈'이 주요한 특징으로 나타난 시기이기도 하다.

이 시기는 일제 시기의 역사가 본격적으로 한국사 연구의 영역에 포함되기시작한 1990년대 이후 현재까지 이어지는 이른바 '식민지 근대화 논쟁'의 발화점이기도 하며, 여전히 다양한 논쟁적 주제가 진행 중인 시기이다. 따라서 보다 정확한 이해가 필요하며, 이를 위해서는 비록 짧은 기간일지라도 엄밀한 시기구분이 전제되어야 한다. 국내 학계에서 일반적으로 인식되는 전시체제기로서의 1937년 이후 1945년까지에 대해서 특히 그렇다. 일제가 1937년 중일전쟁을 시작한 후 전쟁 승리를 목적으로 정치·경제·사회·문화 전반을 전시체제로 전환하기 시작한 것은 분명하지만, 최소한 1939년까지는 대공황을 극복하고 호황 국면을 넘어 경기 과열 상태에 이른 일본 경제의 절정기와 부분적으로 겹치기 때문이다. 중일전쟁을 일으킨 일제의 구상도 만주사변의 좋은 기억처럼 최대한 신속하게 중국을 굴복시켜 목적을 달성하고 전쟁을 끝내는 것이었다. 따라서 전쟁 기간도 최대 2년이면 충분할 것으로 보았다. 중일전쟁을 계기로 전쟁 승리를 위한 군수산업 확충의 관점에서 시장을 통제하고 물자동원과 생산력 확충을 양대 축으로 하는 전시통제경제가 구축되기 시작했지만, 이 시점에서는 아직 전면적으로 작동하는 단계는 아니었다. 더욱이 식민지 조선은 식민지 모국인 일본보다 통제경제의 적용이 늦었기 때문에 1930년대 호황 국면이 좀 더 오래 지속되었다. 식민지 조선의 광업을 보더라도 1930년대에 들어 폐쇄적 엔블록 경제 구축의 일환으로 시작된 금과 철광, 석탄을 중심으로 하는 증산정책의 기조는 1930년대 말까지 대체로 유지되었다.

    본격적인 다른 국면은 1940년대에 접어들면서 시작되었다. 우선 일제가 예상한 것과 달리 중일전쟁이 장기화되었고, 이에 비례하여 미국을 중심으로 한 서방 국가들의 대일본 봉쇄의 압력도 전면화되었다. 여기에 대응하여 일제는 서구의 봉쇄에 대한 대책으로 석유 등 필요한 자원 조달을 목적으로 우선 인도차이나반도를 침략하여 전쟁을 확대하는 동시에 독일, 이탈리아와 삼국동맹을 맺으며 태평양전쟁으로 가는 길을 열었다. 당연히 미국 등 서방 국가의 대일 봉쇄 강도는 더욱 강력해졌고, 특히 미국은 대일 수출을 전면 금지하였다. 이 모든 일은 1940년에 일어난 일이었다.

　식민지 광업에서 이제 전혀 다른 전시체제의 시기가 시작되었음을 상징적으로 보여주는 것이 금 증산정책이다. 금 증산정책은 3장에서 살펴본 바와 같이 1930년대 일제가 여러 광물 증산정책 중에서도 가장 강력하게 시행한 것이며, 그 영향으로 한반도는 금광 열풍에 휘말려 '황금광 시대'로 묘사될 정도였다. 그런데 1940년대에 접어들면서 일제는 금 증산정책을 포기하였다. 본격적인 세계대전기에 접어들며 국제결제 수단으로서 금의 필요성이 사실상 사라졌기 때문이다. 그리고 태평양전쟁이 발발한 이후에는 증산 포기에서 한발 더 나아가 금 생산 자체를 정지하고 기존 금광을 '금광 정비'라는 이름으로 사실상 정리하였다. 대신에 그동안 크게 주목받지 않았던 특수광물, 희귀금속에 대해 '군수광물 증산'이라는 명목 아래 전면적인 개발과 채굴이 추진되었다. 이 시점에서 한반도는 지하자원이 빈약한 곳에서 다양한 특수광물, 희귀금속이 매장된 '지하자원의 보고'로 선전되었다.[1] 1943년부터 본격화된 금광 정리 과정에서 휴·폐광되지 않고 계속 가행할 수 있는 광산은 금 외에 동, 납, 아연 등 이른바 일제가 규정한 군수광물이 함께 채굴되는 경우만 가능하였다. 그리고 금광 정리로 인해 발생한 유휴 광산설비와 인력은 전쟁에 필요한 군수광물 증산에 투입되었다.[2]

1　이 시기에 오면 '조선 산하는 광물의 표본실, '광물왕국'과 같은 묘사가 각종 언론잡지에 등장한다(「朝鮮は鑛物王国」, 『朝鮮新聞』, 1939.4.25).
2　일제 상공성이 마련한 금광 정리 방침은 다음과 같다(金屬局, 1943, 「産業獎勵政策と金鑛業整備の方向」, 『商工通報』 72, 商工省, 22쪽).
　　1. 금광산 중 다음에 해당하는 것에 한하여 가행을 계속하고 그 외는 전부 휴지(休止) 또는 폐지한다.
　　　(1) 동(銅) 제련상 필요한 규산광(硅酸鑛)으로 동(銅)건식제련소에 송광(送鑛)하는

전시체제가 구축되고 동원과 배급으로 상징되는 통제경제가 본격적으로 작동한 1940년대도 시기 구분이 필요하다. 즉 일제가 동남아에 대한 침략을 본격화 하는 과정에서 진주만을 습격하여 태평양전쟁을 일으킨 이후, 중국과 동남아, 남태평양 전역으로 세력을 확장하며 유리한 입장에 있던 1942년까지와, 이후 전쟁에서 수세로 몰리면서 인력과 물자의 소모가 극대화되는 시기를 구분할 필요가 있다는 것이다. 왜냐하면 1942년까지의 시기는 일제가 태평양전쟁을 일으킨 계기였던 서구의 '봉쇄'에 대해 새로 점령한 동남아와 남태평양 등의 지역에서 필요한 물자와 자원을 수탈함으로써 일정 부분 커버할 수 있었기 때문이다. 이 시기까지 식민지 조선은 1930년대와 같이 여전히 일본 제국주의 '전진병참기지'의 역할을 부여받았다.

그러나 1943년 이후 전쟁에서 열세에 직면하고 점령했던 지역들을 상실하는 상황이 발생하며, 1944년에는 '본토 옥쇄'를 각오하는 국면에 접어들면서 일제가 구축한 전시체제의 모습은 다시 바뀌었다. 여기서 식민지 조선은 '본토 옥쇄'를 뒷받침하는 일본 제국주의 '후방병참기지'라는 변화된 역할을 부여받았다. 1943년 12월 말, 식민지 조선 광공업을 총괄하는 조선총독부 에구치(江口) 광공국장이 새해 전망을 발표하는 연

광산.
  (2) 금과 함께 상당량의 동, 납, 아연, 안티몬 등을 산출하는 광산.
2. 위의 방침에 따라 휴·폐지해야 하는 금광산에 대해서는 제국광업개발주식회사로 하여금 광구, 갱도, 토지, 건물, 설비 등 광업용 자산을 인수케 한다.
3. 정리로 인해 발생하는 자재설비는 각반(各般)의 조치에 따라 확보하고 이를 계획적으로 동과 기타 긴요 광산에 전용한다.
4. 정리로 인해 발생한 노무자는 최대한 이들을 계획적으로 동광산과 기타 긴요 광산 또는 탄광에 이주시켜서 그 기능과 경험의 활용을 도모한다.

두 교시에서 조선 광공업이 '일본의 생산력 확충을 좌우하는 지위'에 있다고 언급한 것은 이런 변화된 역할을 잘 드러낸다.[3]

1943년 이후 식민지 모국인 일본을 지탱하는 후방병참으로서 조선의 역할은 누가 봐도 무리한 극단적 증산이 추진되었고, 이를 위해 그때까지 애국의 이름 아래 '자발'로 포장되었던 '동원'이 본격적으로 강제성을 드러내게 되었다. 광업은 이런 모습이 가장 전형적으로 나타난 현장이라고 할 수 있다.

2) 광물 증산의 기반 구축

(1) 증산 광물 확대와 국가 주도성 강화

식민지 조선에서 전쟁에 필요한 이른바 '군수광물' 개발과 증산을 위한 법·제도 등의 기반 구축은 중일전쟁 이후 전시체제가 시작되는 초반에 이루어졌다. 가장 대표적인 것이 중일전쟁 발발 1년이 다가오던 1938년 6월 시행된 「조선중요광물증산령」이다. 조선총독부 제령 제20호로 1938년 5월 12일 자로 제정되었다. 이 법령은 기본적으로 두 가지 내용을 핵심으로 하고 있었다.

첫째는 식민지 조선 광업에 대해 식민지 권력인 조선총독부가 일제 국가권력을 대신하여 전면적으로 통제·관리하는 근거를 마련한 것이었다. 조선총독부는 광산업자의 사업계획 신고와 변경, 사업의 착수와 계속, 중지, 광산 설비의 신설·확장 또는 개량, 광업권의 양도, 위반자 처

---

3 「군수광물을 적극 개발 전투력 증강에 맹진, 광공부장회담, 광공국장 연시(演示) - 19년도 물동 및 생확(生擴)의 정세」, 『매일신보』, 1943.12.31.

벌 등, 광산 경영과 관련한 거의 모든 사항을 통제하고 관리·감독할 수 있게 되었다. 관련 조항은 다음과 같다.[4]

> 제2조 ① 조선 총독은 중요 광물의 증산을 도모하기 위하여 필요하다고 인정하는 때에는 중요 광물을 목적으로 하는 광업권자에게 사업계획을 정하여 신고할 것을 명할 수 있다.
> ② 광업권자는 전항의 명령에 의하여 신고한 사업계획을 변경하고자 하는 때에는 조선 총독에 신고하여야 한다.
> ③ 조선 총독이 필요하다고 인정하는 때에는 신2항의 사업계획 변경을 명할 수 있다.
> 제3조 조선 총독은 중요 광물의 증산을 도모하기 위하여 필요하다고 인정하는 때에는 중요 광물을 목적으로 하는 광업권자에 대하여 사업에 착수하거나 사업을 계속할 것을 명할 수 있다.
> 제15조 ① 조선 총독은 중요 광물의 증산을 도모하기 위하여 필요하다고 인정하는 경우에는 중요 광물을 목적으로 하는 광업권자에 대하여 사업 설비의 신설·확장 또는 개량을 명하거나 작업 방법 또는 작업 용품의 규격에 관하여 필요한 사항을 명할 수 있다.
> ② 조선 총독은 그 정하는 바에 의하여 전항의 규정에 의한 명령으로 인하여 발생한 손실을 보상한다.
> 제16조 ① 조선 총독은 중요 광물을 목적으로 하는 광업권자에 대하여 그 의무 및 재산 상황에 관하여 보고를 하게 하거나

---

4 『조선총독부관보』 제3393호, 1938.5.12. 「조선중요광물증산령」 전문은 〈부록 6〉 참조.

장부·서류 기타 물건의 검사를 할 수 있다.

② 조선 총독은 중요 광물을 목적으로 하는 광업권자에 대하여 그 업무 및 회계에 관하여 감독상 필요한 명령을 하거나 처분을 할 수 있다.

제18조 다음 각호에 해당하는 자는 2,000엔 이하의 벌금에 처한다.
1. 제2조 제1항의 규정에 의한 명령 또는 동조 제2항의 규정에 위반하여 사업계획의 신고를 태만히 하거나 신고한 사업계획을 실시하지 아니한 자
2. 제2조 제3항의 규정에 의한 명령에 위반하여 사업계획을 변경하지 아니하고 이를 실시한 자
3. 제3조의 규정에 의한 명령에 위반한 자
4. 제13조 제1항의 규정에 위반하여 인가를 받지 아니한 사업계획을 실시한 자
5. 제13조 제2항의 규정에 의한 명령에 위반하여 사업계획을 변경하지 아니하고 이를 실시한 자
6. 제15조 제1항의 규정에 의한 명령에 위반한 자

「조선중요광물증산령」 공포는 사실상 민간이 영리만을 목적으로 자유롭게 광산을 경영하는 것이 불가능해졌음을 의미하였다.

두 번째는 증산 대상 광물이 확대되었고, 특히 군수산업에 필요한 이른바 '군수광물'이 포함되었다는 것이다.[5] 관련하여 새롭게 포함된 대표

---

5   제1조는 증산대상 중요 광물을 규정하고 있는데, 다음과 같다.
    제1조 이 영(令)에서 중요 광물이라 함은 금광·은광·동광·연광(鉛鑛)·석광(錫鑛)·안질모니광(安質母尼鑛)·수은광·아연광·철광·유화철광(硫化鐵鑛)·격로모철광(格

적인 광물로 형석(螢石)을 들 수 있다. 항공기 산업의 필수 자재인 알루미늄 제련, 철강산업의 제철·제강에 필요한 중요 자원으로 전시체제 전까지 주로 독일 등 서구권과 중국에서 전량 수입되었던 것을 식민지 조선에서 대체하려는 시도의 일환이었다. 실제로 충청북도와 전라북도 지역에는 품위가 50~90퍼센트에 이르는 우수한 형석의 매장이 확인되었고, 조선총독부는 적극적으로 개발할 계획을 모색하고 있었다.[6]

사실 일제가 한반도에 매장된 특수광물, 희귀금속에 주목한 것은 1930년대 폐쇄적 엔블록 경제권 구축부터 시작되었다. 이 시기 이미 조선총독부는 '제국의 대외정세 변화에 수반하여 특종 중요 광물 개발의 필요성'을 공식화하였다. 그 대상 광물로는 마그네사이트, 니켈, 유화철(硫化鐵), 수연(水鉛, 몰리브덴), 텅스텐 등이 있었다.[7] 일본에서는 생산되지 않아 주로 서구를 중심으로 해외에 의존하던 이들 광물을 엔블록 내에서 해결할 필요가 있었다. 문제는 앞서 무산 철광산 개발에서 보았듯이 경제성에 있었다. 기존의 해외 의존 역시 이와 같은 이유에서 비롯되었다. 영리적 전망이 서지 않는 상황에서 민간이 애국심만으로 주체가 되어 주도적으로 개발에 나서는 것은 전시체제기 이전에는 용이한 일이 아니었다. 1930년대 이후 조선총독부가 일제 중앙정부의 지시하에 탐광작업을 진행하며 식민지 조선에 각종 희귀금속이 매장되어 있다는 사실을 확인했음에도 불구하고, 본격적인 광상 조사와 개발이 진척되지 않은

　　魯讀鐵鑛)·만엄광(滿俺鑛)·텅스텐광·수연광(水鉛鑛)·니켈광·코발트광·흑연·석탄·운모(雲母)·명반석(明礬石)·중정석(重晶石)·형석(螢石)·마그네사이트·사금 및 사철을 말한다.

6 　「중요광물에 형석 지정」, 『조선일보』, 1938.6.9.
7 　朝鮮總督府, 1935, 『朝鮮總督府施政年報, 昭和八年度』, 274쪽.

배경이다.

특수광물에 대한 총독부의 자원조사는 1936년도에는 무슨 일이 있어도 예산을 요구하여 본격적인 실시에 들어갈 계획이다. 조사광물로 들고 있는 것은 금속에는 철과 유화(硫化)철, 중석(텅스텐), 수연(水鉛), 니켈, 크롬, 만엄(滿俺), 코발트, 수은, 창연(蒼鉛), 비금속은 흑연, 중정석(重晶石), 운모, 고령토 및 명반석, 규조토(硅藻土), 석면, 활석(滑石), 규사 등이다. 이들 광물 중에는 이미 추정 조사를 실시 중인 것도 있다. 총독부에서는 이 조사를 서두르기 위해 본년도에는 인력을 확보하여 철광과 중석을 시작으로 수연, 니켈 등의 중요 군수자원 여러 종에 대해서 조사를 완성한다는 의향을 가지고 있다.[8]

그러나 중일전쟁을 일으키고 전쟁 승리를 위해 총력전을 전개해야 하는 상황에서 각종 군수산업에 필요한 특수광물, 희귀금속의 공급은 일본 제국주의가 사활을 걸어야 하는 매우 시급하고 중요한 문제로 부각되었다. 결국 국가권력이 주도하여 채산성 부족을 재정으로 메우며 개발에 나설 수밖에 없는 상황이 되었다. 식민지 조선의 특수광물, 희귀금속 채굴과 증산을 위한 광업은 조선총독부가 주도하는 상황에서 민간 광업업자를 동원하고, 이들이 요구하는 최소한의 이익을 보장하는 한편, 채산성 문제를 재정으로 해결하는 방식으로 광산개발이 전개되었다. 1938년에 공포된 「조선중요광물증산령」은 그 시작을 알리는 법적 조치였다.

그러나 특수광물, 희귀금속을 식민지 조선에서 조달하기 위한 광산

---

8 「특수광물 자원조사」, 『조선신문』, 1935.5.18.

개발의 국가 주도성은 이후 더욱 강화되었다. 그 방식은 1939년 조선마그네사이트개발주식회사, 그리고 1940년 조선광업진흥주식회사의 설립이었다. 앞서 서술한 전시체제기 시기구분에서 2단계, 다시 말해 전시체제가 본격적으로 작동하는 시기로 넘어가는 시점이다. 이 두 회사는 모두 조선총독부가 「조선마그네사이트개발주식회사령」(조선총독부 제령 7호), 「조선광업진흥주식회사령」(조선총독부 제령 33호)이라고 하는 법령을 공포하여 설립했다는 공통점이 있다. 주식회사의 형태를 가졌지만, 사장을 비롯한 경영진을 조선 총독이 임명하고, 경영 전반에 대한 직접 통제와 관리 감독 권한을 행사하는 사실상의 국영회사였다. 국영회사가 일반적으로 누리는 특권도 있었다. 정부가 보유한 주식에 대한 배당은 하지 않아도 되었고, 광업세 면제 등의 세금 혜택이 주어졌으며, 자금 조달을 위한 회사채 발행, 영업 손실에 대한 조선총독부의 보상 등이 포함되었다.[9] 「조선마그네사이트개발주식회사령」과 「조선광업진흥주식회사령」에 규정된 두 회사의 주요 정보를 정리하면 다음 〈표 6-1〉과 같다.

1939년 조선마그네사이트개발(주) 설립과 1940년 조선광업진흥(주)의 설립은 군수광물 증산 관점에서 특수광물과 희귀금속을 채굴하기 위한 광산개발과 관련하여 1938년 「조선중요광물증산령」이 규정한 국가 주도성과 비교하여 구체적으로 무엇이 더 강화되었을까? 〈표 6-1〉을 보면 사실상 조선총독부라는 식민지 국가권력이 광산개발과 경영의 주체가 되었음을 선포한 것이라 할 수 있다. 즉 1938년 「조선중요광물증산령」 단계에서는 조선총독부가 식민지 조선의 광산개발과 운영을 전면적

---

9 「조선마그네사이트개발주식회사령」은 『조선총독부관보』 제3679호, 1939.4.28, 「조선광업진흥주식회사령」은 『조선총독부관보』 제4025호, 1940.6.22, 법령 전문은 〈부록 7〉, 〈부록 8〉 참조.

〈표 6-1〉 조선마그네사이트개발(주)과 조선광업진흥(주)의 회사 정보

	조선마그네사이트개발(주)	조선광업진흥(주)	비고
자본금	1,500만 엔	1,000만 엔	증자는 조선 총독 인가 필요
사장	조선 총독 임명, 임기 5년		
이사	주주총회에서 두 배수의 후보자를 선출하여 조선 총독이 그중에서 임명하며, 그 임기는 4년		
주요 사업	① 마그네사이트 광업 ② 마그네사이트 판매 ③ 관련 부대사업(조선 총독 인가 필요)	① 마그네사이트 이외의 중요 광물을 목적으로 하는 광업 ② 중요 광물에 관한 광상의 조사 ③ 중요 광물을 목적으로 하는 광업에 대한 기술 관련 지도 ④ 마그네사이트 이외의 중요 광물의 매매 또는 알선 ⑤ 중요 광물을 목적으로 하는 광업 또는 제련업을 위하여 필요한 기구·기계·재료 또는 설비의 매매 ⑥ 중요 광물을 목적으로 하는 광업 또는 제련업에 대한 자금의 융통 또는 투자 ⑦ 그 외 본 회사의 목적 달성에 필요한 모든 사업 경영(조선 총독 인가 필요)	
업무	① 조선 총독이 업무 감독 및 필요한 명령 가능 ② 매 영업 연도 사업계획 조선 총독 인가 필요 ③ 조선 총독 부하 관리로 하여금 회계 관련 검사 가능		조선광업진흥(주)은 조선 총독이 임명한 감리관이 업무 감시
혜택	① 정부 주식 무배당 ② 광업세 면제(10년)	① 불입자본금 5배까지 조선 총독 인가 하에 회사채(조선광업진흥채권) 발행 가능 ② 광업세 면제(10년) ③ 조선 총독 명령 사업에 대한 손실 보상	조선마그네사이트개발(주) 정부 주식은 조선총독부가 인수한 10만 주[10]
처벌	법령의 규정 위반 시 조선 총독에 의한 임원 해임, 과태료 처분		

출처: 『조선총독부관보』 제3679호, 1939.4.28; 『조선총독부관보』 제4025호, 1940.6.22.

---

10 조선마그네사이트개발(주) 자본금 1,500만 엔에 대한 주식 30만 주에 대해 조선총독부는 동양척식(주) 11만 2,770주에 이어 10만 주를 인수하여 2대 주주였다. 그 외 주요 대주주는 일본제철(주) 1만 9,900주, 미쓰비시(三菱)광업(주) 1만 6,900주 등이었다(中村資良 편, 1940, 『朝鮮銀行會社組合要錄』, 東亞經濟時報社 380~381쪽).

으로 통제·관리하게 되었으며, 이에 따라 민간이 영리만을 목적으로 자유롭게 광산을 경영하는 것은 사실상 어려워졌다. 그럼에도 여전히 광산개발의 주체는 민간 광산업자였다. 조선총독부가 경제성 낮은 광산의 개발에 따른 손실을 보상하고 일정한 이윤을 보장하더라도 국가를 믿고 개발 여부를 결정하는 것은 주체인 민간 광산업자의 몫이었다. 이 지점은 전시체제 제2기에 접어든 1940년 전후의 상황에서 매우 중요해진 개발과 증산의 속도를 저해하는 요인이 되었다. 결국 조선마그네사이트개발(주)과 조선광업진흥(주)의 설립은 전쟁에 필요한 특수광물, 희귀금속 광산의 개발과 증산에 대하여 채산성, 이익 보장 등을 따지지 않고 오로지 국가의 명령에 따라 사업을 수행하는 국영기업의 등장을 의미하였다.

금광이나 석탄, 철광은 이미 한말부터 개발 시스템이 구축되어 있었다. 이 과정에서 일본 대자본 재벌이 한반도에 진출하여 식민지 권력기관인 조선총독부와 협의하며 개발과 증산을 주도하였다. 이러한 개발과정에는 시행착오가 있었고, 상당한 시간이 소요되었다. 반면 1930년대 후반 전시체제가 구축되면서 군수용 특수광물, 희귀금속 광산개발과 증산이 긴급히 요구되었으나 시간적 여유가 없는 상황이었다. 결국 전쟁 필요성이라는 긴급성과, 영리를 담보할 수 없는 경제성 문제를 해결하기 위해 국가권력이 직접 경영자의 역할을 할 수밖에 없었다. 1939년과 1940년 조선총독부가 주도하여 식민지 조선에 설립한 조선광업진흥(주), 조선마그네사이트개발(주)은 바로 그 결과물이었다고 할 수 있다.

이렇게 보면, 전시체제기가 본격적으로 작동하기 시작한 1940년 전

조선총독부의 10만 주(500만 엔) 출자는 보유하고 있던 광업권을 현물 출자한 것이었다(「조선마네사이트개발회사 창총(創總) 완료」, 『동아일보』, 1939.6.20).

후의 시기에 오면 전쟁에 필요한 광물의 증산을 주도하는 생산 주체들이 그 완성도와 관계없이 성립되었다고 할 수 있다. 즉 철광의 경우 일본제철(주)을 중심으로 한 일본 대자본, 석탄은 조선총독부가 주도하여 설립한 조선무연탄(주)과 조선유연탄(주), 특수광물은 사실상의 국영회사 조선광업진흥(주)이 담당하였다.

(2) 조사, 연구개발 확충

전쟁에 필요한 군수광물의 관련 광산개발과 증산 목적으로 특수광물, 희귀금속에 대한 본격적인 조사와 연구개발이 진행되었다. 중심이 된 기관은 1920년대 조선총독부가 한반도 석탄의 활용을 위해 설립한 '연료선광연구소'였다. 1930년대에 들어서는 일제 최대 광물 증산 사업이었던 금광 관련 연구가 진행되었으며, 후반기에는 철광석에 관한 연구도 부각되었다. 무산 철광산으로 상징되는 한반도의 품위가 낮은 철광석을 활용하기 위한 선광시험이었다. 물론 특수광물에 대한 연구 실험도 있었으나 1920년대의 석탄, 1930년대의 금과 철광석 연구에 비하면 부수적인 성격이었다.

일제 시기 연료선광연구소의 연구 활동 변화는 간행한 연구보고서를 통해 확인할 수 있다. 보고서는 크게 세 종류가 발간되었다. 「탄전조사보고」와 「탄전시험보고」, 그리고 「선광제련시험보고」이다. 「탄전조사보고」와 「탄전시험보고」는 연료선광연구소 설립 취지이기도 한 한반도 석탄에 대한 조사 및 시험 보고서이다. 주로 연구소 설립 초창기인 1920년대부터 1930년대 초반까지 집중적으로 발간되었다.[11] 「선광제련시험보

---

11 총 14권이 발간된 「탄전조사보고」의 경우 1927년 3월 '회령(會寧) 유연탄 탄전조사

〈표 6-2〉 시기별 「선광제련시험보고」 연구대상 광물 현황

시기	보고서 발간 횟수	연구대상 광물(횟수)	비고
1920년대	6회	금광(2), 코발트(1), 흑연(1), 칼라민(Calamine)광(1) 납·아연(1).	1927년 최초 보고서 간행되었으므로 3년간의 기간임.
1930년대	26회	금광(12), 철광(2), 반토(礬土)광(1). 명반(明礬)석(1), 광산물 일반(9)	'광산물 일반'은 주요 분석대상 광물을 판단하기 어려운 보고서. 제외된 한 회의 보고서는 난로 연소 실험임.
1940년대	14회	금광(1), 인회(燐灰)석·인광(2), 흑연(2), 회중(灰重)석(1), 납·아연(1), 철광(2) 텅스텐(1), 몰리브덴(1), 형석(1), 광산물 일반(2)	1943년까지 4년간의 기간임.

출처: 朝鮮総督府燃料選鉱研究所 編, 1943, 「選鉱製錬試驗報告」 第46回 말미의 '연료선광연구소간행 도서목록'에서 작성.
비고: 금광은 원 자료에는 '금은광'으로 표시되어 있음.

고」는 1927년 '산화 코발트 제련시험보고'를 제1권으로 발간된 이후 1943년까지 총 46권의 연구보고서가 발간되었다. 이를 시기별로 나누어 연구대상 광물의 현황을 정리하면 〈표 6-2〉와 같다.

〈표 6-2〉를 통해 우선 확인할 수 있는 것은 「선광제련시험보고」의 경우 1930년대까지 금광 관련 조사와 연구 실험이 압도적으로 많았다는 점이다. 1930년대 총 26회 발간된 연구보고서 중 금광 관련만을 다룬 보고서가 12권이었다. 여러 가지 광물을 대상으로 한 보고서가 포함되어 있지만, '광산물 일반'으로 분류된 1930년대 총 9권의 보고서에서도 금광에 대한 비중이 높았다. 또한 1920년대를 포함하더라도 금광에

보고'가 제1권으로 발간된 이후 1931년까지 11권이 발간되었다. 총 6권이 발간된 「석탄시험보고」는 1926년 1권 발간 후 1933년까지 모두 발간되었다. 연료선광연구소 발간 연구보고서 전체 상황은 朝鮮総督府燃料選鉱研究所 編, 1943, 『選鉱製錬試驗報告』 第46回 말미의 '연료선광연구소간행 도서목록' 참조.

대한 연구와 실험의 위상은 변하지 않았다. 석탄을 제외하면 연료선광연구소의 주력 연구 대상 광물은 금이었음을 알 수 있다.

그러나 1940년대 접어들면서 금을 중심으로 한 연료선광연구소의 조사, 연구 실험은 완전히 바뀌었다. 1940년대의 경우 〈표 6-2〉에서 보듯이 1943년 6월에 발간한 제46회 보고서까지 총 14회가 발간되었는데, 이중 금광에 대한 것은 단 1회밖에 없다. 그것도 1930년대 실험 결과가 '금은광의 선광제련시험보고'라는 제목으로 발간된 것이었다. 따라서 1940년대에 들어서서 금광만을 가지고 보고서를 발간한 경우는 없었다고 해도 무방하다. 이것은 물론 더 이상 금 증산정책이 필요하지 않게 된 정책 기조의 변화 때문이다. 그리고 그 자리는 〈표 6-2〉에서 보듯이 특수광물, 희귀금속이 대신하였다. 1930년대 후반부터 저품위 철광석의 선광 시험과 관련된 보고서는 1940년대에도 계속되지만, 대체로 다양한 특수광물들의 조사, 연구 실험이 진행되었음을 알 수 있다. 보고서의 제목 자체도 변화가 있었다. 1940년 연구 성과를 기술한 제36회 보고서의 제목은 이전의 「선광제련시험보고」가 아니라 「조선산 특수광물의 선광시험보고(朝鮮産特殊鑛物の選鑛試驗報告)」였다. 36회부터 38회까지 3권이 1941년 5월 5일 자로 동시에 출간되었는데, 각각 동일한 제목의 제1보에서 제3보였다.[12] 제39회 보고서부터는 다시 「선광제련시험

---

[12] 朝鮮總督府燃料選鑛硏究所 編, 1941, 『選鑛製鍊試驗報告』 第36回·37會·38回; 일본 국회도서관 소장본을 보면, 인쇄되어 있는 '朝鮮産特殊鑛物の選鑛試驗報告'에 연필로 줄을 긋고 원 제목인 '선광제련시험보고'로 수정해 놓은 흔적이 있다. 제36회인 제1보부터 제38회 제3보까지 나누어 발행한 3권의 보고서에 동일한 교정이 있다. 그리고 연료선광연구소가 마지막 발행한 보고서인 1943년 6월 20일 자 발간 제46회 보고서의 말미에 있는 '연료선광연구소간행 도서목록'에는 '선광제련시험보고'로 기재되어 있다. 따라서 제36회부터 38회까지의 보고서 제목은 '朝鮮産特殊鑛

보고」라는 제목이 사용되었지만, 부제로 '조선산 특수광물의 선광법(朝鮮産特殊鑛物の選鑛法)'이 추가되었으며, 그 아래 괄호 안에 대상 광물이 명시되었다. 마지막으로 발행된 1943년 제46회 「선광제련시험보고」까지 총 8권이 발간되었으며, 이들 보고서는 Ⅰ~Ⅷ로 연속되는 보고서임을 알렸다. 연구 대상 광물은 납·아연광, 철광, 유화철광, 텅스텐, 몰리브덴, 인광(燐鑛), 흑연, 형석의 8개 특수 광물이었다.

연료선광연구소가 1940년을 전후하여 특수광물, 희귀금속 관련 조사와 연구를 급격히 전환한 배경에는 1939년 8월 일제가 「총동원시험연구령」을 제정·공포한 것이 중요한 역할을 하였다. 이것은 일제 중앙정부가 칙령 623호로 공포하였고, 공포와 동시에 식민지 조선과 타이완, 사할린, 남양군도 등 엔블록 전역에도 적용되었다. 조선의 경우 1940년 1월 조선총독부 부령 제3호로 시행규칙을 공포하여 이를 시행에 들어갔다.[13] 「총동원시험연구령」은 말 그대로 국가가 필요한 연구를 관련 연구소 또는 개인에게 강제적으로 시킬 수 있는 근거가 되는 법령이었다. 연구기관이나 관련 단체, 개인에 국가가 필요한 연구나 실험을 명할 수 있고(제2조), 연구 시행과정의 관리 감독(제7조), 시행한 연구에 대한 보고 의무(제5조), 국가 명령 연구로 인한 손실 보상(제8조) 등이 규정되었다. 총 10개 조항으로 구성된 법령의 주요 내용을 제시하면 다음과 같다.

物の選鑛試驗報告'가 아닌 연필로 수정한 제목으로 다시 변경되었을 가능성도 있다. 이것은 모두 연료선광연구소의 연구 실험 중점 대상이 특수광물로 긴급하게 전환되는 상황과 관련이 있음을 분명히 보여준다.
13 『조선총독부관보』 제3893호, 1940.1.16.

제2조 주무대신은 사업주(국가총동원 물자의 생산 또는 수리를 업으로 하는 자-제1조 규정) 또는 시험연구기관 관리자에게 시험연구의 항목, 방법, 규정 기타에 관해 필요한 사항을 정하여 시험연구를 명할 수 있다.

제4조 시험연구를 명받은 자는 시험연구 실시계획의 개요를 주무대신에게 제출해야 하며, 그것을 변경할 때도 역시 동일하다.

주무대신이 필요하다고 생각하는 경우, 전항 실시계획 개요의 변경을 명할 수 있다.

제5조 시험연구를 명받은 자는 그 시험연구를 종료할 때 지체 없이 「국가총동원법」 제31조의 규정에 의거하여 시험연구 성적을 주무대신에게 보고해야 한다.

제7조 주무대신이 필요하다고 생각하는 경우, 시험연구에 관한 「국가총동원법」 제31조의 규정에 의거하여 보고를 요구할 수 있다.

주무대신이 필요하다고 생각하는 경우, 시험연구에 관한 「국가총동원법」 제31조의 규정에 의거하여 해당 관리로 하여금 해당 시험연구를 하고 있는 또는 해야 하는 장소, 기타 필요한 장소에 임검(臨檢)하여 시험연구 기타 업무의 상황 또는 장부서류, 기타 물건을 검사할 수 있고, 이 경우 해당 관리는 그 신분을 알 수 있는 증표를 휴대하여야 한다.

제8조 명령의 정한 바에 따라 주무대신은 본령에 의해 시험연구를 하는 자에 대해 예산 범주 내에서 보조금을 교부한다. 주무대신은 본령에 따른 시험연구로 인한 손실이 생긴 경우 통상 발생할 수 있는 손실을 보상한다. 손실 보상을 청구하는 자는

시험연구 종료 후 명령이 정한 바에 따라 그것을 청구해야 한다. 단, 명령이 정한 바에 따라 별도의 시기에 그것을 청구할 수 있다.

제10조 본령 중 주무대신이라 함은 군기 보호상 기타 군사상 특히 필요한 시험연구에 관한 것은 육군대신 또는 해군대신으로 한다. 전항의 경우를 제외한 외지에서 본령 중 주무대신이라 함은 조선에 있어서는 조선 총독, 타이완은 타이완 총독, 사할린(가라후토, 樺太)에서는 가라후토청 장관, 남양군도에서는 남양청 장관으로 한다. 전조(前條) 중 각령(閣令)이라 함은 조선 또는 타이완에서는 총독부령, 사할린 또는 남양군도에서는 청령으로 한다.

결국, 1940년을 전후하여 식민지 조선에서 일어난 연료선광연구소의 대상 중점연구의 전환과 「총동원시험연구령」 공포를 연결시켜 해석하면 다음과 같이 될 것이다. 1940년 이후 연료선광연구소의 광물 연구는 일제 중앙정부를 대신한 식민지 권력기관 조선총독부의 명령에 따라 전쟁에 필요한 군수광물에 대한 것으로 전면적으로 전환되었으며, 특히 특수광물, 희귀금속에 집중되었음을 알 수 있다. 그리고 「총동원시험연구령」에 따라 연구된 특수광물, 희귀금속은 1943년까지 보고서로 발간되었으며, 그 대상은 납·아연광, 철광, 유화철광, 텅스텐, 몰리브덴, 인광(燐鑛), 흑연, 형석의 8개 광물이었다. 「총동원시험연구령」이라는 법령 이름 그대로 군수광물 개발과 증산을 위한 '연구개발 총동원체제'가 구축된 것이었다.

(3) 동원의 확대

광업은 그 산업적 특성상 대규모 노동력을 필요로 한다. 하물며 일제 말 전시체제기 군수광물의 개발과 증산은 전쟁 목적의 '시급성'을 지니고 있었다. 따라서 '광물 총동원체제' 구축의 중심에는 당연히 대규모 노동력 동원 계획이 포함되었다. 특히 저임금 노동력에 기반하여 기계화가 느렸던 식민지 조선 광업의 특성상 단기간 개발과 증산을 위해서는 더욱 대규모의 노동력 동원이 필요했음을 알 수 있다.

전시체제기 대규모 노동력 동원이 이루어졌다는 사실은 다양한 각도에서 확인할 수 있다. 우선 전시체제기 이후 광업에 종사한 전체 노동력 추이를 살펴보자. 노동력 규모와 관련한 시계열 자료는 조선총독부 식산국 광산과가 발간한 『朝鮮鑛業の趨勢』 각 연도판을 통해 확인할 수 있으며, 1937년 이후 전시체제기에 해당하는 자료는 1941년까지의 광업 종사자 추이를 확인할 수 있다.[14] 정리하면 〈표 6-3〉과 같다.

〈표 6-3〉을 보면 전시체제기에 돌입한 1937년 16만 명 수준에서 1941년 23만 명으로 4년간 7만 명 정도가 증가한 것을 확인할 수 있다. 1920년대 2만 명 수준이었고, 1930년대 초반까지도 3만 명 수준에 머물렀음을 감안하면, 이는 매우 급격한 증가라고 할 수 있다. 노동력 증가

14　아쉽게도 이후 관련 통계는 전쟁 말기의 혼란 속에 정비되지 않았다. 다만 해방 후 1949년 조선경제통신사가 출판한 『조선경제통계요람』에서 1943년 광산 노동자 숫자를 확인할 수 있다. 1943년 6월 10일 현재라고 기록하고 있다. 『조선경제통계요람』은 원자료가 조선총독부 자료라고 쓰고 있으나 구체적인 정보는 기술하지 않았다. 따라서 자료의 신뢰 문제가 일부 제기될 수 있지만, 여기서 제시된 수치는 약 18만 명이다. 정확하게는 17만 9,885명이다. 분야 별로는 금속광업 8만 6,621명, 석탄광업 5만 7,802명, 기타광업 2만 3,378명, 사광업(砂鑛業) 2,627명, 토석채취업 8,370명이다(조선경제통신사, 1949, 『조선경제통계요람』, 119쪽).

〈표 6-3〉 전시체제기 광업 종업원 수

연도	합계	석탄	금은광	철광	기타금속광업	비금속광업
1937	161,954	24,833	114,769	5,077	10,100	7,175
1938	206,427	29,977	131,414	7,293	15,493	22,250
1939	222,096	44,137	138,644	7,243	20,392	11,680
1940	236,256	53,493	125,695	11,169	29,024	16,875
1941	232,027	64,871	113,897	11,782	23,756	17,721

출처: 朝鮮總督府殖産局鑛山課 編, 『朝鮮鑛業の趨勢』 각 연도판에서 작성.

를 주도한 것은 단일 광물로는 석탄과 철광이고, 군수용 특수광물 개발과 증산에 해당하는 기타금속광업과 비금속광업의 인원도 동일한 증가 추세가 나타난다. 반면 금은광은 여전히 가장 큰 비중을 차지하고 있지만, 1940년을 기점으로 감소세로 돌아서고 있었다. 이는 금 증산을 포기하고 군수광물 증산으로 전환한 일제 광산정책의 기조 변화를 뒷받침하는 증거로 해석될 수 있다.

개발과 증산을 위한 동원은 노동자 절대 숫자를 증가시키는 것이 기본이었지만, 이와 함께 부수적인 여러 방법도 강구되었다. 대표적인 것이 '증산운동'과 이를 위한 분위기 조성이다. 각종 광산 자원의 해외의존 탈피, 고도 국방국가체제 확립 등의 슬로건 아래 증산 강조 운동이 전국적으로 조직되어 전개되었다. 광업의 중요성을 철저히 인지시키는 사상 교육과 선전, 증산 실적이 우수한 광산에 대한 포상, 근로봉사대, 증산 독려대 파견을 통한 증산 독려 등이 각 지역 행정단위 별로 조직된 광산연맹, 국민총력연맹 등을 주체로 하여 진행되었다. 관련하여 태평양전쟁 개시를 목전에 둔 1947년 7월, 조선총독부 기관지 『경성일보』에 실린 광업 증산운동 관련 기사는 이와 같은 증산운동과 이를 위한 분위기 조성을 잘 보여준다.[15] (강조는 필자)

〈해외 의존으로부터 벗어나 자원개발로 돌진, 반도 각종 광산에서 박차: 조선 광산 증산강조운동 실시〉

국제정세의 긴박화에 즉시 대응하기 위해 각종 광산 자원은 해외 의존으로부터 탈각(脫脚)을 피할 수 없게 되었다. **본방(本邦)의 중요 지하자원을 매장하고 있는 반도는** 국책의 요청에 따라 **고도의 국방 국가 체제 확립에 박차**를 가하게 되었다. 7월 1일부터 9월 말일까지 전 조선의 광산은 조선광산연맹, 각도의 광산연맹이 주최하고, 본부·국민총력조선연맹이 지원하는 가운데 관민 일치의 협력과 광업보국의 실효를 거두기 위해 일제히 증산 강조 운동을 개시하였다.

[실시 사항]
1. 광산
(가) 실시 계획: 각 광산은 각각 그 광산에 걸맞게 수립한 실시 계획을 도광산연맹(道鑛山連盟)에 보고할 것, 기간 종료 후 그 실적에 대해서도 동일함.
(나) 복리시설의 개선: 이 기간 중 가능한 한 신속하게 각종 복리시설의 개선·강화를 도모하여 종업원의 물심양면의 생활 향상을 기해 가동률 증진, 이동 방지에 노력할 것.
(다) 재해 방지: 본 기간 중 특히 재해 방지에 필요한 시설을 개선·강화하고 종업원의 주의·환기에 노력해 무사고를 기할 것.

---

15 「海外依存から脱却 資源開発に驀進 [朝鮮]半島各種鉱山に拍車: 全鮮鉱山増産 強調運動実施」, 『京城日報』, 1941.07.06.

(라) 급여: 노무자의 가동률 및 능력 향상을 촉진하기 위해 본 기간 중 성적이 우수한 사람에게 급여 상으로 특별한 고려를 할 것.

(마) **노무자의 확보: 기간 중 특히 노무자 확보에 노력할 것.**

(바) 수송의 원활: 출광물 및 자재 수송에 관해서는 관계 당국 또는 업자와 긴밀한 연락을 유지하여 체화(滯貨)가 생기지 않도록 노력할 것.

(사) 창의적 고안의 장려: 본 기간 중 광산에서의 능률 증진, 소비 규정, 기타에 관한 창의적 고안 장려에 노력하고, 그 유효한 것은 발표하여 일반의 이용에 제공할 것.

(아) 그 외: 시국 인식 철저, 저축 권장, 폐품 회수 등 광업보국(鑛業報國) 상 필요한 실천에 노력할 것.

2. 중앙 및 도광산연맹

(가) 실시 계획: 각 도광산연맹은 그 관할 아래 있는 각 광산에 대한 일반실시계획을 수립하여 각 광산연맹에 알림과 동시에 중앙광산연맹에 보고할 것. 기간 종료 후 그 실적에 대해서도 동일함.

(나) 라디오 방송: 기간 개시 당일 조선광산연맹 회장 및 국민총력조선연맹 총무부장이 방송한다.

(다) 급여: 중앙 및 도광산연맹은 노무 임금에 대한 특별한 조치를 강구하기 위해 필요한 사항은 각각 관련 당국과의 연락할 것.

(라) 식량의 확보: 중앙 및 도광산연맹은 식량의 확보에 관해 각각 관계 당국과 연락하여 배급의 원활을 기할 것.

(마) 생필품 확보: 위와 동일

(바) **노무의 확보: 중앙 및 도광산연맹은 관계 당국과 연락해 광산 노무자 확보에 노력할 것.**

(사) 주택의 확보: 도광산연맹은 주택의 공급 알선에 필요한 사항에 관해 각 관계 당국과 연락하여 광산을 지도하고 그 건설·개선에 노력할 것.

(아) **근로봉사대 권장: 도광산연맹은 관할 아래 광산의 노무 자원 보충 및 광산 사상 보급 향상을 도모하기 위해 근로봉사대 권장에 노력하고, 이에 관해 필요한 사항은 관계 당국과 연락을 할 것.**

(나) 수송의 원활: 중앙 및 도광산연맹은 광산출광물 및 자재수송기관의 원활한 운영을 기하기 위해 관계 당국 및 업체와 연락하거나 협조를 구할 것.

(다) **독려대의 파견: 본 운동의 실효를 기하기 위해 본부 직원 및 연맹 간부 등으로 조직한 독려대를 파견할 것.**

[보급선전]

(가) 운동 실시의 주지 철저: 기간 개시 전에 각 광산연맹 및 각 광업 회사는 그 연맹원 또는 종업원에게 본 운동의 취지 및 요령을 충분히 주지시키기는 데 철저히 할 것, 신문, 실황 방송 등 적당한 방법을 강구할 것.

(나) 강연회 및 간담회 개최: 본 기간을 중심으로 반도광업의 중요성을 일반에 철저히 인식시키기 위해 중앙지방 모두 본부 직원 및 연맹 간부, 기타 저명인사의 강연회 또는 간담회를 계획해 실시하고, 지방에서의 실시 방법은 도광산연맹 또는 각 광산연맹에서 적절히 계획할 것.

(다) 포스터 게시, 전단 등의 배포: 중앙광산연맹에서 인쇄·배포할 예정이나 지방에서도 도광산연맹 및 광산연맹에서 각각 지방의

사정을 참작하여 고안·실시할 것.
(라) 영화, 라디오, 신문, 종이 연극, 선전탑 등의 이용: 각지에서 각각 적응할 수 있는 계획을 수립하여 실시할 것.

[표창]

별도로 정한 바에 의해 기간 중 광산의 조업실적, 노무자 가동률 및 재해율 등에 따른 종합적 성적이 우량한 광산과 함께 기술자, 노무자 및 애국반 중 특히 성적이 우수한 자에 대해 심사위원의 심사를 거쳐 11월 3일을 기하여 표창과 함께 표창자의 방송을 하고 그 명예를 앙양하는 것.

1. 중앙 표창

(가) 광산: 기간 중 성적이 우수한 사람에게 국민총력조선연맹 총재 및 조선광산연맹 회장이 표창장 및 기념품 또는 부상을 수여.

(나) 기술원: 각도의 광산연맹에서 표창할 사람 중 우수한 사람에게 국민총력조선연맹 총재 및 조선광산연맹 회장이 표창장 및 기념품 또는 부상을 수여.

(다) 노무자: 각도의 광산연맹에서 표창할 사람 중 우수한 사람에게 국민총력조선연맹 총재 및 조선광산연맹 회장이 표창장, 휘장 및 기념품 또는 부상을 수여.

(라) 애국반: 각도 광산연맹에서 표창할 것 중 우수한 반에게 국민총력조선연맹 총새 및 조선광산연맹 회장이 표창장 및 부상을 수여.

2. 지방 표창

(가) 기술원: 기간 중 성적이 우수한 사람에게 도광산연맹 회장이 표창장을 수여. 단, 도광산연맹의 사정에 따라 기념품 또는 부상을

수여 받을 수 있음.

(나) 노무자: 위와 같음.

(다) 애국반: 위와 같음.

3. 창의적인 고안 표창

창의적인 고안 가운데 특히 효과적이라고 인정되는 것에 대해서는 내용 심사를 거쳐 표창할 수 있다.

4. 선장(選獎) 심사기관

표창 심사기관은 별도로 정하는 바에 따라 각 광산연맹 회장이 정한다.

5. 표창 수

중앙 및 지방에서 표창할 광산, 기술원, 노무자 및 애국반의 수는 별도로 정한다.

▲부기: 본 요강에 따라 증산할 광물 이외의 것에 대해서도 별도의 일반 연간 표창으로서, 본 요강에 따라 동시에 표창한다.

전시체제기 마지막 단계인 1943년 이후, 태평양전쟁에서 수세로 몰리며 본토 옥쇄를 준비하는 과정에서 노동력 동원에 다시 새로운 국면이 펼쳐진다. 보다 강제성이 강화된 동원이 전개되었다. 전선에서 계속된 패전으로 막대한 물적 인적 손실이 이어지고 이를 메우기에는 일본 제국주의의 근본적 역량이 부족해진 시기였기 때문이다. 물적 인적 손실이 급격히 커지는 상황에서 이를 보충하고 전쟁을 지탱하기 위해서는 더 많은 노동력의 공급과 물자 증산이 필요하였다. 결국 해결 방법은 무리한 동원으로, 이를 위해서는 강제성을 강화할 수밖에 없었다.[16] 이것은 1944년부터 '징용'이라는 이름으로 현실화되었다.

광업 분야에서는 1944년 2월부터 시작하여 11월까지 전국 71개 광산에 약 3만 명의 한국인이 징용되어 노동력으로 투입되었다. 대부분은 해당 사업장 종사자를 그대로 징용하는 '현원 징용' 방식이었으나,[17] 이 합집산과 이동이 빈번하게 이루어지는 광산의 특성상 이를 금지하는 현원 징용은 매우 강력한 노동력 보충의 효과를 가져왔다. 그리고 여기에 더하여 학생 노동력 동원,[18] 그리고 수형자의 노동력 동원도 이루어졌다. 특히 수형자의 경우 근로 성적이 좋을 경우 가석방, 형기 단축 등의 포상을 제공한다는 조건하에 전국 수형소 수감 인원의 절반가량이 공장과 광산에 노동력으로 동원된 것으로 확인된다.[19]

기업에 대해서도 사실상의 징용이 실시되었다. 「군수회사법」의 제정이 그것이다. 이 법은 1943년 일본에서 법률 제108호로 먼저 공포되었고, 1944년 식민지 조선에서도 적용되었다. 「군수회사법」은 사기업의 자율 경영과 영리 추구를 사실상 금지하고, 국가의 명령에 따라 군수생산을 강제하도록 하는 법이었다. 「군수회사법」에 따라 군수회사로 지정되면 '전력(戰力) 증강이라는 국가 요청에 응하여 전력(全力)을 발휘하여 책임을 가지고 군수사업을 수행해야 하는(제3조)' 강제적인 책임이 부과

---

16 이 점은 앞서 언급한 『조선경제통계요람』의 1943년 현재 광산 노동자 숫자 18만 명의 의미와 관련하여 주목할 수 있다. 〈표 6-3〉의 1941년 광업 종사자 수와 비교하면 대략 5만 명 정도가 줄었기 때문이다. 『朝鮮鑛業の趨勢』와 통계 산정 기준이 다를 수 있고, 1943년부터 본격화한 금광 정비와도 관련이 있을 수 있지만, 전쟁 소모에 따른 인력과 물자 부족을 상징할 수 있기 때문이다. 이것은 한국인 노동력의 해외 동원과 연결된다.

17 김인호, 1998, 『태평양전쟁기 조선공업연구』, 신서원, 338~339쪽.

18 「운모 가공 작업에 경기도 내 여학도 동원」, 『매일신보』, 1944.5.13.

19 「봉공에서 갱생의 길, 수형자도 근로동원, 성적 좋으면 가석방 은전」, 『매일신보』, 1944.5.19.

되었다.[20] 식민지 조선에서는 조선 총독이 군수회사를 지정하였으며, 조선에서 광산을 경영하던 주요 광업회사들이 대부분 포함되었다. 그 현황을 정리하면 〈표 6-4〉와 같다. 석탄과 철광, 그리고 특수광물을 생산하는 광업회사들이 집중적으로 군수회사로 지정되었음을 알 수 있다.

〈표 6-4〉「군수회사법」에 의해 군수회사로 지정된 주요 광업회사 일람

회사명	군수회사 지정일자	주력 생산 광물	비고
일본마그네슘금속(주)	1944년 12월 8일	마그네슘광석	닛치스(日窒) 자회사, 1945년 닛치스마그네슘금속(주)으로 사명 변경, 새로 군수회사 지정됨
동방광업(주)		흑연	
동양운모광업(주)		운모	동양척식(주) 자회사
조선무연탄(주)		석탄(무연탄)	조선총독부 주도 무연탄 통합 기업
조선유연탄(주)		석탄(유연탄)	조선총독부 주도 유연탄 통합 기업
고바야시(小林)광업(주)			
삼척개발(주)		석탄(무연탄)	1930년대 삼척탄전 개발 주체
유센(遊仙)광업(주)			
일본마그네사이트화학공업(주)	1945년 4월 4일	마그네사이트	제철회사인 일본고주파중공업(주) 자회사
보광(寶光)광업(주)			
봉천(鳳泉)무연탄광(주)		석탄(무연탄)	
조선운모개발판매(주)		운모	
이원(利原)철산(주)		철광	
대동광업(주)		석탄	주력 광산은 만주 소재
나카가와(中川)광업(주)			
고레카와(是川)제철(주)		철광	
삼성(三成)광업(주)			

출처:『조선총독부관보』제5354호, 1944.12.8;『조선총독부관보』제5446호, 1945.4.4에서 작성.

---

20 『조선총독부관보』제5321호, 1944.10.28.

2. 개발과 증산의 실체

1) 전체적 추이

1937년 중일전쟁과 함께 엔블록 경제권이 전시체제로 들어가면서 식민지 조선은 전쟁에 필요한 광물 총동원체제가 구축되기 시작하였다. 이후 1940년과 1943년의 단계를 거치며 확대·강화되었다. 특히 일제가 패전의 길로 접어들고 식민지 조선이 본토 옥쇄를 지탱하는 '후방병참'의 역할을 부여받은 1943년 이후에는 '징용', '군수회사 지정' 등을 통해 개발과 증산을 위한 강제성이 더욱 강화되었다.

그러면 일제가 광물 총동원체제를 통해 달성하려고 했던 군수광물의 증산 결과는 어떠했을까? 우선 일제가 군수광물로 증산에 역량을 집중하며 관련 광산을 개발한 측면부터 보자. 이를 확인하기 위해 개발과 생산이 이루어지고 있는 이른바 '가행 광구'의 추이를 정리하였는데,〈표 6-5〉와 같다. 일제가 목적했던 바와 같이 군수광물로 규정하여 개발에 주력하였던 철광과 석탄, 기타 특수광물, 희귀금속 관련 광산들의 가행 숫자가 급격히 증가했음을 확인할 수 있다. 반면에 일제가 증산정책을 포기한 금은광의 광구 수는 1940년을 기점으로 감소하고 있음을 다시 한번 확인할 수 있다.

다음으로 주요 광물들의 생산 실적을 살펴보자. 정리하면 〈표 6-6〉과 같다. 우선 전체적으로 볼 때 금을 제외한 모든 주요 광물들의 뚜렷한 증산이 이루어졌음을 알 수 있다. 결국 이것은 일제가 의도한 광물 총동원체제가 계획대로 작동하였고, 그에 비례하여 수탈과 동원도 강하게 이

⟨6-5⟩ 전시체제기 광종별 가행 광구 증감 추이

	1936	1937	1938	1939	1940	1941	1942
금은광	2,774	3,170	3,664	4,317	4,630	3,935	3,669
금은, 동, 납, 아연 기타*	287	431	592	963	1,199	1,931	1,752
철광	49	52	65	77	85	130	161
석탄	149	166	189	228	239	301	288
흑연	89	88	108	948	165	221	233
기타	250	305	240	399	381	464	524
합계	3,598	4,212	4,858	6,503	6,699	6,982	6,828

출처: 조선경제통신사, 1949, 『조선경제통계요람』, 120쪽에서 작성.
비고: *금은, 동, 납, 아연, 기타의 경우 해당 광구의 채굴 광석에 제시한 광물들이 함께 포함되어 있는 경우를 의미함.

루어졌음을 의미한다. 특히 '징용'으로 상징되는 강제성이 정점에 이르렀던 1944년에는 주요 군수광물들의 생산량이 급격히 증가한 것이 이를 명확히 뒷받침한다. 특히 군수와 민수 모두 일본과 직접 연결되었던 무연탄 생산의 급격한 증가는 조선 내 수요가 중심이었던 유연탄의 생산 정체와 대비되는 부분이다. 물론 유연탄의 생산 정체는 석탄액화사업의 기술적 한계에 따른 부진과도 연관이 있다. 철광 생산이 비약적으로 증가한 것은 동양 최대 매장량을 자랑한다고 알려진 무산 철광산의 본격적인 개발이 이루어졌기 때문이다.

1934년에는 생산 자체가 없었던 특수광물, 희귀금속들의 광산개발이 이루어지고 있음도 확인된다. 이들 광물은 1940년 이후 광구가 가동되면서 생산이 시작되었으며, 뚜렷한 증산도 이루어졌다. 특히 군수광물의 증산에 역점을 두었고, 앞서 보았듯이 연료선광연구소의 중점 조사와 연구 대상이었던 흑연, 마그네사이트, 형석, 인광, 납, 철광, 아연, 몰리브덴 등의 개발과 증산이 확인된다.

전체적으로 보면 전시체제기 군수광물 증산은 일제가 계획했던 대로

〈표 6-6〉 전시체제기 각종 광물 생산 추이

(단위: kg)

	1934	1940	1942	1944
금(金)	10,711	25,060	24,127	6,342
유연탄(有煙炭)	702,277	2,587,706	2,958,407	2,513,513
무연탄(無煙炭)	982,370	3,153,175	3,898,282	4,530,363
철광(鐵鑛)	176,008	453,718	501,430	3,364,276
황철광(黃鐵鑛)	40,024	20,791	257,909	246,003
인상흑연(鱗狀黑鉛)	2,432	21,112	19,371	28,427
토상흑연(土狀黑鉛)	28,862	73,161	76,684	74,828
마그네사이트	3,168	73,540	107,354	157,745
형석(螢石)	12,099	27,046	39,329	75,227
인광(燐鑛)	—	—	25,561	37,691
동(銅)	1,434	12,944	4,330	5,193
납(鉛)	1,805	13,045	11,900	21,250
아연광(亞鉛鑛)	2,883	34,546	2,815	?
아연(亞鉛)	—	1,769	12,300	20,113
몰리브덴(水鉛)	104	190	437	760
안질모니광(安質母尼鑛)	21	32	3	—
고령토(高嶺土)	23,421	48,887	24,713	3,000
규사(硅砂)	72,277	173,160	189,074	?
명반석(明礬石)	56,330	37,479	34,901	18,951
석면(石綿)	4	2,970	3,260	4,779
납석(蠟石)	7,614	60,209	43,279	?
중정석(重晶石)	5,935	17,604	11,673	5,640
망간	—	601	12,751	33,584
운모(雲母)	103	80	111	422
중석괴(重石塊)	—	1,685	1,954	?
몰리브덴괴(水鉛塊)	—	26	27	?
크롬괴(塊)	—	106	329	?
망간괴(塊)	—	—	181	?
지르콘괴(塊)	—	—	1,178	?
니켈광(鑛)	—	—	3,597	34,151
코발트광(鑛)	—	—	6,073	72
붕소(硼素)	—	—	120	4,786
크롬광(鑛)	—	—	500	?
활석(滑石)	—	—	6,146	?
코룸부석(石)	—	—	4,300	?
홍재석(紅材石)	—	—	5,200	?
■■토	—	—	1,256	?
남정석(藍晶石)	—	—	1,000	668

출처: 조선경제통신사, 1949, 『조선경제통계요람』, 123쪽에서 작성.

순조롭게 진행된 것처럼 보인다. 물론 그 순조로움 안에는 강제 동원과 수탈이 내포되어 있다. 이제 좀 더 구체적인 사례를 통해 광물 총동원체제의 실체를 파악해 보도록 하겠다.

2) 개발의 실체: 단천(端川)광산의 사례

(1) 개발 배경

단천광산은 100만 톤 정도의 자철광(磁鐵鑛)[21]이 매장된 비교적 소규모 광산으로 연간 5만 톤 정도를 생산할 계획으로 1944년을 전후하여 개발이 시작되었다. 당시 조선의 주요 철광산 중 최대 규모인 무산철광이 1944년 한 해에만 100만 톤이 넘는 철광석을 생산하였고, 개천, 재령 등 기존 평안도와 황해도 주요 광산들은 50만 톤 전후를 생산하였음을 볼 때,[22] 그 규모가 매우 작았음을 알 수 있다. 자원 제약이 극한에 다르던 전쟁 말기의 상황에서 이러한 소규모 광산인 단천광산의 개발이 시작된 것은 무엇보다 해당 광산에 철의 함유량이 높은 고품위 철광석이 매장되어 있었기 때문이다. 조선총독부 중앙시험소가 분석한 단천광산 철광석은 철분 함유량이 68.39퍼센트로 당시 조선에서 채굴되던 철광석 중 최고 수준이었다. 아울러 제철 공정에서 유해성분이라고 할 수 있는 규산, 유황, 인의 함유도 표준 이하여서 양질의 철을 뽑아 낼 수 있

---

21 자성을 띤 검은색 산화철 광물로 철광석의 한 종류이다. 자철광 외에 적갈색을 띠는 적철광, 암갈색인 갈철광이 철광석의 주요 종류이다.

22 1944년도 조선내 주요 광산의 철광석 생산은 무산 105만 톤, 재령 하성 57만 톤, 개천 47만 톤, 양양 28만 톤, 이원 28만 톤 등이었다(生産第三課 鑛山第一係, 1944, 「昭和二十年度鐵鑛石生産計劃」『昭和十九年度 生産實績表』).

을 것으로 기대되었다.[23]

고품위 철광석이 매장된 광산개발은 1944년 제국 물자동원계획에서 조선에 갑자기 철광석 증산 목표가 두 배 이상 할당된 문제를 해결하기 위한 중요한 대책으로 떠오르게 되었다. 갑자기 늘어난 생산목표를 맞추기 위해 양적 증산에만 몰두하게 되면서 본래 저품위 철광석이 대부분인 조선의 철광석에서 선광(選鑛)과 같은 질적 향상을 위한 추가적인 조치가 소홀해질 수밖에 없는 상황이 발생했고, 이것은 전반적인 철광석의 질적 저하(品位 저하)를 초래하였다. 실제로 주요 광산의 철광석 품위를 보면 무산이 1943년 61퍼센트에서 1944년 53퍼센트, 개천 49퍼센트에서 45퍼센트 등 전반적인 하락을 보였다. 철광석의 품위 저하는 양질의 강재 생산을 위협하고, 특히 군수용인 특수재강에 부적합하였으므로 고품위 철광석 생산이 중대한 문제로 부각되었다.[24]

고품위 철광석의 산출이 예상된 단천광산이 적은 건설자재로 개발이 가능하다는 점도 중요한 배경으로 작용하였다. 1944년 본격적인 개발에 착수할 당시, 이미 제국의 기자재 공급력은 바닥을 보이고 있었고, 이에 따라 신규 개발사업은 정책적으로 억제되어야 했으며, 이미 착수되어 진행 중인 사업들도 새로운 관점에서 재검토가 요구되는 상황이었다. 그럼에도 불구하고 조선총독부가 단천광산 개발을 승인한 이유는 고품위 철광석 외에도 소규모 건설기자재 투입으로 사업이 가능하다고 판단했기 때문이었다. 그 이유는 단천광산의 특이한 매장 형태에 있었다.

---

23 朝鮮總督府中央試驗所, 1944, 「報告書(1944.5.17)」『端川鐵山株式會社完濟貸付書類』(鑛工金融部).

24 朝鮮殖産銀行 特別金融第二部, 1944, 「端川鐵山株式會社調査書(1944.12)」, 『端川鐵山株式會社完濟貸付書類』, 33~34쪽.

단천광산은 함경남도 풍산군(豊山郡)에서 단천군으로 흐르는 남대천(南大川) 중류의 강바닥과 양쪽 퇴적 구릉인 단구(段丘)의 모래와 자갈 속에 포함되어 있었다. 이른바 표사광상(漂砂鑛床, placer, Seife)으로 암석에 포함된 광물이 풍화를 받으면 가는 입자가 되어 흐르는 물이나 바람에 의해 운반되고, 이 과정에서 도태가 이루어져 무겁고 화학적·기계적으로 저항력이 있는 광물이 사력(砂礫, 모래와 자갈)층 속에 집중되어 광상을 만든 '하천광산'이었다. 광맥이 지표면에 노출되어 '산견(散見)'되는 상태에 있거나 얕은 지층에 부존되어 있었다. 따라서 단천광산의 채굴방법은 하천의 모래와 자갈을 퍼올리는 사리채취(砂利採取)로, 보통의 광산에 비해 매우 적은 자재로 단기간에 대량의 광석을 채굴할 수 있을 것으로 인식되었다. 더욱이 단천광산 일대는 이전부터 사금을 채취하던 금광이었기 때문에 사용하던 기자재의 일부를 전용할 수 있는 상황이었다. 단천과 풍산군 홍군리(洪君里)를 잇는 단풍선(端豊線)이 광산 구내를 통과하는 편리한 교통 역시 채굴한 철광석 수송에 중대한 이점이 되었다.[25]

(2) 광산업자 최남주(崔南柱)

단천광산은 최남주라는 한국인 광산업자가 사업전환을 모색하는 과정에서 동 철광산을 발견하고 개발사업에 착수한 것이 시발점이었다. 최남주는 일제 산금정책에 편승하여 소규모 사금광구 및 금광을 개발·경영한 광산업자였다. 1944년 단천광산 개발을 위한 융자신청을 목적으로 조선식산은행에 직접 제출한 경력서를 통해, 그가 기업가로서 어떻게 성장하였는지 비교적 자세히 알 수 있다. 정리하면 〈표 6-7〉과 같다.

---

25 朝鮮殖産銀行 特別金融第二部, 앞의 책, 35쪽.

〈표 6-7〉 최남주 경력 개요(1944년 9월 현재)

항목	주요 내용	비고
출생	1911년 1월 11일	
학력	1930년 3월 일본대학 문예과 전문부 졸업	
미곡매매 (1930~1932)	1930년 6월 목포연미취인소(木浦延米取引所) 소원(所員)으로 선정되어 마루후쿠연미취인점(丸福延米取引店) 경영	
	1932년 5월 목포연미취인소 정비에 의해 폐업	
금광 개발·경영 (1933~1943)	1933년 4월 전남 광산군 하남사금광(河南砂金鑛)을 주로 덕대제로 경영. 1934년 8월까지 하루 평균 700여 명의 광부를 상용함. 1935년 10월 사금 채굴을 종료할 때까지 생산량은 250여 톤.	현 광주 광산구 월곡동, 우산동 일대
	1935년 11월 광산군 임곡역(林谷驛) 부근 용진금산(龍珍金山)을 경영. 하루 평균 광부 400여 명을 고용하였음. 1937년 4월 광산을 조선제련(주)에 매도할 때까지 금 생산량은 약 200여 톤.	
	1937년 7월 남광광업(南光鑛業)(주) 설립하고, 사장에 취임하여 전남 나주군 좌창(左倉)광산 및 황해도 재령광산을 경영.	1943년 1월 「산금정비령」에 의해 폐쇄되면서 사임
	1941년 1월 전북 금구군 동아신광광산(東亞新光鑛山)을 매수. 하루 평균 광부 500여 명을 고용. 폐쇄까지 100여 톤 금 생산.	1943년 「산금정비령」에 의해 광산 폐쇄
	1942년 2월 평남 평원군 석암사금광(石岩砂金鑛) 매수, 하루 평균 280여 명의 광부를 고용.	「산금정비령」에 의해 폐쇄
	1942년 3월 전북 김제군 은교광산(銀橋鑛山) 및 영천리금산(永川里金山)을 매수, 하루 평균 120여 명 광부고용 채굴 및 탐광 진행.	「산금정비령」에 의해 폐쇄
군수용 기계 제작	1943년 3월 도쿄도(東京都) 가마타(蒲田) 소재 기계제작소 에이코사(英工社)를 아오키(青杉)와 공동매수, 군수용 기계제작. 1943년 4월 군수회사 제2차 지정공장으로 지정되었고, 현재 노무자 200여 명으로 조업 중.	
동광(銅鑛) 개발·경영	1943년 4월 경기도 고양군 천일동산(天一銅山)을 매수, 광부 100여 명으로 현재 운영 중(지정광산).	
	1943년 5월 경남 고성군 경봉동산(慶峰銅山)을 매수, 70여 명의 광부로 현재 운영 중(지정광산).	
철광산 개발·경영	1943년 8월 함남 단천군 풍삼광산(豊三鑛山)의 3광구를 매수, 출원·등록한 후 11광구로 확장함. 단천철산(端川鐵山)으로 개칭하고, 1944년 5월 법인 신청, 8월에 주식회사 설립인가. 현재 수속 중으로 광부 150여 명으로 운영 중.	

출처: 崔南周,「經歷大要」,『端川鐵山株式會社完濟貸付書類』에서 작성.

최남주는 일본 유학을 마치고 돌아오자마자 목포에서 미곡매매업을 통해 기업인의 길을 걸었다. 일본대학 졸업 등 최고의 엘리트 교육을 받았으며,[26] 졸업과 동시에 만으로 19세의 나이에 불과했던 식민지 청년이 미곡매매점을 경영할 수 있었던 것은 당연히 집안의 배경이 작용했을 것이다. 그의 조부 최원택(崔元澤)은 광주지역 유지이자 대지주, 자산가로 1906년에 광주농공은행, 1907년에 광주금융조합을 설립하였으며, 1917년 광주전기주식회사 창립에도 거액을 투자하였다.[27] 사회운동에도 적극적이어서 국채보상운동에 참여하였고,[28] 광주지역 대지주 모임 결성의 주도 멤버 중 한 명으로 소작관계 개선, 우량품종 재배운동에 이름을 올렸다.[29] 이렇듯 일본대학 유학을 포함하는 엘리트 교육을 받은 식민지 청년이 재력가 집안의 후원을 토대로 시작한 사업이었지만 기업가의 세계는 호락호락하지 않았다. 그가 1930년에 미곡매매업에 뛰어든 시점에서 미곡은 불행히도 유망한 사업 종목이 아니었다. 경기불황과 미가폭락, 일본의 조선미 이입 억제, 조선취인소령(朝鮮取引所令) 공포를 계기로 한 곡물매매소 정비가 동시다발적으로 일어나던 시점이었다. 결국 10여만 엔이라는 거액의 손해를 감수하면서 그는 첫 번째 사업장이었던 마루부쿠연미취인점(丸福延米取引店)을 접을 수밖에 없었다.[30]

　　미곡매매업을 통해 최남주가 톡톡히 배운 경험은 전체 경제 상황을

26　최남주는 중등교육도 경성에 유학하여 보성고등보통학교(보성중학)를 졸업하였다 (朝鮮殖産銀行 特別金融第二部, 앞의 책, 11쪽).

27　박선홍, 1994, 『광주 1백년 ②: 개화기 이후 풍물과 세속』, 금호문화, 1994, 66쪽.

28　「國債報償義務金集送人員及額數」, 『황성신문』, 1907.4.20.

29　「全南地主會議」, 『매일신보』, 1915.1.10.

30　朝鮮殖産銀行 特別金融第二部, 앞의 책, 11쪽.

파악하고, 시대적 흐름에 민감히 반응하여 사업 종목을 결정해야 한다는 것이었을 것이다. 식민지 경제의 상황뿐만 아니라 식민지 모국 일본의 경제 상황, 특히 경제정책에 주의를 기울여 사업을 결정해야 한다는 것이다. 어떻게 보면 당연한 얘기지만 약관의 청년기업가 최남주에게는 큰 가르침이었을 수 있다. 그가 〈표 6-7〉에서 보듯이 이후 광산업으로 전업하고, 금광에서 동광, 철광, 군수용 기계공장으로 사업을 전환해 가는 과정은 일제의 경제정책에 민감하게 편승하는 모습이기 때문이다.

1933년 4월 전남 광산군, 현재의 광주 광산구에 위치한 하남사금광(河南砂金鑛) 개발로 시작한 최남주의 금광개발사업은 일정한 성공을 거두었고, 이를 통해 1930년대 말 최남주는 조선인 주요 광산업자 중 한 명으로 자리 잡을 정도로 성장하였다. 특히 1935년 11월 광산군 용진금산(聳珍金山)의 개발은 우량한 금광으로 신문에 보도될 정도로 주목을 받았다.[31] 이 금광은 1937년 4월 조선제련(주)에 매각되었으며, 매각대금은 60만 엔에 달하였다.[32] 이 매각대금은 매각 3개월 후인 7월에 최남주가 남광광업(南光鑛業)(주)을 설립하고, 사장에 취임하는 한편 전국 곳곳의 금광을 개발하는 투자금이 된 것으로 보인다. 남광광업(주)은 광주에 본점을 두고 자본금 18만 엔(4만 5,000엔 불입)으로 설립된 회사였다.[33]

20대의 식민지 엘리트 청년 최남주의 금광개발사업은 일제의 산금정책과 맞물려 순조롭게 진행되었고, 유력 광산업자이자 촉망받는 젊은 실업가의 지위를 가져다주었다. 그러나 1940년에 접어들어 일제가 금

---

31 「砂金鑛 發見 戰災民에 福音」, 『동아일보』, 1935.11.7.
32 朝鮮殖産銀行 特別金融第二部, 앞의 책, 11쪽.
33 中村資良編, 1937, 『朝鮮銀行會社組合要錄』, 東亞經濟時報社.

증산을 포기하고 1943년부터는 「산금정비령」에 의해 금광에 대한 전면적인 정비가 시행되면서 새로운 위기가 닥쳤다. 〈표 6-7〉에서 보듯이 최남주는 남광광업(주) 설립 후 금광개발사업을 지속적으로 확대하여 이 시기 전국에 6개 금광을 개발·경영하고 있었으나, 「산금정비령」으로 일거에 모두 정리·폐쇄되었기 때문이다. 이렇듯 정책에 의한 강제적 정비는 활발하게 금광개발을 확장하던 최남주에게 결정적인 타격을 입혔다. 조선총독부는 '정비금'이라는 이름으로 강제 폐쇄된 광산에 대한 보상금을 지불하였으며, 최남주가 받은 금액은 105만 엔이었다. 받은 보상금으로 금광사업정리 경비와 개인 및 금융기관 차입금 상환 등에 약 50만 엔을 사용하였으므로 실제 최남주 수중에 남은 돈은 55만 엔 정도였다.[34]

「산금정비령」은 주지하듯이, 블록경제의 구축·강화로 금이 일제의 대외결제수단으로 중시되면서 본격화된 산금정책이 본격적인 전쟁 돌입으로 대외결제수단으로서 금의 역할이 급격히 줄어들면서 단행된 것이다. 이후 일제의 조선에 대한 광산정책은 앞서 확인했듯이 군수동원 차원에서 철광석, 석탄, 경금속, 특수광물과 희귀금속 개발에 더욱 집중하는 방향으로 전환되었다. 최남주는 〈표 6-7〉에 보듯이 1930년대 산금정책에 편승했던 것과 마찬가지로 군수동원 관련 광물의 증산정책에 편승하여 남은 보상금을 동산(銅山)과 철광산에 투자하였다. 아울러 일본 도쿄 소재 군수기계공장에도 투자하였다. 자료를 통해서 최남주가 소유한 금광의 정비 보상금을 어떻게 이들 사업에 투자되었는지 확인할 수 있는데, 단천광산에 32만 9,000엔을 투자하여 가장 큰 비중을 차지

34　朝鮮殖産銀行 特別金融第二部, 앞의 책, 12쪽.

했고, 그다음으로 도쿄의 군수기계공장 에이코사(英工社)에 13만 엔, 경봉동산(慶峰銅山), 천일동산(天一銅山)에 각각 3만 6,000엔, 3만 7,000엔을 투자하여 총투자액은 53만 2,000엔이었다.[35] 최남주가 금광개발사업에 뛰어들어 10년간 사업을 경영한 결과로 손에 쥔 55만 엔의 자금 중 50퍼센트 이상을 단천광산의 철광석 개발에 투자한 것이다. 단천광산은 20대 초반 광산업에 뛰어들어 업적을 쌓아올린 광산업계의 조선인 청년 실업가가 일제의 강제적 정책에 의해 한순간에 무너질 수도 있는 위기 상황에서 선택한 승부수였던 셈이다.

최남주가 단천광산과 인연을 맺게 된 직접적인 계기는 불명확하다. 그러나 〈표 6-7〉에서 보듯이 이 광산은 이미 오래전부터 풍삼광산(豊三鑛山)이라는 이름의 사금광으로 개발·경영되고 있었다. 따라서 10년간 전국의 금광을 개발·경영한 금광업자 최남주가 단천광산의 철광석 부존 가능성에 대해 일정한 정보를 가지고 있었을 가능성이 높다. 이는 단천광산이 철광산으로 가치가 있다는 것을 사금 채굴지에서 버려져 있던 율석(栗石)을 분석하여 우량한 자철광석임을 알아내고, 곧바로 이 기존 사금 광구를 5만 6,000엔으로 매수하는 한편 사철(砂鐵)광구로 출원한 기록에서 알 수 있다.[36] 아울러 철광을 발견한 것이 1943년 3월이고, 광산을 매입한 것이 1943년 8월의 일로「산금정비령」에 의해 경영하던 금광들이 모두 폐쇄된 직후의 시점이었다는 점도 그가 이미 폐사금광 단

---

35 「金山整備金用途內譯表」,『端川鐵山株式會社完濟貸付書類』; 英工社에 대한 13만 엔 투자는 확실하지는 않다. 보상금 용도 내역표에는 '高振鋼'으로 나오기 때문이다. 자료의 투자처 등을 감안하여 추정한 것이다. 또 단천광산에 대한 투자는 광산개발에 대한 직접 투자 12만 9,000엔과 단천철산주식회사 설립 당시 인수한 주식 불입대금 20만 엔을 합한 금액이다.

36 朝鮮殖産銀行 特別金融第二部, 앞의 책, 17쪽.

천광산의 철광석 부존 가능성에 대한 정보를 가지고 있었음을 뒷받침한다.

(3) 단천철산(주)의 설립과 개발계획

1943년 3월 최남주는 함경남도 남대천 유역의 폐광된 사금광이었던 풍삼광산에서 고품위 자철광을 발견한 후 동 광산의 3개 광구를 매입함과 동시에 사철광구로 출원, 등록하여 개발에 착수하였다. 우선 전 광구에 대하여 217개소에서 '정호굴식(井戶堀式)' 탐광을 실시한 결과, 자갈(礫, gravel) 형태의 고품위 자철 광맥이 탐광지역 전역에 대규모로 부존되어 있으며, 채굴 가능한 규모는 100만 톤 정도라는 사실을 확인하였다. 이 결과에 대해 조선총독부는 광산 기사를 파견하여 다시 본격적인 조사를 하였는데 조사 결과는 동일하였다. 토대로 최남주는 추가로 8개 광구에 대해 출원하고 본격적인 개발계획을 수립하였으며, 이는 자본금 200만 엔의 단천철산(주)의 설립으로 이어졌다. 자료에는 최남주가 금광정리 보상금으로 받는 자금만으로 개발이 불가능하다고 판단한 것[37]과 동시에 고품위 철광석에 대한 필요성이 당시의 정책적 상황에 따라 강조된 점과 조선총독부의 '종용'이 결합된 결과라고 기록되어 있다.[38]

회사설립 작업은 1944년 3월부터 본격적으로 착수되어, 5월에는 대

---

[37] 조선총독부에 제출한 회사설립 인가신청서에서 최남주는 주식회사 설립이 필요한 이유에 대해 '시국 하 철광석의 증산은 전력증강상 국가 지상 명제인 상황에서 한정된 일개인의 능력으로는 도저히 그 개발을 완수하기 곤란하기 때문에 자재와 인재의 결집으로 무한하게 신장할 수 있는 기업조직인 주식회사 설립이 필요하다는 것을 통감했기 때문'이라고 쓰고 있다(端川鐵山株式會社,「會社設立認可申請書」,『端川鐵山株式會社完濟貸付書類』).

[38] 朝鮮殖産銀行 特別金融第二部, 앞의 책, 8쪽.

체적인 설립계획서 작성이 완료되었고, 「임시자금조정법」에 따라 조선총독부에 회사설립 인가신청이 이루어졌다. 신청 과정에서 제출된 회사설립계획서 및 광산개발계획서를 토대로 회사설립 및 광산개발계획을 보면, 우선 단천철산(주)의 자본금은 200만 엔(전액 불입)으로 설정하고, 액면 50엔 주식 4만 주를 발행하여 자금을 충당하는 것이었다. 자본금은 최남주가 거의 대부분을 조달하였다. 그는 1943년 금광 정비 보상금으로 매입한 단천광산의 광구들과 그 밖의 보유 광산을 합하여 현물 출자한 금액을 150만 엔으로 평가하여 3만 주를 출자하였다. 여기에 더하여 보상금에서 염출한 별도 현금 20만 엔, 4,000주를 추가로 출자하였다. 이를 합하면 170만 엔, 3만 4,000주를 출자하는 셈이었다. 자본금 조달과 관련한 전체 주주 구성을 보면 〈표 6-8〉과 같다.

주주 구성과 지분구조를 통해 회사 성격을 보면, 최남주가 소유한 광구의 현물 출자를 바탕으로 절대 지분을 보유하고 있고, 그 외 주주들도 장인이나 부하직원으로 이들은 경영진을 겸하고 있다. 결국 단천철산(주)은 주식회사였지만 사실상 최남주 개인기업이었다고 할 수 있다. 기존 최남주의 심복으로 경영진에 포함된 박준규는 회사 회계경리를 총괄하고, 구다(具田直會)는 기술 방면을 총괄하는 역할로 기용된 것이었다.[39]

다음으로 광산개발계획은 〈표 6-9〉와 같은데, 자본금 200만 엔 중 현물 출자분 150만 엔을 제외한 50만 엔으로 설비자금에 43만 5,000엔, 운전자금에 6만 5,000엔을 투입, 연간 2만 5,000톤의 철광석을 생산할 계획이었다.

광산 건설공사는 1944년 4월부터 착공하여 9월에 완공할 계획이

---

[39] 朝鮮殖産銀行 特別金融第二部, 앞의 책, 9쪽.

<표 6-8> 단천철산(주) 주주 구성

성명	출자 규모		회사 내 지위	경력	비고
	엔	주(株)			
최남주	1,700,000	34,000	사장	<표 6-7> 참조	현물: 3만 주 150만 엔 현금: 4,000주 20만 엔
노구치 도쿠에 (野口德衛)	100,000	2,000	이사	도호쿠제대(東北帝大) 전기공학과 졸업, 전기기계회사 근무, 세메이(生名)광업(주) 및 헨코우(變更)전력공업(주) 사장 역임, 도쿄공기(東京工器)제작소 감사역	
오형남(吳亨南)	100,000	2,000	감사	지주, 전라남도 평의원, 주조업체 경영	최남주 장인
이토 다로 (伊藤太郎)	75,000	1,500	이사	호세대학(法政大學) 경제학부 졸업, 가와사키시(川崎市) 공무원, 세메이광업(주) 감사역	
박준규(朴準奎)	25,000	500	이사	공주공립농업학교 졸업, 금융조합 및 은행 서기, 이사 역임, 1938년 최남주의 남광광업(주) 입사, 전무이사	최남주 회사 직원
구다 나오카이 (具田直會)			이사	조선인, 경성공과학교(京城工科學校) 토목과 졸업, 건축업, 목재업 종사하다가 1940년 최남주 광산사무소에 입사.	최남주 회사 직원, 뒤에 최남주로부터 주식 1,000주를 증여받음.
합계	2,000,000	40,000			

출처: 行方進,「端川鐵山槪況竝二開發計劃書」,『端川鐵山株式會社完濟貸付書類』 및 朝鮮殖産銀行 特別金融第二部, 앞의 책에서 작성.

었다. 아울러 건설공사와 동시에 4월 중순부터는 이미 남대천 강바닥의 노천광부터 채굴을 시작할 계획이었다. 노천광이기 때문에 인력만 동원하면 삽과 같은 간단한 장비로 채굴이 가능할 것으로 예상되었다. 채굴된 광석은 궤조(軌條, rail)를 깔아 광차 15대로 운반하고, 추가로 트럭 두 대도 투입할 예정이었다.[40] 그리고 계획대로 광산개발이 진행되면 최대 3만 톤의 생산능력을 갖추게 되고, 이를 통해 67퍼센트의 철분 함유율

〈표 6-9〉 광산개발계획 주요 내용   (단위: 엔)

구분	항목	금액	세부 내역
설비자금	토지	51,403	주로 채광(採鑛)용지 매입, 기타 창고, 사택(社宅) 등 건물용 대지
	건물	135,000	창고, 사택, 사무소 등 총 44동
	공작물	70,000	배수로, 광석 운반용 궤도, 배전공사 등
	기기	128,030	전동기, 채광기기 및 기구, 운반기기
	준비비(總掛費)	36,500	생산준비기간 경비(4개월분)
	예비비	14,067	비목외 지출 및 예산 초과금 용도
	소계	435,000	
운전자금		65,000	설비 신설 후 1년간의 운전자재 및 전력, 연료비
합계		500,000	

출처: 端川鐵山株式會社, 「會社設立認可申請書」, 『端川鐵山株式會社完濟貸付書類』에서 작성.

을 가진 고품위 자철광을 연간 2만 5,000톤 생산할 수 있을 것으로 예상되었다. 이는 월간 2,500톤 생산을 기준(20일 작업)으로 10개월 동안 광산을 가동하는(동절기 2개월 제외)방식으로 산출된 규모였다. 이를 통해 연간 120만 5,000엔의 매출-1톤당 지정가격 45엔[41]×2만5,000톤-을 올리고, 15만 엔의 순이익을 내어 6퍼센트의 주주 배당을 실현할 수 있을 것으로 기대하였다.[42]

---

40 端川鐵山株式會社, 「事業計劃明細書」, 『端川鐵山株式會社完濟貸付書類』.
41 1944년 9월 17일 자 철강원료통제주식회사가 실제 결정한 철광석의 톤당 가격은 단천철산(주)이 작성한 수지견적서 상의 금액보다 1엔이 높은 46엔이었다. 65퍼센트의 품위 유지 및 채굴지에서 가장 가까운 역까지 운송을 담당하는 조건이었다(鐵鋼原料統制株式會社 京城支店, 1944, 「十九年度買收價格決定通知ノ件(1944.9.17)」, 『端川鐵山株式會社完濟貸付書類』).
42 端川鐵山株式會社, 「收支目論見書」, 『端川鐵山株式會社完濟貸付書類』.

(4) 단천광산 개발 과정과 결과

단천광산의 주식회사 설립은 1944년 8월 조선총독부의 인가를 얻고, 11월 1일 자로 등기 수속이 완료되어 정식 발족되었다. 인가신청에서 정식 발족까지 반년 가까운 시간이 걸렸지만, 앞서 언급했듯이 이미 4월부터 건설공사가 진행되었고, 노천광에 대한 채굴작업도 시작된 상황이었으므로 회사 발족은 사실상 이때부터였다고 할 수 있다. 그러나 건설공사는 계획된 완공 기간인 9월 말까지 완료되지 않았고, 10월 말 시점에도 여전히 공사가 진행 중이었다.

이 시점의 단천광산의 상황은 본격적인 건설공사에 들어가지 못하고 현장 직원 20명, 노무자 247명(광부 187명, 설비준비 인부 60명)으로 '배토용 고랑(排土溝)'을 굴착하는 작업에 주력하고 있었다. 건설공사와 동시에 시작될 계획이었던 노천광 채굴작업도 부진한 성과를 보였다. 하루 15톤 정도를 채굴하여 당시까지 1,100톤 정도를 생산하는 수준에 그쳤다.[43]

건설공사 및 채광부진은 단천철산(주)이 1944년 11월 28일 기점으로 작성한 대차대조표에서 확인된다. 이를 정리한 〈표 6-10〉에 따르면, 1만 엔 이상의 당기 손실이 발생하여 철광석 생산과 판매가 저조함을 반영하고 있다. 다만 공사는 10월 말 시점보다는 일정하게 진행되었다. 현물출자인 광업권을 제외하면, 자산부의 가장 큰 비중을 차지하는 것은 건설가계정, 재료품, 기계기구 순으로 모두 광산건설과 관련된 항목이다. 실제로 세부항목을 확인해 보더라도 파이프, 레일과 광차, 전선, 펌프, 트럭 등 기존에 구입 계획이었던 건설 관련 기자재들이고, 가불금은

---

43 「現場建設竝ニ採鑛狀況」, 『端川鐵山株式會社完濟貸付書類』.

〈표 6-10〉 단천철산(주) 대차대조표 (단위: 엔, 1944.11.28 현재)

자산		부채	
항목	금액	항목	금액
창립비	5,926	자본금	2,000,000
광업권	1,500,000		
재료품	127,810		
기계기구	48,793		
현금, 예금	45,809		
건설가계정	200,149		
가불금	59,680		
당기손실금	11,834		
합계	2,000,000	합계	2,000,000

출처: 端川鐵山株式會社, 「貸借對照表」, 『端川鐵山株式會社完濟貸付書類』.
비고: 엔 단위에서 반올림함.

건설청부대금의 선불금이었다.

　광산건설공사가 지연되고, 노천광 채광작업이 부진했던 것은 일제 말 자재난과 인력난이라는 '공급력 한계'에서 찾아야 할 것이다. 그런데 단천철산(주)은 설립인가 및 등기 수속까지 완료되어 정식 발족된 11월에 새로운 국면을 맞게 된다. 생산능력을 기존 인가신청 당시 계획했던 연간 3만 톤에서 6만 톤으로 확장하기로 결정된 것이다. 연간 생산목표 역시 2만 5,000톤에서 5만 톤으로 확대되었다. 이에 따라 필요자금은 기존 최남주 소유 광산의 현물출자 150만 엔을 제외한 50만 엔에서 추가로 160만 엔을 투입하여 210만 엔으로 확대되었다. 이 210만 엔의 용도는 설비자금 188만 엔, 운전자금 22만 엔이었다. 상세 내역은 〈표 6-11〉과 같다.

　추가로 필요하게 된 자금은 태평양전쟁 발발 후 일제가 핵심군수사업 추진에 필요한 자금을 조달하기 위해 대장성 산하에 설립한 특수금

〈표 6-11〉 개발계획 확대 후 상세 내역

(단위: 엔)

구분	항목	금액	세부 내역
설비자금	토지	133,410	전반적으로 〈표 6-9〉와 비슷하나, 전체적인 규모가 확장됨
	건물	929,750	
	공작물	430,000	
	기기	385,000	
	소계	1,877,160	
운전자금		222,840	설비 신설 후 1년간의 운전자재 및 전력, 연료비
합계		2,100,000	

출처: 朝鮮殖産銀行 特別金融第二部, 앞의 책, 31~32쪽에서 작성.

융기관인 전시금융금고(戰時金融金庫)로부터 융자를 받기로 결정되었다. 단천철산(주) 사장 최남주 명의로 1944년 11월 전시금융금고에 제출된 차입금신청서를 보면 설비자금 용도로 160만 엔이 신청되었고, 융자조건은 7년 분할 상환, 상환은 철광석 매상대금으로 하며, 담보는 단천철산의 광산설비 자체를 완성 후 제공하는 것이었다.[44] 제국 중앙의 특수금융기관에 식민지 조선인의 청년기업가가 융자 신청을 할 수 있었던 것은 물론 조선총독부의 알선이 있었기 때문이다.[45]

일제 패전 시까지 단천철산(주)은 전시금융금고에 신청한 160만 엔 전액을 융자받았다.[46] 그런데 이 자금은 전시금융금고가 아닌 조선식산은행 대출금이었다. 이는 조선식산은행과 전시금융금고의 특수한 관계

---

44 端川鐵山株式會社 取締役社長 崔南周, 1944,「借入金申込書(1944.11.15)」,『端川鐵山株式會社完濟貸付書類』.

45 戰時金融金庫,「朝鮮殖産銀行に対する業務委託関係綴(貸付金2159號)」,『閉鎖機關淸算關係資料』.

46 「端川鐵山株式會社ニ對スル承認濟貸出増額ノ件-大遠鐵山開發資金-(1945.8.13)」,『端川鐵山株式會社完濟貸付書類』.

에 따른 자금조치 때문이었다. 즉 조선식산은행은 당시 전시금융금고의 조선에 대한 융자대리 업무를 수행하고 있었는데, 중요한 역할 중 하나가 '전대(前貸)'라는 자금대출 업무였다. 이것은 전시금융금고로부터 융자를 받는 것을 전제로, 동 금고의 양해를 얻어 조선식산은행이 융자신청자에게 미리 대부하고, 후에 전시금융금고 융자금이 들어오면 정산하는 방식이었다. 군수·국책산업의 긴급성에 비하여 전시금융금고 융자가 신청에서 실제 자금이 신청자에게 들어오기까지 시간이 걸리는 것을 감안하여 신속한 자금 수혈이 가능하도록 하는 장치였다. 조선식산은행이 단천철산(주)에 융자한 160만 엔은 이러한 전시금융금고 자금의 '전대'에 의한 것이었다. 그러나 전시금융금고의 단천철산에 대한 융자는 일제 패전까지 정식으로 결정되지 않았고, 따라서 160만 엔은 최종적으로 조선식산은행 대출금으로 남았다.[47]

단천광산이 기존 계획에 대해서조차 아직 본격적인 건설공사에 들어가지 않은 상황에서 1944년 11월 시설확장이 결정된 것은 앞서 개발 배경에서 언급한 요인에 더하여 이 시기에 와서 고품위 철광석에 대한 수요가 더욱 커졌기 때문이었다. 즉 1944년 말경, 조선의 제철업은 수입에 전적으로 의존하던 코크스의 조달이 급격히 어려워지면서 저품위 철광석을 이용하는 용광로 제철의 가동률이 떨어졌고, 평로(平爐)용의 고품위 철광석 수요가 급증하는 상황이 벌어졌다. 이런 현상은 1945년에 접어들며 더욱 심화되어, 저품위 철광석의 생산을 억제해야 하는 상황까지 나타나고 있었다.[48]

---

47 戰時金融金庫, 앞의 책 및 배석만, 2012, 「태평양전쟁기 일본 戰時金融金庫의 식민지 조선에 대한 자금투융자구조와 실태」, 『경영사학』, 27-3 참조.

160만 엔의 전시금융금고 융자를 통해 개발 규모를 두 배로 확장하기로 결정된 단천철산(주)의 건설공사는 1945년 3월에 완성될 계획이었다. 그러나 1944년 겨울의 극심한 혹한과 기타 재난이 겹치면서 완공은 다시 6월로 지연되었다. 이에 따라 최남주는 1945년 3월 조선식산은행에 대해 운전자금 40만 엔의 추가 대출을 신청하였다. 이것은 기존 전시금융금고 융자 전대금 160만 엔과는 별도로 신청한 것이었다. 융자조건은 1946년 3월 말까지 상환하는 단기 차입금 형식이었고, 최남주 소유 주식 3만 주를 담보로 제공하는 것이었다.[49]

　최남주가 제출한 운전자금 용도의 세부 내역은 6월 건설공사 완공 후 본격적인 채굴 작업에 들어가면서 발생하는 경비 항목이었다. 구체적으로는 채굴에 동원될 노무자 1,000명의 1개월분 임금 12만 엔, 직원 임금 및 사무소 경비 3만 엔, 노무자 생계용 물자 구입자금 25만 엔이었다. 노무자 생계용 물자구입에 거액이 필요한 이유는 당시의 노무사정과 비상사태 발생을 고려하여 대량의 물자를 확보, 비축하는 것이 긴요하다는 판단 때문이었다. 노무사정이란 필요한 인력을 동원하는 데 어려움이 있는 현실에 더하여 이들이 사용할 물자의 확보 또한 용이하지 않은 상황을 의미하였다. 비상사태의 발생은 전투상황이 벌어질 경우를 상정한 것이었다. 최남주는 인력과 물자난, 전투발생과 같은 상황에서도 일정 기간 작업을 지속할 수 있는 여건을 마련해야 한다고 판단하였다. 이를 위해 가장 긴요한 사항은 필요물자의 확보와 비축이었다. 이 점이 최남주

48　「端川鐵山株式會社ニ對スル承認濟貸出增額ノ件(1945.5.23)」, 『端川鐵山株式會社完濟貸付書類』.

49　端川鐵山株式會社 取締役社長 崔南周, 1945, 「借入金申込書(1945.3)」, 『端川鐵山株式會社完濟貸付書類』.

가 융자를 신청하게 된 근거였다.

1945년 3월 현재 광산에서 작업을 수행하고 있는 노무자는 348명이었다. 일반노무자 258명 외에 산업보국대 90명으로 구성되어 있었다. 3월 16일 자로 기존 산업보국대 90명을 교대하는 형태로 300명이 추가로 광산에 투입될 예정이었다. 따라서 우선적으로 이들이 사용할 생계용 물자의 확보와 비축이 필요하였다. 사실 단천철산(주)이 계획대로 철광석 채굴 작업을 수행하기 위해 비축이 필요하다고 조선식산은행에 제출한 생계용 물자는 작업용 피복류, 이불, 노무자 가족용 의류잡화, 식료품, 연료, 의약품, 식기류를 합하여 최소한 86만 엔어치였다. 단천철산(주)은 조선식산은행에 여기에 필요한 자금융자를 요청함과 동시에 생계용 물자 확보에 나섰다고 보고하였다. 그리고 그 상황은 극심한 물자부족 때문에 대부분 필요물자의 대용품을 관련 배급단체와 교섭하거나, 통제대상이 아닌 물품의 조달을 시도하고 있다는 것이었다. 그 현황은 〈표 6-12〉와 같다.

통제 물품은 고사하고 통제대상에서 제외된 물품이나 대용품조차도 쉽게 구하기 어려운 실정이라는 보고는 자금 융자가 시급히 이루어져야 선금이나 웃돈을 주고서라도 물품을 구해볼 수 있다는 절박한 당시 상황을 보여주기 위함이었을 것이다.

건설공사 완공이 임박하여 광산 가동에 필요한 운영자금 융자를 요청한 단천철산(주)에 대해 조선식산은행은 대출을 승인하였다. 승인 근거로는 앞서도 언급했지만, 코크스 부족으로 인해 용광로 조업이 단축되면서 저품위 철광석의 수요가 감소하여 생산이 억제되는 상황과 달리, 고품위 철광석은 평로의 제강용 원료로 수요가 증가하고 있다는 것이었다. 아울러 1945년 제국 내 고품위 철광석 공급 상황도 지적되었다.

〈표 6-12〉 주요 저장품 조달 현황

품명		수량	금액(엔)	조달실태
의복류	작업용 바지	1,500벌	60,000	배급품 작업복 부족하기 때문에 통제 물자에서 제외되어 있는 잡섬유 재질의 생활바지를 대용품으로 각지에서 교섭중이고 일부 수배를 완료함.
	작업 상의	1,500벌	75,000	
	방한 모자	2,000개	18,000	방한 모자는 자유품이기 때문에 본년 도분 사전에 구입함.
	전투모	2,000개	14,000	
	작업용 장갑	5,000개	6,000	목장갑(軍手)이 부족하기 때문에 넝마로 만든 대용품 작업장갑에 의존할 것임.
	순면 조끼	1,000개	21,000	셔츠 배급이 없기 때문에 남선(南鮮)의 모제조소에 의뢰하여 제작함.
	순면 속옷	1,000개	60,000	
이불류	이불 (상, 하)	200	24,000	현원징용 광원용으로 특별배급을 받기 위해 현재 본부와 교섭 중
신발류	조선 짚신 (朝鮮草履)	10,000개	50,000	1945년 2/4분기부터 작업화(地下足袋)의 배급이 극감하여 남선(南鮮)의 왕골(莞草)과 넝마를 교직한 특제품을 대용품으로 사용. 다른 광산에서도 전반적으로 대용품으로 사용하고 있는 경향임.
	나막신 기타	5,000개	10,000	
아동용 복장(服裝), 잡화	블라우스	1,000개	10,000	노무자 가족, 아동용으로 관계단체로부터 특배를 받을 수 있도록 현재 교섭 중임.
	원피스	1,000개	10,000	
	아동용 모자	1,000개	5,000	
식료품	건 명태	800태(駄)	80,000	장래 비상사태를 대비함과 동시에 일상의 부식물, 생활배급품으로 최소한도를 저장하려는 의도. 인근의 광산도 동일한 모습으로, 우리 광산도 현재 담당 직원들을 전국에 출장시켜 교섭 중에 있음.
	염장 명태	200준(樽)	6,000	
	명태 복지 (腹漬)	300준	6,000	
	염장 꽁치	8,000관(貫)	40,000	
	말린 무	3,000관	6,000	
	단무지 (澤庵)	700준	30,000	
	마른 나물	2,000관	16,000	
	건두부	10,000개	20,000	
	식용유	50관	2,000	

	장유(醬油)	500준	3,000	
	된장	500준	10,000	
	염장 새우	300준	6,000	
	도(道) 관리미(管理米)	200석(石)	8,000	
연료류	땔나무 (薪)	3,000책(柵)	120,000	당지(當地)는 동절기 극한지(極寒地)가 되기 때문에 봄부터 채벌하여 저장함.
	송엽(松葉)	5,000속(束)	25,000	
	목탄	5,000표(俵)	30,000	
약품류			58,000	노무자용 구급약 및 한방약으로 상시 필요함.
식기류	사발	3,000개	10,500	노무자 후생시설용으로 최소한도의 양을 당지(當地)와 함경남도 북청(北靑)에서 수배 완료
	솥	100개	3,000	
	수저	5,000개	1,000	
		2,000개	2,500	
	항아리	500개	15,000	
합계			861,000	

출처: 端川鐵山株式會社, 「貯藏品購入明細表」, 『端川鐵山株式會社完濟貸付書類』에서 작성.

즉 1945년 식민지 조선이 담당해야 할 고품위 철광석 공급량은 주로 일본제철(주) 야하타(八幡)제철소로 보내질 철광석 20만 톤과 조선 내 수요량 3만 톤을 합쳐 총 23만 톤으로 예상되었다. 그러나 채굴 가능한 광구가 적어 실제 확보할 수 있는 물량은 15만 톤에 불과하다는 것이었다.[50]

단천철산(주)이 계획대로 1945년 6월 말에 건설공사를 완료하고 산업보국대를 주축으로 한 노무자 1,000명을 동원하여 본격적인 철광석 채굴을 시작했는지, 또 채굴 실적은 어떠했는지에 대한 상황은 알 수 없다. 일제 패전까지 얼마 남지 않은 시점이고, 패전 직후 해산된 단천철

---

50 「端川鐵山株式會社ニ對スル手形貸付ノ件(1945.3.5)」, 『端川鐵山株式會社完濟貸付書類』.

산(주)의 노무자 수가 460명이라는 기록으로 보았을 때, 7월 이후에도 정상적인 운영이 이루어지지는 못했던 것 같다.[51] 운전자금 대부는 이후 추가로 40만 엔이 지급되어 1945년 8월 13일 현재로 80만 엔을 기록하였다.[52]

한편 최남주는 1945년 5월 황해도 안악군(安岳郡)에 위치한 대원철산(大遠鐵山)을 인수하여 개발에 착수하였다. 이 철광산은 단천광산과 비슷한 조건을 갖춘 고품위 철광산으로 시설확장을 통해 연간 2만 톤의 철광석을 생산할 계획이었다. 개발자금은 150만 엔으로 예상되었는데, 이 역시 단천철산(주)과 마찬가지로 전시금융금고로부터 융자를 받기 위해 신청을 하고, 전시금융금고 융자를 전제로 조선식산은행이 미리 전대하는 방식이었다.[53] 일제 패전 시까지 조선식산은행의 전대는 68만 엔이 이루어졌다.

최남주는 패전 2일 전인 8월 13일 대원철산 개발자금 150만 엔 중 나머지 82만 엔에 대한 전대를 조선식산은행에 신청하였다.[54] 이 자금 대출은 물론 실현되지 않았지만, 이때까지 단천철산(주)에 대한 조선식산은행의 자금대출은 이미 300만 엔을 넘어서고 있었다.[55] 여기에는 단

---

51 端川鐵山株式會社 取締役社長 崔南周, 「緊急資金內譯書(1945.8)」, 『融資命令貸付關係書類』.
52 「端川鐵山株式會社ニ對スル承認濟貸出增額ノ件-大遠鐵山開發資金-(1945.8.13)」.
53 株式會社朝鮮殖産銀行 頭取 林繁藏, 1945, 「端川鐵山株式會社ニ對スル大遠鐵山開發資金貸付ノ件(1945.6.30)」, 『端川鐵山株式會社完濟貸付書類』.
54 端川鐵山株式會社 取締役社長 崔南周, 「借入金申込書(1945.8.13)」, 『端川鐵山株式會社完濟貸付書類』.
55 정확한 금액은 308만 엔이었다(「端川鐵山株式會社ニ對スル承認濟貸出增額ノ件-大遠鐵山開發資金-(1945.8.13)」).

천철산(주)과 대원철산에 대한 전시금융금고 전대금이 포함되어 있었지만, 동 금고의 자금이 최종적으로 단 한 푼도 유입되지 않았기 때문에 결국은 전부 조선식산은행의 대출금이었다. 1943년 「산금정비령」으로 받은 50만 엔 정도의 보상금을 가지고 광산업자로서 새로운 길을 고민하던 최남주는 불과 2년 남짓한 짧은 시간에, 그리고 일제의 식민지 통치가 종말을 고하는 시점에 300만 엔이 넘는 국책금융기관의 자금지원 속에 철광산 개발을 수행하는 인물이 되어 있었다.

일제 패전 후 불과 얼마 지나지 않아 최남주는 조선식산은행에 다시 융자신청서를 제출하였다. '응급자금' 또는 '긴급자금'이라 불린 해당 자금은 총금액 55만 4,300엔으로 대부 기한은 1945년 12월 말, 대부 이율은 연리 4.6퍼센트였다. 이 자금 융자는 8월 25일부로 조선총독부 재무국장의 승인을 거쳐 8월 28일 실행되었다. 이는 사실상 단천철산(주)의 청산 자금으로, 최남주는 차입금 신청서에 자금 용도를 '본사 및 현장 종업원 정리자금'이라고 기재하였다.[56] 이것은 패전 후 조선 총독의 긴급명령으로 취해진 조치였다.[57] 따라서 최남주의 결정이 완전히 자발적 의사라고 보기는 힘들다. 그러나 현장의 상황이 산업보국대와 같이 전쟁말기 군수물자 증산을 목적으로 동원된 노동력이 주력인 상황이었고, 일제 패전으로 인한 혼란이 중첩된 상황이었으므로 최남주의 입장에서도 총독부의 명령을 수용할 수밖에 없었을 개연성이 있다. 최남주가 조선총독 앞으로 제출하여 8월 25일 조선총독부 광공국장의 확인을 받은 자

56　端川鐵山株式會社 取締役社長 崔南周, 1945, 「借入金申込書(1945.8)」, 『融資命令貸付關係書類』(鑛工金融部).

57　「端川鐵山株式會社ニ對スル貸付ノ件(1945.8.27)」, 『融資命令貸付關係書類』.

〈표 6-13〉 응급자금 사용계획 내역서

항목	인원(명)	금액(엔)	비고
노무자 임금	840	100,800	단천철산 460명 대원철산 380명 45.7.16~8.15 1개월분, 일당 4엔
노무자 해산위로금	840	302,400	3개월분, 일당 4엔
노무자 귀향여비	520	41,600	
직원 급료	95	57,000	원래 신청은 11만 4,000엔, 승인과정에서 절반으로 삭감됨.
일본인 직원 귀향여비	25	25,000	1인당 1,000엔
조선 내 직원 귀향여비	55	27,500	1인당 500엔
합계		554,300	

출처: 端川鐵山株式會社 取締役社長 崔南周, 「緊急資金內譯書(1945.8)」, 『融資命令貸付關係書類』.

금내역서를 보면 55만 엔의 융자금은 노무자 임금과 해산위로금, 일본인 철수여비를 포함한 귀가여비 등으로 전액 사용되었다. 자금 사용계획의 내역을 정리하면 〈표 6-13〉과 같다.

조선식산은행으로부터 본사 및 현장종업원 정리자금 용도로 응급자금을 융자받는 대가로 최남주는 그의 단천철산(주) 소유주식 지분과 단천광산 및 대원철산 광업권, 부대설비, 기타 동산, 부동산 일체를 담보로 내놓아야 했다. 그가 「산금정비령」을 계기로 금광에서 철광으로 사업을 전환한 후, 조선총독부의 정책적 지원 및 조선식산은행의 대규모 금융지원을 통해 일구었던 철광산 개발과 관련한 모든 기반이었다. 관련하여 별도로 「양도담보증서」를 작성하였으며, 담보물건으로 제공된 최남주의 철광산 관련 모든 소유권을 사실상 조선식산은행에 양도한다는 내용이었다.[58]

---

58 「讓渡擔保證書(1945.8.27)」, 『融資命令貸付關係書類』.

식민지기 기업인으로서의 성공을 갈망했던 조선인 광산업자의 시작과 끝을 연결하면 10년간의 금광개발사업의 결과물로 1943년 「산금정비령」에 의해 손에 쥔 50여만 엔의 자본이 결국 일제 패전과 함께 청산자금으로 사용되면서 무일푼이 되었다는 이야기가 된다. 따지고 보면 그의 기업 활동은 스스로의 능력과 시장에서의 훈련보다는 일제의 정책에 의해 결정적으로 좌우되었고, 그 결과로 일제 패전 당시 그에게 남은 것은 경험과 기억을 제외하면 아무것도 없었다. 그리고 이후에도 남북 분단으로 인해 최남주는 북한에 있는 광산들을 토대로 다시 광산업자로 재기할 기회를 얻지 못하였다. 1945년 10월 조선광업회 결성에 이름을 올린 것이 최남주가 광산업자로 보인 마지막 모습이었다.[59]

단천광산 개발의 시작은 일제가 엔블록 경제권 전체에 대하여 독려한 철광석 증산, 그리고 특별히 1944년 식민지 조선에 할당된 증산량의 급격한 확대라는 정책적 배경에서 비롯되었다. 여기에 「산금정비령」에 의해 기존 경영하던 금광들이 강제로 정비당한 최남주가 사업전환을 모색하며 이를 결합한 것이다. 그 과정은 조선총독부의 강력한 정책적 지원, 전시금융금고를 배경으로 한 조선식산은행의 대규모 금융지원, 식민지 청년 광산업자 최남주의 '열의'에 힘입어 단기간에 빠른 속도로 광산개발사업을 추진할 수 있었다. 구체적으로, 최남주는 금광정비 보상금으로 받은 50여만 엔을 시작 자본으로 삼았고, 이후 300만 엔이 넘은 조선식산은행의 대규모 금융지원을 토대로 자본금 200만 엔으로 단천철산(주)을 설립하고 경영을 시작하였다. 이어 대원철산의 경영인수와 개발로 사업은 점차 확장되었다.

---

59 「조선광업회 결성」, 『매일신보』, 1945.10.12.

그러나 단천광산의 개발은 계획한 대로 진행되지 않았다. 투자된 자금 규모는 고품위 철광석 증산에 대한 정책 강화에 비례하여 급격하게 확대되었지만, 개발공사는 지연되었고, 광산은 정상 조업을 시작하기도 전에 패전과 맞물려 사업이 중단되었다. 일제가 마지막까지 증산을 위해 국가 차원의 총력을 기울였던 사업조차도 일제 말 엔블록 경제권 자체가 가진 자재, 기술, 인력, 운송력 등 '공급력 한계'를 극복할 수 없었음을 보여준다. 목표로 했던 1,000명의 인력은 광부 징용과 산업보국대의 동원에도 불구하고 최후까지 채워지지 않았다. 광산이라는 극한의 작업현장에서 작업화가 부족하여 짚신으로 대체해야 할 정도였다. 국가권력을 통해 자금을 끌어모으는 것은 가능했지만, 자금이 있더라도 물자를 확보하기가 어려웠던 것이 일제 말 군수광물 증산현장의 현실이었다.

정책적으로 최남주의 단천광산 지원을 결정하면서 일제는 그가 소규모 사금광구 및 금광 경영에 종사하는 인물로 광산업에 대한 전문적 소양이 없다고 평가하였다.[60] 그럼에도 일제가 그를 개발담당 주체로 세운 중요한 이유 중 하나는 오히려 '한국인'이라는 점에 있었다. 개발에 큰 기술적 전문성이 필요하지 않았던 단천광산 개발의 성패는 한국인 노무자 확보와 그 운용에 달려 있었는데, 사업담당자가 한국인이라는 점은 당시 극심한 인력난을 고려할 때 매우 유용하다고 판단되었다. 아울러 젊은 기업가 최남주의 사업에 대한 열의와 기백이 있어 '조선인 사업가를 원조하여 전력(戰力) 증강에 기여하게끔 하는 것도 의의가 있다'고 하였다.[61] 전쟁 말 일제가 최남주를 지원한 이유에는 극도의 인력난 속에

60　朝鮮殖産銀行 特別金融第二部, 앞의 책, 4쪽.
61　朝鮮殖産銀行 特別金融第二部, 위의 책, 36~37쪽.

서 같은 민족인 한국인 노동력 동원을 위한 '십장'이자, 전쟁동원에 열정을 가지고 적극 협력하는 '반도의 청년기업가'라는 선전도구로서 활용하려는 의도가 작용하고 있었다.

1930년대 '덕대'를 이용해 금광개발에 나섰던 최남주는 일제 말 전시증산정책에 적극 협력하면서 그 스스로가 일제의 덕대가 되었다고 한다면 지나친 묘사일까. 그러나 그럼에도 불구하고 일제 패전 후 그에게 남은 것은 광산개발의 경험과 기억을 제외하면 아무것도 없었다.

3) 증산의 실체: 소형용광로 제철사업

(1) 사업 배경

'소형용광로 제철사업'은 일제가 본토 옥쇄와 이를 시행하는 '후방병참'으로 식민지 조선을 설정한 전시체제의 마지막 시기인 1943년에 핵심 군수물자인 철강 증산을 위해 총력을 기울여 시도한 마지막 국책사업이었다. 증산의 실체를 구체적으로 파악하는 사례로 소형용광로 제철사업에 주목하는 것은 일제의 '비합리적 생산증강정책'의 전모를 파악하는 데 중요한 위치를 차지하기 때문이다. 태평양전쟁기 일본과 식민지, 점령지에 걸친 엔블록 경제권 전역에서 광범위하게 실시되었고, 전쟁동원을 위한 무리한 증산방식의 전형을 보여주기 때문이다.

이 사업은 한마디로 '경제성'을 무시한 '증산' 일변도의 사업이었다. 경제성 문제로 발생하는 손실은 산업설비영단, 전시금융금고 등 일제가 전쟁 수행을 위한 자금 공급 목적으로 설립한 전시특수금융기관과 국책은행을 통해 메우는 구조를 가졌다. 더욱이 일제는 소형용광로를 이용한 제철 방식이 경제성과 기술적인 측면에서 근본적인 문제가 있음을 처음부터 인식하고 있었다. 그런데도 적은 자원을 동원하고, 대형 고로(高爐) 보다 현격히 짧은 공사 기간, 제철 원료인 철광석과 무연탄 산지에 건설하는 입지적 유리함 등의 이점에만 주목하여 사업을 밀어붙였다. 따라서 소형용광로 제철사업은 일제가 전시체제기에서 직면한 가장 큰 난관인 자재난과 운송난에 대한 효과적 대응책으로만 간주되어 무리하게 진행된 대표적인 사업이라고 할 수 있다.

태평양전쟁을 일으킨 일제가 제철소의 핵심 설비로 철광석을 녹여 최종재인 강재(鋼材)를 생산하기 위한 원료인 중간재 선철(銑鐵)을 뽑아내는 용광로를 당시의 500~1,000톤급이라는 상식적인 사이즈보다도 현저히 작은 20톤 규모로 만들겠다는 발상한 것은 제국 내 철강생산 전망에 대한 심각한 위기의식 때문이었다. 일본 전쟁 지도부가 이러한 위기의식을 갖게 된 직접적인 계기는 1942년 가을 이후 전황이 급격히 불리한 국면으로 접어든 것이었다.

물론 '증산'은 1930년대 후반 일제가 전쟁에 대비하여 '통제경제'를 구축하려는 일관되고 궁극적인 목적이었다. 그러나 1942년 12월 시점의 '증산'은 같은 전시체제기라고 하더라도 1930년대 말의 '증산'과는 성격이 완전히 달랐다. 1930년대 말의 증산이 광범위한 군수 관련 산업들의 '생산설비' 확장을 통한 '장기적 관점'의 '생산력 확충'이었다면, 1942년 말의 '증산'은 사실상 당시 생산규모를 '유지'한다는 의미가 강하였다. 즉 설비 확장을 통한 '증산'이 불가능한 상황에서 철강, 석탄 등 핵심 군수물자에 대해서만큼은 어떤 식으로든 '감산'을 정지시키고 기존 생산규모를 유지하는 것을 1차적인 목표로 삼고, 이후 여건이 허락되면 증산도 시도해 보겠다는 것이었다.

문제해결을 위한 구체적인 움직임은 1942년 11월 일제 중앙정부 전시경제의 사령탑인 기획원을 중심으로 관련 부처가 결합한 '임시생산증강위원회'의 설치로 가시화되었다. 그리고 12월 11일 열린 최초 회의에서 결정된 '증산계획' 중의 하나가 소형용광로 건설계획이었다. 기획원이 작성한 계획은 20톤급 소형용광로 181기를 조선, 중국(화북, 화중), 타이완, 몽골 등지의 철광석, 석탄 산지에 집중 건설하고, 이를 통해 1943년까지 선철 50만 톤을 생산한다는 목표였다.[62] 일본제철(주)은 1937년 청진제철소 건설규모를 500톤급 용광로 2기로 하여 연간 35만 톤의 선철을 생산하려고 계획을 세웠다. 그러나 우여곡절 끝에 1942년에 가서야 가동을 시작하였고, 용광로 2기가 모두 가동된 1943년에는 20만 톤 정도의 선철을 생산하였다. 이를 고려하면 1930년대 후반보다 한층 열악해진 전시경제의 상황에서 상식적으로 이해하기 어려운 계획이었다고 할 수 있다.

기획원의 아이디어는 기본적으로 다음과 같았다. 소형용광로는 우선 적은 자재로 불과 몇 개월의 단기간에 건설이 가능하다. 철광석, 석탄 등 제철에 필요한 원료의 산지에 용광로를 건설함으로써 운송 부담을 경감할 수 있다. 아울러 일본으로의 운송 역시 철광석과 석탄을 직접 운송하는 것보다 생산된 선철을 운송하는 것이 물동량을 줄여주어, 선박 부족으로 제국의 혈관이라고 할 수 있는 해상 수송력이 부족한 상황에서 그 적극적 대응책이 될 수 있다. 물론 단점도 있었다. 소형용광로 자체의 저효율성, 연료로 무연탄을 사용해야 하는 기술적 문제, 예상되는 낮은 생산성에서 발생할 경제적 손실에 대한 대책 등이 있었다. 경제적 손실은

---

62 기획원의 계획제출은 12월 14일로 기록되어 있다(「小型鎔鑛爐建設計劃ノ策定」, 『旧海軍技術資料』 3(生産技術協会), 東京大學 經濟學部圖書館, 2쪽).

국가 부담으로 보전한다고 하더라도 기술적 문제는 계획의 성패를 좌우할 수 있으므로 시간을 두고 신중하게 대처할 필요가 있었다. 특히 통상 철광석을 녹이는 연료로 사용되는 유연탄 대신에 화력이 약한 무연탄을 사용하도록 한 조선 지역 소형용광로의 기술적 문제는 심각한 난제였다. 물론 무연탄을 연료로 한 제철의 문제는 계획을 입안한 기획원 등 일본 정부 내 관련 부처가 이미 잘 알고 있는 사항이었다. 이것은 결정된 건설 계획에서 연료의 코크스 의존이 가능한 화북지역 소형용광로 건설에 중점을 두겠다고 명시한 점에서 확인할 수 있다.

그러나 〈표 6-14〉의 일본 정부 각의 최종결정 내용을 보면, 애초 기획원 중심의 계획 구상과 달리 조선 지역에 소형용광로를 건설하는 것이 가장 큰 비중을 차지하였다.[63] 무연탄 제철을 소형용광로 건설계획의 핵심으로 삼은 것이다. 결국 무연탄을 이용한 제철의 기술적 불완전함을 알면서도 이를 애써 무시했거나, 일단 계획을 시작하고 시행과정에서 문제를 해결해 나간다는 정책적 판단이었음을 알 수 있다. 1942년 말 시점에서 일본 전쟁지도부가 철강 공급 문제에 대해 얼마나 위기의식을 느끼고 있었는지를 보여주는 것이기도 하지만, 한편으로 전시경제의 단면으로 군부가 주도하는 증산정책의 도박과 같은 무모함과 난폭한 추진 모습을 볼 수 있다. 이는 용광로 건설에 필요한 전동기, 송풍기, 내화벽돌 등 필요 자재의 확보가 불확실한 상황에서 기획원 안에는 명시되지 않았던 공사 기간을 각의 최종결정 항목에 삽입하여 공사 착수 후 3개월 이내에 완료한다고 규정한 것에서도 확인할 수 있다.[64]

---

63 물론 이것은 중국지역을 화북, 화중, 몽골로 분리하여 봤을 경우이다. 이들을 합쳐서 중국 단일지역으로 볼 경우는 동 지역이 가장 큰 규모이다.

소형용광로 건설계획의 입안은 신속하게 일사천리로 진행되었고, 12월 24일 정부 각의 결정을 통해 최종적으로 확정되어 시행에 들어갔다. 최종 결정된 계획에는 자금 동원과 제철소의 건설, 경영을 담당할 기업가의 선정 등에서 국가 주도성이 더욱 강조되었고, 필요한 기자재의 현지조달 원칙이 좀 더 강화되었다.

〈표 6-14〉 소형용광로 건설계획의 기획원안과 각의 최종결정의 주요 내용 비교

	기획원안(1942.12.14)	각의 최종결정(1942.12.24)
생산목표	* 1943년도 선철 50만 톤의 생산달성을 목표로 하고, 이를 위해 지역별, 기업자별 그 책임생산량을 정함.	* 50만 톤(중국 화북과 화중, 몽골 29만 톤, 조선 16만 톤, 홋카이도 3만 톤, 타이완 2만 톤). 만주에도 신설을 고려. 1943년도 물동계획상에는 25만 톤 반영.
입지조건	* 책임생산량 달성을 위해 기술적 안전성이 큰 코크스 이용 소형로의 건설에 중점을 두고, 무연탄 의존의 새로운 제철 방식은 병행하여 여러 차례에 걸쳐 건설하는 것으로 함. * 철광석, 코크스 원료탄이 부존하고 있는 화북(몽골 포함)에 우선 건설의 중점을 둠. 조선, 만주, 화중 등은 지역적 조건을 고려하여 건설을 진행. * 기존 전력, 공업용수 등의 이용, 기타 급속한 시설 정비 및 운영상의 편의를 고려한 위에 건설 지역을 선정.	* 기술상 확률이 큰 코크스 의존의 것에 중점을 두고 무연탄 의존의 것은 병행하여 진행함. * 용광로의 능력은 원칙적으로 1기 실산(實産) 20톤으로 하고 상황에 따라 5톤, 35톤, 50톤 등의 것도 가능.
건설순위	* 생산의 확실성이 있고, 또 입지조건, 기타 기업구체화 태세 등 제반 사정을 감안하여 용광로 완성 예정이 빠를 것으로 예상되는 것을 우선함. * 일본내 유휴설비, 비능률적 소형용광로 중 그 설비의 활용이 가능한 것은 긴급 철거하여 우선 이설하는 조치를 취함.	* 건설 기간은 착수 후 3개월 이내로 함.

64　각의 결정 초안에는 공사 기간을 4개월로 하였다가 다시 3개월로 수정한 흔적도 보인다(企劃院, 1942, 「小型鎔鑛爐建設方針ニ關スル件(1942.12.24)」, アジア歷史資料センター).

	* 건설소요 자재 중 신속한 제작이 곤란한 전동기, 송풍기는 저장품 등의 적극 회수를 통해 활용을 도모. 현재의 조사에 의해 확보예정 전동기, 송풍기의 규격사양에 기초하여 지역별 우선순위를 결정. 이상의 조치에도 불구하고 부족분은 별도의 긴급 발주를 하고, 그 완성예정을 확정한 후에 기업가별 배급순위를 정함.	
필요자재 대책	* 강재는 42년도 4/4분기, 43년도 1/4분기에 확보. 가능한 범위에서 야하타(八幡)제철소 등 기존 제철소 저장품에서 조달. * 일본 내 소형용광로 유휴설비 이설 조치. * 압연품은 품종, 수량을 신속히 조사, 집계하여 용광로 건설순위에 대응하여 43년도 1/4분기까지 제작완료. * 전동기 송풍기 등의 신규제작은 특히 강력한 육해군의 협력 하에 일괄발주 수속 채택. 제조업체의 보유 재료의 이용 및 전용을 극력 실시. 발주 승인서는 42년 4/4분기에 발행. * 내화벽돌은 일본 및 만주의 현존 제조능력을 적극 활용하고, 조선과 화북에서는 소규모 현지 제조소를 동원하여 긴급 생산계획을 수립함과 동시에 소요량의 우선 확보를 도모함.	* 강재는 42년도 4/4분기, 43년도 1/4분기에 배당하고, 우선적으로 현품화를 도모함. 이 경우 가급적 재고품 및 중요 물자관리영단 매상분이용을 도모함. * 전동기 및 송풍기는 적극 재고품, 반제품의 회수활용에 노력함. 부족분에 대해서는 육해군의 강력한 지원 하에 신규제작을 하고, 여기에 필요한 발주 승인서는 42년도 4/4분기에 발행함. * 일본 내 기존 소형용광로 중 유휴설비 또는 비능률적인 것을 전용(轉用), 이설하는 조치를 강구함. * 내화벽돌은 가급적 현지 조달하는 것으로 하고, 기존 능력의 전폭(全幅) 이용으로 처리함.
경영자의 선정	* 동 사업 실시 담당관청 의견을 충분히 고려한 위에 결정. 충분한 경험을 가진 적격 기업가에게 적극적으로 경영을 담당하게 함.	* 기획원이 실시담당관청과 협의 하에 결정함.
자금	* 자기자본에 의한 계획은 그대로 진행을 인정하고, 필요한 경우 산업설비영단 또는 전시금융금고 등의 적극적 운용을 기함.	* 필요에 응하여 산업설비영단 및 전시금융금고 등의 적극적 활용.
가격	* 가격 및 채산에 구애받지 않고 생산목표 달성을 강행할 것에 긴요할 경우 지역별 적정가격의 신속결정을 행함.	* 생산목표의 확보를 강행하기 위해 생산자에 대한 생산원가를 보장함과 함께 필요에 응하여 재정적 조치를 강구함.

출처: 水間事務官, 『小型鎔鑛爐關係綴』, アジア歷史資料センター에서 작성.

(2) 식민지 조선의 소형용광로 제철사업 전개

식민지 조선에는 일본제철(주), 일본강관(日本鋼管)(주), 가네가후치실업(鐘淵實業)(주) 등의 일본 본토 재벌들과 고레카와제철(昰川製鐵)(주), 이원제철(利原製鐵)(주)의 조선에서 기존 철광산을 경영한 일본인 자본, 그리고 직물업을 통해 성장한 조선인 자본가 백낙승(白樂承)이 설립한 일본무연탄제철(주)의 총 6개 기업이 8개 제철소를 건설할 계획이었다. 전체 규모는 4,650톤의 강재를 투입하여 20톤급 소형용광로 70기를 건설, 연간 42만 톤의 생산능력을 구축한다는 것이었다. 용광로 건설 착수는 일본무연탄제철(주)이 해주에 건설하는 5기를 1943년 1월에 시작하여 6월에 모두 완공하는 것으로 시작되었으며, 1943년 말까지 70기를 전부 완공할 계획이었다. 그리고 가동에 들어간 용광로를 통해 1943년도 17만 2,800톤의 선철을 생산할 목표였다. 정리하면 〈표 6-15〉와 같다.

그런데 애초의 계획은 최종 결정된 〈표 6-15〉의 계획과 상당한 차이

〈표 6-15〉 소형용광로 건설계획

회사명	소재지	용광로 기수 (20톤)	소요 강재(鋼材) (톤)	연간생산능력 (톤)	43년도 생산목표 (톤)	공사 착수	공사 완성
일본무연탄제철	해주	5	350	30,000	28,800	43.1	43.6
	진남포	5	350	30,000	16,000	43.4	43.7
일본제철	개천(价川)	10	700	60,000	18,000	43.7	43.12
	청진	10	700	60,000	24,000	43.7	43.9
고레카와(昰川)제철	삼화(三和)	10	1,150	60,000	38,000	43.1	43.7
이원(利原)제철	이원(利原)	5		30,000	10,000	43.7	43.10
가네가후치(鐘淵)실업	평양	10	350	60,000	24,000	43.7	43.9
일본강관	원산	15	1,050	90,000	24,000	43.7	43.9
합계		70	4,650	420,000	172,800		

출처: 「小型鎔鑛爐建設當初計劃」, 『旧海軍技術資料』 3.

가 있었다. 우선 조선총독부의 지원을 받아 무연탄을 사용한 제철기술을 개발하는 산실 역할을 한 일본무연탄제철(주)이 경성과 해주, 평양, 개천에 총 22기의 소형용광로를 건설하고, 고레카와제철(주)이 15기, 가네가후치실업(주)이 평양에 5기를 건설하여, 총 42기의 용광로를 통해 24만 6,000톤의 능력을 구축하고 1943년은 우선 14만 7,000톤을 생산한다는 계획이었다. 건설공사도 일본무연탄제철(주) 경성공장의 10톤급 용광로 1기를 1942년 8월에 착수하여 1943년 1월에 완공하는 것으로 시작하는 것이었다. 정리하면 〈표 6-16〉과 같다.

〈표 6-15〉와 〈표 6-16〉을 비교하면 소형용광로 제철사업의 계획수립과정과 관련하여 몇 가지 중요한 새로운 사실을 알 수 있다. 우선 애초 계획에서는 조선 지역은 무연탄 제철기술 개발을 주도한 일본무연탄제

〈표 6-16〉 최초 계획

회사명	소재지	용광로 기수 (규모)	소요 강재 (톤)	연간생산 능력(톤)	43년도 생산(톤)	공사착수	공사완성
와타나베 (渡邊)*	경성	2(10톤)	**0	6,000	6,000	기존설비(1기) 42.8(1기)	기존설비(1기) 43.1(1기)
	해주	5(20톤)	260	30,000	23,500	43.1	43.6
	평양	5(20톤)	260	30,000	20,000	43.4	43.7
	개천	10(20톤)	540	60,000	22,500	43.7	43.12
삼화***	삼화	15(20톤)	780	60,000	60,000	43.1	43.10
가네보(鐘紡)	평양	5(20톤)	260	60,000	15,000	43.7	43.9
합계		42 (10톤 2기, 20톤 40기)	2,100	246,000	147,000		

출처: 「小型鎔鑛爐建設方針ニ依ル鐵鋼增産計劃案」, 『小型鎔鑛爐關係綴』.
비고: * '와타나베(渡邊)'는 일본무연탄제철의 전신인 조선와타나베철공주식회사(朝鮮渡邊鐵工株式會社)를 지칭. 1942년 6월 백낙승이 동 회사를 인수하여 일본무연탄제철을 설립함.
 ** 경성공장 소형용광로 10톤급 2기에 대해 건설에 필요한 강재가 배당되지 않은 이유는 1기는 이미 건설되어 무연탄 제철 실험용으로 사용되고 있었고, 다른 1기는 1943년 1월 완공 예정으로 43년도 강재 배당이 필요 없었기 때문임.
 *** 고레카와제철(주)의 전신인 삼화철산임.

철(주)이 사업의 중심에 있었다는 것이다. 일본무연탄제철(주)은 소형용광로 42기 중 22기, 24만 6,000톤의 생산능력 중 12만 6,000톤, 1943년 생산계획량 14만 7,000톤 중 7만 2,000톤을 담당하도록 계획되어, 절반 이상의 비중을 차지하였다.

다음으로 애초 계획에서 일본제철(주)은 완전히 배제되었다는 점도 흥미롭다. 일본무연탄제철(주) 다음으로 많은 용광로 건설을 담당하는 것은 고레카와제철(주)이었고 이 두 회사가 사실상 조선의 소형용광로 제철사업을 담당하는 것으로 계획되었다. 고레카와제철(주)은 강원도 삼척에 소재하여 남한 유일의 소형용광로제철소였다. 인근 삼화광산의 철 광석과 삼척탄전 무연탄을 가지고 소형용광로제철을 수행할 계획이었다.[65] 그리고 건설공사의 시작 시점이 1942년 8월이었다는 점도 중요하다. 이는 해당 계획이 일본 중앙정부 차원에서 가시화되는 시점이 11월이었음에도 불구하고, 내부적으로는 이미 1942년 초기에 구체적으로 구상되었음을 보여준다. 그런 점에서 제철업과 아무런 연고가 없던 백낙승이 조선총독부의 지원하에 무연탄 제철기술을 개발하던 조선와타나베철공주식회사(朝鮮渡邊鐵工株式會社)를 인수하여 일본무연탄제철 (주)을 설립한 1942년 6월은 의미심장한 측면이 있다.

〈표 6-15〉를 보면 애초 계획 대비 1943년 12월 최종 결정된 계획은 건설 규모가 약 두 배 가까이 늘었고, 이것은 일본제철(주)과 제철업계 일본 재벌 대기업의 신규 참여에 따른 것임을 확인할 수 있다.[66] 반면 일

65　戰時金融金庫, 1943, 「是川製鐵株式會社 調書」, 『在外會社 是川製鐵(株)書類綴』.
66　42만 톤 규모의 최종 계획 이전에 소형용광로 65기 39만 톤의 '중간계획'도 확인된다. 일본제철(주) 청진공장 10기, 일본강관(주) 및 기타 15기의 신규 참여로 인한 변경이었다. 일본무연탄제철(주)의 규모는 이때까지는 거의 동일한 데, 10톤급 2기

본무연탄제철(주)의 비중은 절반 정도로 줄어들었는데, 그 자리를 일본 제철(주)이 차지하였다. 이는 일본무연탄제철(주)이 건설하기로 한 개천의 소형용광로를 일본제철(주)이 담당하게 된 것에서 알 수 있다. 여기에 더하여 일본제철(주)은 청진제철소에도 개천과 동일한 규모의 소형용광로 건설을 추진하였다. 이로써 일본제철(주)은 12만 톤의 건설을 담당하여 조선 지역 소형용광로 제철사업에서 최대 비중을 차지하게 되었다.

전체 용광로의 절반을 담당할 예정이었던 일본무연탄제철(주)의 비중을 크게 줄이고, 대신 일본제철(주)이 주도하도록 한 일본 전쟁지도부의 최종결정은 최대한 현실적이고 안전한 선택으로 보인다. 즉 무연탄 제철기술의 한계를 건설공사를 진행하면서 해결해야 하는 상황에서 제철업 경험이 없는 조선인 자본가에게 조선 지역 사업의 절반 이상을 맡기는 모험을 하기에는 전시체제가 3기에 접어든 1943년 당시 철강 증산의 절박성과 시급함이 너무 컸다고 볼 수 있다. 사실상 전시체제기 일본 철강산업의 중심이었던 일본제철(주)에게 사업을 주도하게 함으로써, 무연탄 제철기술의 한계를 빠르게 극복하는 것은 물론 건설 과정의 원활한 자재배급, 건설 후 제철소 경영과 관련한 노하우, 필요한 기술자와 숙련공 등 인력 동원에서 유리할 것으로 판단했을 것이다. 그럼에도 애초 계획의 기안단계에서 일본제철(주)이 배제된 것은 무연탄 제철기술개발의 산실이 일본무연탄제철(주)이었고, 일본제철(주)은 기술적 한계와 경제성 문제를 들어 소형용광로 제철사업을 강하게 반대했기 때문이었다.[67] 〈표 6-17〉의 조업상황에서 보듯이 이런 일본 전쟁지도부의 판

의 경성공장이 제외되었을 뿐이었다(「生産目標」, 『小型鎔鑛爐關係綴』).
67 소형용광로에 대한 일본제철(주)의 부정적 태도와 관련해서는 배석만, 2010, 「조선

단은 옳았다. 일본제철(주)이 제일 먼저 건설을 완료하고 가동에 들어갔다. 반면 일본무연탄제철(주)은 절반으로 줄어든 규모에도 불구하고 무연탄 제철기술의 발명자라는 명성에 걸맞지 않게 제대로 된 성과를 내지 못하였다. 그 이유는 물론 계획의 최종 결정 과정에서 일본 전쟁지도부가 우려한 요인들이 현실화되었기 때문이다.

한편 〈표 6-17〉은 소형용광로 제철사업이 시작된 1943년부터 1945년 8월 일제 패망까지 각 연도 및 분기별 조업상황을 정리한 것인데, 〈표 6-15〉의 생산목표와 비교해 보면 큰 차이가 있음을 알 수 있다.

우선 소형용광로 제철사업이 각의에서 최종 결정된 이후에도 규모와 소재지에 일정한 변동이 있었음을 확인할 수 있다. 기존에 전기로 제철 방식으로 특수강을 생산하던 조선제철(주)의 신규 참여로 인해 용광로 건설 규모가 70기에서 75기로 확대되었다. 조선제철(주)이 10기를 새롭게 건설하는 대신 일본강관(주)의 담당 용광로 기수가 5기 줄었다. 그리고 원래 일본무연탄제철(주)이 철광석 산지인 평안남도 개천에 건설하려고 하다가 일본제철(주)로 건설 주체가 변경되었던 소형용광로 10기는 결국 무산되었다. 그 대신 일본제철(주)은 기존 황해도 겸이포제철소에 동일한 규모의 소형용광로 건설을 신속하게 시행하여, 가장 일찍 가동에 들어갔고 가장 많은 선철을 생산해 내었다. 겸이포제철소 소형용광로는 기존 제철소 시설에서 약간 떨어진 곳에 건설되었다.[68]

그러나 계획과 가장 큰 차이점은 1943년까지 계획된 모든 용광로가

제철업 육성을 둘러싼 정책조율과정과 청진제철소 건설(1935-45)」, 『동방학지』151, 연세대학교 국학연구원, 368~369쪽 참조.
68 「제철작업을 시찰, 小磯총독 황해도 초도순시 제1일」, 『매일신보』, 1943.3.24.

<표 6-17> 조업상황

회사명	소재지	기수 (20톤)	생산실적(톤)											
			1943년					1944년					1945년
			1/4	2/4	3/4	4/4	계	1/4	2/4	3/4	4/4	계	1/4
일본무연탄제철	해주	2	0	0	28	1,005	1,033	952	978	1,007	855	3,792	721
	진남포	8	0	0	155	52	207	338	414	1,071	674	2,497	661
일본제철	겸이포	10	1,999	5,012	6,012	7,105	20,218	15,828	12,509	8,711	1,178	38,226	1,708
	청진	10	1,019	1,271	2,793	3,081	8,164	6,530	11,082	7,859	3,543	29,014	0
고레가와제철	삼화	10	0	0	3	683	686	1,427	381	1,062	827	3,697	1,818
이원제철	이원	5	0	0	0	19	19	822	833	1,214	1,203	4,072	1,599
가미가주치실업	평양	10	0	0	0	0	0	1,572	1,169	873	174	3,788	4,585
일본강관	원산	10	0	0	0	0	0	1,520	1,383	1,438	1,535	5,876	825
조선제철	평남	10	0	0	266	968	1,234	2,482	874	815	0	4,171	645
합계		75	3,018	6,283	9,257	12,913	31,471	31,471	29,623	24,050	9,989	95,133	12,562

출처: 「小型熔鑛爐生産實績」, 『旧海軍技術資料』 3에서 주성.

건설을 완료하고 가동에 들어가야 했으나 실제로는 전혀 그렇지 못했다는 점이다. 일본제철(주) 겸이포와 청진제철소에 건설된 소형용광로만이 유일하게 가동을 시작하여 선철을 생산하고 있었음을 알 수 있다. 건설이 지연된 이유는 물론 1차적으로 용광로 건설에 필요한 기자재의 공급이 엔블록 생산력의 한계와 자재 부족, 선박 부족에 따른 운송난 등으로 어려움을 겪었기 때문이다. 여기에 더하여 무연탄을 이용한 제철의 기술적 한계가 극복되지 못했기 때문이기도 했다. 특히 계획상으로는 가장 빨리 건설되어 조업이 시작되는 대상이었던 일본무연탄제철(주)의 가동이 대폭 지연된 반면, 가장 늦은 시기에 가동될 것으로 생각되었던 겸이포와 청진의 빠른 가동은 시작부터 원래 계획과 크게 어긋났음을 명확히 보여준다. 겸이포와 청진은 모기업 일본제철(주)을 통해 기자재 공급이 신속하게 이루어졌고, 연료 역시 무연탄이 아닌 코크스를 이용할 수 있었기 때문이다.[69] 결국 이러한 상황은 1943년 조선 지역 생산목표 17만 톤에 대해 그 2할에도 미치지 못하는 3만 톤 생산이라는 참담한 결과를 초래하였다.

 1944년도부터는 모든 제철소들이 조업을 시작했지만, 생산을 주도한 것은 일본제철(주)의 두 공장이었으며, 다른 제철소들은 지속적인 증산보다는 생산량의 기복을 보였다. 이는 1944년 역시 전년도의 문제에서 전혀 자유로워지지 못했음을 의미한다. 즉 우여곡절 끝에 가동에 들어갔으나 기술적 문제와 자재 부족 등으로 계획된 모든 용광로가 아닌 일부만 가동되었고, 가동된 용광로도 가동과 중지를 반복하는 상황이었기 때문이다.

---

69 日本鐵鋼協會編, 1950,『最近 日本製鋼技術槪觀』, 日本學術振興會, 118쪽.

일본무연탄제철(주)의 상황을 좀 더 구체적으로 보면, 1943년 9월 우선 해주에 건설 예정이었던 2기의 용광로로는 완성되었으나, 용광로에 사용한 내화벽돌의 품질이 저조하여 교체공사를 할 수밖에 없었다. 결국 가동은 각각 4개월과 7개월이 지연된 1944년 1월과 4월에 시작되었다. 그러나 곧 1기는 가동을 중지해야 했다. 진남포공장의 경우 1943년 11월 1기, 12월 1기가 완성되었으나, 건설된 용광로의 품질이 좋지 않아 1개월 만에 가동을 중지하였다. 이후 1944년 3월과 4월에 추가로 2기가 가동되었으나 그 역시 곧 가동을 중지하였다. 1944년 10월 현재 조업 중인 용광로는 1기에 불과하였다.

건설공사 지연과 조업 저조의 원인은 전쟁 말기의 일반적인 문제인 기자재, 인력의 조달난, 운송난을 우선적으로 지적할 수 있다. 건설용 자재의 운송난으로 대부분의 건설공정이 9월에야 시작되었고, 기자재나 플랜트가 일본에서 가공될 경우 공사 기간은 더욱 지연되었다. 철강통제회를 통해 도입하기로 했던 코크스는 전혀 조달되지 않았다. 용광로 건설에 필요한 내화벽돌과 연화벽돌은 조선 내에서 조달했으나 품질이 조악해서 결국 교체해야 했다. 인력 문제도 기술자 및 숙련 기능공의 부족으로 일본에서 기능공을 데려오지 않으면 해결이 어려운 상황이었다.

그러나 보다 근본적인 문제는 무연탄제철법 자체의 기술적 문제가 완전히 극복되지 않았다는 점에 있었다. 무연탄제철법 자체에 결함이 많은 것은 일본무연탄제철 스스로도 인정한 바 있다. 소형용광로 제철이 제국의 국책으로 채택된 이유는 용광로의 규모가 작아 적은 자재로 신속히 건설이 가능하다는 점과 조달하기 어려운 코크스 대신 풍부한 무연탄을 연료로 사용할 수 있다는 점이었다. 그러나 사업 시작부터 2년이 다 된 1944년 말에도 용광로 제작과 무연탄 연료 사용에서 기술적 시행

착오가 계속되었다. 무연탄을 연료로 사용하는 용광로는 설계와 제작상의 기술적 문제로 제작이 지연되거나, 제작된 용광로도 제대로 작동하는 경우가 극히 적었다. 또한 연료가 무연탄으로 완전 대체되지 않아 여전히 코크스 조달이 필요했으나 앞서 보았듯이 공급이 어려운 상황이었다.

일본무연탄제철(주)은 조업이 저조한 상황에서도 무연탄제철법의 연구개발과 해주 및 진남포의 신제철소 건설을 지속했기 때문에 이전부터 이어진 경영난은 전혀 개선되지 않았으며, 회사 재무 상황은 더욱 악화되었다. 1944년 10월 말 현재, 일본무연탄제철의 경영상황을 보면, 부채가 2,000만 엔을 넘어서 불입 자본금의 10배에 육박했다. 산업설비영단이 지원한 설비자금 936만 엔을 제외한 순수 차입금만도 1,000만 엔을 넘었다.[70] 누적된 손실금은 130만 엔에 이르렀고, 시험연구비 등 회수가 어려운 불량자산을 합치면 이것만으로도 불입 자본금을 훨씬 능가하는 334만 엔에 달하였다.[71]

〈표 6-17〉을 보면 식민지 조선의 소형용광로 제철의 생산이 가장 정점에 이른 시점은 1944년도 1분기, 즉 4월부터 6월에 이르는 기간으로, 3만 1,471톤을 생산하여 전년도의 1년 동안 생산한 양과 동일한 실적을 기록하였다. 그러나 이후 생산은 감소 추세로 돌아서 3분기, 즉 1944년

---

[70] 차입금 1,095만 엔의 내역을 보면 조선식산은행 대출의 설비자금 650만 엔, 운전자금 245만 엔, 전시금융금고 운전자금 대출 200만 엔이었다(戰時金融金庫, 1943, 「日本無煙炭製鐵株式會社ニ対スル代理貸付申請ノ件(1943.10.11)」, 『日本無煙炭製鐵(株)書類綴(在外貸付金 27號)』).

[71] 334만 엔의 내역은 누적손실금 131만 엔, 시험연구비 98만 엔 외에 진남포공장과 해주공장의 시험연구비 및 손실금을 합산한 것이다. 양 공장의 시험연구비 및 손실금의 경우 〈표 6-2〉에는 해당공장 계정(勘定)에 포함되어 있다. 구체적인 액수는 진남포공장이 48만 엔, 해주공장이 57만 엔이었다(戰時金融金庫, 1943, 위의 책).

10월 이후에는 급격히 감소하였다. 이는 일본제철(주)의 두 공장이 극심한 코크스 부족에 직면하여 소형용광로 제철의 사용을 억제하고 본 시설인 대형 고로 조업에 집중했기 때문이다.[72]

조선 지역은 제철 연료로 코크스가 아닌 조선에 풍부한 무연탄을 이용할 수 있다는 점에서 집중적인 주목을 받았으며, 일본 전쟁지도부는 소형용광로 제철사업을 결정하는 데 중요한 역할을 했다. 그 결과 엔블록에서 최대 규모로 용광로 건설이 시도되었다. 그러나 결국 생산을 주도한 것은 무연탄 제철이 아니라 코크스를 이용한 일본제철(주)의 두 공장이었다. 이는 조선 지역 소형용광로 제철사업이 1942년 12월 일본 전쟁지도부가 구상한 계획과 상당한 차이가 있었음을 알 수 있다.

사실 무연탄을 제철의 연료로 사용한다는 것이 조선 지역 소형용광로 제철사업의 핵심이었으므로 1943년 사업 시작 이후에도 무연탄 제철기술 관련 실험은 집요하게 진행되었다. 그러나 이 실험을 주도한 것은 최초 기술개발을 담당한 일본무연탄제철(주)이 아니라, 실제 조선 지역 소형용광로 제철사업을 주도한 일본제철(주)이었다. 물론 이는 앞서 언급한 건설담당 주체 변경의 정책적 결정과 연관된 것이었다. 겸이포제철소는 실험실의 역할을 하였으며, 동 제철소는 1943년 8월『비하이브로(beehive coke oven)[73]에 대한 무연탄 사용의 중간보고(ビーハイブ炉ニ無煙炭使用ノ中間報告)』라는 명칭의 실험결과를 발표하였다. 겸이포제철소가

---

72 일본제철(주) 청진제철소의 경우 코크스 부족 등으로 1945년 4월부터 소형용광로 조업을 전면적으로 중지하였다(배석만, 2010, 앞의 글, 373쪽).

73 철광석을 녹이는 제철 연료인 코크스를 제조(燒成)하는 爐의 종류 중 하나로써, 여러 개 나열해서 축조했을 때의 겉모양이 벌집과 비슷해서 이러한 이름을 갖게 되었다. 가장 역사가 오래된 코크스로이지만, 가스와 타르 등의 부산물을 회수하지 않기 때문에 현재는 거의 사용되지 않는다.

내린 결론은 우선 무연탄만으로 비하이브로에서 코크스를 만드는 것은 불가능하다는 것이었다. 또 유연탄과 무연탄을 섞어서 비하이브로에 넣었을 경우도 코크스가 만들어지는 무연탄 혼입 비중의 한계치는 30퍼센트라고 보고하였다. 그러나 코크스에 유연탄과 무연탄을 혼입하는 방법은 '실험실에서의 결과'에 불과하다고 여겨 실용화에 회의적인 시각이 있었다. 동 보고서는 무연탄 60~75퍼센트에 유연탄[74] 30~15퍼센트, 그리고 점결제로 제철 부산물인 피치(pitch) 10퍼센트를 배합하여 일단 연해탄(煙骸炭), 즉 '연탄 코크스'로 만들고, 이것을 코크스와 3 대 7의 비율로 배합하여 소형용광로에 장입하여 연료로 사용하는 방법도 제시하였다. 연해탄 제조방법은 그나마 실용화 가능성이 있는 방법으로 제시되었지만, 그렇다고 용광로의 안정적 조업을 보장할 수 있는 방법이라고 판단하지는 않았다.[75] 결국 사업 시작과 함께 일본제철(주)의 다양한 방법에 의한 집요한 실험 노력에도 불구하고 1943년 8월 시점에서 무연탄을 이용한 제철은 여전히 비관적인 상태였다. 원래 목표였던 무연탄만을 연료로 사용하는 것은 불가능하다는 최종적인 결과가 나왔고, 부분적인 사용 역시 30퍼센트 혼입을 장담할 수 없는 결과였기 때문이다.

사실 이러한 결과에 따르면, 조선 지역에 총력을 기울여 소형용광로를 건설할 아무런 이유가 없었다. 조선에서 생산되는 철광석은 일본제철(주)의 겸이포와 신설된 청진의 대형 고로 조업이나 일본고주파중공업(주), 조선제철(주)과 같은 전기로 제철소에 집중할 수 있었기 때문이다. 오히려 조선에서 대규모의 소형용광로 건설은 전적으로 수입에 의존해

---

74 겸이포제철소는 구체적으로 중국 화북 開灤炭鑛의 開平炭을 지정했다.
75 「作業上ノ諸隘路」, 『旧海軍技術資料』 3.

야 했기 때문에 원래부터 부족한 코크스를 한층 분산시켜 기존 대형 제철소 조업에 지장을 주었다고도 볼 수 있다. 실제로 조선총독부는 소형 용광로 조업에 코크스 사용이 불가피한 현실을 반영하여 1943년도 물자동원계획에 이를 포함시킬 것을 요청하였다. 조선의 제철업 전체를 보면, 조선 전역에 건설한 소형용광로 제철소는 원료, 자재, 노동력을 광범위하게 분산시켰을 뿐만 아니라, 비효율적인 사업소를 증가시켜 철강생산력을 오히려 감퇴시키는 결과를 초래하였다. 조선 지역 소형용광로 제철사업은 일제 전쟁지도부가 주도한 증산정책의 비합리성과 한계를 전형적으로 보여주는 사례라고 평가할 수 있다.

(3) 중국 등 다른 지역 소형용광로 제철사업

중국 역시 일본제철(주), 일본강관(주), 나카야마제강(中山製鋼)(주) 등 일본 본토 재벌들과 현지 기업들을 합하여 7개 기업이 화북과 화중, 몽골의 각 지역에 10개 제철소를 건설할 계획이었다. 규모는 6,650의 강재를 투입, 50톤급 용광로 10기와 20톤급 75기, 5톤급 20기로 총 105기를 건설하여 연간 생산능력 62만 톤 체제를 구축할 예정이었다. 조선 지역보다 20만 톤 정도 큰 규모였고, 20톤급만 건설되는 조선과 달리 20톤급이 주력이기는 하나 5톤과 50톤급의 용광로도 건설되는 다양성을 보였다. 용광로의 공사 착수는 1943년 4월부터 시작되어 9월에 모든 공사를 완료하는 것으로 계획되었으며, 조선보다 늦게 시작하여 빨리 끝나는 일정이었다. 1943년도 생산목표는 조선보다 거의 두 배 많은 30만 4,000톤이었다. 정리하면 〈표6-18〉과 같다.

중국 지역 역시 초기 계획은 각의 최종결정계획과 많은 차이가 있었다. 몽골에는 용연철광(龍烟鐵鑛)(주)이 20톤급 20기, 화북은 일본제철

<표 6-18> 소형용광로 건설계획

지역	회사명	소재지	용광로 기수(톤급)	소요 강재 (톤)	연간 생산능력(톤)	1943년도 생산목표(톤)	공사 착수	공사 완성
몽골	용연(龍烟) 철광	쉬안화(宣化)	20(20)	1,500	120,000	60,000	43.4	43.9
	몽강(蒙疆) 흥업	쉬안화(宣化)	20(5)	300	20,000	10,000	43.4	43.6
화북*	북지(北支) 제철	스징산(石景山)	10(20)	700	60,000	30,000	43.4	43.9
		탕산(唐山)	10(20)	700	60,000	24,000	43.7	43.9
	일본강관	칭다오(青島)	10(50)	1,000	150,000	90,000	43.4	43.6
		장뎬(張店)	5(20)	350	30,000	12,000	43.7	43.9
	중산(中山) 제강	톈진(天津)	5(20)	350	30,000	18,000	43.4	43.6
	산서(山西) 산업	타이위안(太原)	5(20)	350	30,000	12,000	43.7	43.9
화중*	일본제철	푸커우(浦口)	10(20)	700	60,000	24,000	43.7	43.9
		다예(大冶)	10(20)	700	60,000	24,000	43.7	43.9
합계			105	6,650	620,000	304,000		

출처:「小型鎔鑛爐建設當初計劃」,『旧海軍技術資料』3.
비고: *자료에는 北支, 中支로 되어 있음.

(주)과 일본강관(주)이 진출하여 스징산(石景山)과 칭다오(青島)에 각각 20톤급 10기, 50톤급 10기를 건설하며 화중은 화중광업(華中鑛業)(주)이 난징(南京)에 20톤급 10기를 건설하는 것이었다. 총 50기의 소형용광로를 건설하여 39만 톤의 능력을 구축하고 1943년도 생산목표는 25만 4,500톤이었다. 정리하면 <표 6-19>와 같다.

<표 6-18>과 <표 6-19>를 비교하면 소형용광로 설치규모가 최초 50기에서 105기로 크게 확대되었음을 알 수 있다. 계획의 확대와 함께 이를 주도하면서 전면에 나선 것은 조선과 마찬가지로 일본제철(주)이

〈표 6-19〉 최초 계획

지역	회사명	소재지	용광로 기수 (톤급)	소요 강재 (톤)	연간 생산능력 (톤)	43년도 생산목표 (톤)	공사 착수	공사 완성
몽골	용연철광	쉬안화	20(20)	1,060	120,000	75,000	43.4	43.9
화북	일본제철	스징산	10(20)	700	60,000	37,500	43.4	43.9
	일본강관	칭다오	10(50)	1,000	150,000	112,000	43.4	43.6
화중	화중(華中)광업	난징(南京)	10(20)	700	60,000	30,000	43.4	43.9
합계			50	3,460	390,000	254,000		

출처:「小型鎔鑛爐建設方針ニ依ル鐵鋼增産計劃案」, 『小型鎔鑛爐關係綴』.

었다. 〈표 6-19〉에서 보듯이 최초 계획에서는 일본강관의 비중이 가장 컸다. 반면 일본제철(주)은 스징산의 20톤급 10기 건설에 국한되어 있었다. 일본강관(주)은 독자적으로 50톤급 소형용광로를 설계하여 건설한 것이었다.[76] 그러나 62만 톤 생산체제로 확대된 각의 최종결정계획에서 일본제철(주)은 화중 지역 건설 20기 용광로 전부, 그리고 화북 스징산과 탕산(唐山)의 20기의 총 40기, 24만 톤을 담당하게 되었다.[77] 일본강관(주)도 칭다오의 50톤급 외에 장뎬(張店)에 20톤급 5기를 추가 건설하기로 했지만, 중국 지역 전체 사업을 주도할 정도의 확장은 아니었다.

최초 일본강관의 주도성이 사업규모의 급격한 확장과 함께 일본제철

---

76 소형용광로의 표준 설계는 일본제철(주)이 담당하기로 되어 있었으나, 일본강관(주)은 이와 별개로 50톤급 소형용광로 표준 설계를 시행하였고, 일본 정부는 이를 용인하였다.

77 화북지역 스징산과 탕산은 북지제철(주)이 담당하는 것으로 되어 있으나, 동 회사는 사실상의 일본제철(주) 자회사로 1942년 12월 신설된 제철소였다. 정식 회사 명칭은 '北支那製鐵株式會社'로, 전체 자본금 1억 엔은 국책회사 북지나개발주식회사와 일본제철(주)이 절반씩 부담하였고, 제철소 경영 및 기술 등 각 종 지원은 일본제철(주)이 전적으로 담당하였다(日本製鐵株式會社史編纂委員會, 1959, 『日本製鐵株式會社史 1934~1950』, 297쪽).

(주)로 전환된 배경은 앞서 언급한 조선 지역과 크게 다르지 않을 것이다. 아울러 일본강관(주)이 일본 중견 제철업체로서 '국책과 영리' 사이에서 일본제철(주)보다는 고민이 많았던 측면도 결합되어 있었다.[78] 이러한 사실은 〈표 6-20〉에서 정리한 조업상황에서도 확인할 수 있다. 일본강관(주)은 최종적으로 청도에 소형용광로가 아닌 250톤급 고로 3기 건설을 확정하여 1943년도 사사분기부터 조업에 들어갔기 때문이다.

〈표 6-20〉을 통해 중국 지역 소형용광로 사업은 계획에 대한 각의 최종결정 이후에도 매우 많은 변화가 있었음을 알 수 있다. 조선 지역은 건설 주체가 일부 변경되었을 뿐 전체 규모나 용광로 규격에는 큰 변동이 없었으나, 중국의 경우는 이들 요소에서도 큰 변화가 있었다. 총 용광로 기수는 105기에서 76기로 줄었지만, 대신 개별 용광로의 규모는 앞서 언급한 일본강관 250톤급 고로 3기를 포함하여 100톤급, 40톤급 등으로 확대되었다.

변화 상황을 구체적으로 살펴보면, 가장 주목할 점은 일본강관(주)의 계획 변경이다. 애초 청다오에 50톤급 소형용광로 10기를 건설하고, 이와 별도로 장뎬(張店)에 20톤급 5기를 추가로 건설할 예정이었으나, 최종적으로 청다오에 250톤급 고로 3기를 건설하는 것으로 변경되었다. 이는 청다오에 50톤급 10기를 250톤급 2기로 대체하고, 장뎬에 계획한 20톤급 5기 건설을 포기하는 대신 청다오에 250톤급 1기를 추가한 결과였다. 이러한 변경은 건설 주체인 일본강관(주)이 현지 조사 후 요청한 것으로, 주요 이유는 청다오의 경우 부지면적 관계상 50톤급 10기 건설

---

78 관련해서는 長島修, 2000, 『日本戰時企業論序說-日本鋼管の場合』, 日本經濟評論社 참조.

〈표 6-20〉 조업상황

지역	회사명	소재지	용광로크기 수(톤급)	생산실적(톤)									
				1943년					1944년				
				1/4	2/4	3/4	4/4	계	1/4	2/4	3/4	4/4	계
몽골	용연철광	쉬안화	10(20)	0	1,305	2,343	790	4,438	2,293	677	3,727	2,782	9,479
	몽강중업	쉬안화	1(100)	0	0	0	0	0	0	0	0	0	0
		쉬안화	5(20)	0	0	1,328	1,641	2,969	1,786	1,565	2,095	1,762	7,208
	북지제철	스징산	10(20)	980	449	5,501	5,830	12,760	3,267	3,806	5,930	2,288	15,291
화북	개란(開灤)탄광	탕산	20(20)	0	65	3,402	6,258	9,725	11,688	13,275	15,906	14,230	55,099
	산서산업	타이위안	1(40)	0	402	1,616	772	2,790	1,090	216	1,246	0	2,552
		양취안(陽泉)	1(20)	0	293	406	1,120	1,819	834	1,230	1,627	352	4,043
	중산제강	톈진	5(20)	0	0	2,472	2,385	4,857	4,278	3,653	13,900	3,258	25,089
	일본강관	칭다오	3(250)	0	25	19	1,273	1,317	5,797	8,171	15,098	7,132	36,198
화중	일본제철	마안산(馬鞍山)	20(20)	0	24	865	2,874	3,763	3,142	1,188	3,269	942	8,541
합계			71(20) 1(40) 1(100) 3(250) 총: 76기	980	2,563	17,952	22,943	44,438	34,175	33,781	62,798	32,746	163,500

출처: 「小型熔鑛爐生産實積」, 『旧海軍技術資料』 3에서 작성.

이 불가능했기 때문이다. 또한 250톤으로 용광로 규모를 확대해도 공사 기간에 큰 영향을 주지 않으며, 특히 현지 가네가후치방적(鐘淵紡績)(주) 의 기존 설비를 활용할 수 있었다. 일본강관(주)은 250톤급 고로로 건설 하더라도 약 4개월 정도면 완공 및 조업이 가능할 것으로 예상했으며, 1943년 1월에 공사에 착수하여 5월에 완공하겠다고 당국에 보고하였다.[79] 한편 장뎬의 계획을 포기한 것은 동력과 용수 공급문제로 신속한 건설이 불가능하다는 이유에서였다.[80]

북지제철(北支製鐵)(주)이 탕산에 건설할 예정이던 20톤급 10기는 건설 및 경영 주체가 현지의 개란탄광(開灤炭鑛)(주)으로 변경되었으며, 일본제철(주)이 전면적인 지도와 지원하는 체제로 변경되었다. 자료에 따르면, 이러한 변경은 현지 의견을 반영한 결과였다.[81] 신생 북지제철(주) 의 부담을 줄이면서 당산 현지의 탄광이자 중국에서도 유수의 유연탄 광산인 개란탄광(주)을 담당 주체로 하고 일본제철(주)이 지원하는 것이 더 현실적이라는 판단으로 보인다.

다음으로 몽골 지역의 용연철광(주)은 20톤급 20기 건설계획이었으나, 10기만 완공하여 가동하고 나머지 10기는 100톤급 1기로 변경하고 있음이 확인된다. 자료를 통해 확인되는 변경 과정은 1943년 초 50톤급 4기 건설로 1차 변경된 후, 1943년 말에 다시 100톤급 2기 건설로 변경되었다. 50톤급 4기 건설로의 변경은 용광로 건설 및 조업과 관련된 일체의 지도 및 협력을 기존 일본제철(주)에서 쇼와제강(昭和製鋼)(주)이 맡

79　日本鋼管株式會社, 1943,「二百五十瓲爐ニ變更セル理由」,『小型鎔鑛爐關係綴』.
80　支那事務局, 1943,「支那ニ於ケル小型鎔鑛爐建設計劃推進狀況」,『小型鎔鑛爐關係綴』.
81　支那事務局, 1943, 위의 책.

기로 한 이후에 결정되었다. 쇼와제강(주)은 현지에 기술진을 파견하여 조사한 결과를 토대로 변경을 결정했으며, 그 이유는 용광로의 숫자를 줄여 조업상의 노동력 절감과 부대시설 이설을 고려한 것이었다.[82] 1943년 11월 용연철광(주)은 50톤급 4기를 다시 100톤급 2기 건설로 변경하는 계획서를 제출하였다. 그 이유는 자재와 인력의 절약, 건설공사의 적기 완공, 조업상의 안전과 용광로의 생산성 향상으로 생산원가를 절감할 수 있다는 점이었다.[83] 용연철광(주)과 같은 지역에서 소형용광로 모델 중 가장 작은 5톤급 20기 건설을 담당할 예정이었던 몽강흥업(蒙彊興業)(주) 역시 20톤급 5기로 변경된 사실이 확인된다. 그 이유는 기술적인 문제 때문으로 당국에 의해 인정되었다. 몽강흥업(주)은 이것을 다시 100톤급 1기 건설로 변경하겠다고, 1943년 2월 당국에 신청하였다. 몽강흥업(주)의 변경신청 이유도 자재, 인력, 경비 절약, 공기 단축 등 비슷하며, 그 외에도 용광로의 규모가 작은 점이 현지의 지역적 특성과 결합하여 발생한 문제도 지적되었다. 예를 들어 사용 예정인 용연철광(주)의 철광석이 규산(硅酸) 성분을 많이 함유하고 있어 용광로의 규모가 작을 경우 조작이 어렵고 안정성을 담보하기 힘들다는 점, 몽골의 주야의 기온차, 바람, 동절기 한파 등 날씨를 고려했을 때, 다수의 소형용광로 작업보다는 소수의 대형용광로가 안정적이고 효율적이라는 것이었다.[84] 그러나 몽강흥업(주)의 변경신청은 〈표 6-20〉에서 보듯이 받아

82　支那事務局, 1943, 앞의 책.

83　龍烟鐵鑛株式會社, 1943, 「龍烟鐵鑛百瓲鎔鑛爐建設計劃書」, 『龍烟鐵鑛會社關係』, アジア歷史資料センター.

84　蒙彊興業股份有限公司, 1943, 「小型二十瓲五基ヲ小型百瓲一基ニ變更御願」, 『小型鎔鑛爐關係綴』.

들여지지 않았다.

화중 지역은 소형용광로 건설지가 변경되었는데, 기존 푸커우(浦口)와 다예(大冶)에서 마안산(馬鞍山)으로 바뀐 이유는 방공(防空)상의 문제에 따른 부득이한 조치였다. 그러나 마안산도 동력이 부족하여 발전기의 이설 등이 필요한 단점이 있어서 1943년 연내에 완공하기는 힘든 상황이었다.[85]

계획 대비 실제 용광로 건설 과정이 순탄하지 않았으므로 예상했던 생산목표와 실제 생산실적에도 큰 차이가 있었다. 우선 일본강관(주)의 경우 〈표 6-18〉에서 보듯이 최종결정된 계획에서 1943년도에 칭다오의 50톤급 10기의 가동을 통해 9만 톤, 장점의 20톤급 5기에 의한 1만 2,000톤, 도합 10만 2,000톤의 생산계획이었으나, 250톤급 고로 3기 건설로 변경된 이후에는 12만 1,100톤으로 생산계획이 증가하였다.[86] 하지만, 〈표 6-20〉에서 보듯이 1943년도 생산실적은 1,317톤에 불과하였다. 20톤급 20기 건설계획이었던 몽골 지역 용연철광(주)은 두 차례 계획변경을 통해 20톤급 10기, 100톤급 2기 건설로 최종 확정되었으나, 애초 생산목표였던 6만 톤에 비해 4,438톤을 생산했을 뿐이었다. 변경된 100톤급 용광로는 1기 건설로 다시 축소되었으나 결국 생산에 들어가지 못한 것으로 확인된다.

중국 지역 전체적으로 1943년 30만 4,000톤의 생산목표에 대해 달성한 실적은 고작 4만 4,438톤으로 14.6퍼센트에 불과했다. 1944년에는 1943년보다 가동상황이 나아져서 생산실적이 높아지기는 했지만, 16만

85　支那事務局, 1943, 앞의 책.
86　支那事務局, 1943, 위의 책.

3,500톤에 그쳐 1943년 생산목표 대비 54퍼센트에 머물렀고, 1944년에는 스징산으로 이설되는 대형 고로의 생산[87]까지 포함하여 52만 4,500톤의 생산목표를 세웠으나, 실제 달성률은 31퍼센트에 불과했다. 그나마도 1944년 삼사분기에 생산의 정점을 찍은 이후 사사분기부터는 급격히 감소하는 추세를 보였다. 감소 경향은 조선 지역에 비해 조금 늦게 나타났지만 주요 원인은 거의 동일하였다. 그 원인은 코크스 부족으로 이는, 전황 불리에 따른 미군 폭격과 중국군의 공세로 특히 화북 지역 석탄 산지에서 생산량과 운송량이 급격히 감소했기 때문이다. 따라서 중국으로부터의 코크스 공급에 의존하던 조선 지역 생산이 먼저 감소하고, 이어 중국 지역 자체의 감소가 뒤따른 것은 자연스러운 상황으로 볼 수 있다.

1942년 12월 결정된 소형용광로 건설계획은 건설 지역의 중심이 조선과 중국 지역이었지만, 타이완과 일본 홋카이도(北海道)에도 각각 2만 톤, 3만 톤의 건설계획이 있었다. 홋카이도의 경우 건설 주체인 일본제철(주)이 조선의 겸이포, 청진과 마찬가지로 와니시제철소(輪西製鐵所)에 소형용광로 10기를 건설할 계획이었으나, 홋카이도의 철광석 생산이 점차 감소할 것으로 예상됨에 따라 최종적으로 해당 계획은 취소되었다.[88]

타이완은 가오슝(高雄)과 시즈(汐止)에 가오슝제철(주)과 타이완중공업(주)이 각각 20톤급 5기, 35톤급 1기를 건설하기로 하였다. 공사 착수는 모두 1943년 4월에 시작되었으며, 35톤급 1기는 6월, 20톤급 5기는

---

[87] 일본제철(주) 가마이시(釜石)제철소의 380톤급 대형 고로로, 1943년 12월에 이설이 완료되어 1944년부터 조업을 시작했다(日本製鐵株式會社史編纂委員會, 앞의 책, 1959, 298쪽).

[88] 일본제철(주)은 홋카이도 계획을 취소하는 대신 화북 탕산에 같은 규모의 소형용광로 건설을 하기로 신청하고 당국의 승인을 받았다.

〈표 6-21〉 소형용광로 건설계획

회사명	소재지	용광로 기수 (톤급)	소요 강재(톤)	연간 생산능력 (톤)	43년도 생산목표 (톤)	공사 착수	공사 완성
가오슝(高雄)제철	가오슝(高雄)	5(20)	500	30,000	15,600	43.4	43.9
타이완중공업	시즈(汐止)	1(35)	100	10,000	6,000	43.4	43.6
합계		6	600	40,000	21,600		

출처: 「小型鎔鑛爐建設當初計劃」, 『旧海軍技術資料』 3.

9월까지 완공하여 조업에 들어갈 계획이었다. 계획된 건설사업이 완성되면 4만 톤의 생산능력을 구축하게 되고, 1943년도 생산목표는 가오슝 1만 5,600톤, 시즈 6,000톤, 도합 2만 1,600톤이었다. 정리하면 〈표 6-21〉과 같다.

타이완의 소형용광로 건설계획은 조선이나 중국과 달리 계획 입안 단계부터 최종결정까지 건설주체나 용광로의 규모에 별다른 변화가 없었다. 〈표 6-22〉는 건설사업이 시작된 1943년 이후 1944년 사사분기, 즉 1945년 3월까지의 조업상황을 정리한 것이다.

타이완 소형용광로의 조업상황은 조선이나 중국 지역과 크게 다르지 않았다. 1943년도 이사분기, 즉 9월까지는 모든 공사가 완료되어 정상

〈표 6-22〉 조업상황

회사명	소재지	기수 (톤)	생산실적(톤)									
			1943년					1944년				
			1/4	2/4	3/4	4/4	계	1/4	2/4	3/4	4/4	계
가오슝제철	가오슝	5(20)	0	0	650	2,911	3,561	2,967	2,870	1,807	653	8,297
타이완중공업	타이베이(台北)	1(35)	0	0	0	683	683	1,749	1,259	455	371	3,834
합계			0	0	650	3,594	4,244	4,716	4,129	2,262	1,024	12,131

출처: 「小型鎔鑛爐生産實績」, 『旧海軍技術資料』 3에서 작성.

조업에 들어가는 계획이었으나 그렇지 못했고, 연간 생산목표였던 2만 1,600톤 중 4,244톤만을 생산하였다. 1944년에는 1만 2,131톤을 생산하여 전년 대비 증산을 이루었으나, 계획결정 당시 생산목표치 3만 톤에는 절반에도 미치지 못하는 실적이었다. 그리고 타이완 역시 1944년 삼사분기부터 생산량이 급감하는 것은 조선 지역과 동일하게 나타났다.

건설공사 지연과 생산부진과 관련해서는 타이완의 경우 자료가 많이 없어서 구체적으로 확인할 수 없지만, 단편적인 자료를 통해서 보면 건설에 필요한 자재의 입수난, 일본에서 들어오는 자재의 경우 운송난에 의한 지연 등이 발생하고 있었다.[89]

(4) 사업의 귀결

소형용광로 건설계획의 목적은 철광석과 석탄 산지에서 소형용광로를 건설하여 선철을 생산하고, 이를 일본에 공급하는 것이었다. 이는 선박 부족으로 일본 제철업계가 필요한 철광석과 석탄의 수송 부담이 점점 커지는 상황에서 이를 경감시키기 위한 대책의 일환이었다. 원래 목적이 이러했기 때문에 생산된 선철의 대부분은 계획상 당연히 일본으로 가는 것이었다. 우선 계획 대비 생산실적의 전체적 상황을 정리하면 〈표 6-23〉과 같다.

1943년도의 경우 49만 8,400톤의 생산계획에 대하여 8만 톤 정도의

---

[89] 1943년 4월 상공대신을 필두로 하는 중앙관계부처, 조선과 타이완총독부, 건설 담당 기업 전체가 상공대신 관저에 모여서 개최한 소형용광로 건설회의에서 가오슝제철(주) 대표로 참석한 다다(多田) 전무는 공사 지연 이유로 鋼板, 내화벽돌의 입수난, 그리고 일본에서 수송되는 자재의 운송지연을 들고 있다(商工省金屬局, 1943, 「小型熔鑛爐建設打合會議事要錄」, 『大東亜技術委員会ニヨル小型爐補強対策関係』 第一巻, アジア歴史資料センター).

〈표 6-23〉 계획 대비 생산실적 (단위: 1,000톤)

연도		조선	타이완	중국	합계
1943	계획	172.8	21.6	304.0	498.4
	실적	31.5	4.2	44.0	79.7
	달성률	18	19	14	16
1944	계획	240.0	30.0	524.5	794.5
	실적	95.1	12.1	163.5	270.7
	달성률	39	40	31	34

출처: 「生産並に對日供給狀況」, 『旧海軍技術資料』 3.
비고: 1. 중국 계획에는 이설 대형 고로 생산계획량이 포함됨.
2. 자료의 계산 오류가 명확한 것은 수정함.

선철을 생산하여 불과 16퍼센트의 저조한 실적을 보였다. 계획에는 포함되었으나, 실적에는 반영되지 않은 일본에서 중국 지역으로 이설된 대형 고로의 생산액 6만 8,000톤을 포함해도 총 생산량은 14만 8,000톤 수준으로 30퍼센트 실적에 불과하다. 주지하듯이 기술적 문제, 필요 기자재 공급난, 인력 부족 등 다양한 원인이 복합적으로 작용했지만, 앞서 보았듯이 조선 지역의 경우 특히 무연탄을 제철 연료로 사용하는 기술적 문제가 해결되지 않았고, 중국 지역은 결정계획에 대해 사업 진행과정에서 변경이 심했던 것을 주요한 원인으로 볼 수 있다.

1944년도는 전년도 실제 사업 진행과정에서의 시행착오에도 불구하고 오히려 생산목표치를 50퍼센트 이상 늘려 잡은 79만 4,500톤의 생산 목표를 결정하였다. 지연된 건설공사의 완공과 일본으로부터의 대형 고로 추가 이설계획 등에 의한 증산 기대를 반영한 것이었다. 여기에 대해 실제 소형용광로 생산실적은 27만 톤 정도로, 전년도와 비교하면 증가했지만, 생산목표 대비 34퍼센트로 여전히 저조한 실적을 기록하였다. 이설된 대형 고로 생산량 8만 톤을 합산해도 35만 톤으로 44퍼센트에 그쳤다. 전년 대비 생산 증가는 기대한 대로 물자난, 운송난 등으로 건설이 지연되었던 소형용광로들이 일정하게 완성되어 조업에 들어간 결과였다. 그러나 여전히 목표 대비 저조한 실적을 보인 이유는 기대한 일본 본토로부터의 대형 고로 추가이설이 순조롭지 않았고, 생산량이 저조했을 뿐만 아니라 여기에 더하여 1944년 말부터 소형용광로의 급격한 조업 부진이 반영된 것이었다.

다음으로 소형용광로 제철사업의 궁극적 목적이었던 생산된 선철의 대일 공급 상황을 살펴보자. 정리하면 〈표 6-24〉이다.

〈표 6-24〉을 통해서 1943년부터 1945년까지 대략 23만 톤의 선철이 일본에 공급되었음을 확인할 수 있다. 당초 계획에서는 일본에 공급하지 않고 자체 소비하는 것으로 결정된 타이완을 제외하고 중국 및 조선 지역 모든 소형용광로 생산 선철은 최소 90퍼센트, 최대 95퍼센트까지 일본에 이출하는 것으로 되어 있었다. 여기에 대하여 〈표 6-23〉을 참조하여 생산 대비 이출 비율을 대략적으로 살펴보면, 우선 1943년과 1944년 2년간 자체 소비의 타이완을 제외한 조선과 중국 지역 총생산

〈표 6-24〉 대일 공급 상황 (단위: 톤)

연도		조선	중국	합계
1943	상반기	7,000	14,705	21,705
	하반기	18,179	22,479	40,658
	소계	25,179	37,184	62,363
1944	상반기	51,814	59,751	111,565
	하반기	24,381	32,182	56,563
	소계	76,195	91,933	168,128
1945	상반기	1,490	3,000	4,490
	하반기	-	-	-
	소계	1,490	3,000	4,490
합계		102,864	132,117	234,981

출처: 「生産並に對日供給狀況」, 『旧海軍技術資料』 3에서 작성.

선철 33만 4,100톤 중 대일 공급은 23만 491톤으로 70퍼센트 수준에 머물렀다. 더욱이 여기에 중국 지역에 이설된 대형 고로 생산량 14만 8,000톤을 포함할 경우 대일 공급률은 50퍼센트 이하로 떨어진다. 지역별로는 조선이 12만 6,600톤의 생산 선철 중 10만 1,374톤을 일본으로 이출하여 80퍼센트, 중국이 20만 7,500톤 중 12만 9,117톤을 이출하여 62퍼센트였다. 상대적으로 일본과 거리가 가까운 조선에서의 대일 공급률이 높지만, 전체적으로는 최대 95퍼센트까지 일본에 공급하기로 했던 계획과 비교하면 70퍼센트는 저조한 수준이었다.

소형용광로의 생산실적 자체가 원래 계획한 생산목표에 대하여 저조한 성적을 냈으나 그나마도 전부 일본으로 운송할 수 없었던 것이 당시의 상황이었다. 물론 이것은 운송난 때문으로 생산된 선철이 생산 현장에 쌓여 있거나, 부두에 적체되어 있었다.[90] 결국 운송난에 대한 대책으로 시작된 소형용광로 사업이 운송난에 의해 좌초하고 있었던 것이다.

일본 전쟁지도부가 소형용광로 제철사업을 추진한 목적은 핵심 군수물자인 철강의 증산, 그리고 나날이 심각해지는 운송난에 대한 대책이었다. 철광석 산지에 소규모 용광로를 건설하여 선철을 생산하고 증산을 도모하는 한편, 이를 일본에 공급하여 철광석 수송의 부담을 경감시키겠다는 구상이었다. 1942년 말 기획원이 입안하여 각의 결정된 계획의 내용은 1943년 연내에 주로 20톤급 소형용광로 181기를 조선, 중국(화북, 화중), 몽골, 타이완 등지의 철광석, 석탄 산지에 집중 건설, 완공하여, 50만 톤을 선철을 생산하여 일본에 공급하는 것이었다. 건설과 경영 주체는 국책회사 일본제철(주)이 중심이었고, 그 외 일본 재벌 및 현지 제

---

90 「生産並に對日供給狀況」, 『旧海軍技術資料』 3.

철소 및 탄광회사 등 제철 관련회사가 맡았다.

  사업의 실적은 생산목표 대비 30퍼센트 미만으로 저조하였다. 일본에서 이설된 대형 고로 생산을 포함한다고 하더라도 30퍼센트대를 벗어나지 못하였다. 사업이 저조했던 이유는 용광로 조업상의 기술적 문제, 건설에 필요한 기자재의 공급난, 기술자, 숙련공 등의 인력 부족 등이 원인이었다. 지역별로는 조선의 경우 무연탄을 연료로 사용하는 문제가 해결되지 않았고, 중국의 경우 담당 기업의 문제와 현지 사정에 의한 잦은 계획 변경이 부진의 원인으로 작용하였다. 그런데 이런 우여곡절 속에 생산된 선철조차도 운송난으로 70퍼센트, 대형 고로 생산 선철을 포함할 경우는 50퍼센트 미만 정도만 일본에 공급되었다. 전쟁 말 남아 있던 모든 수단을 동원하여 생산한 선철이 생산 현장을 떠나지 못하고 쌓여 있거나, 겨우 항구까지 이동했다고 하더라도 선박이 부족하여 부두에 적체되고 있었다. 결국 운송난 대책으로 시작된 소형용광로 제철사업이 최종적으로는 운송난에 의해 좌초된 것이다.

  경제성, 효율성을 무시하고 오로지 증산에만 주목하여 일제가 밀어붙인 소형용광로 제철사업은 총력전의 전쟁 상황에서만 가능한 증산정책이었다. 따라서 일제 패전 후 이들 용광로가 식민지 유산으로 남았음에도 불구하고 이후 신생국 제철업 건설의 주역이 되지 못하고 사라진 것은 어쩌면 당연한 일이었다. 한국의 경우 이승만정권이 유일하게 남한에 건설된 강원도 삼척 고레카와제철(주)의 소형용광로를 가지고 제철업 부흥을 시도했으나 기술적 문제, 경제성 등 일제가 직면했던 동일한 이유로 성공할 수 없었다. 아는 사람도 드물지만, 현재 포스코(POSCO) 사내 포스코역사관 앞뜰에 전시된 고레카와제철(주) 소형용광로 1기가 그나마 남아 있는 유일한 역사의 흔적이다.

결론

'침탈사'의 관점에서 한말 이후 일제 시기에 걸친 광업의 역사를 정리하는 것이 이 책의 목적이었다. 이 관점에서 가장 어려운 것은 산업사의 경우 경중의 차이는 있겠지만 모두 직면하게 되는 제국주의적 침탈이 개발·근대와 동전의 양면처럼 밀착되어 있다는 점이다.

조선은 1876년 강화도조약을 계기로 문호를 개방하면서 서구의 근대 광업과 조우하게 되었지만, 이는 이권 침탈의 모습도 함께 가지고 있었다. 조선 정부의 관료들은 서구의 근대 광업이 근대국가로 발전하는 데 중요한 도구가 될 수 있음을 인식하고 있었다. 그렇지만 동시에 그 도구를 우리가 사용하기 위해서는 서구가 요구하는 이권 침탈에 어떻게 효율적으로 대응할 것인지도 고민해야 했다. 가장 어려운 문제는 서구 자본과 기술을 도입하여 광산을 개발하기 위해서는 그들의 이권 요구를 완전히 거절할 수 없었다는 것이다.

이렇게 보면 개항 이후부터 을사늑약을 거쳐 사실상 일제의 식민지화가 이루어지기까지 약 30년간은 조선이 자주적으로 근대 광업을 발전시킬 수 있었던 시기였다. 이 기간 동안 조선은 이권 침탈을 어느 정도 억제하면서도 서구의 자본과 기술을 적극적으로 도입하여 근대화를 이루려 노력해야 했다. 그리고 이런 노력들은 아쉬운 부분도 있으나 조선 정부가 진행한 광업정책 기조 속에서 일정 부분 확인할 수 있다.

개항이 되고 서구와 일본이 금광을 중심으로 이권 침탈을 시도하자, 조선 정부는 외세의 광산개발을 금지하고 정부 주도의 개발을 추진했다. 이를 위해 1887년 광업 전담기관으로 광무국을 설립하였으며, 주요 업무는 외국인의 무단채굴을 금지하는 대책 마련과 증가하는 광산 관련 행정, 이른바 광무(鑛務)을 담당하는 것이었다. 서구에 의존해야 하는 광산개발에 필요한 자금과 기술 도입에도 노력하였다. 광무국은 1888년 미국에서 광업기술자를 초빙하여 고용하였다.

　1894년 갑오개혁을 계기로 정부 관제가 변화하면서 광업은 농상공부 산하 광산국이 담당하게 되었고,「사금개채조례」가 반포되었다. 일본을 포함한 서구 광산기술자의 초빙이 더욱 활발해지면서 서구 근대 광업의 이식이 가속화되었다. 갑오개혁 이후 청일전쟁에서 일본이 승리하면서 일본의 영향력이 확대되었고, 이에 따라 주로 일본인 광산기술자가 초빙되었다. 그러나 을미사변을 계기로 정치 상황이 다시 바뀌면서 대한제국이 광무개혁을 실시하는 과정에서 광산 관련 업무는 궁내부가 주도하게 되었다.

　대한제국 궁내부의 광산정책은 광산개발의 국가주도성과 외세에 의한 광산개발 금지를 보다 강화하는 방향이었다. 국내 주요 광산들을 궁내부로 이속시켜 직영 체제로 관리하며 통제를 강화하였다. 외세의 광산개발을 원칙적으로 금지하여 이권 침탈을 저지하려는 의지를 더욱 확고히 했지만, 한편으로 정부 차원에서는 서구 자본과 광산 기술 도입을 적극적으로 추진하였다. 기술 교육을 위한 광무학교 설립도 현실화되었다. 그러나 이권이 보장되지 않는 상황에서 외세의 자본 투자와 기술 이전은 조선 정부 의도대로 이루어지기 어려웠다. 결국 1905년 을사늑약과 이후 일제가「광업법」을 제정하면서 자주적 근대 광업 발전의 길은 좌절되었다.

　조선 정부의 자주적인 근대 광업 발전이 좌절된 이유는 당연한 말일지 모르나, 특혜에 가까운 이권이 보장되지 않는 상황에서 자본과 기술을 제공하려는 외세가 없었기 때문이다. 이는 광무개혁 이후 대한제국 정부가 광산개발을 위해 러시아와 서구로부터 자금과 기술 도입을 위해 노력했지만, 뚜렷한 성과를 내지 못했던 것에서 잘 알 수 있다. 여기에는 정치적 목적에 따른 일본의 방해도 중요한 원인으로 작용했음은 물론이다.

조선 정부 역시 근대국가로 가기 위한 관건으로 근대 광업 발전이 필요하다는 절실함과 의지가 충만했다고 말하기 힘들다. 산업 발전의 관점에서 광산개발을 바라보기보다는 농업의 부차적 영역이고, 재정 확보책으로 세금 징수에 더 몰두했던 모습에서 잘 드러난다. 그러나 이러한 아쉬움에 대한 비판은 일제에 의해 식민지가 되면서 조선 정부의 광업정책이 뚜렷한 성과를 내지 못한 채 강제로 중단되었기 때문에 더 부각되는 측면도 있다고 생각한다.

1905년 을사늑약과 1910년 강제병합의 과정을 거치면서 조선에서 대한제국으로 나라 이름을 바꾸었던 한반도는 다시 조선으로 불리게 되었으며, 제국주의 일본의 통치를 받게 되었다. 우선 1905년 을사늑약으로 일제 통감부가 설치되고 일본인 광산 고문들이 광산 행정을 장악하면서 광무개혁 시기에 만들어진 국가의 광산개발 및 관리체제는 붕괴되었다. 외국인들의 광산개발을 금지하는 규칙이 폐지되고, 주요 광산들에 대한 궁내부 관리·감독도 해제되었다. 1906년 일제가 주도한「광업법」공포와「제실광산규정(帝室鑛山規程)」폐지가 이를 뒷받침하였다. 광산개발과 이를 통한 이권 침탈이 자유롭게 되었으며, 물론 그 중심에는 일본인이 있었다. 「광업법」은 광산을 개발할 수 있는 권리인 광업권의 사적 소유를 인정하여 자본주의 경제의 기본인 자유로운 개발과 권리의 매매·양도를 가능하게 하는 근대적 요소를 갖추고 있었다. 그러나 개발 주체에서 내외국인 평등주의를 채택하여 외세, 특히 일본인이 국내에서 자유롭게 광산개발을 할 수 있는 길을 열었다는 점에서 전형적인 식민성을 가진 입법이었다. 그러나 아직 대한제국의 이름이 사라지지 않았던 통감부 시기의 광업개발에서 일본 주도성은 1910년 강제병합이 이루어질 때까지 완전하지 않았다. 1910년 당시 일본 이외 외국인 소유 광산의 총생산액이 60퍼센트라는 사실이 이를 확인해 준다. 일본인 소유 광산의 생산액은 34.5퍼센트, 조선인은 5.5퍼센트를 차지하고 있었다.

1910년 강제병합으로 조선을 식민 통치하는 임무를 부여받은 조선총독부가 설립되었고, 이들에 의해 광업정책이 진행되었다. 조선총독부가 주도하는 광업정책은 당연히 일제가 '내지(內地)'라고 부르는 일본의 필요를 최우선으로 고려하는 것이었다. 그 결과 조선광업은 '외지(外地)'의 광업으로서 내지 일본의 이익을 위해 필요할 때만 개발이 가능한 '식민지 광업'의 역할을 부여받았다. 그리고 1915년, 「조선광업령」이 공포되고 외국인의 신규광업권 취득이 금지되면서 외국인이 식민지 조선광업에서 차지하는 비중이 점차 감소하는 반면, 일본인들의 한국광산 점유율이 급격히 증가되었다. 1918년에 들어서면서 많은 수의 외국인이 국내 광산계에서 철수하였으며, 그 대신 일본인이 80퍼센트를 차지하게 되었다. 이로써 일제는 조선광업을 독점적으로 개발하는 기반을 구축하기에 이르렀다.

이제 일본 국가자본과 재벌이라 불리는 민간 대자본이 주체가 되어 식민지 광업의 역할을 수행하기 위한 광산개발이 본격적으로 시작되었다. 개발을 위해서는 일제는 서구에서 배운 근대 광업의 기술을 조선에 이식할 수밖에 없었다. 일제 식민지 지배 초기인 1910년대에는 일본이 주도하는 광업개발 기반 구축을 위한 법·제도를 구축하는 기간이었지만, 한편으로 일본의 광업 대자본이 진출하여 대규모로 광산을 개발하는 사례가 많이 나타났다. 주로 개발된 광물은 개항 이후부터 변함없이 금이었다. 물론 그 목적은 일제 국가재정과 금융 안정을 위한 것이었다.

1910년대에는 미쓰이(三井), 구하라(久原) 등의 민간 대자본이 조선에 진출하여 금광개발에 나섰으며, 진남포제련소와 노량진 선광제련소가 건설되었다. 이는 1910년대 조선의 광업이 사실상 일본에 의해 독점되었음을 선포하는 것이었다. 강제병합 직후 찾아온 제1차 세계대전의 전쟁특수는 일본 대자본의 진출을 더욱 촉진하였으며, 이에 따라 조선광업도 활기를 띠게 되었다. 또 다른 일본 대재벌자본인 미쓰비시(三菱)도 철광에 관심을 가지고 진출했고, 철광석 산지인 황해도에 근대식 제철소를 건설한 것도 이즈음의 일이다.

그러나 일제가 독점하는 식민지 조선광업이 활황 분위기만 지속된 것은 아니다. 제1차 세계대전이 끝남에 따라 전쟁 특수가 사라지고 급격한 불황의 시기로 접어들었다. 이 불황은 1920년대를 관통하는 장기불황이었고 광업에도 영향을 미쳤다. 식민지 광업개발이 둔화되었으며, 생산량이 정체되거나 감소하는 상황이 발생하였다.

그러나 1920년대 광업의 전반적인 불황 속에서도 두드러진 증산을 보인 광물이 있었는데, 무연탄을 중심으로 하는 석탄이었다. 석탄 생산량은 1920년대 초 30만 톤 수준에서 1920년대 말에는 90만 톤으로 세 배 정도 증가하였다. 증산의 동력은 가정용 연료로 일본 민수시장이 열렸기 때문이었다. 한말부터 계속된 군수용과 함께 민수용으로 대량의 무연탄이 일본으로 이출되었는데, 전체 생산량의 절반 정도를 차지하였다. 1920년대 석탄 산업의 동향은 불황기에도 일제가 필요한 광물을 제공하는 '식민지 광업'의 역할을 충실하게 수행하고 있었음을 잘 보여준다.

석탄의 경우 한말 양질의 무연탄이 매장된 평양탄전을 일본 해군이 직접 개발하면서 시작되었다. 해군 함정의 연료탄으로 이용하기 위한 목적이었다. 이후 한반도에서 가장 질 좋은 무연탄은 일제 말까지 일본 해군 군수용 탄으로 일본으로 이출되었다. 이후 1920년대에는 일본 가정용 연료로 조선산 무연탄이 각광을 받으면서 이출 규모가 급격히 확대되었다. 한편 유연탄은 함경북도를 중심으로 탄전이 있었으나 질이 나쁜 갈탄이었기 때문에 1920년대까지 크게 주목받지 못했다. 그러나 폐쇄적 블록경제를 준비하던 일제는 석유 자급을 위한 대용품으로 인조석유사업에 주목하였고, 이에 따라 1930년대부터 유연탄 개발이 본격화되었다.

1930년대 이후는 석탄만이 아닌 전체 광업 차원에서도 식민지 광업의 역할을 전형적으로 보여주는 시기였다. 이는 식민지 조선의 광업이 1920년대의 침체기를 벗어나 1930년대 이후 본격적으로 개발되었다는 사실에서 확인할 수 있다. 이러한 본격적인 개발의 직접적인 계기는 일본 제국주의가 폐쇄적 블록경제를 구축하면서, 그동안 서구에 의존하던 광물자원의 자급이 필요해졌기 때문이었다. 특히 1931년 만주사변 이후 국제정세가 긴박해지면서, 1931년 12월 일본의 금수출 재금지로 인해 금 시세가 폭등하였다. 이 금값 폭등으로 인해 제국 차원에서 금 증산의 필요성이 커졌으며, 대륙 침략에 의한 준전시체제와 그 경제방침인 엔블록 구축에 따른 자원의 국내 자급 방침의 결과 식민지 조선의 광물자원 개발 필요성이 크게 부각되었다. 식민지 조선 지하자원의 약점인 광물의 품위가 낮은 빈광, 소규모의 매장량 등으로 인한 채산성 문제는 대규모 재정 투입과 한국인 노동력의 대규모 동원을 통해 보완되었다. 조선 지하자원의 약점은 이미 일제가 이전부터 탐광과 조사를 통해 인식하고 있었던 것으로 본격적 개발이 지연되는 이유이기도 했다. 그러나 이제 광물의 질과 채산성에 상관없이 조선 전체 광물이 일제의 필요성에 따라 개발되기 시작하였다.

1930년대부터 전체 광물에 대한 개발이 본격화되었으나, 일제가 개발과 증산에 가장 역량을 기울인 것은 다시 금이었다. 1930년대 블록경제 구축 아래에서 금 증산과 일본 국고로의 금 집중은 일본 제국주의 최대 국책 사업이었고 식민지 조선 광업에는 '황금광 시대'로 불리는 금광 열풍을 불게 하였다. 1937년 중일전쟁이 발발하자 일제는 금 증산을 더욱 정책적으로 강화하였다. 서구의 경제 제재가 본격화되는 상황에서 국제 결제의 지불수단으로 금의 역할이 더욱 중요해졌기 때문이다. 이러한 시국의 요청에 따라 1937년 조선총독부는 「조선산금령(朝鮮産金令)」을 공포하고, '산금5개년계획'을 강력하게 추진하였다.

　'산업의 쌀'로 불리는 철의 경우도 1930년대에 새로운 국면을 맞았다. 철광산 개발은 일제가 국가적 차원에서 사활을 걸었던 야하타(八幡)제철소의 초창기 원료 공급을 계기로 시작되었다. 규모는 작았지만 양질의 철광석이 생산되는 황해도 지역 철광산이 주요 개발 대상이었다. 일본 대표 재벌인 미쓰비시(三菱)가 1910년대라는 이른 시기에 황해도 겸이포에 근대식 제철소를 건설한 것도 철광석 때문이었다. 이렇게 생산된 철강은 미쓰비시 주력 사업인 조선업 등에 원료로 공급되었다. 그런데 1930년대 이후에는 품위가 낮은, 즉 질이 떨어지는 철광석이 매장된 한반도 철광산들도 본격적으로 개발되었다. 가장 대표적인 것이 동양 최대의 매장량을 자랑하면서도 품위가 낮은 철광석이어서 그 개발이 이루어지지 않았던 함경도 무산 철광산의 본격 개발이었다. 일제 국책 철강 회사 일본제철(주)이 직접 개발에 나섰고 블록경제 구축과 식민지 공업화 과정에서 탄생한 청진제철소와도 연동된 것이었다. 무산 철광산에서 생산된 철광석은 일제 말에는 연간 100만 톤 이상이 생산되어 일본으로 이출되거나, 청진제철소에서 중간재 선철로 제조되어 일본으로 이출되었다. 본토 옥쇄를 준비하던 1943년 이후 일본 제국주의 철강산업을 지탱하는 가장 중요한 역할을 했던 것이 무산 철광산이었다.

일제가 군국주의의 길을 걷고 중일전쟁을 일으킨 뒤, 결국 태평양전쟁으로 확대되는 과정을 거치면서 조선의 식민지 광업은 일제의 필요성에 따라 다시 변모하였다. 가장 상징적인 것이 1930년대 식민지 광업의 가장 큰 역할이었던 금 증산이 한순간에 사라진 것이다. 태평양전쟁이 시작되면서 국제결제 수단으로서 금의 필요성이 없어졌기 때문이다. 1930년대 내내 식민지 광업에서 가장 큰 역할을 했으며, 개항 후 수십년 간 조선광업을 대표하던 금광업은 일거에 강제 정비의 대상이 되었고 이 정책은 실행되었다. 한국인 광산업자 최연주의 사례에서도 볼 수 있듯이, 이 시점에 오면 금광업자들은 일제가 새롭게 요구하는 군수광물을 개발하는 것 외에 광업계에서 생존을 위한 다른 선택지는 없었다.

일제가 새롭게 개발과 증산을 요구하는 광물은 전쟁에 필요한 군수광물이었다. 여기에는 그간 해외 수입에 의존하던 특수광물, 희귀금속도 포함되었다. 대상 광물은 철과 석탄, 그리고 흑연, 마그네사이트, 형석, 인광, 납, 철광, 아연, 몰리브덴 등이었다. 군수광물 증산을 위해 「조선중요광물증산령」, 「총동원시험연구령」 등의 법·제도가 마련되었으며, 조선마그네사이트개발(주)과 조선광업진흥(주)과 같은 특수회사들이 설립되었다. 이들 회사는 형식적으로는 주식회사였지만, 실제로는 사실상의 국영회사로 전쟁에 필요한 특수광물, 희귀금속 광산의 개발과 증산을 담당하였다. 이 과정에서 채산성, 이익 보장 등은 따지지 않았으며, 오로지 국가의 명령에 따라 사업이 전개되었다. 그리고 이러한 기조는 「군수회사법」시행을 통해 민간 회사에도 강제되었다. 「군수회사법」은 사기업의 자율 경영과 영리 추구를 사실상 금지하고 국가의 명령에 따라 군수생산을 하도록 규정한 법이었다. 1944년 「군수회사법」이 식민지 조선에 적용되면서 석탄과 철광, 그리고 특수광물을 생산하는 광업회사들이 집중적으로 군수회사로 지정되었다.

한편 일제 말 전시체제기에는 군수광물의 개발과 증산이 전쟁 수행을 위한 '시급한' 과제로 여겨졌기 때문에 대규모의 노동력이 동원되었다. 특히 저임금 노동력에 기반하여 기계화가 느렸던 식민지 조선 광업의 특성상 단기간 개발과 증산을 위해서는 보다 대규모의 노동력 동원이 필요했다. 1943년 이후 본토 옥쇄를 준비해 나가는 과정에서 노동력 동원은 징용 등의 방법을 통해 보다 강제성을 띠게 되었다. 광업의 경우 1944년 2월부터 11월까지 전국 71개 광산에 약 3만 명의 한국인이 징용되어 노동력으로 투입되었다. 해당 사업장 종사자를 그대로 징용하는 '현원 징용'이 주된 방식이었으나, 광산은 노동자의 이합집산과 이동이 빈번한 특성을 가지고 있어 이러한 징용 방식은 매우 강력한 노동력 보충의 효과를 내었다. 그리고 여기에 더하여 학생 노동력과 수형자의 노동력도 대규모로 동원되었다.

식민지 광업의 영향은 해방 이후에도 이어졌다. 1945년 8월 15일 일본의 항복으로 한반도는 일본 제국주의 통치하에서 벗어났으나, 국내 광업은 극심한 혼란을 겪어야 했다. 일본 경제와의 갑작스러운 단절, 그동안 광업개발의 주체로서 자본, 기술, 경영을 독점한 일본인의 철수라는 식민지 광업의 한계가 남긴 결과였다. 남한만으로 한정하면, 전체 광산의 90퍼센트가 일본인이 경영하던 것으로 미군정에 의해 귀속광산이 되었으나, 관리인 없이 방치상태에 머물렀고, 도굴과 난굴이 자행되는 한편, 갱내 침수·시설도난 등으로 황폐화되는 광산이 속출하였다. 일부 광업에 의욕 있는 사람도 식민성의 발현이기도 한 자금 및 기술 부족으로 뜻대로 역량을 발휘할 수 없었다. 남북분단은 또 다른 재앙이었다. 대표적으로 1948년 5월 14일 북한의 일방적인 전력공급 중단으로 제반 산업과 함께 광업도 거의 마비되다시피 되었다. 많은 자본을 장기 투자해야 하는 광업은 국가재정이나 민간자본 모두 충분하지 않아 개발에 어려움을 겪었다. 광업을 정상 궤도에 올려놓으려는 노력을 방해하는 또 하나의 요인인 기술 문제는 일본 식민지하에서 일본인이 독점했던 상황에서 해방 후 그들이 떠난 공백으로 인해 대단히 낙후된 상태로 갑자기 후퇴할 수밖에 없었다. 일제 시기 광업이 지닌 식민성이 해방 후 독립국가의 기간산업으로서의 광업 발전을 보다 강력하게 방해하는 역할을 했던 것이다.

광업이 그나마 안정을 되찾기 시작한 것은 정부 수립 이후 일본의 공백을 원조가 메우면서부터였다. 그러나 그 과정은 불완전했으며 시간이 걸렸다. 특히 물가 폭등으로 생산비가 판매가를 초과하면서 발생한 장기간의 출혈 생산문제는 한국 광업 발전에 오랜 기간 걸림돌이 되었다.

1905년 을사늑약을 기준으로 그 전의 30년은 자주적 근대 광업 발전의 노력이 성과를 거두지 못하고 좌절된 시기였다. 반면 이후 일제가 지배한 30여 년간의 광업개발은 근대 광업이 이식된 시기였지만 동시에 식민성을 강하게 내포한 과정이었다. 식민성의 가장 큰 부분은 개발 주체가 일본이었다는 점이다. 일본인이 대부분을 독점하면서 조선인이 이 무대에 서 있기는 했지만 엑스트라 정도의 역할에 머물렀다. 일제 시기 조선인 광산업자에게 비친 근대 광업의 모습은 금광의 광맥을 찾아 일본 대기업에 개발권을 넘기고 거금을 받는 일확천금의 복권 같은 것이었다. 해방으로 일본인들이 순식간에 빠져나간 광산업계는 자본과 기술, 경영능력 등 근대 광업을 구성하는 거의 모든 요소에서 매우 큰 공백이 발생했고, 이것은 단기간에 메워지지 않았다. 결국 한말과 마찬가지로 다시 국가가 근대 광업의 발전을 주도하게 되었으며, 방법은 국영을 주축으로 한 개발이었다. 그리고 자본과 기술, 경영의 측면에서 빠져나간 일본의 공백을 메우기 위해서는 또다시 외세의 힘을 빌릴 수밖에 없었다. 그나마 다행스러운 것은 한말과는 다른 국면이 전개된 것이다. 이 시기 외세의 중심인 미국과 이들이 제공한 원조는 한말과 같은 노골적인 이권 침탈은 아니었다. 분단과 냉전의 시작, 남한의 친미정권 수립, 그리고 한반도에서 최초 열전이라는 정치적 이슈가 이권 침탈의 경제적 측면을 희석화시킨 상황이었다. 또 다른 식민성으로는 일제가 제국주의적 목적에 따라 국내에서 개발한 비경제적 광산들이 있었다. 이들 광산은 보조금 지불로 비경제성을 메우며 개발된 것으로 특히 태평양전쟁기 군수용 특수광물 획득을 위해 일제가 전개한 광산개발이었다. 당연히 해방 후에는 관리되지 않은 상태로 폐광되었고, 그 결과 장기간 중금속 오염 등 숱한 환경오염 문제가 발생하였다. 이 문제는 일부 지역에서는 여전히 현재진행형 문제로 남아 있다.

 이렇게 보면 일제가 식민지화한 조선에서 전개한 20세기 전반기의 광업개발은 해방 후 독립국가를 건설해야 했던 우리 민족의 입장에서 본다면 근대성으로 인한 혜택보다는 식민성이 유발한 폐해가 훨씬 컸다고 할 수 있을 것이다. 이것은 물론 현재 광업사 관련 학계의 연구축적을 고려할 때 잠정적인 결론일 수밖에 없다. 활발한 후속 연구가 이루어지기를 기대한다.

부록

■ 부록 1_「사금개채조례(砂金開採條例)」(1895. 5. 19. 칙령 제94호)

一條　砂金開採ᄒᆞᄂᆞᆫ節次ᄂᆞᆫ本條例에依ᄒᆞ미可홈

第二條　農商工部礦山局長과技師或主事가各道礦苗所在地方에前往踏勘 ᄒᆞᆫ後隨處ᄒᆞ야開採ᄒᆞ기를得홈

第三條　礦山局長과技師或主事가前往홀時에農商工部로셔各道의另派員 을添派ᄒᆞ야協同妥議ᄒᆞ고開採事務를董辦케홈

第四條　另派員은各道地方의廣狹과礦山의饒薄ᄒᆞᆷ을隨ᄒᆞ야多小間派送ᄒᆞ 되數邑에分駐ᄒᆞ야各礦의事宜를句管케홈

第五條　礦山局長과技師或主事와另派員에게信章各一顆를鑄給ᄒᆞ야ᄡᅥ事 務幹當ᄒᆞᆷ을便宜케홈

第六條　礦區所在地方에營邑各官이或事端을惹起ᄒᆞ야礦務를沮擾ᄒᆞ미有 ᄒᆞ거든派員의呈報를待ᄒᆞ야農商工部로셔禁斷홈

第七條　礦區의諸務가地方官으로더브러交涉事件이有ᄒᆞᄂᆞᆫ時에ᄂᆞᆫ礦山局 長과技師或主事가便宜를從ᄒᆞ야承接辦理ᄒᆞ미可홈

第八條　礦山局長과技師或主事가已還혼後에地方官으로더브러交涉ᄒᆞᄂᆞᆫ 事件은另派員에게仍歸ᄒᆞ야專辦케홈

第九條　各礦의開採를經ᄒᆞ고도漏稅된者ᄂᆞᆫ另派員이賑簿를執査ᄒᆞ야追後 로徵收케홈

第十條　另派員이各礦事務稍定ᄒᆞ기를待ᄒᆞ야礦山局長과技師或主事ᄂᆞᆫ發 還케홈

第十一條　各礦事務의釐正홀境遇가有ᄒᆞ면農商工部로셔隨時로官員을更

派ᄒᆞ야便否를檢査홈

第十二條 各礦의抽稅ᄒᆞᄂᆞᆫ金額은另派員이收合ᄒᆞ야每月終에淸單을具ᄒᆞ야農商工部에送呈ᄒᆞ미可홈

第十三條 礦區에各稅監一人을置ᄒᆞ야德隊에게徵稅ᄒᆞᄂᆞᆫ事務를分管케홈 稅監은另派員이保薦호ᄃᆡ若稅監이稅金을納지아니면其責은另派員이擔任홈

第十四條 稅監이每月에兩次該管德隊의領ᄒᆞᆫ바礦夫에게稅金을抽收케홈

第十五條 稅監이每次의所收ᄒᆞᆫ金額과淸單을另派員에게送呈홈

第十六條 另派員이金額을農商工部에送呈ᄒᆞᄂᆞᆫ期ᄂᆞᆫ程道遠近을隨ᄒᆞ야定期運送케홈

第十七條 程道가極히遠ᄒᆞᆫ邑이라도另派員이稅監의呈稅金額을領收ᄒᆞᆫ後에儲置ᄒᆞ미三個月을過치勿ᄒᆞ미可홈

第十八條 稅金의稱秤은農商工部에셔精擇ᄒᆞ야另派員에게播給ᄒᆞ고照樣ᄒᆞ야憑信케홈

第十九條 稅監이該管德隊의領ᄒᆞᆫ바礦夫의稅金을領收ᄒᆞᆯ時에領收票印紙를給ᄒᆞ야써憑信케홈

第二十條 另派員이該管稅監의領ᄒᆞᆫ바德隊의稅金을領收ᄒᆞᆯ時에領收票印紙를給ᄒᆞ야써憑信케홈

第二十一條 另派員에게給料와旅費一切費項을充ᄒᆞ기爲ᄒᆞ야該管各礦의稅金淸單을準照ᄒᆞ야稅額二十分一에相當ᄒᆞᆫ現物이나或代錢을支給홈

第二十二條 稅監에게給料와旅費一切費項을充ᄒᆞ기爲ᄒᆞ야該管礦區의稅金淸單을准照ᄒᆞ야原額二十分一에相當ᄒᆞᆫ現物이나或代錢을支給홈

第二十三條 德隊ᄂᆞᆫ本土人으로多擇ᄒᆞ야旅費와應用이便利케홈

第二十四條 他邑人이礦夫를領率ᄒᆞ고來ᄒᆞ야德隊되기를願ᄒᆞᄂᆞᆫ者가有ᄒᆞ

거든本土人의信實호保証이有호後에開採호믈准許호야써來去分岐호미 無케홈

第二十五條 礦票는農商工部에셔製造호야各礦에分送호야其一片을各礦 夫에게分截付給호고又一片은另派員의存根으로留置케호미可홈

第二十六條 礦票에載號호기를昭晰케호야每月마다另派員의呈報디로 發寄홈

第二十七條 另派員이按月호야稅金을該部에報홀時에礦票存根을竝呈호 야써稅金實額을昭晰케호미可홈

第二十八條 礦票는每先期發送호야撥給호기窘滯호믈免케홈

第二十九條 德隊가稅監에게礦票를領收호야써礦夫를播給홈

第三十條 礦夫는礦票를領收호야木牌에붓쳐佩帶호야써隨時로照檢호믈 資호야混入潛採호미無케홈

第三十一條 德隊의領혼바火工과水工等人이비록採掘者는아니라도礦區 에現入호거든該管稅監이按名給票호야點檢이劃一케홈

第三十二條 德隊의領혼바礦夫稅金을納홀時에는礦夫十名稅金中에一名 稅金을減却홈但十名에未滿호면減却호지아니홈

火工水工等雜工은徵稅를免홈

第三十三條 礦夫에徵稅가按月호야金七分重을抽호야뼈通國礦稅를定홈

第三十四條 礦夫每一名이一個月中에兩次에分호야三分五厘重式呈稅케홈

第三十五條 稅監이礦票를德隊에게發給홀時에는每一票에規費銅貨五分 을徵收호야另派員에게送付케홈

第三十六條 礦票를未帶호고入礦혼者는檢查를經혼後에그採혼金을沒收호 고從重懲辦호야礦區에逐出호미可홈

第三十七條 礦票를不帶호고礦夫라假冒호는者는本人과그所住혼煙主를從

重勘懲ᄒᆞ미可홈

第三十八條　礦夫가酗酒ᄒᆞ고悖悍ᄒᆞ야滋事ᄒᆞᄂᆞᆫ者가有ᄒᆞ거든另派員과稅監이別定ᄒᆞᄂᆞᆫ規程에依ᄒᆞ야懲辦或驅逐ᄒᆞ미可홈

第三十九條　各礦區의民人이礦規ᄅᆞᆯ犯ᄒᆞᄂᆞᆫ者가有ᄒᆞ거든該地方官에게歸ᄒᆞ야公正히審辦ᄒᆞ고袒護ᄒᆞ미無케홈

第四十條　德隊가稅額을漏ᄒᆞ기爲ᄒᆞ야逃躱ᄒᆞᄂᆞᆫ者가有ᄒᆞ거든該漏項을査ᄒᆞ야該保証에게徵償ᄒᆞ미可홈

第四十一條　稅監이所徵金額을隱匿ᄒᆞ거나或犯贓逃躱ᄒᆞᄂᆞᆫ者가有ᄒᆞ거든該逋項을査ᄒᆞ야該擔任ᄒᆞᆫ另派員에게徵償ᄒᆞ미可홈

第四十二條　另派員이所徵金額을隱匿ᄒᆞ고淸單을假繕ᄒᆞᄂᆞᆫ者가有ᄒᆞ거든農商工部로詳査ᄒᆞ야金額을責償ᄒᆞ고任名을撤收ᄒᆞ미可홈

第四十三條　礦脉中에田畓이有ᄒᆞ거든五十步ᄅᆞᆯ限ᄒᆞ야勿犯케홈

第四十四條　礦脉中에家舍와墳墓가有ᄒᆞ거든五十步ᄅᆞᆯ限ᄒᆞ야勿犯ᄒᆞ고該主가移葬ᄒᆞ며或搬住ᄒᆞ기를願ᄒᆞ면德隊로ᄒᆞ야곰優價로辦買ᄒᆞ되該地의公議가准賣치못ᄒᆞᆯ者ᄂᆞᆫ逞强치아니ᄒᆞ미可홈

附則

第四十五條　金銀鐵銅煤等及其他各礦에未開ᄒᆞᆫ者ᄂᆞᆫ開採ᄒᆞ믈不准ᄒᆞ고開採ᄅᆞᆯ經ᄒᆞᆫ區에ᄂᆞᆫ아즉照例ᄒᆞ야抽稅ᄒᆞ고呈報ᄒᆞ되章程을繕成ᄒᆞᆯ埃ᄒᆞ미可홈

第四十六條　徵稅署ᄅᆞᆯ開設ᄒᆞᆫ後에ᄂᆞᆫ各稅監이德隊에게收ᄒᆞᆫ바稅金과或規費ᄅᆞᆯ其管轄ᄒᆞᆫ바徵稅署長에게送付ᄒᆞ미可ᄒᆞ니此境遇에ᄂᆞᆫ徵稅署長領收票ᄅᆞᆯ稅監에게准給케ᄒᆞ미可홈

第四十七條　本令은頒布日로붓터施行홈

■ 부록 2_「광업법」(1906. 6. 29. 법률 제3호)

第一條 鑛業者는鑛物의採掘及此에附屬ᄒᆞ는事業을謂홈이라

鑛物의種類는命令으로定홈이라

第二條 未經採掘의鑛物廢鑛及鑛滓는國有로홈이라

第三條 鑛業을經營코자ᄒᆞ는者는請願書에採掘코자ᄒᆞ는鑛物의種類를明記ᄒᆞ야鑛區圖를附添ᄒᆞ야農商工部大臣의許可를受홈이可홈이라

鑛業請願人은請願ᄒᆞ는地에其採掘코자ᄒᆞ는鑛物의存在홈을證明홈이可홈이라

第四條 鑛區의境界는直線으로定ᄒᆞ고地表境界線의直下를限홈其面積은石炭에在ᄒᆞ야는五萬坪以上其他鑛物에在ᄒᆞ야는五千坪以上으로ᄒᆞ되都是百萬坪을超過홈을得치못홈이라但鑛利保護上又鑛區分合上不得已홀境遇에는百萬坪을超過홈을得홈이라

第五條 皇城及離宮의周團三百間以內와 皇陵園墓의火巢以內處所는鑛區로홈을得지못ᄒᆞ고又所轄官廳의許可를受치아니ᄒᆞ면鑛業을爲ᄒᆞ야此를使用치못홈이라

陸海軍所轄城堡要港火藥庫彈藥庫及各官廳의周圍三百間以內處所는所轄官廳의許可를受치아니ᄒᆞ면鑛區로ᄒᆞ거나鑛業을爲ᄒᆞ야使用홈을得치못홈이라

第六條 鉄道軌道道路運河河湖沼池隄塘社寺境內地公園地及墳墓建物부터地表地下를勿論ᄒᆞ고其周團五十間以內處所에셔는所轄官廳의許可又所有者若關係人의承諾을受혼者아니면鑛物을採掘ᄒᆞ며又鑛業을爲ᄒᆞ

야此를使用치못홈이라

正當혼理由가無호고前項承諾을拒絕則鑛業權者는農商工部大臣의判定을請求홈을得홈이라

第七條 農商工部大臣은公益上其他事由로必要가有홈으로認호는時에는鑛業을許可치아니홈이라

第八條 鑛業을請願호는者同一地에二人以上이有호는時는請願書到達日의先者에게許可홈同日에到達호는者에對호야는農商工部大臣이適當으로認호는者에게許可홈이라

第九條 鑛業權者가鑛區의合併分割又訂正을欲호는時는農商工部大臣의許可를受홈이可홈이라

鑛區의位地形狀이鑛利를害호는境遇에는農商工部大臣은其訂正을命홈이可홈이라

第十條 鑛業權은農商工部大臣의許可를受치아니면賣買讓與又抵當치못홈이라

鑛業權은相續홈을得홈이라

第十一條 相當히鑛業을아니호며又危險之虞가有호며或公益을害호는虞가有홈으로認호는時는農商工部大臣은其改良若豫防을命호며或은鑛業의停止를命홈이可홈이라

第十二條 農商工部大臣은左開境遇에는鑛業의許可를撤消홈을得홈이라

一 詐僞又錯誤로許可홈을發覺호는時

二 正當혼理由業시一個年以上休業호며又許可를得호는日로一個年以內에事業에着手아니호는時

三 第九條第二項又第十一條의命令에不遵호는時

四 鑛業이公益을害홀줄노認호는時

五 鑛業에供用홈이可ᄒᄂᆫ土地를其目的以外에利用ᄒᄂᆫ時

六 納稅期限內에鑛産稅又鑛區稅를捧納아니ᄒᄂᆫ時

七 第二十五條第二項의鑛業權者가期限內에上納金을捧納아니ᄒᄂᆫ時

八 指定ᄒᆫ期限內에罰金을捧納아니ᄒᄂᆫ時

第十三條 鑛業許可의撤消를受ᄒᆞ며又鑛業權이消滅ᄒᆞ며又廢業ᄒᄂᆫ時에農商工部大臣이地表又坑內安全을保홈을爲ᄒᆞ야必要로認ᄒᄂᆫ構築物은除去홈을得치못홈이라

第十四條 鑛業請願又鑛業을爲ᄒᆞ야他人의土地에犯入ᄒᆞ야測量又調査홈을必要로ᄒᄂᆫ者ᄂᆫ農商工部大臣에게其認可를請求홈을得홈이라

認可書를携帶ᄒᄂᆫ者에對ᄒᆞ야ᄂᆫ其土地所有者又關係人은此를拒絕치못홈但測量若調査를爲ᄒᆞ야損害가生ᄒᄂᆫ時ᄂᆫ請求者ᄂᆫ其賠償을行홈이可홈이라

第十五條 鑛業權者가鑛業上의必要가有ᄒᄂᆫ時ᄂᆫ土地所有者又關係人에게土地貸渡를强要홈을得ᄒᆞ되每年借地料를先給치아니ᄒᆞ면其土地를使用치못홈土地使用을爲ᄒᆞ야所有者又關係人에게損害가生ᄒᄂᆫ時ᄂᆫ鑛業權者ᄂᆫ其賠償을行홈이可홈이라

第十六條 鑛業權者가貸渡를受ᄒᄂᆫ土地를三個年以上使用ᄒᄂᆫ目的이有ᄒ거나又三個年以上使用홀時에ᄂᆫ土地所有者ᄂᆫ鑛業權者에게其土地買收를强要홈을得홈이라

土地一部의買收에由ᄒᆞ야殘地를從事使用ᄒ든自的에供用치못ᄒᄂᆫ時에ᄂᆫ土地所有者ᄂᆫ其全部의買收를强要홈을得홈이라

第十七條 第十四條乃至第十六條規定에由ᄒᄂᆫ土地貸渡借地料土地買取賣買價格又損害賠償에對ᄒᆞ야協議가調和치못ᄒᄂᆫ時ᄂᆫ農商工部大臣에게其判定을請求홈을得홈이라

判定에要ㅎ는費用을負擔ㅎ는者及其負擔額을農商工部大臣이定홈이라

第十八條　鑛業에關ㅎ는請願請求又告知를ㅎ는者는命令의所定혼바手數料를捧納홈이可홈이라

第十九條　鑛業權者는鑛産稅及鑛區稅를捧納홈이可홈이라鑛産稅는鑛産物價格의百分之一로鑛區稅는鑛區每一千坪에一個年五拾錢으로홈但一千坪未滿者는一千坪으로홈이라

許可後滿一個年間의鑛區稅는前項金額의半額으로홈이라

第二十條　鑛産稅는前年條를每年三月中에捧納홈이可홈但鑛業權의消滅若讓渡ㅎ는境遇에는卽納홈이可홈이라鑛區稅는每年十二月中에翌年條를前納홈이可홈但許可ㅎ는年에關ㅎ는者는月別노卽納홈이可홈旣納의鑛區稅는還付치아니홈이라

第二十一條　農商工部大臣이本法又施行細則에由ㅎ야行ㅎ는處分에關ㅎ야는政府는損害賠償의責에任치아니홈이라

第二十二條　鑛業權을有치아니ㅎ고鑛物을採掘ㅎ는者又詐僞所爲로鑛業權을得ㅎ는者는五拾圜以上壹千圜以下罰金에處ㅎ고採掘혼鑛物은入官ㅎ고旣經讓渡又消費혼者는其代金을追徵홈이라

第二十三條　第五條第六條第一項及第十三條規定에違背ㅎ는者는貳拾圜以上五百圜以下罰金에處홈이라

第二十四條　前二條의處分은農商工部大臣이行홈이라

第二十五條　宮內府所屬鑛山은勅令으로告示홈이라

宮內府가其所屬鑛山의採掘을自行ㅎ는境遇에는第十二條第十八條乃至第二十條의規定을適用치아니홈이라

宮內府所屬鑛山을採掘코자ㅎ는者에對ㅎ야는左開規定에由ㅎ는者外는本法規定을適用치아니홈이라

一　第八條의境遇에는農商工部大臣이適當으로認ᄒᆞ는者에게許可ᄒᆞᆷ이라
　二　鑛業權者는第十九條에準ᄒᆞ는上納金을農商工部大臣을經ᄒᆞ야 宮內府에게捧納ᄒᆞᆷ이可ᄒᆞᆷ其納付에關ᄒᆞ야는第二十條規定을準用ᄒᆞᆷ이라
第二十六條　本法施行을爲ᄒᆞ야必要ᄒᆞᆫ命令은農商工部大臣이定ᄒᆞᆷ이라
第二十七條　本法及施行細則의規定에由ᄒᆞ는處分은外國人에關係ᄒᆞᆷ이多有ᄒᆞᆫ故로日本國統監의同意를經ᄒᆞᆷ을要ᄒᆞᆷ이라
　宮內府所屬礦山에關ᄒᆞ야도亦同
第二十八條　本法發布前에許可를受ᄒᆞ야現在鑛業에從事ᄒᆞ는內國人은本法施行後二個月以內에本法에由ᄒᆞ야請願ᄒᆞᆷ이可ᄒᆞᆷ이라
　前項請願에關ᄒᆞ야는事業의程度에由ᄒᆞ야本法第八條의規定에不拘ᄒᆞ야特키許可ᄒᆞ는事有ᄒᆞᆷ이可ᄒᆞᆷ이라
第二十九條　本法의規定에由ᄒᆞ는處分을爲ᄒᆞ야本法發布前에現在鑛業에從事ᄒᆞ는內國人에게損害가有ᄒᆞᆷ으로認ᄒᆞ는時는農商工部大臣은鑛業權者로ᄒᆞ야금相當히補償케ᄒᆞᆷ이可ᄒᆞᆷ이라
第三十條　本法發布前에鑛業權에特許를得ᄒᆞ고現今鑛業에從事ᄒᆞᆫ外國人은其特許條件에抵觸ᄒᆞ는者를除ᄒᆞᆫ外는本法의規定을遵守ᄒᆞᆷ이可ᄒᆞᆷ이라

附則

第三十一條　本法은光武十年九月十五日로施行ᄒᆞᆷ이라
第三十二條　本法에抵觸ᄒᆞ는法令은一切廢止ᄒᆞᆷ이라

■ 부록 3_「조선광업령」(1915. 12. 24. 조선총독부 제령 제8호)

제1조 ① 이 영(令)에서 광업이라 함은 광물의 채굴 및 이에 부속하는 사업을 말한다.
② 이 영에서 광물이라 함은 금광·은광·동광·연광(鉛鑛)·창연광(蒼鉛鑛)·석광(錫鑛)·안질모니광(安質母尼鑛)·수은광·아연광·철광·유화철광(硫化鐵鑛)·격로모철광(格魯謨鐵鑛)·만엄광(滿俺鑛)·텅스텐광·수연광·비광(砒鑛)·인광(燐鑛)·흑연·석탄·석유·토력청(土瀝靑)·유황·운모(雲母)·석면·고령토·규사(硅砂)·사금·사석(砂錫) 및 사철(沙鐵)을 말한다.
③ 이 영에서 광업권이라 함은 광구에서 허가를 받은 광물의 채굴 및 이를 취득하는 권리를 말한다.
④ 이 영에서 광구라 함은 광업권의 등록을 받은 토지 구역을 말한다.

제2조 아직 채굴하지 아니한 광물은 국가의 소유로 하고 폐광 및 광재(鑛滓)도 같다.

제3조 ① 광구의 경계는 직선으로 정하고 지표경계선의 직하를 한계로 한다. 다만, 사금·사석·사철의 채굴을 목적으로 하는 경우에는 하상(河床)의 연장으로 이를 정할 수 있다.
② 광구의 면적은 석탄은 5만 평 이상, 기타 광물은 5천 평 이상으로 하며 모두 100만 평을 초과할 수 없다.
③ 하상의 연장으로 정한 광구에 대하여는 전항의 규정을 적용하

지 아니한다. 다만, 그 연장은 2리를 초과할 수 없다.

④ 광리(鑛利)보호상 또는 광구의 분합(分合)상 부득이한 경우에는 광구는 100만 평 또는 2리를 초과할 수 있다.

제4조 ① 요새지대 제1구 안의 장소는 광구로 할 수 없다.

② 육해군 관할의 군항·요항·화약제조소·화약고 또는 탄약고의 주위 300간 안 또는 요새지대 제2구 및 제3구 안의 장소는 관할관청의 허가를 받지 아니하면 광구로 할 수 없다.

③ 전2항에 규정한 장소는 관할관청의 허가를 받지 아니하면 광업을 위하여 사용할 수 없다.

제5조 ① 철도·궤도·도로·수도·운하·제당(堤塘)·사사(社寺)경내지·묘지·공원지 기타 영조물(營造物) 또는 건물의 지표지하 모두 그 주위의 고령토·규사·사금·사석·사철에 대하여는 5간(間) 안, 기타 광물에 대하여는 30간 안의 장소에서는 관할관청의 허가 또는 영조물 또는 건물에 관한 소유권 기타 권리를 가진 자의 승낙을 받지 아니하면 광업을 할 수 없다.

② 소유권 기타 권리를 가진 자는 정당한 이유 없이 전항의 승낙을 거부할 수 없다.

제6조 제국신민 또는 제국법령에 따라 성립한 법인이 아니면 광업권을 가질 수 없다.

제7조 ① 광업을 하고자 하는 자는 원서에 광구도를 첨부하여 조선 총독에게 출원하여 허가를 받아야 한다.

② 광업출원인은 출원지에 채굴하고자 하는 광물이 존재함을 증명하여야 한다. 다만, 사금·사석·사철은 그러하지 아니하다.

제8조 ① 2인 이상이 공동으로 광업의 출원을 하는 때에는 그중 1인을

대표자로 하여 조선 총독에게 신고하여야 하며, 신고가 없는 때에는 조선 총독이 지정한다.

② 대표자는 국가에 대하여 공동광업출원인을 대표한다.

제9조 ① 동일한 광물에 대한 광업출원지가 중복된 때에는 중복되는 부분에 대하여는 원서도달일이 앞선 자에게 광업의 출원을 허가하며, 같은 날에 원서가 도달한 때에는 조선 총독이 적당하다고 인정하는 자에게 허가한다.

② 전항의 규정은 고령토 또는 규사의 채굴출원에 대하여는 적용하지 아니하며, 제12조·제13조 또는 제22조의 규정에 의한 출원이 있는 경우에 그 정정에 의하여 증가하는 지구에 대하여도 같다.

제10조 공익을 해하는 것으로 인정하는 때 또는 광업의 가치가 없다고 인정하는 때에는 광업출원을 허가하지 아니한다.

제11조 광업출원인은 광업출원지의 증감을 출원할 수 있다.

제12조 ① 광업출원지의 위치형상이 광상의 위치형상과 상이하여 광리(鑛利)가 감소하는 것으로 인정하는 때에는 조선 총독은 기한을 지정하여 그 정정출원을 명하여야 한다.

② 전항의 경우에 지정기일까지 정정출원을 하지 아니한 때에는 광업의 출원을 허가하지 아니한다.

제13조 광업출원지의 위치형상이 광상의 위치형상과 상이하여 광리가 감소하는 것으로 인정하는 때에는 광업출원인은 정정을 출원할 수 있다.

제14조 광업출원지가 타인의 이종광물의 광구와 중복하는 때에 타인의 광업에 방해가 된다고 인정하는 때에는 이를 허가하지 아니

한다.

제15조 광업출원인의 명의는 조선 총독이 정하는 바에 의하여 변경하거나 상속인에게 승계할 수 있다.

제16조 금광을 목적으로 하는 광업권자는 그 광구 안에 존재하는 사금의 채굴 및 취득할 권리를 가진다. 다만, 그 광구 안에 이미 존재하는 사금의 광구는 그러하지 아니하다.

제17조 ① 광업권은 물권으로 하여 부동산에 관한 규정을 준용한다. 다만, 「민법」 제179조 제1항의 규정은 그러하지 아니하다.

② 광업권은 상속·양도·저당·체납처분 및 강제집행 이외에 권리의 목적으로 할 수 없다.

③ 이 영에 규정한 광업권자의 권리·의무는 광업권과 함께 이전한다.

제18조 ① 공동광업권자는 조합계약을 한 것으로 본다.

② 공동광업권자가 가진 광업권의 지분은 다른 공동광업권자의 동의를 얻지 아니하면 양도하거나 저당권의 목적으로 할 수 없다.

③ 공동광업권자가 가진 광업권의 지분에 대하여 체납처분 또는 강제집행이 있는 때에는 2개월 내에 다른 공동광업권자는 일치하여 지분의 경매인·매수인에게 통지하고 이를 조합에서 제명할 수 있다.

④ 제8조의 규정은 공동광업권자에 준용한다.

제19조 ① 광업권 또는 저당권의 설정·변경·이전 또는 소멸·처분의 제한은 광업원부에 등록하고 공동광업권자의 탈퇴에 대하여도 같다. 다만, 광업권의 처분을 제한당한 때에는 폐업 등록

을 할 수 없다.

② 전항의 등록은 부동산에 관한 규정의 준용에 대하여는 등기로 갈음한다.

③ 등록에 관한 규정은 조선 총독이 정한다.

제20조 전조 제1항에 규정한 사항은 상속 및 제31조의 경매의 경우를 제외하고 등록을 하지 아니하면 효력이 없다.

제21조 ① 광업권자는 광구의 합병 또는 분할을 출원할 수 있으며, 광구의 일부를 분할하여 다른 광구에 합병하고자 하는 때에도 같다.

② 저당권의 설정이 있는 경우에 전항의 출원을 하고자 하는 때에는 저당권자의 승낙 및 저당권의 순위에 관한 협정을 거쳐야 한다.

제22조 ① 제11조·제12조 제1항 및 제13조의 규정은 광구에 준용한다.

② 저당권의 설정이 있는 경우에 광구의 감소를 출원하고자 하는 때에는 저당권자의 승낙을 거쳐야 한다.

제23조 광업출원지 또는 광구의 정정 또는 증감의 출원에 대하여는 광구출원에 관한 규정을 준용한다.

제24조 ① 조선 총독은 광업권자에게 시업안(施業案) 또는 광부의 보호 단속에 관한 규정의 인가를 받게 할 수 있다.

② 조선 총독은 필요하다고 인정하는 때에는 전항의 규정에 의한 시업안 또는 규정의 변경을 명할 수 있다.

③ 광업권자가 제1항의 규정에 의한 시업안 또는 규정을 변경하고자 하는 때에는 조선 총독의 인가를 받아야 한다.

제25조 광업상 위험하거나 공익을 해할 우려가 있다고 인정하는 때에는 조선 총독은 광업권자에게 그 예방 또는 광업의 정지를 명하여야 한다.

제26조 ① 조선 총독은 광업권자에게 기술에 관한 관리자의 선임 또는 해임을 명할 수 있다.
② 관리자의 자격 및 직무에 관한 규정은 조선 총독이 정한다.

제27조 조선 총독은 부하관리에게 광업에 관한 서류·물건을 검사하거나 갱내 기타 장소를 임검하게 할 수 있다.

제28조 착오로 인하여 광업의 출원을 허가한 때에는 조선 총독은 광업권을 취소하거나 기한을 지정하여 광구의 정정출원을 명하여야 한다.

제29조 조선 총독은 다음 각호의 경우에 광업권을 취소할 수 있다.
1. 광업이 공익을 해하는 것으로 인정한 때
2. 정당한 이유 없이 광업권설정의 등록일부터 1년 내에 사업에 착수하지 아니하거나 착수 후 1년 이상 휴업한 때
3. 제22조 또는 전조의 규정에 의하여 명령받은 광구의 정정출원을 하지 아니한 때
4. 제24조의 규정에 의하여 시업안을 정한 경우에 이에 의하지 아니하고 광업을 한 때
5. 제25조의 규정에 의한 명령에 따르지 아니한 때
6. 광산세 또는 광구세를 납부하지 아니한 때

제30조 ① 광업권이 소멸한 후라 하더라도 1년 내에는 조선 총독은 그 광업권을 소유한 자에게 위해예방에 관한 시설을 하도록 명할 수 있다.

② 위해예방의 목적 범위 안에서는 전항의 규정에 의한 명령을 받은 자는 광업권자, 그 시설을 하는 것은 광업을 하는 것으로 본다.

제31조 ① 광업권을 취소한 때에는 조선 총독은 즉시 저당권자에게 그 취지를 통지하여야 한다.

② 전항의 저당권자는 조선 총독이 정하는 기간 내에 광업권의 경매를 청구할 수 있다. 다만, 제28조 또는 제29조 제1호의 규정에 의한 취소의 경우에는 그러하지 아니하다.

③ 광업권은 경매의 수속 완결일까지 경매목적의 범위 안에서는 존속하는 것으로 본다.

④ 경매의 매득금은 경매의 비용 및 저당권자에 대한 채무변제에 충당하고, 잔금은 국고에 귀속한다.

⑤ 경매인은 광업권의 취소등록이 있는 때에 광업권을 양수한 것으로 본다.

⑥ 전5항의 규정은 광업권자가 폐업을 한 경우에 준용한다.

제32조 ① 광업을 위하여 필요한 때에는 조선 총독의 허가를 받아 타인의 토지를 사용 또는 수용할 수 있다.

② 전항의 허가를 받은 자는 사용 또는 수용할 토지 및 허가연월일을 즉시 관계인에게 통지하여야 한다.

③ 제1항의 사용 또는 수용은「토지수용령」제7조 내지 제26조의 규정에 의한다. 다만, 동령 중 기업가는 광업권자, 동령 중 사업의 인정 또는 조선 총독의 인정은 제1항의 허가, 동령 제8조·제13조 및 제21조 중 제4조의 공고는 제1항의 허가, 동령 제16조 중 제4조의 공고는 전항의 통지로 한다.

제33조 ① 광업상 급박한 위험을 막기 위하여 필요한 때에는 광업권자는 지방장관의 허가를 받아 즉시 타인의 토지를 사용할 수 있다.

② 전항의 규정에 의한 사용으로 인하여 관계인이 입은 손실은 광업권자가 보상하여야 한다.

제34조 ① 전2조에 규정한 관계인이라 함은 사용인 또는 수용할 토지에 관하여 소유권 기타 권리를 가진 자를 말한다.

② 제32조 제2항의 통지가 있은 후 그 토지에 관한 권리를 취득한 자는 관계인으로 보지 아니한다. 다만, 기존의 권리를 승계한 자는 그러하지 아니하다.

제35조 ① 광업권자는 토지의 사용을 종료한 때에는 토지를 원상으로 회복하거나 원상으로 회복되지 아니함으로 인하여 생기는 손실을 보상하여야 한다.

② 조선 총독은 광업권자에게 전항의 규정에 의한 보상금에 상당한 담보의 제공을 명할 수 있다.

③ 전항의 규정에 의한 명령을 받은 때에는 담보를 제공하지 아니하면 토지를 사용할 수 없다.

제36조 제5조 제2항의 승낙을 거부한 때 또는 그 승낙을 얻을 수 없는 때, 제33조 또는 전조의 규정에 의한 보상에 대한 협의가 이루어지지 아니한 때에는 「토지수용령」 제9조·제11조·제12조·제17조, 제24조 내지 제26조의 규정을 준용한다.

제37조 2도(道) 이상에 걸치는 토지의 사용 또는 수용에 관한 지방장관의 허가·재결·결정은 조선 총독이 정한다.

제38조 광업의 출원 또는 광업을 위하여 타인의 토지에 출입하거나 장

애물을 제거하는 경우에 관해서는 조선 총독이 정한다.

제39조 이 영에서 사용(使用)이라 함은 권리의 제한을 포함한다.

제40조 이 영중 토지의 사용 또는 수용에 관한 규정 및 그 벌칙에 관한 규정은 토지에 관한 소유권 이외의 권리, 물의 사용에 관한 권리 또는 공작물 기타 토지정착물의 사용 또는 수용에 관하여 준용한다.

제41조 ① 광업권자에게는 광산세 및 광구세를 부과한다.

② 광산세는 광산물의 가격을 100분의 1로 하고, 광구세는 광구 1,000평 또는 하상연장 1정(町)마다 1엔 60전으로 한다. 다만, 1,000평 또는 1정 미만의 단수는 1,000평 또는 1정으로 계산한다.

③ 광산물의 가격은 조선 총독의 인정에 의한다.

제42조 ① 광산세는 매년 3월 중에 전년분을 납부하여야 한다. 다만, 광업권이 소멸한 경우에는 즉시 납부하여야 한다.

② 광구세는 매년 12월 중에 이듬해분을 전납하여야 한다.

③ 광구의 분합으로 인한 경우를 제외하고 광업권의 설정 또는 변경 등록에 의하여 새로 부담하거나 부족한 광구세로서 등록한 해에 관련된 것은 즉시 납부하여야 하며 이 경우에는 월 할로 계산한다.

④ 기납 광구세는 환부하지 아니한다.

제43조 이 영에 의한 수속 기타 행위는 제5조 제1항에 규정한 자, 광업을 출원하고자 하는 자, 광업출원인, 광업권자 또는 관계인의 승계인에 대하여도 효력을 가진다.

제44조 ① 광업권을 갖지 아니하고 광물을 채굴한 자 또는 사기행위로

광업권을 얻은 자는 2년 이하의 징역 또는 1,000엔 이하의 벌금에 처한다.

② 과실로 인하여 광구 외에 침굴한 자는 500엔 이하의 벌금에 처한다.

③ 전2항의 경우에는 채굴한 광물은 몰수하고, 이미 양도하거나 소비한 때에는 그 가액을 추징한다.

제45조 다음 각호의 1에 해당하는 자는 200엔 이하의 벌금 또는 과료에 처한다.

1. 제4조 제3항·제5조 제1항·제24조 제3항 또는 제35조 제3항의 규정에 위반한 자
2. 제24조 제1항·제2항, 제25조, 제26조 제1항 또는 제30조 제1항의 명령에 따르지 아니한 자
3. 당해관리에 대하여 제27조의 규정에 의한 검사 또는 임검을 거부·방해 또는 기피한 자 또는 검사 또는 임검을 위한 심문에 답변을 하지 아니하거나 허위진술을 한 자
4. 제24조의 규정에 의하여 시업안을 정한 경우에 이에 의하지 아니하고 광업을 한 자

제46조 광산세 또는 광구세의 포탈을 도모하거나 포탈한 자는 포탈을 도모하거나 포탈한 세금의 3배에 상당하는 벌금에 처한다. 다만, 50원 이상으로 한다.

제47조 광업권자가 미성년자 또는 금치산자인 때에는 이 영 또는 이 영에 의한 명령에 따라 적용할 벌칙은 법정대리인에게 적용한다. 다만, 광업에 관하여 성년자와 동일한 능력을 가진 미성년자에 대하여는 그러하지 아니하다.

제48조 ① 광업권자는 대리인·호주·가족·동거자·고용인 기타 종업자로서 그 업무에 관하여 이 영에 규정한 죄를 범한 때에는 자기의 지휘로 인한 사유가 아니라는 이유로 처벌을 면할 수 없다.

② 이 영에 의한 명령 중 별도의 규정이 있는 경우를 제외하고 그 명령에 규정한 벌칙에 대하여도 전항과 같다.

제49조 ① 법인의 업무에 관하여 대표자 또는 고용인 기타 종업자가 이 영에 규정한 죄를 범한 때에는 벌칙을 법인에게 적용한다.

② 이 영에 의한 명령 중 별도의 규정이 있는 경우를 제외하고 그 명령에 규정한 벌칙에 대하여도 전항과 같다.

③ 법인을 처벌하는 경우에는 법인의 대표자를 피고인으로 한다.

제50조 이 영에서 정한 것을 제외하고 광업경찰에 관한 사항은 조선 총독이 정한다.

제51조 조선 총독은 그 정하는 바에 의하여 이 영에 규정한 직권의 일부를 지방장관에게 위임할 수 있다.

제52조 이 영은 벌칙에 관한 규정을 제외하고 국가의 광업에 적용한다. 다만, 제41조 및 제42조의 규정은 조선 총독이 관리하는 광업에는 적용하지 아니한다.

부칙

제53조 이 영의 시행 기일은 조선 총독이 정한다.

제54조 1906년 법률 제3호「광업법」및 동년 법률 제4호「사광채취법」은 폐지한다.

제55조 종전의 규정에 의한 처분·수속 기타 행위는 이 영 중 이에 상당하는 규정이 있는 때에는 이 영에 의한 것으로 본다.

제56조 이 영 시행 당시에 존재하는 국가의 광업구역에 대하여는 이 영 시행일에 그 구역을 광구로 하여 광업권의 설정등록을 한 것으로 본다.

제57조 이 영 시행 당시에 존재하는 사금의 광구에 대하여는 제3조 제2항 및 제3항의 규정을 적용하지 아니한다.

제58조 ① 이 영 시행 전에 광물의 종류로 인하여 1906년 법률 제3호 「광업법」 제7조의 규정에 의하여 광업출원을 허가하지 아니한 지역 및 광업 또는 사금채취의 출원의 허가 여부에 대하여 동법 제8조의 규정에 의하지 아니하는 지역에서는 그 광물에 대하여 광업출원을 허가하지 아니하거나 제9조 제1항의 규정에 불구하고 광업출원을 처분할 수 있다.

② 전항의 규정에 의하여 광업출원을 허가 또는 불허하는 지역 및 광물의 종류는 조선 총독이 고시한다.

제59조 ① 이 영 시행 당시 외국인 또는 외국법인이 가진 광업권은 제6조의 규정을 적용하지 아니한다. 다만, 제국신민 또는 제국법령에 따라 성립한 법인이 그 광업권을 승계한 때에는 그러하지 아니하다.

② 조선에서 광업의 경영을 주목적으로 하는 외국법인은 조선 안에 본점을 설치하지 아니하면 전항의 광업권을 승계할 수 없다.

제60조 1906년 법률 제3호 「광업법」 제30조 및 동년 법률 제4호 「사광채취법」 제16조에 규정한 특허광업에 관하여는 특허조건에

　　　　저촉하는 것을 제외하고 이 영을 적용한다.

제61조 ① 종전의 규정에 의하여 광업의 허가를 받은 자는 이 영 시행일부터 60일 내에 1916년분 광구세의 부족액을 납부하여야 한다. 그 광구세는 이 영 시행일부터 월 할로 계산한다.

② 사금·사석 또는 사철을 목적으로 하는 광업권자에 대하여는 1915년분의 광산세를 부과하지 아니한다.

제62조 이 영 시행 전에 행한 국유지의 텅스텐광·수연광·인광·운모·석면·고령토 또는 규사의 채취허가는 이 영에 의한 광업 출원의 허가로 본다. 다만, 그 면적 및 기한은 종전의 예에 의한다.

제63조 ① 이 영 공포 당시에 국유가 아닌 토지에서 창연광·텅스텐광·수연광·비광·인광·토역청·운모·석면·고령토 또는 규사를 채굴한 자는 이 영 시행일부터 6개월간 종전의 예에 의하여 채굴을 계속할 수 있다. 다만, 그 기간 내에 이 영에 의하여 광업출원을 한 경우에 이를 허가한 때에는 광업권 설정등록일까지, 허가하지 아니한 때에는 지령일까지로 한다.

② 전항의 규정에 의한 출원지에 대하여는 제9조 제1항의 규정을 적용하지 아니한다.

제64조 제60조 및 제62조에 규정한 광업권의 기한의 도래로 인한 소멸에 대하여는 제20조의 규정을 적용하지 아니한다.

■ 부록 4_「조선산금령」(1937. 9. 7. 조선총독부 제령 제16호)

제1조 ① 합금광물·사금 또는 제련 과정에 있는 함금물(이하 함금광산물이라 한다)을 취득한 자는 조선 총독이 정하는 바에 의하여 이를 금괴로 제련하여 조선은행에 매각하거나 조선 총독이 지정하는 금제련업자 또는 제3조 제1항의 규정에 의하여 함금광산물의 매입 면허를 받은 자에게 매각하여야 한다.
② 전항의 규정에 의하여 금지금의 매각을 신청하는 경우에 조선은행은 그 매입을 거부할 수 없다.
③ 제1항의 함금광산물의 범위는 조선 총독이 정한다.

제2조 ① 조선 총독이 필요하다고 인정하는 때에는 함금광산물을 취득한 자에 대하여 이를 금제련업자 또는 제3조 제1항의 규정에 의하여 함금광산물의 매입 면허를 받은 자 중에서 조선 총독이 지정하는 자에게 매각할 것을 명할 수 있다.
② 조선 총독이 필요하다고 인정하는 경우에는 금제련업자 또는 제3조 제1항의 규정에 의하여 함금광산물의 매입 허가를 받은 자에 대하여 조선 총독이 지정하는 자로부터 함금광산물을 매입할 것을 명할 수 있다.

제3조 ① 금제련업을 경영하고자 하는 자는 조선 총독이 정하는 바에 의하여 조선 총독의 면허를 받아야 한다. 직업으로 함금광산물의 매입을 하고자 하는 자 또한 같다.
② 전항의 면허를 받아 금제련업을 경영하는 자를 금제련업자라

한다.

③ 금제련업자 또는 제1항의 규정에 의하여 함금광산물의 매입면허를 받은 자가 아니면 함금광산물을 양수할 수 없다. 다만, 조선 총독이 별도로 정한 경우에는 그러하지 아니하다.

제4조 ① 금제련업자는 그 사업을 폐지하거나 휴지하고자 하는 때에는 조선 총독의 허가를 받아야 한다.

② 금제련업자의 양도, 금제련업을 경영하는 회사의 합병 또는 해산의 결의 또는 총사원의 동의는 조선 총독의 인가를 받지 아니하면 그 효력이 없다.

③ 상속인이 피상속인의 금제련업을 승계한 때에는 상속인은 금제련업의 면허를 받은 자로 본다. 이 경우에 상속인은 조선 총독이 정하는 바에 의하여 그 취지를 조선 총독에 신고하여야 한다.

제5조 ① 금제련업자는 조선 총독이 정하는 바에 의하여 사업계획을 정하여 이를 조선 총독에 신고하여야 하며, 이를 변경하고자 하는 때에도 같다.

② 조선 총독이 필요하다고 인정하는 때에는 그 정하는 바에 의하여 사업계획의 변경을 명할 수 있다.

제6조 ① 조선 총독은 산금의 증가를 위하여 필요하다고 인정하는 때에는 금제련업자에 대하여 제련설비의 확장·개량·공용 기타 제련설비에 관하여 필요한 사항을 명할 수 있다.

② 전항의 규정에 의하여 설비 공용의 명령이 있는 경우에 그 실시 방법 또는 수득하거나 부담하여야 하는 금액에 대하여 당사자 간에 협의가 조정되지 않을 경우에는 신청에 의하여 조

선 총독이 재정(裁定)한다.

제7조　① 금광 또는 사금을 목적으로 하는 광업권자(이하 금광업자라 한다)는 조선 총독이 정하는 바에 의하여 사업계획을 정하고 이를 조선 총독에 신고하여야 하며 이를 변경하고자 하는 때에도 같다.

② 조선 총독이 필요하다고 인정하는 때에는 그 정하는 바에 의하여 사업계획의 변경을 명할 수 있다.

제8조　① 조선 총독은 산금의 증가를 위하여 필요하다고 인정하는 때에는 금광업자에 대하여 채광·채굴 또는 선광에 대한 설비의 신설·확장·개량·공용 기타 필요한 사항을 명하거나 제련설비의 신설 또는 공용을 명할 수 있다.

② 전항의 규정에 의한 명령에 의하여 제련설비의 신설을 하거나 이를 공용하는 자는 제련업자로 본다.

③ 제6조 제2항의 규정은 제1항의 규정에 의하여 설비공용의 명령이 있는 경우에 이를 준용한다.

제9조　① 조선 총독은 전조 제1항의 규정에 의한 명령을 이행하지 아니한 금광업자에 대하여 그 광업권을 조선 총독이 지정하는 자에게 양도하도록 명령할 수 있다.

② 전항의 규정에 의한 명령이 있는 경우에 가액 기타 양도 조건에 대하여 협의가 조정되지 아니한 때 또는 협의를 할 수 없는 때에는 신청에 의하여 조선 총독이 재정한다.

③ 전항의 규정에 의한 재정이 있는 때에는 양수인은 재정에 의한 매수금을 지불 기일까지 양도인에게 지불하여야 한다. 다만, 지불이 불가능한 사유가 있는 때에는 이를 공탁하여야

한다.

④ 양수인이 전항의 지불 또는 공탁을 하지 아니한 때에는 제1항의 명령 및 제2항의 재정은 그 효력을 상실한다.

제10조 조선 총독은 공익상 필요하다고 인정하는 때에는 금광업자·금제련업자 또는 제3조 제1항의 규정에 의하여 함금광산물의 매입 면허를 받은 자에 대하여 함금광산물의 인수에 관하여 필요한 사항을 명할 수 있다.

제11조 ① 조선 총독은 금광업자·금제련업자 또는 제3조 제1항의 규정에 의하여 함금광산물의 매입 면허를 받은 자에 대하여 그 업무 및 재산 상황에 관한 보고를 하게 하거나 검사를 할 수 있다.

② 조선 총독은 금광업자·금제련업자 또는 제3조 제1항의 규정에 의하여 함금광산물의 매입 면허를 받은 자에 대하여 그 업무 및 회계에 관한 감독상 필요한 명령을 하거나 처분을 할 수 있다.

제12조 조선 총독은 필요하다고 인정하는 때에는 그 가격 또는 금의 사용 제한 기타 금의 사용에 관하여 필요한 명령을 할 수 있다.

제13조 조선 총독은 정하는 바에 의하여 금화폐·금지금·금의 합금 또는 금을 주재료로 하는 물건의 취득·처분 또는 보유에 관한 보고를 하게 하거나 검사를 할 수 있다.

제14조 「조선광업령」 제32조 내지 제40조의 규정은 금광업자가 아닌 금제련업자에 대하여 준용한다.

제15조 조선 총독은 그 정하는 바에 의하여 금광업자 및 금제련업자에 대하여 장려금을 교부할 수 있다.

제16조 ① 사기 행위로써 전조의 장려금의 교부를 받은 자에 대하여는 그 금액의 반환을 명한다.
② 전항의 규정에 의한 반환금은 국세체납처분의 예에 의하여 징수할 수 있다. 다만, 선취특권의 순위는 국세 다음으로 한다.

제17조 금제련업자 또는 제3조 제1항의 규정에 의하여 함금광산물의 매입 면허를 받은 자가 이 영 또는 이 영에 의한 명령을 위반하거나 조선 총독이 명한 사항을 집행하지 아니한 때에는 조선 총독은 그 업무를 정지하거나 제한하고, 제3조 제1항의 면허를 취소하거나 법인의 임원을 해임할 수 있다.

제18조 다음 각호의 1에 해당하는 자는 5,000엔 이하의 벌금에 처한다. 다만, 당해 금지금 또는 함금광산물 가액의 3배가 5,000엔을 초과하는 경우의 벌금은 그 가액의 3배 이하로 한다.
1. 제1조 제1항의 규정에 의한 명령을 위반하여 금지금을 조선은행에 매각하지 아니한 자
2. 제1조 제1항의 규정에 위반하여 금지금을 조선은행 이외의 자에게 양도한 자
3. 제1조 제1항의 규정에 위반하여 조선 총독이 지정한 금제련업자 및 제3조 제1항의 규정에 의하여 함금광산물의 매입 면허를 받은 자 이외의 자에게 함금광산물을 양도한 자
4. 제3조 제1항의 규정에 위반하여 함금광산물을 매입하거나 동조 제3항의 규정에 위반하여 이를 양수한 자

제19조 다음 각호의 1에 해당하는 자는 5,000엔 이하의 벌금에 처한다.
1. 제2조 제1항의 규정에 의한 명령을 위반하여 함금광산물을

　　　　　조선 총독이 지정한 자 이외의 자에게 양도한 자
　　　2. 제3조 제1항의 규정에 위반하여 금을 제련한 자
　　　3. 제10조의 규정에 의한 명령을 위반한 자
　　　4. 제12조의 규정에 의한 명령을 위반한 자
제20조　다음 각호의 1에 해당하는 자는 2,000엔 이하의 벌금에 처한다.
　　　1. 제4조 제1항의 규정에 위반하여 사업을 폐지하거나 휴지한 자
　　　2. 제5조 제1항 또는 제7조 제1항의 규정에 위반하여 사업계획의 신고를 하지 아니하거나 신고한 사업계획을 실시하지 아니한 자
　　　3. 제5조 제2항 또는 제7조 제2항의 규정에 의한 변경명령을 위반하여 사업계획을 실시한 자
　　　4. 제6조 제1항 또는 제8조 제1항의 규정에 의한 명령을 위반한 자
제21조　다음 각호의 1에 해당하는 자는 500엔 이하의 벌금에 처한다.
　　　1. 제4조 제3항의 규정에 위반하여 신고를 하지 아니한 자
　　　2. 제11조 제1항 또는 제13조의 규정에 의한 보고를 하지 아니하거나 허위보고를 한 자 또는 검사를 거부·방해 또는 기피한 자
　　　3. 제11조 제2항의 규정에 의한 명령 또는 처분을 위반한 자
제22조　금광업자가 아닌 금제련업자로서 제14조에서 준용하는 조선광업령 제35조 제3항의 규정에 위반하는 자는 200엔 이하의 벌금 또는 과료에 처한다.
제23조　법인의 대표자, 법인 또는 개인의 대리인·사용인 기타 종업자가 그 법인 또는 개인의 업무상 제18조 내지 제21조의 위반행

위를 한 경우에는 행위자를 벌하는 외에 그 법인 또는 개인에 대하여도 제18조 내지 제21조의 벌금형을 과한다.

제24조 「조선광업령」 제47조 및 제48조의 규정은 금광업자가 아닌 금제련업자에 대하여 준용한다.

부칙

① 이 영 시행 기일은 조선 총독이 정한다.
② 이 영 시행 당시에 함금광산물을 소유한 자는 조선 총독이 정하는 바에 의하여 이 영 시행일에 이를 취득한 자로 본다.
③ 이 영 시행 당시에 금제련업을 경영하는 자 또는 직업으로서 함금광산물의 매입을 행하는 자 또는 그 사업을 승계한 자는 조선 총독이 정하는 바에 의하여 이 영 시행일부터 3월 내에 한하여 제3조 제1항의 규정에 불구하고 그 사업을 경영할 수 있다.
④ 전항에 게재한 자는 전항의 기간 내에 제3조 제1항의 규정에 의하여 면허를 신청한 경우 그 신청에 대한 허부(許否)의 처분일까지도 전항과 같다.

■ 부록 5_「일본제철주식회사법」(1933. 4. 5. 법률 제47호)

제1조 일본제철주식회사는 본방(本邦)에 있어서 제철사업의 확립을 도모하기 위해 정부 기타 제철사업자의 제철사업을 기초로 하여 이를 설립하는 것으로 한다.

제2조 일본제철주식회사는 철강의 제조 및 판매에 관한 사업을 하는 것을 목적으로 하는 주식회사로 한다.

일본제철주식회사는 주무대신의 허가를 받아 전항(前項)의 사업에 부대(附帶)하는 사업을 할 수 있다.

제3조 일본제철주식회사의 주식은 기명식(記名式)으로 하고 정부, 공공단체, 또는 제국법령에 의해 설립하는 법인으로 하고 그 의결권의 과반수가 외국인 또는 외국법인에 속하지 않는 자에 한하여 이를 소유할 수 있다.

제4조 정부는 제철소 특별회계에 속하는 고정재산 기타 재산으로써 출자의 목적으로 할 수 있다.

제5조 정부는 일본제철주식회사의 주식총수의 2분의 1을 초과하는 수의 주식을 소유할 필요가 있다.

제6조 정부는 일본제철주식회사의 업무를 감독한다.

제7조 정부는 일본제철주식회사 감리관을 두고 일본제철주식회사의 업무를 감시하게 한다.

일본제철주식회사 감리관은 언제라도 일본제철주식회사의 금고, 장부 및 제반의 문서, 물건을 검사할 수 있다.

　　　　일본제철주식회사 감리관은 필요하다고 인정될 경우는 언제라도 일본제철주식회사에 명하여 영업상 제반의 계산 및 상황을 보고하게 할 수 있다.
　　　　일본제철주식회사 감리관은 일본제철주식회사 주식총회 기타 제반의 회의에 출석하여 의견을 진술할 수 있다.
제8조　주무대신은 일본제철주식회사의 업무에 관하여 감독상 필요한 명령을 할 수 있다.
제9조　주무대신은 일본제철주식회사의 업무에 관하여 군사상 기타 공익상 필요한 명령을 할 수 있다.
제10조　취체역 및 감독역의 선임을 해임, 정관의 변경, 이익금의 처분, 회사채의 모집, 합병 및 해산의 결의는 주무대신의 인가를 받지 않으면 그 효력이 생기지 않고 「상법」 제212조의 2의 결의에 대해서 또한 같다.
제11조　일본제철주식회사는 주무대신의 인가를 받지 않으면 제철사업을 양수(讓受)할 수 있다.
　　　　전항의 제철사업의 범위는 명령으로서 이를 정한다.
제12조　주무대신이 「상법」 제212조의 2의 결의의 인가를 하려고 하는 때에는 출자의 목적인 금전 이외의 재산의 가격 및 이에 대하여 주어지는 주식의 수에 대해 제철사업평가심사위원회의 의결을 거치는 것을 필요로 하고 합병의 의결 또는 제철사업의 양수의 인가를 하는 경우에 있어서 합병 비율 또는 양수 가격에 대해서 또한 같다.
제13조　제철사업평가심사위원회의 조직 및 권한은 칙령으로서 이를 정한다.

제14조 일본제철주식회사는 주무대신의 인가를 받지 않으면 그 소유한 중요재산을 양도하거나 담보로 제공할 수 없다.

전항의 중요재산의 범위는 명령으로서 이를 정한다.

제15조 일본제철주식회사는 명령이 정하는 바에 따라 주무대신의 인가를 받지 않으면 그 사업의 전부 또는 일부를 폐지하거나 휴지(休止)할 수 없다.

제16조 정부가 제4조의 규정에 따라 출자를 할 경우에 있어서는 주무대신은 칙령이 정하는 바에 따라 일본제철주식회사에 대하여 정부의 제철사업에 종사하는 자의 인계에 관하여 그자의 해직의 경우에 있어서 수당 기타에 대하여 필요한 사항을 명하거나 또는 1929년(昭和 4年) 법률 제28호 및 1930년(昭和 5年) 법률 제3호에 따른 정부의 채무 변제에 필요한 경비의 지변(支辨)에 관하여 필요한 부담을 명할 수 있다.

제17조 일본제철주식회사는 제9조의 규정에 따라 주무대신이 하는 명령 또는 전조(前條)의 규정에 따라 해직의 경우에 있어서의 수당에 대하여 주무대신이 행하는 명령에 기인하여 생긴 손실에서(로하여) 칙령에 정하는 것에 상당하는 금액을 명령이 정하는 바에 따라 정부가 소유한 주식에 대한 배당으로 충당해야 할 이익금으로부터 공제할 수 있으며 전조(前條)의 규정에 따라 동조(同條)에 규정하는 정부의 채무 변제에 필요한 경비의 지변에 관해 필요한 부담을 명받은 경우에 있어서 그 부담액에 상당하는 금액에 대하여 또한 같다.

제18조 일본제철주식회사는 그 설립일로부터 5년 이내에 아래의 사항에 대하여 등기를 받을 경우에 있어서는 그 등록세액은 아래 액

수로 한다. 다만 「등록세법」의 규정에 따라 산출하는 등록세액이 아래의 액수보다 적은 경우는 그 액수로 한다.

1. 설립, 자본의 증가, 합병 또는 제2회 이후의 주금(株金) 불입
   불입주식액, 증자 불입주금액 또는 매회 불입주금액의 1,000분의 1

2. 설립, 자본의 증가 또는 제철사업 양수의 경우에 있어서 부동산 또는 선박에 관한 권리의 취득
   부동산 또는 선박 가격의 1,000분의 3
   홋카이도 부현(府縣) 및 시정촌(市町村) 기타 이에 준하는 자는 일본제철주식회사에 대하여 전항에 규정하는 부동산 또는 선박에 관한 권리의 취득에 관하여 지방세를 부과할 수 있다.

제19조 본법에 따라 주무대신의 인가를 받은 사항을 변경할 때는 주무대신의 인가를 얻어야 한다.

제20조 주무대신은 일본제철주식회사의 의결법령 또는 정관을 위반하거나 또는 공익을 해한다고 인정되는 때에는 그 의결을 취소할 수 있다.

주무대신은 일본제철주식회사의 취체역 또는 감사역의 행위법령 또는 정관을 위반하거나 혹은 공익을 해한다고 인정될 때는 이를 해임할 수 있고 취체역 또는 감사역 주무대신이 하는 명령에 위반될 때 또한 동일하다.

제21조 일본제철주식회사가 아닌 자는 일본제철주식회사 또는 이에 유사한 명칭으로서 그 상호로 할 수 없다.

제22조 아래의 경우에 있어서는 일본제철주식회사의 취체역 또는 그 직무를 행하는 감사역을 100엔 이상 1,000엔 이하의 과태료에

처한다.
1. 제8조, 제9조 또는 제16조의 규정에 따라서는 주무대신이 하는 명령을 위반할 시
2. 본법에 따라 인가를 받아야 할 경우에 있어서 그 인가를 받지 않을 시

제23조 제21조의 규정을 위반한 자는 10엔 이상 100엔 이하의 과태료에 처한다.

제24조 「비송(非訟)사건수속법」 제206조 내지 제208조의 규정은 위 두 조항의 과태료에 이를 준용한다.

부칙

제25조 본법 시행일은 칙령으로서 이를 정한다.

제26조 정부는 설립위원을 임명하고 일본제철주식회사의 설립에 관한 일절의 사무를 처리하게 한다.

제27조 설립위원은 정관을 작성하고 주무대신의 허가를 받아야 한다.
주무대신이 전항의 허가를 할 때에는 정부 기타 제철사업자의 출자목적인 금전 이외의 재산의 가격 및 이에 대해서 제공된 주식의 수에 대하여 제철사업평가심사위원회의 의결을 거칠 필요가 있다.

제28조 전조의 허가가 있을 경우는 설립위원은 주식 총수에서 금전 이외의 재산을 목적으로 하는 출자에 대하여 할당해야 할 주식을 공제한 잔여 주식에 대하여 주식을 모집해야 한다.

제29조 주식신청증에는 정관 허가의 연월일 및 「상법」 제126조 제2항 제2호, 제4호 및 제5호에 규정하는 사항을 기재해야 한다.

제30조 설립위원은 주식의 모집을 끝내는 경우는 주식신청증을 주무대신에게 제출하고 그 검사를 받아야 한다.

제31조 설립위원은 전조의 검사를 받은 후 지체 없이 각 주식에 대하여 제1회의 불입을 해야 한다.

전항의 불입이 있을 경우는 설립위원은 지체없이 창립총회를 소집해야 한다.

제32조 창립총회를 종결할 경우는 설립위원은 그 사무를 일본제철주식회사의 취체역에게 인도해야 한다.

■ 부록 6_「조선중요광물증산령」(1938. 5. 12. 조선총독부 제령 제20호)

제1조 이 영(令)에서 중요 광물이라 함은 금광·은광·동광·연광(鉛鑛)·석광(錫鑛)·안질모니광(安質母尼鑛)·수은광·아연광·철광·유화철광(硫化鐵鑛)·격로모철광(格魯謨鐵鑛)·만엄광(滿俺鑛)·텅스텐광·수연광(水鉛鑛)·니켈광·코발트광·흑연·석탄·운모(雲母)·명반석(明礬石)·중정석(重晶石)·형석(螢石)·마그네사이트·사금 및 사철을 말한다.

제2조 ① 조선 총독은 중요 광물의 증산을 도모하기 위하여 필요하다고 인정하는 때에는 중요광물을 목적으로 하는 광업권자에게 사업계획을 정하여 신고할 것을 명할 수 있다.

② 광업권자는 전항의 명령에 의하여 신고한 사업계획을 변경하고자 하는 때에는 조선 총독에 신고하여야 한다.

③ 조선 총독이 필요하다고 인정하는 때에는 전(前) 2항의 사업계획 변경을 명할 수 있다.

제3조 조선 총독은 중요 광물의 증산을 도모하기 위하여 필요하다고 인정하는 때에는 중요 광물을 목적으로 하는 광업권자에 대하여 사업에 착수하거나 사업을 계속할 것을 명할 수 있다.

제4조 ① 중요 광물의 증산을 도모하고자 하는 자는 이를 위하여 필요로 하는 광업권의 양도 또는 인접 광구와의 사이의 광구 증감과 관련하여 해당 광업권자에 대하여 조선 총독이 정하는 바에 의하여 협의할 수 있다.

② 전항의 협의를 할 수 없거나 협의가 조정되지 아니한 때에는 중요 광물의 증산을 도모하고자 하는 자는 해당 사항에 대하여 조선 총독의 재정(裁定)을 신청할 수 있다.

제5조 ① 조선 총독은 중요 광물의 증진을 도모하기 위하여 필요하다고 인정하는 경우에는 광업권의 양도 또는 인접 광구와의 사이의 광구 증감과 관련하여 해당 광산업자에게 중요 광물의 증산을 도모하고자 하는 자와 협의 할 것을 명할 수 있다.

② 광업권자가 전항의 협의를 하지 아니하거나 협의를 할 수 없을 때 또는 협의가 조정되지 아니한 때에는 조선 총독은 당해 사항에 대하여 필요한 결정을 할 수 있다.

제6조 제4조 제2항의 규정에 의한 신청이 있는 때 또는 전조 제1항의 규정에 의한 명령이 있는 때에는 해당 광업권자는 그 신청을 거부하는 취지의 재정이 있을 때까지 또는 제9조 제2항의 규정에 의한 재정 혹은 결정이 그 효력을 상실하는 시기까지 해당 광업권을 양도하거나 해당 광구의 분합(分合)·감구(減區) 혹은 증·감구의 출원을 할 수 없다.

제7조 조선 총독은 광업권을 양도하거나 인접 광구와의 사이의 광구의 증감을 행하는 취지의 재정 또는 결정을 행하는 때에는 그 재정 또는 결정에 있어서 광업권자에게 지불해야 하는 대가 및 지불 시기를 정하여야 한다.

제8조 ① 다음 각호의 경우에 대가를 지불해야 하는 자는 그 대가를 공탁하여야 한다.

1. 대가를 받아야 하는 자가 수령을 거부하는 경우 또는 수령할 수 없는 때

2. 광업권에 대하여 저당권의 설정이 있는 때. 다만, 저당권자의 동의를 얻은 때에는 그러하지 아니하다.

② 전항 제2호의 경우에는 저당권자는 공탁금에 대하여도 그 권리를 행사할 수 있다.

제9조 ① 대가를 지불하여야 하는 자가 재정 또는 결정에서 정한 대가 지불시기까지 대가 전부의 지불 또는 공탁을 하지 아니하는 경우에는 광업권자는 대가를 지불하여야 하는 자에 대하여 60일을 넘지 아니하는 일정한 기간 내에 지불 또는 공탁을 하도록 하는 취지를 최고(催告)할 수 있다.

② 전항의 기간 내에 지불 또는 공탁이 없는 경우에는 재정 또는 결정은 효력을 상실한다.

제10조 ① 재정 또는 결정에 의한 대가의 전부 지불 또는 공탁이 있는 때에는 조선 총독은 광업권의 이전 또는 변경 등록을 한다.

② 광업권자가 대가의 전부 또는 일부의 지불에 대한 연기를 승낙한 때에도 전항과 같다. 이 경우에 조선 총독은 대가의 지불을 받을 권리를 가지는 자를 위하여 이전 또는 변경이 있는 광업권에 대하여 저당권 설정의 등록을 한다.

제11조 ① 제4조 내지 제9조의 규정은 광업권의 양도 또는 인접 광구와의 사이의 광구의 증감에 동반하여 필요한 사업 설비의 양도에 준용한다. 다만, 제8조 중 저당권은 등기한 담보권으로, 저당권자는 담보권자로 한다.

② 사업설비를 양도하는 취지의 재정 또는 결정이 있는 때에는 그 권리는 재정 또는 결정에 의한 대가 전부의 지불 또는 공탁이 있는 때에 이전한다.

제12조 이 영에 규정한 것 외에 재정 또는 결정에 관하여 필요한 사항은 조선 총독이 정한다.

제13조 ① 제4조 제2항의 규정에 의한 재정 또는 제5조 제2항의 규정에 의한 결정에 의하여 광업권을 취득하거나 광구를 증구(增區)시키고자 하는 자는 조선 총독이 정하는 바에 의하여 사업계획을 정하여 그 허가를 받아야하며 이를 변경하고자 하는 때에도 같다.

② 조선 총독이 필요하다고 인정하는 때에는 전항의 사업계획의 변경을 명할 수 있다.

제14조 광업권자는 전조(前條) 제1항의 규정을 위반할 시, 인가를 받지 않고 사업계획을 실시하거나 또는 동조 제2항의 규정에 의한 명령을 위반하여 사업계획을 변경하지 않고 그것을 실시할 경우는 조선 총독은 광업권을 취소할 수 있다.

제15조 ① 조선 총독은 중요 광물의 증산을 도모하기 위하여 필요하다고 인정하는 경우에는 중요 광물을 목적으로 하는 광업권자에 대하여 사업설비의 신설·확장 또는 개량을 명하거나 작업방법 또는 작업 용품의 규격에 관하여 필요한 사항을 명할 수 있다.

② 조선 총독은 그 정하는 바에 의하여 전항의 규정에 의한 명령으로 인하여 발생한 손실을 보상한다.

제16조 ① 조선 총독은 중요 광물을 목적으로 하는 광업권자에 대하여 그 의무 및 재산 상황에 관하여 보고를 하게 하거나 장부·서류 기타 물건의 검사를 할 수 있다.

② 조선 총독은 중요 광물을 목적으로 하는 광업권자에 대하여

그 업무 및 회계에 관하여 감독상 필요한 명령을 하거나 처분을 할 수 있다.

제17조 이 영에 의하여 행한 수속 기타 행위는 광업권자의 승계인에 대하여도 그 효력을 가진다.

제18조 다음 각호의 1에 해당하는 자는 2,000엔 이하의 벌금에 처한다.
1. 제2조 제1항의 규정에 의한 명령 또는 동조 제2항의 규정에 위반하여 사업계획의 신고를 태만히 하거나 신고한 사업계획을 실시하지 아니한 자
2. 제2조 제3항의 규정에 의한 명령에 위반하여 사업계획을 변경하지 아니하고 이를 실시한 자
3. 제3조의 규정에 의한 명령에 위반한 자
4. 제13조 제1항의 규정에 위반하여 인가를 받지 아니한 사업계획을 실시한 자
5. 제13조 제2항의 규정에 의한 명령에 위반하여 사업계획을 변경하지 아니하고 이를 실시한 자
6. 제15조 제1항의 규정에 의한 명령에 위반한 자

제19조 다음 각호의 1에 해당하는 자는 500엔 이하의 벌금에 처한다.
1. 제16조 제1항의 규정에 의한 보고를 태만히 하거나 허위 보고를 한 자
2. 제16조 제1항의 규정에 의한 검사를 거부·방해 또는 기피한 자
3. 제16조 제2항의 규정에 의한 명령 또는 처분에 위반한 자

제20조 법인의 대표자 또는 법인, 개인의 대리인·사용인 기타 종업자가 그 법인 또는 개인의 업무에 관하여 제18조·전조 제1호 또

는 제3호의 위반 행위를 한 때에는 행위자를 벌하는 것 외에 그 법인 또는 개인에 대하여도 전 2조의 형을 과한다.

제21조 금광 및 사금에 관하여는 제2조·제3조·제15조 및 제16조의 규정은 적용하지 아니한다.

부칙

① 이 영 시행기일은 조선 총독이 정한다.
② 이 영은 시행 후 5년에 한하여 그 효력을 가진다.
③ 이 영 실효 시에 필요한 경과 규정은 조선 총독이 정한다.

■ 부록 7_「조선마그네사이트개발주식회사령」(1939. 4. 28. 조선총독부 제령 제7호)

제1조 조선마그네사이트개발주식회사는 조선에 있는 마그네사이트의 개발을 목적으로 하는 주식회사로서 그 본점을 경성부에 둔다.

제2조 조선마그네사이트개발주식회사의 자본은 1,500만 엔으로 한다. 다만, 조선 총독의 인가를 받아 이를 증가할 수 있다.

제3조 조선마그네사이트개발주식회사의 주식은 기명식으로 하고 정부·공공단체·제국신민 또는 제국법인에 한하여 소유할 수 있다.

제4조 조선마그네사이트개발주식회사에 사장 1인, 이사 2인 이상 및 감사 2인 이상을 둔다.

제5조 ① 사장은 조선마그네사이트개발주식회사를 대표하며 그 업무를 총괄한다.

② 사장이 사고가 있는 때에는 정관이 정하는 바에 의하여 이사 중 1인이 그 직무를 대리하며, 사장이 결원인 때에는 그 직무를 행한다.

③ 이사는 사장을 보조하여 조선마그네사이트개발주식회사의 업무를 분담한다.

④ 감사는 조선마그네사이트개발주식회사의 업무를 감사한다.

제6조 ① 사장은 조선 총독이 명하며 그 임기를 5년으로 한다.

② 이사는 50주 이상을 가진 주주 중에서 주주총회에서 2배의 후보자를 선거하여 조선 총독이 그중에서 명하며 그 임기를 4년으로 한다.

③ 감사는 30주 이상을 가진 주주 중에서 주주총회에서 선임하며 그 임기를 2년으로 한다.

제7조　사장 및 이사는 다른 직무 또는 상업에 종사할 수 없다. 다만, 조선 총독의 인가를 받은 경우에는 그러하지 아니하다.

제8조　① 조선마그네사이트개발주식회사는 다음 업무를 경영한다.

　　　　1. 마그네사이트 광업

　　　　2. 마그네사이트 판매

　　　② 조선마그네사이트개발주식회사는 조선 총독의 인가를 받아 전항의 업무에 부대하는 업무를 경영할 수 있다.

제9조　조선 총독은 조선마그네사이트개발주식회사의 업무를 감독한다.

제10조　조선마그네사이트개발주식회사는 사채를 모집하거나 차입금을 마련하고자 하는 경우에는 조선 총독의 인가를 받아야 한다.

제11조　정관의 변경, 이익금의 처분, 합병 및 해산의 결의는 조선 총독의 인가를 받지 아니하면 그 효력이 없다.

제12조　조선마그네사이트개발주식회사는 매 영업연도의 사업계획을 정하여 조선 총독의 인가를 받아야 하며 이를 변경하고자 하는 경우에도 같다.

제13조　조선 총독은 조선마그네사이트개발주식회사의 업무에 관하여, 감독상 필요한 명령을 할 수 있다.

제14조　조선 총독은 조선마그네사이트개발주식회사의 업무에 관하여 마그네사이트의 공급을 적정하게 하기 위하여 필요한 명령을 할 수 있다.

제15조　① 조선 총독은 부하 관리로 하여 조선마그네사이트개발주식회사의 금고·장부 및 제반 문서물건을 검사하게 할 수 있다.

② 조선 총독은 필요하다고 인정하는 경우에는 조선마그네사이트개발주식회사에 명하여 업무에 관한 제반 계산 및 상황을 보고하게 할 수 있다.

제16조 조선 총독은 조선마그네사이트개발주식회사의 결의 또는 임원의 행위가 법령, 법령에 의한 처분 또는 정관에 위반하거나 공익을 해한다고 인정하는 경우에는 그 결의를 취소하거나 임원을 해임할 수 있다.

제17조 조선마그네사이트개발주식회사는 매 영업연도의 배당이익금액이 정부 이외의 자가 소유하는 주식의 납부한 주금액에 대하여 연 100분의 6의 비율에 달할 때까지 정부가 소유한 주식에 대하여 이익의 배당을 하지 아니한다.

제18조 조선마그네사이트개발주식회사의 매 영업연도의 배당이익 금액이 정부 이외의 자가 소유한 주식의 납부한 주금액에 대하여 연 100분의 6의 비율을 초과하는 경우에 정부 이외의 자가 소유하는 주식에 대하여 연 100분의 6의 비율을 넘어 이익 배당을 하고자 하는 때에는 그 초과한 이익 금액은 이익배당이 총 주식에 대하여 납부한 주금액에 대하여 균일 비율에 달할 때까지 정부 이외의 자가 소유한 주식의 납부한 주금액 및 정부가 소유하는 주식의 납부한 주금액에 대하여 1과 2와의 비율로써 이를 배당하여야 한다.

제19조 조선마그네사이트개발주식회사는 개업년 및 익년부터 10년간 광산세를 면제한다.

제20조 조선마그네사이트개발주식회사는 다음 각호의 1에 해당하는 때에는 사장 또는 사장의 직무를 하거나 대리하는 이사를 3,000엔

이하의 과료에 처한다. 이사의 분담 업무에 관계된 때에는 이사를 과료에 처하는 것도 같다.

1. 이 영에 의하여 인가를 받아야 하는 경우에 그 인가를 받지 아니한 때
2. 제8조 제1항의 규정에 의하지 아니하고 업무를 경영한 때
3. 제13조 또는 제14조의 규정에 의한 명령을 위반한 때

제21조 조선마그네사이트개발주식회사의 사장 또는 이사가 제7조의 규정에 위반한 때에는 500엔 이하의 과료에 처한다.

제22조 「조선민사령」에 의할 것을 정한 「비송사건수속법」 제206조 내지 208조의 규정은 전2조의 과료에 준용한다.

부칙

제23조 이 영은 공포일부터 시행한다.

제24조 조선 총독은 설립위원을 명하여 조선마그네사이트개발주식회사의 설립에 관한 일체의 사무를 처리하도록 한다.

제25조 설립위원은 정관을 작성하여 조선 총독의 인가를 받은 후 주주를 모집하여야 한다.

제26조 주식신청증에는 정관 인가의 연월일과 「조선민사령」에 의할 것을 정한 「상법」 제126조 제2항 제2호, 제4호 및 제5호에 규정한 사항을 기재하여야 한다.

제27조 설립위원은 주주의 모집을 종료한 때에는 주식신청증을 조선 총독에 제출하여 검사를 받아야 한다.

제28조 ① 설립위원은 전조의 검사를 받은 후 지체 없이 각 주에 대하여 제1회 납부를 하도록 한다.

② 전항의 납부가 있는 때에는 설립위원은 지체 없이 창립총회를 소집하여야 한다.

제29조 창립총회에서는 제6조 제2항 및 제3항의 규정에 준하여 이사 후보자의 선거 및 감사의 선임을 하여야 한다.

제30조 창립총회가 종결한 때에는 설립위원은 그 사무를 조선마그네사이트개발주식회사의 사장에게 인도하여야 한다.

■ 부록 8_「조선광업진흥주식회사령」(1940. 6. 22. 조선총독부 제령 제33호)

제1장 총칙

제1조　조선광업진흥주식회사는 조선에 있는 중요 광물(금광 및 사금을 제외한다. 이하 같다) 자원의 개발을 촉진하며 그 증산을 도모하기 위하여 필요한 사업을 경영하는 것을 목적으로 하는 주식회사로 한다.

제2조　① 조선광업진흥주식회사는 본점을 경성부에 둔다.
② 조선광업진흥주식회사는 조선 총독의 인가를 받아 지점 또는 출장소를 설치할 수 있다.

제3조　조선광업진흥주식회사의 자본은 1,000만 엔으로 한다. 다만, 조선 총독의 인가를 받아 증가할 수 있다.

제4조　조선광업진흥주식회사의 주식은 기명식으로 하며 공공단체, 제국 신민 또는 제국 법인에 한하여 소유할 수 있다.

제5조　조선광업진흥주식회사의 존립 기간은 설립 등기일로부터 30년으로 한다. 다만, 조선 총독의 인가를 받아 연장할 수 있다.

제6조　조선광업진흥주식회사가 아닌 것은 조선광업진흥주식회사 또는 이와 유사한 명칭을 그 상호로 할 수 없다.

제2장 임원

제7조　조선광업진흥주식회사에 사장 1인, 이사 3인 이상, 감사 2인 이상을 둔다.

제8조　① 사장은 조선광업진흥주식회사를 대표하며, 그 업무를 총리(總

理) 한다.

② 이사 중 1인은 정관이 정하는 바에 의하여 사장이 사고가 있는 때에는 그 직무를 대리하며, 사장이 결원인 때에는 그 직무를 행한다.

③ 이사는 사장을 보조하며 조선광업진흥주식회사의 업무를 분장한다.

④ 감사는 조선광업진흥주식회사의 업무를 감사한다.

제9조 ① 사장은 조선 총독이 명하며, 그 임기는 5년으로 한다.

② 이사는 주주총회에서 2배의 후보자를 선거하여 조선 총독이 그중에서 임명하며, 그 임기를 4년으로 한다.

③ 감사는 주주총회에서 선임하며, 그 임기를 2년으로 한다.

제10조 사장 및 이사는 다른 직무 또는 상업에 종사할 수 없다. 다만, 조선 총독의 인가를 받은 때에는 그러하지 아니하다.

제3장 영업

제11조 ① 조선광업진흥주식회사는 다음 각호의 사업을 경영한다.

1. 마그네사이트 이외의 중요 광물을 목적으로 하는 광업

2. 중요 광물에 관한 광상의 조사

3. 중요 광물을 목적으로 하는 광업에 대한 기술 관련 지도

4. 마그네사이트 이외의 중요 광물의 매매 또는 알선

5. 중요 광물을 목적으로 하는 광업 또는 제련업을 위하여 필요한 기구·기계·재료 또는 설비의 매매

6. 중요 광물을 목적으로 하는 광업 또는 제련업에 대한 자금의 융통 또는 투자

② 조선광업진흥주식회사는 조선 총독의 인가를 받아 전항의 사업 이외에 본회사의 목적 달성상 필요한 모든 사업을 경영할 수 있다.

제4장 조선광업진흥채권

제12조 ① 조선광업진흥주식회사는 불입한 주 금액의 5배에 한하여 조선광업진흥채권을 발행할 수 있다.

② 조선광업진흥채권을 발행하는 경우에 주주총회의 결의는 자본의 반액 이상에 해당하는 주주가 출석하여 그 의결권의 과반수로써 이를 행할 수 있다.

제13조 조선광업진흥채권을 발하고자 하는 때에는 조선 총독의 인가를 받아야 한다.

제14조 조선광업진흥채권은 무기명식으로 한다. 다만, 응모자 또는 소유자의 청구로 인하여 기명식으로 할 수 있다.

제15조 조선광업진흥채권의 소유자는 조선광업진흥주식회사의 재산에 대하여 다른 채권자에 우선하여 자기 채권의 변제를 받을 권리를 가진다.

제16조 조선광업진흥주식회사는 사채 차환을 위하여 일시적으로 제12조의 제한에 의하지 아니하고 조선광업진흥채권을 발행할 수 있다. 이 경우에는 발행 후 1월 이내에 그 사채 총액에 상당하는 구 조선광업진흥채권을 상환하여야 한다.

제5장 준비금

제17조 조선광업진흥주식회사는 매 영업연도에 준비금으로 자본의 결

손을 보충하기 위하여 이익 금액의 100분의 8 이상을 적립하고 동시에 이익배당의 평균을 얻기 위하여 이익 금액의 100분의 2 이상을 적립하여야 한다.

제6장 감독 및 조성

제18조 조선 총독은 조선광업진흥주식회사의 업무를 감독한다.

제19조 조선광업진흥주식회사는 차입을 하고자 하는 때에는 조선 총독의 인가를 받아야 한다.

제20조 정관의 변경, 이익금의 처분, 합병 및 해산의 결의는 조선 총독의 인가를 받지 아니하면 효력이 없다.

제21조 조선광업진흥주식회사는 매 사업연도의 사업계획을 정하여 조선 총독의 인가를 받아야 하며, 이를 변경하고자 하는 때에도 같다.

제22조 ① 조선 총독은 조선광업진흥주식회사의 업무에 관하여 감독상 또는 중요 광물의 증산에 필요한 명령을 할 수 있다.

② 전항의 규정에 의하여 중요 광물의 증산에 필요한 명령을 한 때에는 조선 총독은 그 정하는 바에 의하여 이에 발생한 손실을 보상한다.

③ 전항의 보상을 동반하는 명령은 이로 인하여 필요로 하는 보상금의 총액이 제국의회의 협찬을 거친 금액을 초과하지 아니하는 범위 안에서 하여야 한다.

제23조 조선 총독은 조선광업진흥주식회사에 감리관을 두어 조선광업진흥주식회사의 업무를 감시하게 한다.

제24조 ① 조선광업진흥주식회사의 감리관은 조선광업진흥주식회사의

　　　　금고, 장부 및 제반 문서물건을 검사할 수 있다.
　　② 조선광업진흥주식회사의 감리관이 필요하다고 인정하는 때에는 조선광업진흥주식회사에 명한 업무에 관하여 제반 계산 및 상황을 보고하게 할 수 있다.
　　③ 조선광업진흥주식회사의 감리관은 주주총회 기타 제반 회의에 출석하여 의견을 진술할 수 있다.
제25조　조선 총독은 조선광업진흥주식회사의 결의 또는 임원의 행위가 법령, 법령에 의한 처분 또는 정관에 위반하거나 공익을 해한다고 인정되는 때에는 그 결의를 취소 또는 임원을 해임할 수 있다.
제26조　조선광업진흥주식회사에는 개업 연도 및 그 익년부터 10년간 광업세를 면제한다.

제7장 벌칙

제27조　조선광업진흥주식회사가 다음 각호의 1에 해당하는 때에는 사장 또는 사장의 직무를 행하거나 대리하는 이사를 3,000엔 이하의 과료에 처한다. 이사가 분장업무에 관계하는 때에는 이사를 과료에 처하는 것도 같다.
　　1. 이 영에 의하여 인가를 받아야 하는 경우에 그 인가를 받지 아니한 때
　　2. 제11조의 규정에 의하지 아니하고 업무를 경영한 때
　　3. 제12조의 규정에 위반하여 조선광업진흥채권을 발행한 때
　　4. 제16조의 규정에 위반하여 조선광업진흥채권의 상환을 행하지 아니한 때

5. 제22조의 규정에 의한 명령에 위반한 때

제28조 조선광업진흥주식회사의 사장 또는 이사가 제10조의 규정에 위반한 때에는 500엔 이하의 과료에 처한다.

제29조 제6조의 규정에 위반한 자는 500엔 이하의 과료에 처한다.

부칙

제30조 이 영의 시행 기일은 조선 총독이 정한다.

제31조 조선 총독은 설립위원을 명하며 조선광업진흥주식회사의 설립에 관한 사무를 처리하게 한다.

제32조 설립위원은 정관을 작성하여 조선 총독의 인가를 받은 후 주주를 모집하여야 한다.

제33조 주식신청증에는 정관 인가의 연월일과 함께 조선민사령에 의할 것을 정한 「상법」 제175조 제2항 제2호 및 제4호 내지 제7호에 규정한 사항을 기재하여야 한다.

제34조 설립위원은 주주의 모집을 마친 때에는 주식신청증을 조선 총독에 제출하여 검사를 받아야 한다.

제35조 ① 설립위원은 전조의 검사를 받은 후 지체 없이 각 주에 대하여 제1회의 불입을 행하도록 하여야 한다.

② 전항의 불입이 있는 때에는 설립위원은 지체없이 창립총회를 소집하여야 한다.

제36조 창립총회에서는 제9조의 규정에 준하여 이사 후보자의 선거 및 감사의 선임을 하여야 한다.

제37조 창립총회를 종결한 때에는 설립위원은 그 사무를 조선광업진흥주식회사의 사장에게 인도하여야 한다.

제38조 「조선민사령」에 의할 것을 정한 「상법」 제167조, 제181조 및 제185조의 규정은 조선광업진흥주식회사의 설립에는 적용하지 아니한다.

제39조 ① 이 영 시행 당시 조선광업진흥주식회사 또는 이와 유사한 명칭을 상호로 한 회사는 이 영 시행 후 6월 이내에 그 상호를 변경하여야 한다.

② 제29조의 규정은 전항의 기간 내에 전항의 회사에는 그것을 적용하지 아니한다.

광업 관련 용어 해설

- 가행(稼行): 광산에서 광물을 캐는 작업을 진행하는 것을 의미. 따라서 '가행광산'이라 하면 운영 중인 광산을 뜻하는 것이 된다.
- 개광(開鑛): 광산을 열어 광물 채굴을 시작한다는 의미.
- 갱(坑): 광물을 캐내기 위해 굴을 파고 붕괴되지 않도록 갱목(坑木)이라 부르는 목재를 사용하여 터널을 조성해 놓은 것이다.
- 갱도(坑道): 갱(坑) 안에 채굴한 광물과 자재, 광부의 이동을 위해 조성한 길.
- 갱부(坑夫): 갱(坑) 안에서 채굴 작업에 종사하는 인부.
- 광구(鑛區): 광물의 채굴·시굴을 허가한 구역. 광물을 채굴할 수 있다.
- 광군(鑛軍): 조선시대 광산에서 광물을 캐는 일에 종사하던 인부.
- 광맥(鑛脈): 광상(鑛床)의 한 형태로, 맥상으로 발견된 것. 암석 내에서 수용액에 의해 운반되는 광물 성분들이 침전에 의해 쌓일 때 형성된다.
- 광무(鑛務): 정부의 광업 관련 정책과 공적 업무.
- 광상(鑛床): 자연상태로 발견되는 유용 광물이 지각 내의 평균적인 함량보다 높은 비율로 모여 있는 곳.
- 광업권(鑛業權): 광물을 채굴하여 취득할 수 있는 권리.
- 광해(鑛害): 광산개발로 인해 발생하는 공해. 광산에서의 토지의 굴착, 광물의 채굴, 선광(選鑛) 및 제련 과정에서 생기는 지반침하, 폐석(廢石)·광물찌꺼기의 유실, 갱내수(坑內水)·폐수의 방류 및 유출, 광연(鑛煙)의 배출, 먼지의 날림, 소음·진동의 발생으로 광산 및 그 주변 환경에 미치는 피해.
- 고로(高爐): 철광석을 녹여 강재를 제조하는 중간재인 선철을 뽑아내는 거대한 용광로로 제철소의 핵심시설이다.
- 덕대(德大): 광산권을 가진 광산업자, 이른바 물주로부터 권리의 전부 또는 일

부를 임대받아 독자적으로 노동자(광부)를 고용하여 광산을 개발하고 경영하는 존재.
- 빈광(貧鑛): 광물의 함유량이 적게 들어 있어서 경제성이 낮은 광석, 또는 그런 광석이 생산되는 광산.
- 사금(砂金): 물이나 해일로 인해 모래, 자갈 등과 함께 강변이나 해변 또는 그 바닥에 침적된 알맹이나 비늘 모양의 금.
- 선광(選鑛): 캐낸 광석의 품질을 높이기 위하여 가치가 낮거나 쓸모없는 것을 가려내는 일.
- 선철(銑鐵): 용광로를 이용하여 철광석을 녹여서 얻어지는 철 덩어리. 강재를 생산하는 중간재의 역할을 한다.
- 시추(試錐): 지하자원 탐사, 지층 구조 파악을 위해 굴착 장치를 이용하여 지하에 구멍을 뚫는 것.
- 아말감(amalgam): 일반적으로 수은과 다른 금속의 합금물로, 금을 제련하는데 사용한다.
- 저온건류(低溫乾溜): 건류(乾溜)는 고체 유기물을 용기에 넣고 공기를 차단하고 가열하여 분해하는 조작. 주로 석탄이 건류의 재료로 빈번하게 사용되며, 1000~1200℃로 건류하는 것을 고온 건류, 800℃ 이하로 건류하는 것을 저온건류라고 한다.
- 전물(澱物): 가라앉아서 앙금이 된 침전물.
- 정광(精鑛): 철광석, 아연석, 구리 원식 등의 금속 광석에서 선광 등의 방법으로 불순물을 제거하여 품위를 높인 광석.
- 제련(製鍊): 광석을 녹여 필요 광물을 뽑아내어 정제하는 일련의 작업.
- 제철(製鐵): 제련 작업 중 철광석에서 철을 추출하여 정제하는 작업에 대한 별도의 명칭.
- 조광(粗鑛): 제련을 했으나 아직 불순물이 포함되어 있는 반제품 상태의 광물.
- 지금(地金): 제품으로 만들거나 세공하지 않은 순금.
- 평로(平爐): 선철(銑鐵)이나 고철을 원료로 하여 강철(steel)을 생산하는 용광로.
- 품위(品位): 원광석에 필요한 성분의 광물이 얼마나 포함되어 있는지를 비율.

포함 비율이 높으면 고품위, 낮으면 저품위라고 한다.
- 표사광상(漂砂鑛床): 지표에서 풍화·침식된 퇴적물이 강이나 바다로 운반되다가 퇴적되어 형성된 광상.
- 피치(pitch): 원유나 식물, 목재에서 추출되는 점성을 가진 물질. 특히 원유에서 얻어지는 타르를 건류하면 생산되는 흑색의 끈적한 고형 물질이 대표적이다. 식물에서 추출한 것은 별도로 '수지'라고도 한다.
- 착암기(鑿巖機): 광업과 토목공학 분야에 사용되는 기구로 전자기력, 화약, 유압 등 강한 힘을 줘서 암석에 구멍을 내거나 부수는 장비.

참고문헌

1. 자료

『各司謄錄』,『경성일보』,『고종실록』,『鑛業時代』,『台湾日日新報』,『大阪朝日新聞』,『대한제국 관보』,『독립신문』,『동아일보』,『매일신보』,『부산일보』,『商工通報』,『日本工業新聞』,『朝鮮鑛業の趨勢』,『朝鮮鑛業會報』,『조선광업회지』,『조선신문』,『朝鮮銀行會社(組合)要錄』,『조선일보』,『조선중앙일보』,『조선총독부관보』,『朝鮮總督府施政年報』,『朝鮮總督府統計年報』,『조선총독부통계연보』,『漢城周報』,『황성신문』.

「金鑛業ノ整理ニ伴フ資金對策諸資料」1943, 友邦協会.
『旧海軍技術資料』3(生産技術協会), 東京大學 經濟學部圖書館.
『端川鐵山株式會社完濟貸付書類』.
『大東亜技術委員会ニヨル小型爐補強対策関係』第一巻.
『小型鎔鑛爐關係綴』.
『龍烟鐵鑛會社關係』.
『日本無煙炭製鐵(株)書類綴(在外貸付金27號)』.
『在外會社 是川製鐵(株)書類綴』.
『融資命令貸付關係書類』.

企劃院, 1942,「小型鎔鑛爐建設方針ニ關スル件(1942.12.24)」, アジア歴史資料センター.
高見沢榮寿調, 출판 연도 불명,『日本製鐵株式會社各作業所對照年表』1934~1950.
국사편찬위원회, 1970,「農商工部에서 43郡 各礦을 宮內府에 移屬케 할 것을 請議하여 (光武 2年 6月 23日)」,『고종시대사』4집.
近藤忠三, 1943,『朝鮮の鑛業』, 東都書籍.
近藤釼一 編, 1964,『太平洋戦下の朝鮮』5, 朝鮮史料編纂会.

무산철광개발주식회사, 「영업보고서」 1-7기(1939.12~1944.3).

三鬼隆回想錄編纂委員會, 1952, 『三鬼隆回想錄』, 八幡製鉄株式會社.

三菱鉱業セメント株式会社総務部社史編纂室編, 1976, 『三菱鉱業社史』.

商工省, 1943, 『商工通報』 72.

商工省鑛山局, 1927, 『製鐵業參考資料-昭和2年6月調査』 1.

_____, 1928, 『製鐵業參考資料-昭和3年6月調査』.

_____, 1932, 『製鐵業參考資料-昭和7年6月調査』 11.

_____, 『製鐵業參考資料-昭和18年8月調査』 49.

生産第三課 鑛山第一係, 1944, 「昭和二十年度鐵鑛石生産計劃」 『昭和十九年度 生産實績表』.

外務省調査局 編纂, 1947, 『日本外交文書』 第20卷.

友邦協会, 1974, 『穂積真六郎先生遺筆 我が生涯を朝鮮に』.

原朗・山崎志郎 編集・解説, 1996, 『生産力拡充計画資料』 1, 5, 現代資料出版.

人事興信所, 1908, 『人事興信録』 第2版.

_____, 1928, 『人事興信録』 第8版.

일본석탄주식회사 기획부, 1941, 『조선석탄광업사정연구』.

日本銀行百年史編纂委員會, 1984, 『日本銀行百年史』 4卷.

日本製鐵株式會社編輯委員會, 1959, 『日本製鐵株式會社史: 1934~1950』.

日本鐵鋼協會編, 1950, 『最近 日本製鋼技術概觀』, 日本學術振興會.

戰時金融金庫, 「朝鮮殖産銀行に対する業務委託関係綴(貸付金2159號)」, 『閉鎖機關淸算關係資料』.

조선경제통신사, 1949, 『조선경제통계요람』.

朝無社社友会回顧錄編集委員会 編, 1978, 『朝鮮無煙炭株式会社回顧録: 汗と油・血と涙の記録』.

朝鮮總督府, 1936a, 『朝鮮産業經濟調査會會議錄』 昭和十一年十月.

_____, 1936b, 『朝鮮産業經濟調査會諮問答申書』 昭和十一年十月.

_____, 1944, 『昭和十九年度鉄鋼生産計画書』 昭和十九年三月二十五日.

朝鮮總督府殖産局 編, 1929, 『朝鮮の鉄鑛業』.

朝鮮總督府殖産局鑛山課 編, 1933, 『朝鮮の有煙炭』.

_____, 1935, 『朝鮮の無煙炭鑛業』.

朝鮮總督府殖産局 燃料選鑛研究所, 1929, 「石炭試驗報告」第2卷.

朝鮮總督府燃料選鑛研究所, 1930, 『朝鮮總督府燃料選鑛研究所槪要』.

朝鮮総督府燃料選鉱研究所 編, 1941, 『選鉱製錬試験報告』第36回・37會・38回.

_____, 1943, 『選鉱製錬試験報告』第46回.

朝鮮總督府中央試驗所, 1944, 「報告書(1944.5.17)」 『端川鐵山株式會社完濟貸付書類』(鑛工金融部).

朝鮮總督府地質調査所, 1936, 『朝鮮總督府地質調査所雜報: 朝鮮に於ける地質及鑛物資源調査沿革』제1호.

_____, 1937, 『朝鮮總督府地質調査所雜報: 朝鮮總督府地質調査所要覽』제2호.

中村喜元 編, 1934, 『參考法条挿入鉱業法令集』訂4版, 巖松堂書店.

鐵鋼新聞社編, 1974, 『鐵鋼巨人傳-三鬼隆』, 鐵鋼新聞社.

평양상공회의소조사부, 1942, 「평양무연탄개관」, 『평양무연탄자료집성』, 평양상공회의소.

学習院大学東洋文化研究所 友邦文庫, 2000, 「未公開資料 朝鮮総督府関係者 録音記録(1)-十五年戦争下の朝鮮統治」, 『東洋文庫研究』2, 東京: 学習院大学東洋文化研究所.

_____, 2004, 「未公開資料 朝鮮総督府関係者 録音記録(5)-朝鮮軍・解放前後の朝鮮」, 『東洋文庫研究』6, 学習院大学東洋文化研究所.

_____, 2010, 「未公開資料 朝鮮総督府関係者 録音記録(11)-朝鮮の重工業」, 『東洋文庫研究』12, 学習院大学東洋文化研究所.

국가법령정보센터(https://www.law.go.kr).

국사편찬위원회 우리역사넷(http://contents.history.go.kr/).

국사편찬위원회 한국근대사료DB(https://db.history.go.kr/modern/).

국사편찬위원회 한국사데이터베이스(https://db.history.go.kr).

낙성대경제연구소 한국의 장기통계 자료(naksung.re.kr/statistics).

네이버 뉴스라이브러리(newslibrary.naver.com).

위키피디아 일본어(https://ja.wikipedia.org).

2. 연구저서

김인호, 2000, 『식민지 조선경제의 종말』, 신서원.

金鍾射, 1989, 『韓國鑛業槪史』, 한국자원공학회.

대한석탄공사, 2001, 『대한석탄공사50년사』.

배석만, 2014, 『한국 조선산업사: 일제시기편』, 선인.

柳承宙, 1993, 『朝鮮時代 鑛業史硏究』, 고려대학교 출판부.

윤성순, 1952, 『한국광업지』, 대한중석광업회사.

이배용, 1984, 『구한말열강의 광산이권획득에 관한 연구』, 한국연구원.

_____, 1989, 『한국근대광업침탈사연구』, 일조각.

전봉관, 2005, 『황금광시대』, 살림출판사.

전석담·최윤규, 1959, 『19세기 후반기-일제 통치 말기의 조선사회 경제사』, 조선로동당 출판사.

한국광업협회, 2012, 『한국광업백년사』.

한창호, 1971, 『일제하 한국 광공업에 관한 연구』, 민중서관.

호리 가즈오 지음, 주익종 옮김, 2003, 『한국 근대의 공업화-일본 자본주의와의 관계』, 전통과현대.

岡崎哲二, 1993, 『日本の工業化と鉄鋼産業: 経済発展の比較制度分析』, 東京大学出版会.

奈倉文二, 1984, 『日本鉄鋼業史の研究-1910年代から30年代前半の構造的特徴-』, 近藤出版社.

朴慶植, 1973, 『日本帝國主義の朝鮮支配』上, 下, 靑木書店.

山口精, 1910, 『朝鮮産業誌』上, 日韓印刷株式會社.

山崎志郎, 2003, 『日本経済史-近現代の社会と経済のあゆみ-』, 放送大学教育振興会.

原朗 編, 1995, 『日本の戰時経済-計画と市場-』, 東京大学出版社.

長島修, 1986, 『日本戰時鉄鋼統制成立史』, 法律文化社.

_____, 1987, 『戰前日本鉄鋼業の構造分析』, ミネルヴァ書房.

_____, 2000, 『日本戰時企業論序説: 日本鋼管の場合』, 日本経済評論社.

長野暹, 2003, 『八幡製鉄所史の研究』, 日本経済評論社.

中村隆英, 1993, 『日本經濟: その生長と構造』第3版, 東京大學出版會.

中塚明, 1968, 『日淸戰爭の硏究』, 靑木書店.

3. 연구논문

고승제, 1953, 「한국 광업사 서설-한국 산업사 연구의 一齣」, 『경제학연구』 1-1, 한국경제학회.

_____, 1959, 「이조말기의 광업과 외국자본」, 『근세한국산업사연구』, 대동문화사.

_____, 1978, 「일제하의 산업경제사 II」, 『한국현대문화사대계 IV-정치·경제사』, 고려대 민족문화연구소.

김양식, 1997, 「개항기 한말 광산노동자 연구」, 『국사관논총』 77, 국사편찬위원회.

_____, 2000, 「대한제국기 덕대·광부들의 동향과 노동운동」, 『한국근현대사연구』 14, 한국근현대사학회.

김은정, 2007, 「일제의 한국 석탄산업 침탈 연구」, 이화여대 박사논문.

_____, 2009, 「일제의 조선무연탄주식회사 설립과 조선 석탄자원 통제」, 『한국민족운동사연구』 58, 한국민족운동사학회.

김제정, 2009, 「1930년대 전반 조선총독부 경제관료의 '지역으로서의 조선' 인식」, 『역사문제연구』 22호, 역사문제연구소.

김준헌, 1987, 「소남 김태원의 事跡과 금정광산의 경영」, 『경영사학』 2, 한국경영사학회.

류승렬, 1990, 「일제의 조선광업 지배와 노동계급의 성장」, 『한국사론』 23, 서울대학교 국사학과.

박기주, 1988, 「1930년대 조선산금정책에 관한 연구」, 『경제사학』 12, 경제사학회.

_____, 1996, 「개항기 조선인 금광업의 실태-징세인의 광산관리를 중심으로-」, 『경제사학』 20, 경제사학회.

_____, 1998, 「朝鮮에서의 金鑛業 發展과 朝鮮人鑛業家」, 서울대 박사논문.

_____, 1999, 「1930년대 조선 금광업의 기계화와 노무관리 통제-일본광업주식회사 소속광산을 중심으로-」, 『경제사학』 26, 경제사학회.

_____, 2009, 「식민지기 조선의 석탄 수급구조와 정책」, 『대동문화연구』 67, 성균관대학교 대동문화연구원.

_____, 2010, 「전시기 식민지 조선의 석탄 증산과 배급통제」, 『대동문화연구』 71, 성균관대학교 대동문화연구원.

박민규, 1984, 「개항이후 금광업실태와 일제침략」, 『한국사론』 10, 서울대 국사학과.

박선홍, 1994, 『광주 1백년 ②: 개화기 이후 풍물과 세속』, 금호문화.

박찬일, 1982a, 「한말 금수출과 금광업 덕대경영에 관한 연구」, 성균관대 박사논문.

_____, 1982b, 「한말 금광업 덕대경영의 시장조건」, 『무역학회지』 제7권, 한국무역학회.

박현, 2009, 「조선총독부의 전시경제정책, 1937~1945 - 자금·생산·유통 통제를 중심으로-」, 연세대 박사논문.

방기중, 1996, 「일제말기 大同事業體의 경제자립운동과 이념」, 『한국사연구』 95, 한국사연구회.

_____, 2003, 「1930년대 조선 농공병진정책과 경제통제」, 『동방학지』 120, 연세대학교 국학연구원.

배석만, 2008, 「일제말 조선인자본가의 경영활동 분석 - 백낙승과 이종회의 군수회사 경영을 중심으로」, 『경제사학』 45, 경제사학회.

_____, 2010a, 「조선 제철업 육성을 둘러싼 정책조율과정과 청진제철소 건설(1935-45)」, 『동방학지』 151, 연세대학교 국학연구원.

_____, 2010b, 「태평양전쟁기 조선제철주식회사의 설립과 경영(1941~1945)」, 『사학연구』 제100호, 한국사학회.

_____, 2012, 「태평양전쟁기 일본 戰時金融金庫의 식민지 조선에 대한 자금투융자구조와 실태」 『경영사학』 27-3.

_____, 2016a, 「태평양전쟁기 일제의 소형용광로건설사업 추진과 귀결」, 『인문논총』 73-1, 서울대학교 인문학연구원.

_____, 2016b, 「일제말 광산업자 崔南周의 端川鑛山 개발과정과 귀결」, 『한국사연구』 172, 한국사연구회.

송규진, 2009, 「일제하 '선만관계'와 '선만일여론'」, 『한국사연구』 146, 한국사연구회.

안자코 유카, 2006, 「조선총독부의 '총동원체제'(1937~1945) 형성 정책」, 고려대학교 박사논문.

양상현, 1998, 「대한제국기 내장원의 광산 관리와 광산 경영」, 『역사와 현실』 27, 한국역사연구회.

윤병석, 1964, 「日本人의 荒蕪地開拓權 要求에 대하여: 1904年 長森名儀의 委任契約企圖를 中心으로」, 『역사학보』 22, 역사학회.

이배용, 1971, 「구한말 미국의 운산금광 채굴권 획득에 대하여」, 『역사학보』 50·51합집, 역사학회

_____, 1972, 「개항후 한국의 광업정책과 열강의 광산탐사」, 『梨大史苑』 10, 이화여자대학교인문과학대학사학회

이승렬, 1996, 「1930년대 전반기 일본군부의 대륙침략관과 '조선공업화'정책」, 『국사관논총』 67, 국사편찬위원회

임병훈, 1983, 「개항후 한말의 덕대제 광업경영 - 함경도 영흥금광 사례 - 」, 『대구사학』 24, 대구사학회

임성모, 2009, 「중일전쟁 전야 만주국·조선 관계사의 소묘 - '日滿一體'와 '鮮滿一如'의 갈등」, 『역사학보』 201집, 역사학회

全旌海, 1999, 「광무년간의 산업화 정책과 프랑스 자본·인력의 활용」, 『國史館論叢』 84, 국사편찬위원회

정안기, 2009, 「전시기 日本帝國의 철강증산정책과 '조선형 증산모델' - 소형용광로 제철계획을 중심으로 - 」, 『경제사학』 47, 경제사학회

_____, 2011a, 「戰時期 鍾紡그룹의 다각화 전략과 평양제철소」, 『경영사학』 26-3, 한국경영사학회

_____, 2011b, 「戰時期 日本鋼管(주)의 조선 투자와 경영 - 원산제철소 건설과 경영활동을 중심으로 - 」, 『경제사학』 51, 경제사학회

_____, 2012, 「전시기 조선 철강업의 구조와 利原鐵山(주) - 무연탄 제철사업 진출과 戰時經營을 중심으로 - 」, 『한일경상논집』 56, 한일경상학회

_____, 2015, 「1930년대 조선형특수회사, 조선광업진흥(주)의 연구」, 『대한경영학회 학술발표대회 발표논문집』, 대한경영학회

한우근, 1964, 「개항후 '금'의 국외유출에 대하여」, 『역사학보』 22, 역사학회

한창호, 1971, 「일제하 한국광공업에 관한 연구」, 『일제의 경제침략사』, 민중서관

_____, 2008, 「대한제국의 은산금광 채굴권 허여와 그 외교적 의미」, 『대구사학』 92, 대구사학회

姜德相, 1966, 「李氏朝鮮開港直後の金流出に関する一考察」, 『駿台史学』 19, 明治大学 駿台史学会

廣瀨貞三, 1984, 「19世紀末 日本의 朝鮮鑛山利權獲得 企圖(1882~1894)」, 『史叢』 28집.

廣瀨貞三, 1985, 「19世紀末日本の朝鮮鑛山利權獲得について-忠淸道稷山金鑛を中心に」, 『朝鮮史硏究會論文集』 22.

金承美, 2006a, 「日本企業の韓國への進出と經營-戰前期を中心に-」, 一橋大學博士論文.

_____, 2006b, 「三菱の鉄鋼業への進出-三菱製鉄株式会社兼二浦製鉄所を中心に」, 『三菱史料館論集』 7, 三菱經濟硏究所付屬三菱史料館.

_____, 2007, 「三菱製鉄株式会社の經營-兼二浦製鉄所を中心に」, 『三菱史料館論集』 8, 三菱經濟硏究所付屬三菱史料館.

大森とく子, 1976, 「日本の金本位制と朝鮮産金」, 『歷史學硏究』 428.

山崎志郎, 2003, 『日本經濟史-近現代の社會と經濟のあゆみ-』, 放送大学教育振興会.

西和田久學, 1910, 「朝鮮ノ鐵鑛ニ就いて」, 『日本鑛業會誌』 26卷 301號, 日本鑛業會.

小林英夫, 1967, 「朝鮮産金奬勵政策について」, 『歷史學硏究』 321.

_____, 1979, 「日本の金本位制移行と朝鮮」, 旗田巍先生古稀記念會 編, 『朝鮮歷史論集』 下卷, 龍溪書舍.

長島修, 1977, 「日本帝國主義下朝鮮における鐵鋼業と鐵鑛資源(上), (下)」, 『日本史硏究』 183, 184, 日本史硏究會.

長沢一恵, 2016, 「近代鉱業と植民地朝鮮社会: 李鍾萬の大同鉱業と雑誌『鉱業朝鮮』を中心に」, 『한림일본학』 29, 한림대학교 일본학연구소.

鮎川伸夫, 2003, 「植民地朝鮮における石炭産業」, 『大阪經濟論集』 54-2, 大阪經大學會.

中村隆英, 1993, 『日本經濟-その生長と構造-』 第3版, 東京大学出版会.

川北昭夫, 1996, 「1930年代朝鮮の工業化論議」, 『論集朝鮮近現代史-姜在彦先生古稀記念論文集』, 明石書店.

村上勝彦, 1973, 「植民地金吸收と日本産業革命」, 『東京大學經濟學硏究』 第16號.

_____, 1975, 「植民地」, 大石嘉一郎 編, 『日本産業革命の硏究』, 東大出版會.

崔柳吉, 1971, 「日本における金本位制の成立と李氏朝鮮」, 『社會經濟史』 36.

찾아보기

ㄱ

가네가후치방적(鐘淵紡績)(주) 329
가네가후치실업(鐘淵実業)(주) 313, 314
가마이시(釜石)광산 165
가오슘제철(주) 332
갈탄(褐炭) 237~242, 244, 245, 247, 249, 250
감독 57
감리 56
강동(江東)탄광 219, 236
강서탄광 245
강제동원 225
개란탄광(開灤炭鑛)(주) 329
겸이포제철 159
겸이포(兼二浦)제철소 33, 37, 50, 56, 92, 93, 101, 150, 154, 156, 158, 160, 161, 163, 165, 166, 173, 187, 188, 202, 225, 317, 322
경봉동산(慶峰銅山) 289
고건원탄광 245
고레카와제철(是川製鐵)(주) 313~315, 338
고로(高爐) 159, 165, 198~202, 308, 323, 327, 332, 335, 336, 338
고바야시(小林) 137
고이소 구니아키(小磯国昭) 179
골드러시 108, 139, 142, 147
광구 69
광군 15, 40, 56, 59
광무 44, 340
광무감리 47, 53
광무국(鑛務局) 17, 36, 42~48, 57, 62, 340
광무학교 46, 57, 61
광물 총동원체제 270, 279, 282
광산개발권 16, 52, 67
광산국 47~51, 57, 341
광산권 15, 26, 140
광상 73, 77, 85, 114
광업권 15~17, 52, 65, 67, 69, 84, 86, 112, 190, 211, 342
광업권자 257
「광업법」 15, 17, 18, 22~24, 26, 28, 36, 62~69, 81, 82, 84~86, 88, 151, 341, 342
광업보국 273

광업정비과 146
광업평가위원회 147
광업협회 94
광해 88
괴탄(塊炭) 237
구하라(久原)광업 105, 119, 344
「국가총동원법」 268
국민총력조선연맹 273, 275
군수광물 108, 252, 254, 256, 258, 271, 279, 280, 347
군수광물 증산 142
「군수회사법」 277, 278, 347, 348
궁내부 36, 53, 54, 56~59, 62, 64~67, 341
규슈(九州)제강 165
근로봉사대 274
「금광업 정비에 관한 방침요지」 143, 145
금광 정비 145, 146, 254, 291, 305
금광정비사업 146, 147
금본위제 17, 19, 108~111, 113
「금산(金山)정비령」 109, 136
금수출 345
금 증산 108, 109, 122, 129~131, 136, 142, 143
금지금(金地金) 122, 123, 128
금 집중 122, 129, 130
「금탐광(金探鑛)장려금교부규칙」 114, 116
금현송(金現送) 121, 129
기획부 223
기획원 309, 310~312, 337
김석원(金錫源) 179

ㄴ

나가사키(長崎)조선소 158, 160
나카야마제강(中山製鋼)(주) 324
남광광업(南光鑛業)(주) 287, 288
남만주철도주식회사 166
내장원 27, 58, 59
노구치 시타가우(野口遵) 241
노량진 선광제련소 344
농상공부 48, 54, 58
니시자키 쓰루타로(西崎鶴太郎) 151
닛산(日産) 137
닛치쓰(日窒) 29, 119, 137, 168, 169, 241~243, 245, 247
닛치쓰광업개발(日窒鑛業開發) 29

ㄷ

다카히라 고고로(高平小五郎) 45
다케다 요지(武田庸二) 239
단천(端川)광산 282, 284, 288, 289, 291, 294, 302, 305, 306
단천철산(주) 290~292, 295~299, 301, 303, 304

당현(堂峴)금광 63
대니 48
대동제강(大同製鋼) 202
대륙전진병참기지 109, 209
대원철산(大遠鐵山) 302, 304
덕대 15, 25, 40, 51, 52, 56, 59, 85, 307
덕대제 16, 25, 26, 40, 41, 59, 84, 85, 225
데라우치 마사타케(寺内正毅) 168
도요다 데이지로(豊田貞次郎) 201
독려대 214, 274
동양척식(東拓) 137
동양척식(주) 218, 262
동척 218, 232, 243, 244
동척광업(주) 219, 220, 232

ㅁ

마산금산(馬山金山) 22
마생(麻生)광업(주) 244
마쓰이(松井春生) 184
마치다 주지(町田 忠治) 173
만주 쇼와제강소 안샨제철소(昭和製鋼所 鞍山製鐵所) 166
메이지(明治)광업(주) 101, 105, 219, 220
몽강흥업(蒙彊興業)(주) 330
무산(茂山)철광 37, 150, 162, 166, 169~178, 180, 182~184, 187~189, 191, 192, 196, 197, 202, 204, 282

무산철광개발(주) 187, 189~192
무산 철광산 280, 346
무연탄 제철 310, 314, 316, 317
무연탄 제철기술 322
「무연탄제철법」 320
무연탄 합동 222, 232, 236, 242
물자동원계획 283, 324
물주 15, 25, 40
미나미 지로(南次郎) 131, 176, 177, 181, 189
미쓰비시(三菱) 33, 49, 56, 92, 101, 105, 106, 137, 150, 154~158, 168~170, 173, 178, 185, 187~194, 196, 197, 200, 208, 225, 242, 344, 346
미쓰비시광산 188
미쓰비시광업(三菱鑛業) 174, 187, 189, 191
미쓰비시광업(주) 219, 220
미쓰비시(三菱)제철 92, 93, 105, 160, 165, 188
미쓰비시제철주식회사 159
미쓰비시중공업(주) 92, 93, 158, 160
미쓰이(三井) 105, 106, 137, 208, 242, 344
미쓰이(三井)광산 105
미키 다카시(三鬼隆) 194

ㅂ

방응모(方應謨) 138
배소법(焙燒法) 166
백낙승(白樂承) 313, 315
본토 옥쇄 279
북선(北鮮)탄광(주) 244
북선탄광(주) 245
북지제철(北支製鐵)(주) 326, 329
블록경제(Bloc economy) 108, 121, 163, 171, 208, 228, 345, 346
비하이브로(beehive coke oven) 322, 323
빈광(貧鑛) 162
빈광(貧鑛)처리법 166

ㅅ

「사금개채조례(砂金開採條例)」 36, 48, 50~52, 57, 341
「사금채취법」 87
산금5개년계획 129, 131~133, 135, 136, 138, 141, 142, 145, 346
「산금법」 122, 134, 136
산금장려5개년계획 146
산금장려 보조금 133
산금장려정책 114, 119, 121
「산금정비령」 288, 289, 303, 304, 305
산금(産金)정책 36, 111, 284
산업보국대 299, 301, 303, 306
산업설비영단 307, 312, 321

삼척개발(주) 221, 232, 236
삼척탄광 236
삼척탄전 206, 214, 221, 223, 232, 315
삼화광산 315
삼화철산 314
생기령탄광 245
생산력 확충 308
생산력확충계획 199, 200
석유대용품 239, 249
석탄시험계 78, 79
석탄시험보고 80, 208, 238
석탄액화사업 37, 239, 240~245, 247, 249, 280
석탄조사계 78
「석탄 증산시설 장려금 교부규칙」 211~213
선광 15
선광장 15
선광제련시험계 78~80
선광제련시험보고 81, 264~267
「선산금령」 126
선철 163, 308, 309, 317, 319, 334, 336~338
설점수세제 40
성진제철소 200
세감(稅監) 51, 56
세창양행(世昌洋行) 63
소형용광로 307, 309, 310, 313~317,

319~327, 330, 331, 333, 334, 336~338
소형용광로 건설계획 309, 311, 332, 333, 334
소형용광로 제철사업 33, 37, 38, 307, 308, 313, 314, 316, 317, 322, 324, 336~338
쇼와제강(昭和製鋼)(주) 329
수안(遂安)금광 59, 63
스미토모(住友) 137
시추 79
식량공급기지 209
식민지 공업화 155, 168, 169, 171, 209, 218, 228, 346
식민지 광업 344, 347
쓰지(辻謹吾) 184

ㅇ

아리가 미쓰토요(有賀光豊) 120
아사노(浅野) 137
아사노조선(浅野造船) 185
아오지 243
아오지공장 241
아오지탄광 241, 247
아우타르키(Autarkie) 경제 163
아우타르키화 167
안산제철소 166, 172
애국반 275, 276

야하타(八幡)제철소 151, 154, 155, 161, 163, 165, 174, 206, 301, 312, 346
야하타(八幡)중심설 175
얀산제철소 188
에이코사(英工社) 289
엔블록 163, 218, 245, 253, 267, 279, 305, 306, 319, 322
엔블록 경제 19
역청탄(瀝靑炭) 237, 249, 250
연구개발 총동원체제 269
연료공급기지 217
연료선광(選鑛)연구소 36, 72, 77, 78, 90, 102, 114, 207, 208, 215, 238, 239, 242, 264, 266, 267, 269, 280
연탄 215, 216, 320
영안건류공장(永安乾餾工場) 240
영안탄광(永安炭礦) 240, 243
영파원(另派員) 51, 56
오가와 고타로(小川鄕太郎) 186
오노 로쿠이치로(大野綠一朗) 176
오사카제철소 204
오웬 니커슨 데니(Owen Nickerson Denny) 45
와니시(輪西)제철 165
와니시제철소(輪西製鐵所) 195, 332
용광로 309, 313~315, 317, 319, 320, 322~324, 330

용연철광(龍烟鐵鑛)(주) 324, 329~331
우가키 가즈시게(宇垣一成) 120, 168, 173, 176, 177, 181
운산금광(雲山金鑛) 17, 22, 23, 46, 48, 63, 82
워싱턴군축조약 160
원료공급기지 151, 152, 154
유연탄 합동 242
은산(殷山)금광 63
이와사키 고야타(岩崎小彌太) 189
이용익(李容翊) 53, 57, 58, 63
이원제철(利原製鐵)(주) 313
2·26 사건 176, 178, 179
이종만(李鍾萬) 138
이하라 준지로(井原潤次郎) 179, 180
이화양행 43
인조석유 238, 239
인조석유사업 345
일본강관(日本鋼管)(주) 185, 313, 315, 317, 324, 326, 327, 329, 331
일본고주파중공업(주) 200, 323
일본무연탄제철(주) 313~317, 319, 321, 322
일본무연탄제철(주) 경성공장 314
일본산금진흥주식회사 135
「일본산금진흥주식회사법」 135
일본석탄주식회사 223, 233, 234
일본석탄주식회사 기획부 224, 227

일본석탄주식회사 조사보고서 228
일본제철(주) 164, 165, 167, 172, 174, 175, 184~187, 189, 191, 193~195, 197, 198, 200, 203, 262, 264, 301, 309, 313, 315~317, 319, 322~327, 329, 332, 337, 346
일본제철주식회사 93, 164
「일본제철주식회사법」 164
일본제철(주) 청진공장 315
일철광업 189
일철 중심주의 172, 180, 185, 186
임시생산증강위원회 309
「임시자금조정법」 291

ㅈ

「자원조사법」 210
잠채(潛採) 40, 41
장항제련소 120
저온건류 79, 238, 239
전기로 제철 317
전기로 제철소 323
전대(前貸) 297, 302
전대금 298, 303
전시금융금고(戰時金融金庫) 296~298, 302, 305, 307, 312, 321
전시특수금융기관 307
전진병참기지 255
제국광업개발주식회사 144, 145, 147

제련 15, 16
제련소 15
「제실광산규정(帝室鑛山規程)」 66, 342
「제철사업법」 174
「제철업장려법」 186
「제철장려법」 174
제한적 선원주의 84, 87
조개탄(豆炭) 215, 216
조선광산연맹 273, 275
「조선광상조사보고」 73~76
「조선광상조사요보」 73~76
조선광업개발 119
「조선광업령」 15, 28, 36, 67, 70, 81, 83, 84, 85, 87~90, 97, 343
「조선광업자원조사규칙」 210
조선광업주식회사 147
조선광업진흥(주) 145, 147, 261, 262, 263, 264, 347
「조선광업진흥주식회사령」 261
조선광업협회 94
조선광업회 94, 95, 96, 239, 305
조선금산개발주식회사 135
조선마그네사이트개발(주) 261, 262, 263, 347
「조선마그네사이트개발주식회사령」 261
조선무연탄광(주) 101, 219, 220, 232, 236, 245
조선무연탄조합 104

조선무연탄(주) 102~106, 108, 208, 215, 217~222, 232, 236, 243, 264
조선산금5개년계획 36
「조선산금령(朝鮮産金令)」 36, 122, 123, 127~129, 134, 136, 346
「조선산금령 시행규칙」 122, 124
조선산업경제조사회 181~184
「조선산 특수광물의 선광법」 267
조선산 특수광물의 선광시험보고 266
조선석탄공업(주) 241, 245, 247
조선석탄공업(주) 영안공장 241
조선식산은행(殖銀) 120, 137, 284, 296, 297, 299, 302~305
조선와타나베철공주식회사(朝鮮渡邊鐵工株式會社) 314, 315
조선유연탄(주) 243, 244, 245, 264
조선전기흥업(주) 219, 220
조선전력(주) 221
조선제련(주) 120, 287
조선제철(주) 202, 317, 323
「조선중요광물증산령」 210, 211, 256, 258, 260, 261, 347
조선지질도 78
조선질소비료(주) 240, 241, 247
「조선총독부광업평가위원회규정」 147
조선총독부 중앙시험소 282
「조선취인소령(朝鮮取引所令)」 286
조선탄 78

조선탄전조사보고 79, 80
주을탄광 247
「중요산업통제법」 181, 182, 184
증산 독려대 271
증산운동 271
지금(地金) 117, 122
지질조사소 72, 74, 77, 114
지질조사요보 78
직산(稷山)금광 63
진남포제련소 119, 120, 344

ㅊ

착암기 133
채굴권 15, 63
천일동산(天一銅山) 289
청진제강소 188, 191~193, 200
청진제철소 34, 37, 169~171, 179, 185, 187~189, 192~195, 197~199, 200, 202~204, 309, 316, 319, 322, 346
총동원계획설정사무타합회(總動員計劃設定 事務打合會) 171
「총동원시험연구령」 267, 269, 347
최경록(崔慶祿) 179
최남주(崔南柱) 34, 284~287, 289, 296, 298, 302~307
최연주 347
최원택(崔元澤) 286
최창학(崔昌學) 138

출원 15, 67~69

ㅌ

타이완중공업(주) 332
탄전시험보고 264
탄전조사보고 264
통감부 28
특수광물 254, 259~261, 264, 266, 267, 269, 271, 279, 280, 347, 348

ㅍ

파원 56
평로(平爐) 159, 165, 204, 297
평양광업부 100, 101
평양광업소 207
평양탄광 206, 236, 237, 245
평양탄광 사동(寺洞)광업소 220
평양탄전 56, 100~102, 104, 206, 207, 215, 227, 236, 344
포스코역사관 338
풍삼광산(豊三鑛山) 289, 290
피어스(Aillerd Ide Pierce) 17, 46
피치(pitch) 215, 239, 323

ㅎ

하남사금광(河南砂金鑛) 287
함북선(咸北線) 181, 196
해군성 207
해군연료창 232
현원 징용 277, 348
혈주 40
형석(螢石) 259
호즈미 신로쿠로(穗積眞六郎) 120, 170, 178, 179, 182
화순탄전 236
화중광업(華中鑛業)(주) 325

환원배소법 166
황금광 시대 139, 142, 147, 148, 254, 346
후루카와(古河) 137
후방병참 279, 307
후방병참기지 203, 255
후지(富士)제강 165
흥남제련소 119
희귀금속 254, 259~261, 263, 264, 266, 267, 269, 279, 280, 347
히라오 하치사부로(平生釟三郎) 189
히로하타제철소 195

동북아역사재단 일제침탈사 연구총서 24

일제의 광업정책과 광산개발

초판 1쇄 발행 2025년 4월 30일

지은이 배석만
펴낸이 박지향
펴낸곳 동북아역사재단

등 록 제312-2004-050호(2004년 10월 18일)
주 소 서울시 서대문구 통일로 81 NH농협생명빌딩
전 화 02-2012-6065
홈페이지 www.nahf.or.kr
제작·인쇄 (주)동국문화

ISBN   979-11-7161-179-9 94910
         978-89-6187-669-8 (세트)

- 이 책은 저작권법에 의해 보호를 받는 저작물이므로 어떤 형태나 어떤 방법으로도 무단전재와 무단복제를 금합니다.
- 책값은 뒤표지에 있습니다. 잘못된 책은 바꾸어 드립니다.